ПІДРУЧНИК З УКРАЇНСЬКОЇ МОВИ ДЛЯ ПОЧАТКІВЦІВ

零起点乌克兰语课本

郑述谱　吴　哲　〔乌克兰〕Л.В. Жебокритська　编著

The Commercial Press

2018年·北京

图书在版编目(CIP)数据

零起点乌克兰语课本 / 郑述谱,吴哲,(乌克兰)热巴克里特西卡·列·弗编著. —北京:商务印书馆,2018

ISBN 978-7-100-16018-6

Ⅰ.①零… Ⅱ.①郑… ②吴… ③热… Ⅲ.①乌克兰语—教材 Ⅳ.① H741

中国版本图书馆 CIP 数据核字(2018)第 066005 号

权利保留,侵权必究。

零起点乌克兰语课本

郑述谱 吴 哲
〔乌克兰〕Л.В. Жебокритська 编著

商务印书馆出版
(北京王府井大街36号 邮政编码100710)
商务印书馆发行
北京新华印刷有限公司印刷
ISBN 978-7-100-16018-6

2018年11月第1版 开本 787×1092 1/16
2018年11月北京第1次印刷 印张 22
定价:62.00元

编者的话

为了满足国内越来越多的人学习乌克兰语的需要，我们编写了这本《零起点乌克兰语课本》。

这是一部学习乌克兰语的基础教程，它既可供有中等文化水平的读者自学使用，也可作为一般的课堂教材。

"便于自学"是本书编写所遵循的最重要的原则。每篇课文的结构与内容安排，与全书配合的录音材料，直至书后所附的《参考答案》、《生词总表》，都能体现这一原则。

编纂过程中参考的主要著述有：

Yuriy O. Zhluktenko., Nina I. Totska., Tetyana K. Molodid. A TEXT-BOOK FOR BEGINNERS, Ukrainian. Kiev: "Vysycha shkola" Publishing House, 1973.

Ю. А. Исиченко, В. С. Калашник, А. А. Свашенко. САМОУЧИТЕЛЬ УКРАИНСКОГО ЯЗЫКА. Киев: «Вища школа», 1989.

Ю. А. Жлуктенко, Е. А. Карпиловская, В. И. Ярмак. ИЗУЧАЕМ УКРАИНСКИЙ ЯЗЫК. Киев: «Либідь», 1991.

М.Г.Зубков. СУЧАСНИЙ УКРАЇНСЬКИЙ ПРАВОПИС. Харків: «Торсінг», 2000.

Assya Humesky. MODERN UKRAINIAN. Canadian Institute of Ukrainian Studies. Edmonton-Toronto. 1980.

信德麟:《斯拉夫语通论》.北京：外语教学与研究出版社，1981.

由于编者的水平所限，书中的错误及不当之处在所难免，恳请读者与专家批评指正。

编　者
2018 年 2 月

乌克兰语简介

乌克兰语（українська мова）是乌克兰共和国主体居民的语言，也是该国的官方语言。除乌克兰外，它还通行于俄罗斯、波兰、捷克、斯洛伐克、罗马尼亚、匈牙利以及美国、加拿大、阿根廷、巴西、澳大利亚等国家，以及南美一些地区。世界上大约有4,500万人讲乌克兰语。就使用人数而言，乌克兰语在现代斯拉夫语言中仅次于俄语而居于第二位。乌克兰语也是联合国的工作语言之一。

乌克兰语和俄语、白俄罗斯语同属印欧语系斯拉夫语族东斯拉夫语支。像其他东斯拉夫语一样，乌克兰语是在古俄语的部分地域方言基础上形成的。14世纪，古俄语彻底分化，乌克兰语始发展为独立语言；16—17世纪，在东南（基辅—波尔塔瓦）方言基础上开始形成现代乌克兰标准语，至18世纪末期初步形成。

乌克兰语曾长期被视为俄语的一种方言（"小俄罗斯方言"），受到种种限制，不能用于官方文件。直到十月革命后，它才获得官方语言地位。

乌克兰语与俄语、白俄罗斯语在起源、语音体系、词的组成、语法结构上都存在着共性，同时，每一种语言又有着各自的语音、语法特点以及独有的词汇和熟语。

乌克兰语共有33个字母（见下附字母表），从总体上看与俄语相差无几，区别在于没有俄语的ё，ы，э，ъ四个字母，而有є，і，ї，ґ四个字母。有些字母（如в，г）的读音与俄语中不尽相同。除字母表中的字母外，在书写时乌克兰语中还使用隔音符号（'）和重音（′）。字母有元音和辅音之分。

根据词的意义和语法特征，乌克兰语的词通常分成十大类：名词（іме́нник），形容词（прикме́тник），数词（числі́вник），代词（займе́нник），动词（дієсло́во），副词（прислі́вник），前置词（прийме́нник），连接词（сполу́чник），语气词（ча́стка），感叹词（ви́гук）。其中名词、形容词、数词、代词和动词为有词形变化的词类，其余为无词形变化的词类。

乌克兰语语法的显著特点是：名词中除与俄语相同的六个格外还存在一个呼格（кли́чний відмі́нок），名词有四种变格法；动词中存在一种特殊的简单式将来时构成形式（其他斯拉夫语中没有）。此外在构词、句法等范畴也有一些典型的语法特征。

乌克兰语字母表

УКРАЇНСЬКА АБÉТКА

Аа	Бб	Вв	Гг	Ґґ	Дд
Ее	Єє	Жж	Зз	Ии	Іі
Її	Йй	Кк	Лл	Мм	Нн
Оо	Пп	Рр	Сс	Тт	Уу
Фф	Хх	Цц	Чч	Шш	Щщ
Ьь	Юю	Яя			

关于字母读音与拼读的几点说明：

1. 元音字母按表音功能分为两组：

    （1）а　　е　　и　　о　　у

    （2）я　　є　　і　　ьо（йо）　ю

    （1）组元音字母前的辅音字母读硬音，其中的 е 相当于俄语的 э，и 相当于俄语的 ы（但实际读音介于俄语的 и—ы 之间）。试比较：乌 поéт——俄 поэ́т（诗人），乌 ри́ба——俄 ры́ба（鱼）。

    （2）组字母前的辅音字母读软音，其中 я，є，ю 若在词首、元音字母后或撇号"'"后，则分别表示〔ja〕,〔je〕,〔ju〕，如 моя́〔mo'ja〕（我的），м'я́со〔'mjaso〕（肉），єди́ний〔je'dinij〕（唯一的），юна́к〔ju'nak〕（青年）等。

    另外，字母组 ьо 和 йо 相当于俄语的 ё。其中 ьо 用于软辅音后，如 сього́дні（今天）；йо 用在少数固有词和外来词中，比如 чийо́го（谁的），Йорда́н（约旦）。

2. 字母 і 表示高前元音，相当于俄语的 и，它能软化前面的辅音：кінь〔k'in'〕（马），ніс〔n'is〕（鼻子）。

3. 字母 ї 表示音组〔ji〕，读音较长：Украї́на（乌克兰），ї́сти（吃）。

4. 字母 в 有两种读音。在元音字母前时通常读作唇齿音〔v〕：він〔vin〕（他），вода́〔vo'da〕（水）。位于词首辅音前的 в 读作元音 у 或非成节音 ў：вчи́ти（教）读〔u'čıtı〕或〔'wčıtı〕皆可。в 位于词末或者元音与辅音之间时也读〔w〕：лев〔lew〕（狮子），вовк〔vowk〕（狼）。

5. 字母 г 通常读为喉音〔ɦ〕，发音方法像俄语的 х，：голова́（头），бага́то（多）。字母 ґ 与俄语辅音 г 相近，即读作后舌浊塞音〔g〕：аванга́рд（先锋），гара́ж（车库）。

6. 字母组合 дж，дз 分别表示浊塞擦音〔dž〕,〔dz〕：ходжу́（〔我〕走），дзе́ркало（镜子）。

7. 下列辅音（请注意：不是辅音字母）是清浊对立的：п-б，т-д，т'-д'，с-з，с'-з'，х-г〔ɦ〕，ш-ж，ц-дз，ц'-дз'，ч-дж，к-ґ〔g〕，前者为清音，后者为浊音。清音在浊音前发生逆向同化，变为浊音：про́сьба〔'prozʹba〕（请求），боротьба́〔boro'tʹba〕（斗争）。但浊音在清音前不清化：кни́жка（书）。浊音在词末尾时通常也不清化：зуб（牙齿），ніж（刀子）。

8. 下列辅音是硬软成对的：т-т'，д-д'，с-с'，з-з'，ц-ц'，дз-дз'，н-н'，л-л'，р-р'。软辅音在书面上有三种表示方法。

（1）用软音符号ь：олівéць（铅笔），рáдість（喜悦）。

（2）用元音字母я，ю，є：пíсня（歌曲），лю́ди（人们）。

（3）用元音字母і，任何辅音在і前都是软音：жíнка（女人，妻子），шість（六）。

9. 乌克兰语以撇号"'"代替分音符（相当于俄语的ъ），用在辅音字母之后和я，є，ю，ї之前，以表示其后的元音前有〔j〕：п'ять〔pjat'〕（五），м'який〔mja'kиj〕（软的）。

目 录

第 1 课　　Пе́рший уро́к ·· 1

　　[学习要点]　1. 名词的性
　　　　　　　　2. 动词不定式

第 2 课　　Дру́гий уро́к ·· 5

　　[学习要点]　1. 形容词的性和数
　　　　　　　　2. 动词变位法及动词现在时单数第三人称

第 3 课　　Тре́тій уро́к ·· 10

　　[学习要点]　1. 动词现在时单数第一人称
　　　　　　　　2. 名词变格法及呼格

第 4 课　　Четве́ртий уро́к ·· 15

　　[学习要点]　1. 带 -ся 动词
　　　　　　　　2. 动词现在时复数第三人称
　　　　　　　　3. 名词的数及复数的构成

第 5 课　　П'я́тий уро́к ·· 20

　　[学习要点]　1. 名词单数第二格
　　　　　　　　2. 名词单、复数第六格
　　　　　　　　3. 动词现在时复数第一人称
　　　　　　　　4. 数词 оди́н 的性和数

第 6 课　　Шо́стий уро́к ·· 27

　　[学习要点]　1. 动词现在时单数第二人称
　　　　　　　　2. 动词合成式将来时

第 7 课　Сьо́мий уро́к ·· 33

　　[学习要点]　1. 动词现在时复数第二人称
　　　　　　　　2. 名词复数第二格
　　　　　　　　3. 动词复合式将来时
　　　　　　　　4. 数词（1—100）

第 8 课　Во́сьмий уро́к ·· 42

　　[学习要点]　1. 人称代词及其变格
　　　　　　　　2. 动词第二人称命令式
　　　　　　　　3. 名词复数第三格
　　　　　　　　4. 年龄表示法

第 9 课　Дев'я́тий уро́к ·· 49

　　[学习要点]　1. 动物名词与非动物名词
　　　　　　　　2. 名词单、复数第四格
　　　　　　　　3. 名词单数第五格
　　　　　　　　4. 完成体动词及单一式将来时

第 10 课　Деся́тий уро́к ·· 56

　　[学习要点]　1. 形容词的变格法及形容词单数第二格
　　　　　　　　2. 名词复数第五格
　　　　　　　　3. 名词单数第三格
　　　　　　　　4. 动词过去时

第 11 课　Одина́дцятий уро́к ·· 63

　　[学习要点]　1. 形容词单数第四格
　　　　　　　　2. 形容词单数第六格
　　　　　　　　3. 物主代词及其变格法

第 12 课　Двана́дцятий уро́к ·· 70

　　[学习要点]　1. 形容词复数第二格与第六格
　　　　　　　　2. 反身代词себе́
　　　　　　　　3. 无人称谓语副词

| 第13课 | Тринáдцятий урóк | 76 |

[学习要点]　1. 形容词单数第五格
　　　　　　2. 物主形容词
　　　　　　3. 动词假定式

| 第14课 | Чотирнáдцятий урóк | 82 |

[学习要点]　1. 数量数词 один 的变格
　　　　　　2. 顺序数词的变格
　　　　　　3. 疑问代词 хто, що 的变格

| 第15课 | П'ятнáдцятий урóк | 89 |

[学习要点]　1. 形容词第三格
　　　　　　2. 动词第一人称命令式
　　　　　　3. 动词第三人称命令式
　　　　　　4. 钟点表示法

| 第16课 | Шістнáдцятий урóк | 96 |

[学习要点]　1. 形容词复数第五格
　　　　　　2. 指示代词
　　　　　　3. 简单句与复合句
　　　　　　4. 定语从句

| 第17课 | Сімнáдцятий урóк | 103 |

[学习要点]　1. 不定代词
　　　　　　2. 否定代词
　　　　　　3. 集合数词 обидва
　　　　　　4. 补语从句

| 第18课 | Вісімнáдцятий урóк | 111 |

[学习要点]　1. 性质形容词的比较等级
　　　　　　2. 性质副词的比较等级

第19课　Дев'ятна́дцятий уро́к ·················· 119

　　[学习要点]　1. 形动词及形动词短语
　　　　　　　　2. 被动形动词
　　　　　　　　3. 构词知识——词的形态结构

第20课　Двадця́тий уро́к ·················· 126

　　[学习要点]　1. 主动形动词
　　　　　　　　2. 构词知识——复合词

第21课　Два́дцять пе́рший уро́к ·················· 132

　　[学习要点]　1. 副动词及副动词短语
　　　　　　　　2. 不定量数词
　　　　　　　　3. 构词知识——复合缩写词

第22课　Два́дцять дру́гий уро́к ·················· 140

　　[学习要点]　1. 集合数词 дво́є—три́дцятеро
　　　　　　　　2. 目的从句
　　　　　　　　3. 条件从句

第23课　Два́дцять тре́тій уро́к ·················· 146

　　[学习要点]　1. 数词（200—1000000000）
　　　　　　　　2. 2以上数量数词的变格法
　　　　　　　　3. 日期表示法

第24课　Два́дцять четве́ртий уро́к ·················· 154

　　[学习要点]　1. 运动动词及其前缀
　　　　　　　　2. 行为方式、程度和度量从句

第25课　Два́дцять п'я́тий уро́к ·················· 161

　　[学习要点]　1. 不变格名词
　　　　　　　　2. 插入语

第 26 课　Двáдцять шóстий урóк ······················ 168

　　[学习要点]　1. 无人称动词
　　　　　　　　2. 原因从句

第 27 课　Двáдцять сьóмий урóк ······················ 175

　　[学习要点]　1. 反身物主代词 свій
　　　　　　　　2. 指小表爱后缀
　　　　　　　　3. 比较短语

第 28 课　Двáдцять вóсьмий урóк ······················ 184

　　[学习要点]　1. 限定代词
　　　　　　　　2. 动词体的对应形式及其构成

第 29 课　Двáдцять дев'я́тий урóк ······················ 192
第 30 课　Тридця́тий урóк ······················ 197
第 31 课　Три́дцять пéрший урóк ······················ 202
第 32 课　Три́дцять дру́гий урóк ······················ 206
第 33 课　Три́дцять трéтій урóк ······················ 213
第 34 课　Три́дцять четвéртий урóк ······················ 218
第 35 课　Три́дцять п'я́тий урóк ······················ 225

语法附录　ДОДÁТКИ ······················ 229
参考答案　КЛЮЧИ́ ······················ 238
生词总表　АЛФАВІ́ТНИЙ СЛОВНИ́К ······················ 263

第1课　Пе́рший уро́к

学习要点：
1. 名词的性
2. 动词不定式

Діало́ги

1. —Що це?

    —Це ха́та.

    —А це теж ха́та?

    —Ні, це не ха́та, це сара́й.

    —А ось це що?

    —Це сад.

    —А це ліс?

    —Так, це ліс.

2. —Хто це?

    —Це та́то і ма́ма.

    —А це хто?

    —Це О́ля, моя́ сестра́.

    —А це що?

    —Це на́ша кі́шка Му́рка.

    —А це вовк?

    —Ні, це не вовк, це наш соба́ка Рябко́.

Текст

Це шко́ла. Це кімна́та. Тут тепе́р уро́к. Он Петро́ і Катери́на. А там Окса́на, Іва́н і Макси́м.

—Пе́тре, де вікно́?

Треба відповідати.

—Вікно там.

—А де парта?

—Парта тут.

—Це папір?

—Так, це папір. Тут текст.

—А де перо?

—Перо там.

—Катерино, де указка?

—Он вона.

Треба показувати.

—Це карта?

—Так, це карта.

Тепер треба писати:

«Он сцена. Там концерт. Он студент і студентка. То Іван і Катерина».

Скоро дзвоник.

Словник

що〔代〕什么，什么东西

це〔语气〕这（是）

хата〔阴〕农舍

а〔连〕而，那么

теж〔副〕也

ні〔语气〕不；不是

не〔语气〕不；不是

сарай〔阳〕板棚，小屋

ось〔语气〕在这（那）里，这（那）就是

сад〔阳〕花园

ліс〔阳〕树林，森林

так〔语气〕是这样，是的，对

хто〔代〕谁，什么人

собака〔阳，阴〕狗

школа〔阴〕(中、小)学校；专门学校

кімната〔阴〕房间，屋

тут〔副〕这里，此处

тепер〔副〕目前，现在

урок〔阳〕功课；一堂课

он〔语气〕那里，那就是

там〔副〕在那里

де〔副〕在哪里

вікно〔中〕窗户

треба〔无人称句中用作谓语〕必须，应该

відповідати〔未〕回答

тáто〔阳〕〈口语〉爸爸
і〔连〕和，与
мáма〔阴〕妈妈
моя́（阳性为мій）〔代〕我的
сестрá〔阴〕姐姐，妹妹
нáша（阳性为наш）〔代〕我们的
кíшка〔阴〕母猫
вовк〔阳〕狼
сцéна〔阴〕舞台
концéрт〔阳〕音乐会
студéнт〔阳〕大学生
студéнтка〔阴〕女大学生

пáрта〔阴〕课桌
папíр〔阳〕纸，纸张
текст〔阳〕文，原文
перó〔中〕钢笔尖
укáзка〔阴〕教鞭
вонá〔代〕她；它
покáзувати〔未〕指给；标出
писáти〔未〕写（字）
то〔代〕那个
скóро〔副〕很快（就），不久（就）
дзвóник〔阳〕铃；铃声

Коментарí

1. 名词的性

乌克兰语的名词有性的语法范畴。性分为阳性、阴性和中性。性的区别一般可由单数第一格的结尾来判断。

（1）以辅音结尾的名词大都为阳性名词，如：сарáй, сад, ліс；

（2）以 -а, -я 结尾的名词大都为阴性名词，如：хáта, кімнáта, пáрта, укáзка, пíсня（歌曲）；

（3）以 -о, -е, -ння, -мя 结尾的名词大都为中性名词，如：вікнó, перó, мóре（海）, знання́（了解）, ім'я́（名字）。

2. 动词不定式

писáти, відповідáти, покáзувати 为动词的不定式。动词不定式通常以后缀 -ти 结尾。某些动词接有语气词 -ся, 如 учи́тися（学习）。

3. трéба 在无人称句中用作谓语，要求其后用动词不定式，主体用第三格形式。

4. Пéтре, Катери́но 为 Петрó, Катери́на 的呼格形式（详见第3课）。

Впрáви

1. 将下面的词组译成乌克兰语。

我们的房间 _____   我们的花园 _____

爸爸和妈妈 _____　　猫和狗 _____
纸和笔 _____　　男大学生和女大学生 _____

2. 将下列句子译成乌克兰语。

(1) 妈妈在哪里？
_____

(2) 这也是地图吗？
_____

(3) 这是狼吗？
_____

(4) 姐姐在这里。
_____

(5) 是的，窗户在那里。
_____

(6) 现在应该写。
_____

(7) 快打铃了吗？是的，快打铃了。
_____

(8) 她是女大学生吗？不，她不是女大学生。
_____

(9) 那是森林吗？不，那不是森林。
_____

3. 用 так 或 ні 回答问题。

(1) Це дзво́ник? _____
(2) Це ка́рта? _____
(3) Тут перо́ і папі́р. Там текст? _____
(4) Он сце́на? _____
(5) Тепе́р тре́ба писа́ти? _____

第2课　Дру́гий уро́к

> 学习要点：
> 1. 形容词的性和数
> 2. 动词变位法及动词现在时单数第三人称

Діало́г

—Яки́й сього́дні день?

—Сього́дні середа́.

—А за́втра четве́р?

—Так, за́втра четве́р.

—Тепе́р день чи ніч?

—Вже не ніч, але́ ще не день.

—Тепе́р ра́нок?

—Так, тепе́р ра́нок.

—Де тепе́р ваш брат?

—Мій брат вдо́ма.

—Хто ця ді́вчина?

—Це моя́ сестра́.

—А хто ця жі́нка?

—Це моя́ ма́ма.

Текст

Мій брат Григо́рій — майо́р. Гриць гово́рить по-украї́нському і по-росі́йському. Він розумі́є по-англі́йському.

Це сад. Там сиди́ть Гриць. У ньо́го кни́га. То украї́нська кни́га? Ні, не украї́нська, то англі́йська кни́га. А он украї́нська газе́та.

А от сиди́ть моя́ сестра́ Га́ля. Вона́ ма́є олівець і папі́р. У не́ї є ціка́ва російська книга. Ось Гáля покáзує малюнок. То горá, а тут бéрег і мóре. А от кáрта. Це Украї́на, ось Дніпрó.

От будинок. Тут теáтр. Гáля любить теáтр і кінó. Вонá мáє гáрний гóлос.

Івáн—робітник. Він украї́нець. Він не студéнт. Івáн багáто працює і багáто знáє. Він дóбрий робітник. Тепéр він вдóма.

Словник

який, якá, якé, які́〔代〕什么样的
сьогóдні〔副〕(在)今天
день〔阳〕白天；日, 天
середá〔阴〕星期三
зáвтра〔副〕(在)明天
четвéр〔阳〕星期四
чи〔连〕或；还是
ніч〔阴〕夜, 夜里
вже́〔副〕已经
алé〔连〕但是, 可是, 不过
ще〔副〕又, 再, 还
рáнок〔阳〕早晨
ваш, вáша, вáше, вáші〔代〕您的；你们的
брат〔阳〕弟兄, 兄弟
вдóма〔副〕(在)家里
ця（阳性为цей）〔代〕这, 这个
дівчина〔阴〕姑娘, 少女
жінка〔阴〕女人, 妇女
майóр〔阳〕少校
говóрить（говори́ти 的现在时单数第三人称）〔未〕说话
по-украї́нському〔副〕用乌克兰语；按乌克兰的方式
по-росі́йському〔副〕用俄语；按俄罗斯的方式

він〔代〕他；它
розумі́є（розумі́ти 的现在时单数第三人称）〔未〕懂得, 理解
по-англі́йському〔副〕用英语
сидить（сиди́ти 的现在时单数第三人称）〔未〕坐着
у（同 в）〔前〕(四格) 在…那里
ньóго（也作 йогó, він 的第四格）他；它
книга〔阴〕书, 书籍
украї́нська（阳性为украї́нський）〔形〕乌克兰的；乌克兰人的
англі́йська（阳性为англі́йський）〔形〕英国的；英国人的
газéта〔阴〕报纸
от〔语气〕在这(那)里, 这(那)就是
мáє（мáти 的现在时单数第三人称）〔未〕有, 拥有
олівéць〔阳〕铅笔
неї（也作 її, вонá 的第四格）〔代〕她；它
є（бýти 的现在时单数第三人称, 并可用于其他人称）〔未〕是；有
ціка́ва（阳性为ціка́вий）〔形〕有趣的
росі́йська（阳性为росі́йський）〔形〕俄罗斯的；俄罗斯人的

пока́зує（пока́зувати 的现在时单数第三人称）〔未〕指给⋯看

малю́нок〔阳〕（书籍中的）插图

гора́〔阴〕山

бе́рег〔阳〕岸，岸边

мо́ре〔中〕海

Дніпро́ 第聂伯河

буди́нок〔阳〕房子

теа́тр〔阳〕戏剧；剧院

люби́ть（люби́ти 的现在时单数第三人称）〔未〕爱；爱戴

кіно́〔不变，中〕电影院

га́рний〔形〕好的；好看的

го́лос〔阳〕声音，嗓音

робі́тни́к〔阳〕工人；工作人员

украї́нець〔阳〕乌克兰（男）人

бага́то〔副〕充足地；很多地

працю́є（працюва́ти 的现在时单数第三人称）〔未〕工作，劳动

зна́є（зна́ти 的现在时单数第三人称）〔未〕知道，了解，明白

до́брий〔形〕善良的；好的

Комента́рі

1. 形容词的性和数

形容词有性和数的范畴。形容词与所说明的名词在性、数上要保持一致。乌克兰语的形容词有阳性、阴性、中性之分。阳性多以 -ий 结尾，回答 який?（什么样的）的问题，如：га́рний, до́брий；阴性以 -а（-я）结尾，回答 яка́? 的问题，如：га́рна, до́бра；中性以 -е 结尾，回答 яке́? 的问题，如：га́рне, до́бре。复数则以 -і 结尾，回答 які? 的问题，如：га́рні, до́брі。

2. 动词的变位法及动词现在时单数第三人称

动词现在时变位根据人称词尾的特点分为第一变位法和第二变位法。动词不定式以 -ити，-їти 结尾的或大部分以 -іти，-жати，-чати 结尾的属于第二变位法，其余的结尾大都属于第一变位法。

第一变位法中动词单数第三人称词尾为 -е（-є），如：

розумі́ти — розумі́є, ма́ти — ма́є, зна́ти — зна́є, писа́ти — пи́ше.

第二变位法中相应词尾为 -ить（-їть），如：говори́ти-гово́рить, люби́ти — лю́бить, сиді́ти — сиди́ть, крича́ти — кричи́ть.

3. у+四格+є 意为 "谁有⋯"，如：у ньо́го є⋯（他有⋯），у ме́не є⋯（我有⋯）。动词 ма́ти 表示 "⋯有"，主体为一格主语。

у ньо́го є = він ма́є, у не́ї є = вона́ ма́є

4. 以 -ь 结尾的名词，可能是阳性名词，如：олівець, українець；也可能是阴性

名词，如：ра́дість（喜悦）。

Впра́ви

1. 找出本课中出现的所有动词，并指出其不定式形式。

2. 找出本课中出现的所有形容词，并指出其各种性的形式。

3. 将下列词组译成乌克兰语。

   这个女孩 _____ 您的哥哥 _____

   白天和黑夜 _____ 有趣的书 _____

   英语书 _____ 乌克兰语报纸 _____

   动听的嗓音 _____ 懂得多 _____

   坐在家里 _____

4. 将下列句子译成乌克兰语。

   （1）伊万是乌克兰人吗？是的，他是乌克兰人。

   _____

   （2）这是本有趣的书吗？不，它没意思。

   _____

   （3）您弟弟是大学生吗？不，他不是大学生，他是工人。

   _____

   （4）那是剧院，我爸爸在那里工作。

   _____

   （5）他在说俄语还是乌克兰语？

   _____

   （6）这是什么报纸？

   _____

   （7）加利娅喜欢大海。

   _____

5. 用括号里的词回答问题。

   （1）Хто це?（Іва́н, Га́ля）_____

   （2）Що це?（теа́тр, кіно́）_____

   （3）Хто він?（студе́нт, робітни́к）_____

   （4）Яка́ це кни́га?（англі́йська, украї́нська）_____

（5）Який сього́дні день? (субо́та, неді́ля) _____

（6）Що ма́є ді́вчина? (олі́вець, папі́р) _____

6. 听听读读。

（1）—Ви розумі́єте по-кита́йському?（您懂汉语吗？）

—Так, я тро́хи（稍微）розмовля́ю по-кита́йському.

—Чи зна́єте ви украї́нську мо́ву（语言）?

—Ні, я розумі́ю окре́мі（几个）украї́нські слова́.

—Як це бу́де по-кита́йському?（这用汉语怎么说？）

（2）—Яка́ у вас профе́сія（职业）?

—Я вчи́тель（教师）.

—Я інжене́р（工程师）.

—Я лі́кар（医生）.

—Я письме́нник（作家）.

—Я переклада́ч（翻译）.

—Я продаве́ць（售货员）.

第3课 Трéтій урóк

学习要点：
1. 动词现在时单数第一人称
2. 名词变格法及呼格

Діалóг

—Жак, скажи́, будь лáска, як по-чéському «кíшка»?
—Я не знáю, Франсуáзо.
—А хто знáє?
—Знáє моя́ товáришка Марíя, вонá чéшка.
—Марíє, твій чоловíк теж чех?
—Ні, мій чоловíк не чех. Курт—нéмець. Курт і я розмовля́ємо по-чéському, по-німéцькому, по-росíйському і по-украї́нському.

Текст

Бібліотéка

Це читáльний зал. Тут звичáйно працю́є Петрó Бóйко. Він студéнт. Петрó вивчáє прáво. Ось бібліотéкарка.

—Дóбрий день, Олéно Андрíївно!
—Добри́день, пáне Бóйко!
—Скажíть, будь лáска, де англíйський словни́к?
—Ось, прóшу.
—Дя́кую.

Петрó берé словни́к і сідáє. Він читáє по-англíйському. Ліворуч Франсуáза Лутрéн. Вонá францýженка, алé читáє по-украї́нському. Ззáду Жак Монé. Він францýз, а Лю́двіг Гáвелка—чех. Канáдець Тіт Грін несé журнáл. Він лю́бить журнáл «Украї́на». Нíна Івáнова пи́ше по-росíйському. Вонá росія́нка.

Полька Ядзя Славинська розмовляє. —Ядзю, тихо, будь ласка, —говорить Олена Андріївна.

Та Ядзя не втихає.

Словник

скажи（сказати 的第二人称单数命令式）〔完〕说, 谈论

будь（бути 的第二人称单数命令式）〔未〕在, 是

ласка〔阴〕好意, 关注

    Будь ласка! 劳驾, 请…

як〔副〕怎样, 如何

по-чéському〔副〕用捷克语; 按捷克的方式

дякую（дякувати 的现在时第一人称单数）〔未〕致谢, 谢谢

я〔代〕我

знаю（знати 的第一人称单数）〔未〕知道

товаришка〔阴〕女同志; 女朋友; 女伴

чешка〔阴〕捷克女人

твій〔代〕你的

чоловік〔阳〕男人; 丈夫

чех〔阳〕捷克人

німець〔阳〕德国人

розмовляємо（розмовляти 的现在时第一人称复数）〔未〕说话; 谈话; 交谈

по-німéцькому〔副〕用德语; 按德国的方式

читальний〔形〕阅读用的（常指房舍）

зал〔阳〕厅, 大厅

бібліотéка〔阴〕图书馆

звичайно〔副〕通常, 平常

вивчати〔未〕读熟, 学会; 教会

право〔中〕法, 法律; 法学

бібліотéкарка〔阴〕女图书馆员

добридень〔不变〕日安

пане（пан 的呼格）〔阳〕先生; 同伴

скажіть（сказати 的第二人称复数命令式）〔完〕请说出

словник〔阳〕词典; 词汇表

прошу（просити 的第一人称单数）〔未〕请求, 请

брати〔未〕拿, 取

сідати〔未〕坐下; 坐好

ліворуч〔副〕在左边, 向左方

читати〔未〕读, 阅读; 朗诵

француженка〔阴〕法国女人, 法兰西女人

ззаду〔副〕在后面, 从后面

француз〔阳〕法国人, 法兰西人

канадець〔阳〕加拿大人

нести〔未〕拿来, 带来

журнал〔阳〕杂志

Україна〔阴〕乌克兰

росіянка〔阴〕俄罗斯女人

полька〔阴〕波兰女人

тихо〔副〕安静地; 低声地

та〔连〕但, 但是, 然而

втихати〔未〕安静下去, 静默

Коментарі

1. 动词现在时单数第一人称

第一变位法与第二变位法的动词变成现在时单数第一人称时，词尾均为 -у 或 -ю，如：нести́ —（я）несу́，писа́ти —（я）пишу́，зна́ти —（я）зна́ю，говори́ти —（я）говорю́，люби́ти —（я）люблю́。以 -авати 结尾的要去掉 -ва-：дава́ти —（я）даю́，дя́кувати —（я）дя́кую。

2. 名词变格法及呼格

（1）乌克兰语名词有格的变化。名词变格词尾构成四种变格系统，也叫作变格法，即：第一变格法，第二变格法，第三变格法和第四变格法。

单数第一格以 -а，-я 结尾的阴性名词和阳性名词属于第一变格法。其中以 -а 结尾的（以 -жа，-ча，-ша，-ща 结尾的除外）属硬变化，如：сестра́（姐妹），маши́на（机器）；以 -я 结尾的属软变化，如：пі́сня（歌曲），сім'я́（家庭）；以 -жа，-ча，-ша，-ща 结尾的属混合变化，如：ти́ша（寂静），межа́（界线）。

单数第一格以辅音或元音 -о 结尾的阳性名词以及以 -о，-е，-я（变格时出现后缀 -ат-，-ят-，-ен- 的除外）结尾的中性名词属第二变格法。其中以硬辅音结尾的阳性名词（以嘘音结尾的除外）和以 -о 结尾的中性和阳性名词属硬变化，如：робітни́к（工人），база́р（市场），шофе́р（司机）；以软辅音或 -й 结尾的阳性名词及以 -е 或 -я 结尾的中性名词（变格时出现后缀 -ат-，-ят-，-ен- 者除外）属软变化，如：по́ле（田地），мо́ре（海），ли́стя（树叶）；以嘘音（ж，ч，ш，щ）结尾的阳性名词，以带重音的 -я́р 结尾的部分名词，以及词尾 -е 前为嘘音的中性名词属混合变化，如：ло́же（床），плече́（肩）。

词干（即一个词去掉词尾后剩下的部分）结尾为辅音（零词尾）的阴性名词属于第三变格法，如：о́сінь（秋天），кров（血），ніч（夜）。

以 -а，-я 结尾的变格时带有后缀 -ат-，-ят-，-ен- 的中性名词，如：ім'я́（名字）— і́мені，лоша́（马驹）— лоша́ти，属第四变格法。

以上四种变格法各有不同的词尾系统。

（2）本课中的 Франсуа́зо，Марі́є，Оле́но Андрі́ївно，па́не 分别为 Франсуа́за，Марі́я，Оле́на Андрі́ївна，пан 的呼格形式。呼格用来称呼某人、某物，在句中不回答任何问题。阳性和阴性名词的单数才有呼格形式，其余名词的呼格都与主格相同，没有特殊的形式。呼格变格法见下表（仅包括单数）。

	主格	呼格
第一变格法	сестра́ робі́тни́ця наді́я душа́	се́стро робі́тни́це наді́є ду́ше
第二变格法	брат ба́тько село́ вчи́тель геро́й мо́ре знання́ чита́ч я́вище	бра́те ба́тьку село́ вчи́телю геро́ю мо́ре знання́ чита́чу я́вище
第三变格法	ті́нь річ	ті́не ре́че
第四变格法	ім'я́ лоша́	ім'я́ лоша́

注：当姓氏前已有呼格（同位语）时，则姓氏不必再用呼格形式。如：Това́ришу Богда́нів! Па́не Бо́йко!

3. 本课中的 скажи́, скажі́ть, будь 均为动词第二人称命令式。其中 скажи́, скажі́ть 分别为动词 сказа́ти 的单、复数第二人称命令式，будь 为动词бу́ти 的单数第二人称命令式（详见第8课）。

4. розмовля́ємо 为 розмовля́ти 的现在时第一人称复数形式。当句中主语为词组 хто і я 或 я і хто 时，谓语动词通常按 ми（我们）变为第一人称复数形式。

5. бере́ 为бра́ти 的现在时单数第三人称形式，第一人称为беру́。

Впра́ви

1. 对比下列阳性和阴性表人名词，找出规律，并译成汉语。

   студе́нт — студе́нтка, _____ росія́нин — росія́нка, _____

   украї́нець — украї́нка, _____ чех — че́шка, _____

   кана́дець — кана́дка, _____ ні́мець — ні́мка, _____

   поля́к — по́лька, _____ францу́з — францу́женка, _____

   англі́єць — англі́йка, _____ америка́нець — америка́нка _____

2. 将动词变成适当的形式填空。

   （1）Я не _____ (втиха́ти).

   （2）Хто _____ (зна́ти), як по-че́ському «дя́кую»?

   （3）Я _____ (вивча́ти) пра́во.

   （4）Він бага́то _____ (працюва́ти).

   （5）Гре́та _____ (розмовля́ти) по-німе́цькому.

   （6）Петро́ _____ (бра́ти) словни́к і _____ (сіда́ти).

   （7）Я _____ (нести́) журна́л.

   （8）Вона́ _____ (чита́ти) по-англі́йському.

3. 将下列词组译成乌克兰语。

   日安 _____   怎么读 _____

   我的丈夫 _____   用德语交谈 _____

   阅览室 _____   学法律 _____

   你的爸爸 _____   英语词典 _____

   劳驾 _____   谢谢 _____

   喜欢杂志 _____ 坐在后面 _____

4. 按课文回答问题。

   Це чита́льний зал? Хто тут працю́є? Що він бере́? Хто таки́й Тім Грін? Що він несе́? Що гово́рить Оле́на Андрі́ївна? Хто така́ Франсуа́за Лутре́н? Гре́та теж францу́женка? Лю́двіг Га́велка — чех? Тім Грін — теж чех? Яки́й журна́л лю́бить Тім?

第4课　Четве́ртий уро́к

> 学习要点：
> 1. 带 -ся 动词
> 2. 动词现在时复数第三人称
> 3. 名词的数及复数的构成

Діало́г

—Як вас зва́ти?

—Мене́ зва́ти Павло́.

—А як ва́ше прі́звище?

—Моє́ прі́звище Со́йко.

—Ви у́чень?

—Ні, я вже студе́нт.

—А ва́ша сестра́?

—Вона́ теж студе́нтка.

—Ваш ба́тько—інжене́р?

—Так, мій ба́тько—інжене́р.

—А ва́ша ма́ма?

—Моя́ ма́ма—вчи́телька.

Текст

Навча́льний рік

Ве́ресень. Вже о́сінь. Почина́ється навча́льний рік. Зустріча́ються дру́зі-студе́нти, зустріча́ються дру́зі-школярі́.

Ось студе́нти. У них навча́льний рік ма́є два семе́стри. Кінча́ється гру́день, і кінча́ється пе́рший семе́стр. Сі́чень—це і́спити, по́тім кані́кули. Дру́гий семе́стр—це лю́тий—тра́вень. Че́рвень—це теж і́спити, а ли́пень і се́рпень—

лі́тні кані́кули.

А де у́чні. У них навча́льний рік ма́є чоти́ри чве́рті. Пе́рша чверть — це ве́ресень, жо́втень, листопа́д; дру́га — листопа́д, гру́день; тре́тя — сі́чень, лю́тий, бе́резень і четве́рта — кві́тень, тра́вень.

Моло́дші школярі́ ма́ють до́вші кані́кули: че́рвень, ли́пень і се́рпень.

У́чні й студе́нти лю́блять вчи́тися, бага́то і до́бре працю́ють. Але́ вони́ лю́блять та́кож і кані́кули, лю́блять відпочива́ти і розважа́тися.

Словни́к

вас（ви 的第二、四格）〔代〕您；你们
зва́ти〔未〕称为，叫作
    Як вас зва́ти? 您叫什么名字?
мене́（я 的第二、四格）〔代〕我
прі́звище〔中〕姓；姓名
у́чень〔阳〕学生
ба́тько〔阳〕父亲，爸爸
інжене́р〔阳〕工程师
вчи́телька〔阴〕女教师
навча́льний〔形〕教学的
рік〔阳〕年
ве́ресень〔阳〕九月
о́сінь〔阴〕秋，秋天
почина́тися〔未〕开始；起源
зустріча́тися〔未〕相遇
дру́зі（друг 的复数）〔复〕朋友
школярі́（школя́р 的复数）〔复〕(中、小学的) 学生
два〔数〕〔阳，中〕二
семе́стр〔阳〕学期
кінча́тися〔未〕结束
гру́день〔阳〕十二月
пе́рший〔数〕第一，第一个

сі́чень〔阳〕一月
іспити（і́спит 的复数）〔复〕考试
по́тім〔副〕以后，后来
кані́кули〔复〕假期，休假
дру́гий〔形〕另一个，别的；〔数〕第二的
лю́тий〔阳〕二月
тра́вень〔阳〕五月
че́рвень〔阳〕六月
ли́пень〔阳〕七月
се́рпень〔阳〕八月
лі́тні（лі́тній 的复数）〔形〕夏天的，夏季的
чоти́ри〔数〕四
чве́рть〔阴〕学季
жо́втень〔阳〕十月
листопа́д〔阳〕十一月
тре́тій〔数〕第三的
бе́резень〔阳〕三月
четве́ртий〔数〕第四的
кві́тень〔阳〕四月
моло́дші（моло́дший 的复数）〔形〕较年轻的；年岁较小的；较低级的
до́вші（до́вший 的复数）〔形〕较久的，

较长时间的
учи́тися〔未〕学，学习
до́бре〔副〕好地，好好地

та́кож〔副〕也，亦，同样地
відпочива́ти〔未〕休息
розважа́тися〔未〕娱乐，散散心

Коментарі́

1. 带 -ся 动词

乌克兰语动词不定式通常以后缀 -ти 结尾，而某些动词接有语气词 -ся，如：учи́тися，почина́тися 等。带 -ся 动词的变位与不带 -ся 动词相同，只是第一变位法单数第三人称要用 -ться，如：почина́тися — почина́ється，кінча́тися — кінча́ється。带 -ся 动词变位时，-ся 不论在元音字母或辅音字母后，原则上都写 -ся。少数情况下写 -сь。

2. 动词现在时复数第三人称（见下表）

	复数第三人称词尾	例　　词
第一变位法	-уть	нести́ — (вони́) несу́ть пла́кати — (вони́) пла́чуть
第一变位法	-ють	зна́ти — (вони́) зна́ють дава́ти — (вони́) даю́ть
第二变位法	-ать	крича́ти — (вони́) крича́ть ба́чити — (вони́) ба́чать
第二变位法	-ять	говори́ти — (вони́) гово́рять люби́ти — (вони́) лю́блять

3. 名词的数及复数的构成

乌克兰语大部分名词有单数和复数两种形式。单数通常表示一个事物，而复数则表示两个或更多的事物。

复数形式的构成：

（1）以硬辅音结尾的阳性名词一般加 -и，以嘘音结尾的加 -і；以 -й，-ь 结尾的变为 -і（在元音后变为 -ї）。如：ліс — ліси́，край — краї́，дощ — дощі́，вчи́тель — вчителі́.

（2）以 -а 结尾的名词变为 -и（在嘘音后变为 -і），以 -я 结尾的变为 -і（在元音后或字符 "'"，如сі́м'я 后变为 -ї）。如：сестра́ — се́стри，ми́ша — ми́ші，пісня — пісні́, наді́я — наді́ї.

（3）以 -o 结尾的中性名词变为 -a，以 -e 结尾的中性名词变为 -я（在嘘音后变为 -a），以 -ння 结尾的中性名词仍为 -ння。如：мо́ре — моря́，вікно́ — ві́кна，я́вище — я́вища，знання́ — знання́。

注：① 某些名词复数形式构成特殊，如：以 -o 结尾的阳性名词复数词尾是 -и（ба́тько — батьки́）；部分以 -ар，-яр，-ир 结尾的阳性名词复数词尾不是 -и，而是 -і（лі́кар — лікарі́，тесля́р — теслярі́）；有些词复数构成特殊（ім'я́ — імена́）。

② 不是所有名词都有单、复数两种形式，有的只有单数（лю́дство，молоко́ 等），有的只有复数（са́ни，две́рі 等）。

4. У них 中 них 为 вони́ 的第四格形式。**第三人称代词与前置词连用时要加 н。**

5. 数词二（два〈阳，中〉，дві〈阴〉）、三（три́）、四（чоти́ри）要求连用的名词变成复数一格。本课中的семе́стри，чве́рті 均为数词要求的复数一格形式。

6. пе́рший，дру́гий，тре́тій，четве́ртий 为顺序数词。顺序数词与形容词一样有性、数的形式，变法与形容词相同（详见第 2 课）。

7. люби́ти 要求与其连用的动词用不定式形式。

Впра́ви

1. 写出下列名词的复数形式，注意重音的位置。

   сара́й，ха́та，сестра́，перо́，папі́р，брат，кни́га，робітни́к，пра́во，ні́мець，друг，чверть，вчи́телька，бібліоте́карка

2. 将括号中的顺序数词译成乌克兰语，并变为需要的形式。

   （1）（第一）＿＿＿＿＿＿＿＿кла́си вже йдуть додо́му.

   （2）（第三）＿＿＿＿＿＿＿＿чве́рть ду́же до́вга.

   （3）（第一扇）＿＿＿＿＿＿＿＿вікно́ вели́ке，а（第二扇）＿＿＿＿＿＿＿＿— мале́.

   （4）Почина́ється（第四）＿＿＿＿＿＿＿＿чве́рть.

   （5）Моя́ па́рта —（第二个）＿＿＿＿＿＿＿＿.

   （6）У них（第三）＿＿＿＿＿＿＿＿уро́к.

3. 将动词变成适当的形式填空。

   动词：сиді́ти，почина́тися，зустріча́тися，бра́ти，кінча́тися，відпочива́ти.

（1）_____ канікули, вже осінь.

（2）Ось університет, тут _____ друзі-студенти.

（3）Вересень, _____ перший семестр.

（4）Це бібліотека, тут _____ книги і журнали.

（5）Урок починається, треба _____ тихо.

（6）Чверть кінчається, можна _____.

4. 回答下列问题：

（1）Вересень-грудень — це другий семестр? _____

（2）Лютий — травень — це канікули? _____

（3）Червень — це іспити? _____

（4）Який тепер місяць（月）? _____

5. 用乌克兰语写出12个月的名称。

_____

_____

6. 听听读读。

Як вас звати?

Як тебе звати?

Як ваше прізвище?

Як твоє прізвище?

Як вас по батькові（父称）?

Як звуть цього чоловіка?

Як звуть цю жінку?

第5课　П'я́тий уро́к

> 学习要点：
> 1. 名词单数第二格
> 2. 名词单、复数第六格
> 3. 动词现在时复数第一人称
> 4. 数词 оди́н 的性和数

Діало́г

—Це твоя́ кімна́та?

—Ні, це кімна́та мого́ бра́та Миха́йла.

—Твій стіл кру́глий?

—Ні, він не кру́глий, а прямоку́тний.

—У те́бе в кімна́ті є стіл і стільці́?

—Так, є, але́ я ма́ю ще лі́жко й крі́сла.

—А де книжки́? У ша́фі?

—Ні, книжки́ стоя́ть на поли́цях.

Текст

На́ша кварти́ра

Це на́ша кімна́та. Тут живемо́ ми—Петро́ і я. У нас одне́ вели́ке вікно́. Це балко́н. Коли́ те́пло, ми спимо́ на балко́ні.

У кімна́ті у нас письмо́вий стіл, три стільці́, крі́сло, два дива́ни-лі́жка, оде́жна ша́фа, чоти́ри поли́ці. На поли́цях книжки́, на столі́ стої́ть ла́мпа і раді́оприйма́ч.

Тут я гото́ю уро́ки. Петро́ звича́йно працю́є в університе́ті, у бібліоте́ці.

А це спа́льня. Тут стоя́ть два вели́кі лі́жка і одно́ мале́ньке. Є дзе́ркало, нічни́й сто́лик і вели́ка ша́фа. У ша́фі о́дяг, пості́льна білизна́, нове́ взуття́.

На лі́жках лежа́ть матра́ци, простира́дла, ко́вдри, подушки́. На ко́вдрах — підодія́льники, на подушка́х — на́волочки. Зве́рху на лі́жках — покрива́ла.

Це ва́нна кімна́та. Тут стоі́ть ва́нна, є умива́льник, дзе́ркало, вися́ть рушники́. На полиці́ ми́ло і зубні́ щітки́. Ось те́пла, а ось холо́дна вода́. Ми ма́ємо центра́льне опа́лення.

Словни́к

мого́ (мій 的第二格)〔代〕我的
стіл〔阳〕桌子, 台子
кру́глий〔形〕圆的, 圆形的
прямоку́тний〔形〕直角的
ти〔代〕你
 у те́бе 在你那儿, 你有…
в〔前〕(六格) 在, 在里面
стіле́ць〔阳〕椅子; 凳子
лі́жко〔中〕床
й〔连〕= i
крі́сло〔中〕圈椅, 安乐椅
кни́жка〔阴〕кни́га 的指小
ша́фа〔阴〕柜, 橱
стоя́ти〔未〕站着; 位于
на〔前〕(六格) 在…上, 在…
поли́ця〔阴〕(钉在墙上的) 搁架
кварти́ра〔阴〕住宅, 住所
живемо́ (жи́ти 的现在时第一人称复数)
 〔未〕活着; 居住
ми〔代〕我们
у нас 在我们这儿, 我们有…
одне́ (阳性为оди́н)〔数〕一
вели́кий〔形〕大的
балко́н〔阳〕阳台, 凉台
коли́〔连〕(在)…的时候

те́пло〔副〕暖和, 温暖
спимо́ (спа́ти 的现在时第一人称复数)
 〔未〕睡, 睡觉
письмо́вий〔形〕写字的, 写字用的
три〔数〕三
дива́н〔阳〕沙发
дива́н-лі́жко〔阳〕沙发床
оде́жний〔形〕衣服的
ла́мпа〔阴〕灯
радіоприйма́ч〔阳〕半导体收音机
гото́ю (готува́ти 的现在时第一人称单
 数)〔未〕准备; 制造; 做(饭)
готува́ти уро́ки 做功课
університе́т〔阳〕(综合) 大学
спа́льня〔阴〕寝室, 卧室
одно́ = одне́
мале́нький〔形〕小的, 不大的
дзе́ркало〔中〕镜子
нічни́й〔形〕夜的, 夜间的
сто́лик〔阳〕стіл 的指小
о́дяг〔阳〕衣服, 服装
пості́льний〔形〕床上用的
білизна́〔阴〕床单; 内衣
нови́й〔形〕新的
взуття́〔中, 集合名词〕鞋, 靴

лежа́ти〔未〕躺着；位于，在…
матра́ц〔阳〕褥子，床垫
простира́дло〔中〕床单，被单
ко́вдра〔阴〕被子
поду́шка〔阴〕枕头
підодія́льник〔阳〕被套，被里
на́волочка〔阴〕枕头罩
зве́рху〔副〕在表面上，在上面
покрива́ло〔中〕盖布，苫布
ва́нний〔形〕洗澡用的，沐浴的
ва́нна〔阴〕澡盆；洗澡
умива́льник〔阳〕(带水龙头的)洗脸池
висі́ти〔未〕悬挂；挂

рушни́к〔阳〕毛巾，手巾
ми́ло〔中〕肥皂
зубни́й〔形〕牙的，牙齿的
щі́тка〔阴〕刷子
те́плий〔形〕暖和的，温暖的
холо́дний〔形〕冷的，很凉的
вода́〔阴〕水
ма́ємо (ма́ти 的现在时第一人称复数)〔未〕有，具有
центра́льний〔形〕中心的，中间的
опа́лення〔中〕供暖；供暖设备
   центра́льне опа́лення 集中供暖

Комента́рі

1. 名词单数第二格

名词第二格又叫属格，主要表示事物的所属关系，也可以表示事物的性质、特征等。此外，数词、某些动词、前置词等也要求所接的名词变为二格形式。名词单数第二格的构成见下表。

	主格（第一格）	单数第二格
第一变格法	маши́на	маши́ни
	пра́ця	пра́ці
	іде́я	іде́ї
	ми́ша	ми́ши
第二变格法	чолові́к	чолові́ка
	ба́тько	ба́тька
	вікно́	вікна́
	учи́тель	учи́теля
	край	кра́ю
	мо́ре	мо́ря

续表

	主格（第一格）	单数第二格
第二变格法	знання́	знання́
	чита́ч	читача́
	прі́звище	прі́звища
第三变格法	тінь	ті́ні
	річ	ре́чі
第四变格法	ім'я́	і́мені (ім'я́)
	лоша́	лоша́ти

注：①第二变格法阳性名词单数二格词尾有 -a（-я），-y（-ю），其中带 -a（-я）的通常是表示人、动物、具体事物、城市名称等的名词，如：робітни́к — робітника́，олівець — олівця́, Ки́їв — Ки́єва 等；而带 -y（-ю）的通常是表示物质、材料、草木的名称以及表示自然现象、感觉、集合概念或一些抽象事物的名词。如：чай — ча́ю，сніг（雪）— сні́гу，ліс — лі́су，сон（梦）— сну。此外，一些外来名词和表示国家、河流、山川、岛屿等城镇以外的地理名称的名词也用词尾 -y（-ю），如：рома́н（长篇小说）— рома́ну, Кита́й（中国）— Кита́ю.

②以 -м'я 结尾的中性名词单数二格有两种并行形式：不带后缀 -ен 时，词尾为 -я；带后缀 -ен 时，词尾为 -i。如：ім'я́ — ім'я́, і́мені；пле́м'я — пле́м'я, пле́мені。

2. 名词单、复数第六格

名词第六格又称前置格，也叫位格，因永远与前置词连用而得名。常用的要求第六格的前置词有 на（在…上面），в（在…里），o（在…时）等。第六格的构成规则如下：

（1）单数

第一变格法与第三变格法名词单数六格词尾均为 -i，如：маши́на —（на）маши́ні，пра́ця —（на）пра́ці，ми́ша —（на）ми́ші；тінь —（на）ті́ні，річ —（на）ре́чі。第一变格法词干末尾以 г，к，х 结尾的名词单数六格 г，к，х 变为 з，ц，с。如：нога́ —（на）нозі́，рука́ —（на）руці́；му́ха —（на）му́сі。

第二变格法名词单数六格词尾有 -ові（-еві，-єві），-y（-ю），-i（-ї）三种形式。第一种形式主要用于动物名词，如：брат —（на）бра́тові，учи́тель —（на）учи́телеві，това́риш —（на）това́ришеві，геро́й —（на）геро́єві；第二种形式用

于词干为单音节的阳性名词和中性名词及以 -к 结尾的名词，如：степ—（у）степу́，лі́жко—（у）лі́жку，бій—（у）бою́，мішо́к—（у）мішку́；中性名词和无后缀的阳性非动物名词单数六格词尾通常用第三种形式，如：край—（на）краї́，лист—（у）листі́，письмо́—（на）письмі́。

第四变格法名词单数六格词尾也是 -і，但是要添加后缀 -ат（-ят）或 -ен，如：ім'я́—（на）і́мені，лоша́—（на）лоша́ті，хлоп'я́—（на）хлоп'я́ті。

（2）复数

所有名词复数六格词尾均为 -ах（-ях），如：маши́на—（на）маши́нах，пра́ця—（на）пра́цях，ми́ша—（на）миша́х，ба́тько—（на）батька́х，геро́й—（на）геро́ях，знання́—（на）знання́х，тінь—（на）ті́нях。只有第四变格法名词复数六格仍需加后缀 -ат(-ят)或 -ен，如：ім'я́—（на）імена́х，лоша́—（на）лоша́тах。

3. 动词现在时复数第一人称

	第一人称复数词尾	例词
第一变位法	-емо	нести́—(ми) несемо́ писа́ти—(ми) пи́шемо
第一变位法	-ємо	зна́ти—(ми) зна́ємо дава́ти—(ми) даємо́
第二变位法	-имо	говори́ти—(ми) гово́римо люби́ти—(ми) лю́бимо
第二变位法	-їмо	стоя́ти—(ми) стоїмо́

4. 数词 оди́н 的性和数

数词 оди́н（一）有性、数的区别，其阳性、中性、阴性、复数分别为 оди́н，одно́（одне́），одна́，одні́，使用时要和连用的名词在性、数、格上一致。如：оди́н робі́тник，одно́ вікно́，одна́ па́рта，одні́ две́рі（一扇门）。

本课中的 одно́ мале́ньке 后面省略了名词 лі́жко。

Впра́ви

1. 将下列词组译成乌克兰语。

我哥哥的房间 ＿＿＿＿＿＿＿＿＿＿　　圆桌 ＿＿＿＿＿＿＿＿＿＿

在你的房间里 ＿＿＿＿＿＿＿＿＿＿　　在阳台里 ＿＿＿＿＿＿＿＿＿＿

写字台 _____　　衣柜 _____

两张沙发床 _____　　做功课 _____

浴室 _____　　牙刷 _____

凉水 _____　　温水 _____

2. 将括号内的词变为需要的格。

(1) Цікаві книжки будемо брати в (бібліотека). _____

(2) Петро має на (рука) годинник. _____

(3) У (шафа) внизу стоять наші черевики. _____

(4) Мій брат живе тепер на (дача). _____

(5) У (квартира) чотири вікна і два балкони. _____

(6) На (ліжко) матраци, на (матраци) білі простирадла. _____

(7) Я ще вчуся в (школа), мій брат в (університет). _____

(8) Олесь сидить на (диван), а Сашко на (стілець). _____

(9) На (море) тихо. _____

(10) На (подушки) лежать наволочки. _____

3. 回答下列问题。

(1) Яка у вас квартира? _____

(2) Яка ваша кімната? _____

(3) Що там стоїть? _____

(4) Що є у спальні? _____

(5) Що лежить на ліжку? _____

(6) Де ваші книги? _____

(7) Де лежить постільна білизна? _____

(8) Що є у ванній кімнаті? _____

4. 将下列句子译成乌克兰语。

(1) 我有两本书和一本词典。

_____

(2) 我们说乌克兰语。

_____

(3) 我和哥哥站在我们的房间里。

_____

(4) 他们通常在图书馆做功课。

（5）当天气暖和时，我们睡在阳台上。

（6）这是姐姐的椅子，而这是弟弟的圈椅。

（7）爸爸的牙刷在浴室里的搁架上。

5. 听听读读。

（1）—Олесю! Йди сюди（请过来）! У нас нова́ кварти́ра!

—Велика? Га́рна?

—Невелика, трикімна́тна（三个房间的）, але́ га́рна. Дивись, тут бу́де віта́льня і їда́льня, це спа́льня, а це — моя́ кімна́та.

（2）—Окса́но, ти іде́ш у кіно́ вве́чері?

—Ні, я пови́нна（应该）бу́ду готува́ти уро́ки.

—Твій брат бу́де теж удо́ма?

—Так, він бу́де працюва́ти сього́дні вдо́ма.

第6课　Шóстий урóк

> 学习要点：
> 1. 动词现在时单数第二人称
> 2. 动词合成式将来时

Діалóги

1. —Дóбрий день, Катерúно! Ти теж тут бувáєш?

   —Добридень, Пéтре! Так, я тут чáсто обідаю.

   —Що сьогóдні на обíд?

   —Ось меню́, будь лáска.

   —Дя́кую.

   Підхóдить офіціáнтка. Петрó замовля́є:

   —Будь лáска, салáт, борщ, варéне м'я́со, компóт і тістечко. До борщу́ чóрний хліб.

   —Гарáзд. У Катерúни овочéвий суп, смáжена рúба і печéні я́блука, у нéї бíлий хліб.

   —Як обíд?

   —Дýже смачнúй, тут чудóвий кýхар.

2. —О, тут аж два обíди! У тéбе такúй велúкий апетúт, Степáне?

   —Чудóвий, Максúме, алé цей дрýгий обíд не мій. Це для Оксáни.

   —А де ж вонá?

   —Он ідé.

   —Не знáєш, тут є які-нéбудь фрýкти?

   —Так, є слúви і я́блука, є тáкож смачнúй фруктóвий сік.

Текст

У їдáльні

Вóсьма годи́на рáнку. Скóро сніда́нок. Óльга Івáнівна у їдáльні. На столі́ вже лежи́ть сві́жа бі́ла скáтерть з льóну і сервéтки з папéру, стої́ть рі́зний пóсуд. Тут ужé стоя́ть тарі́лки, чáшки для кáви і склянки́ для чáю, вели́кі блю́дця до чáшок і малі́ для варéння. Правóруч від тарі́лки лежи́ть ніж, лівóруч—видéлка. Чáйні лóжечки́ лежа́ть на блю́дцях. На тарі́лках бі́лий і чóрний хліб, мáсло, сир, варéні я́йця і ковбасá. Для Гáлі мáнна кáша.

Ді́ти, Óльга Івáнівна і Микóла Пáвлович сіда́ють до стóлу і сніда́ють.

Обі́дати бýдуть дóма ті́льки Óльга Івáнівна та Олéсь. Петрó звичáйно обі́дає в університéті, а Микóла Пáвлович на завóді. Гáля бýде обі́дати і полýднувати в дитя́чому садкý.

Вéчір, сьóма годи́на. Микóла Пáвлович запі́знюється. Йогó сім'я́ вже вечéряє. На столі́ сві́жі огірки́, ри́ба, молодá картóпля. До чáю у Óльги Івáнівни є смачни́й пирі́г.

Словни́к

бувáєш (бувáти 的现在时第二人称单数)〔未〕往往在, 常常在

чáсто〔副〕时常, 常常

обі́дати〔未〕吃午饭

на〔前〕(四格) 表示目的和用途

обі́д〔阳〕午餐, 午饭；吃饭

меню́〔不变, 中〕菜谱

підхóдити〔未〕走近, 接近

офіціáнтка〔阴〕(餐厅) 女侍者, 女服务员

замовля́ти〔未〕预定, 定做, 定制；订购

салáт〔阳〕色拉, 凉拌菜

борщ〔阳〕菜汤

варéний〔形〕煮沸的, 烧滚的

м'я́со〔中〕肉, 肉类；〈口语〉牛肉

компóт〔阳〕糖水水果

ті́стечко〔中〕甜点心, 糕饼

до〔前〕(二格) 在…以前(表示时间)

чóрний〔形〕黑色的

хліб〔阳〕面包

гарáзд〔副〕好, 很好；〔语气〕〈口语〉好的, 行

овочéвий〔形〕蔬菜的

суп〔阳〕汤, 汤菜

смáжений〔形〕煎的；炸的；烤的

ри́ба〔阴〕鱼

печéний〔形〕烘烤的；烧的, 烤的

я́блуко〔中〕苹果

неї（вона 的二、四格，与前置词连用时）〔代〕她；它
білий〔形〕白的，白色的
дуже〔副〕很，非常，极
смачний〔形〕味美的，有滋味的
чудовий〔形〕非常美好的，极好的
кухар〔阳〕厨师
о〔感〕啊，呀，噢
аж〔语气〕简直，整整
такий〔代〕这样的，那样的
апетит〔阳〕食欲，胃口
для〔前〕（二格）为了
ж=же〔语气〕（加强语气）究竟，到底
іти, іду, ідеш, іде〔未〕走，走来
який-небудь〔代〕任何一个，任何的
фрукт〔阳〕水果，鲜果
слива〔阴〕李树；李子
фруктовий〔形〕水果的，鲜果的
сік〔阳〕汁，液，浆液
їдальня〔阴〕饭厅；食堂
восьмий〔数〕第八的
година〔阴〕小时；（几）点钟
сніданок〔阳〕早饭，早餐
свіжий〔形〕新鲜的；近来的
скатерть〔阴〕桌布，台布
з〔前〕（二格）用（某种材料）
льон〔阳〕亚麻
серветка〔阴〕餐巾
паперу（папір 的单数第二格）〔阳〕纸
різний〔形〕不同的；各种的
посуд〔阳，集合名词〕器皿；容器
тарілка〔阴〕盘子，碟子
чашка〔阴〕碗；盘，杯（碗状器皿）

кава〔阴〕咖啡（饮料）
склянка〔阴〕玻璃杯
чай〔阳〕茶，茶叶
блюдце〔中〕小碟
до〔前〕（二格）（指出事物的用途）
чашок（чашка 的复数二格）〔阴〕碗
малий〔形〕小的，不大的
варення〔中〕果酱；蜜饯
праворуч〔副〕向右（方）；在右边
від〔前〕（二格）自，从，由
　праворуч від（二格）在…的右边
ніж〔阳〕刀，刀子
виделка〔阴〕餐叉，叉子
чайний〔形〕茶的；茶叶的
ложечка〔阴〕小匙，小勺
масло〔中〕油（指各种油类）
сир〔阳〕干酪；乳酪
яйце〔中〕蛋；鸡蛋
ковбаса〔阴〕灌肠，香肠
манний〔形〕碎小麦米做的
каша〔阴〕饭；粥
діти〔复〕孩子（们）；儿女
до〔前〕（二格）向，朝，往
снідати〔未〕吃早饭
дома〔副〕（在）家里
тільки〔副〕只，只有，仅仅
завод〔阳〕工厂，制造厂
полуднувати〔未〕〈口语〉（午餐和晚餐之间或中午）吃小吃，吃点心，用便餐
дитячий〔形〕儿童的，孩子的
　дитячий садок 幼儿园
вечір〔阳〕傍晚，晚上

сьо́мий〔数〕第七的
запі́знюватися〔未〕迟到，来晚；耽误
його́〔代〕他的，它的
сім'я́〔中〕家庭；一家人
вече́ряти〔未〕吃晚饭

огіро́к〔阳〕黄瓜
молоди́й〔形〕年轻的；幼小的；新的
карто́пля〔阴〕马铃薯
пирі́г〔阳〕（烤的）大馅儿饼

Коментарі́

1. 动词现在时单数第二人称

	单数第二人称词尾	例词
第一变位法	-еш	нести́ —(ти) несе́ш пла́кати —(ти) пла́чеш
	-єш	зна́ти —(ти) зна́єш дава́ти —(ти) дає́ш
第二变位法	-иш	крича́ти —(ти) кричи́ш люби́ти —(ти) лю́биш
	-їш	стоя́ти —(ти) стої́ш

2. 动词合成式将来时

乌克兰语动词有"时"的区别，分为现在时、过去时和将来时。此课以前出现的均为未完成体动词现在时的变位形式。本课中的бу́де обі́дати, обі́дати бу́дуть 则为动词的将来时形式。动词将来时有三种形式：单一式、复合式和合成式。其中合成式将来时的构成方法为：

助动词бу́ти的将来时变位形式+未完成体不定式

如：动词зна́ти的合成式将来时为：я бу́ду зна́ти, ти бу́деш зна́ти, він (вона́, воно́) бу́де зна́ти, ми бу́демо зна́ти, ви бу́дете зна́ти, вони́ бу́дуть зна́ти.

3. Що сього́дні на обі́д?（今天午饭吃什么？）句中，前置词на接四格，表示事物的目的或用途。再如：хліб на зи́му（过冬的粮食）。

4. 注意本课中前置词до的几个不同的意义。

（1）在…之前（表示时间），如：до борщу́（在上菜汤之前）。（2）指出事物的用途，如：блю́дця до ча́шок（用来放碗的碟子）。（3）向，到，如：сіда́ти до сто́лу（坐到桌旁）。

5. який-небудь 为不定代词，由疑问代词 який 加上构词语气词 небудь 构成，有性、数、格的变化，但仅是疑问代词部分发生变化，语气词部分不变（详见第17课）。

Вправи

1. 在空格内填入动词 бути 的变位形式。

   （1）Завтра ви _____ вечеряти дома?

   （2）Я _____ працювати в бібліотеці.

   （3）Скоро _____ холодно.

   （4）Ми _____ відпочивати.

   （5）Ти _____ на спортивному майданчику?

   （6）Наші хлопці _____ у театрі.

2. 将下列句子译成乌克兰语。

   （1）明天我们不工作。

   （2）我将读这本新杂志。

   （3）你将在沙发上睡，而你的哥哥在床上睡。

   （4）孩子们要做功课了。

   （5）这儿要放一个大柜子。

   （6）书将放在书架上。

   （7）这里将挂画。

   （8）我将在这里生活。

3. 选择适当的前置词 до, з 或 для 填入空格，并将括号内的词变成需要的形式。

   （1）Ми будемо гуляти _____ (обід).

   （2）Це журнали і книжки _____ (студенти).

   （3）_____ (школа) треба йти прямо, а потім ліворуч.

（4）Це скáтерть _____（льон）.

（5）Водá течé（流）_____（кран）.

（6）Це укáзка _____（вчíтелька）.

4. 将括号中的形容词变成需要的形式。

（1）Наш будúнок _____（висóкий）.

（2）Мáнні пирíжкú до чáю _____（смачнúй）.

（3）Це простирáдло _____（ширóкий і дóвгий）.

（4）День сьогóдні _____（яснúй）.

（5）Гáля— _____（хорóший）ученúця у клáсі.

（6）（Чудóвий）_____ тíстечко лежúть на тарíлці.

5. 将下列句子译成乌克兰语。

（1）现在3点钟。

_____

（2）我姐姐在饭厅吃饭。

_____

（3）我们很快就要吃晚饭。

_____

（4）弟弟坐在妈妈的右边，而我坐在左边。

_____

（5）爸爸今天回来晚了。

_____

（6）我们全家坐到桌旁吃早饭。

_____

6. 听听读读。

—Мáмо, обíд готóвий.

—Дóбре, дóню. Накривáй на стіл（摆桌子吧）.

—А що стáвити（放置，摆放）?

—Спочáтку стелú（铺）скáтерть, пóтім став тарíлкú, склянкú, кладú сервéтки, ложкú, ножí й виделки.

—Де серветки, мáмо?

—У буфéті（碗柜）на полúці. Є?

—Так, є. Ось лежáть.

第7课　Сьо́мий уро́к

学习要点：
1. 动词现在时复数第二人称
2. 名词复数第二格
3. 动词复合式将来时
4. 数词（1—100）

Діало́г

—Яки́й га́лас! Га́лю, що ви тут ро́бите?

—Ма́мочко, ми гра́ємось.

—Яка́ ж це гра? Тут нема́ іграшок, ті́льки сті́льці і крі́сла.

—Це вокза́л, ма́мо. Сті́льці — це ваго́ни, а крі́сла — теплово́зи. А у Бори́са — електрово́з. На вокза́лі за́вжди бага́то ваго́нів, поїздів і люде́й. І бага́то га́ласу.

—А що ро́бить Юра́сь?

—Юра́сь дає́ сигна́л. Він черговий по ста́нції.

—А Мишко́?

—Мишко́ — нача́льник по́їзда. Я і Мари́нка — провідники́. Ми готу́ємо чай для пасажи́рів. Ні́на і Тетя́нка — пасажи́ри, вони́ пи́тимуть наш чай.

—А хто ж машині́ст теплово́за?

—Павлу́сь.

—До́бре, до́бре. Гра́йтесь да́лі, ті́льки не ду́же кричі́ть.

Текст

У по́їзді «Москва́-Ки́їв»

Сього́дні вісімна́дцяте (18-те) че́рвня. Савчуки́ ї́дуть з Москви́ до Ки́єва. Вони́ сидя́ть у по́їзді №1. Це експре́с. Від Москви́ до Ки́єва він іде́ двана́дцять

（12）годин і робить у дорозі тільки дві зупинки. Бувають ще швидкі поїзди і звичайні.

21 година 20 хвилин. Поїзд рушає. Вагони повільно котяться по рейках. Поїзд набирає швидкість.

У купе вся родина Савчуків. Юрій Михайлович сидить на лавці праворуч. У нього в руці цигарка, але він не палить. У купе не можна палити. Його дружина сидить на лавці ліворуч. Вона читає газету. Оленка біля матері. У неї книжка. А Ярослав? Де він? Він стоїть у проході.

Стукають. Це провідник. «Ваші квитки, будь ласка! Дякую. Чай будете пити?»

— Так, звичайно. Вечеряти ми не будемо. Ми тільки питимемо чай.

Словник

галас〔阳〕响声，喧哗
робите（робити 的现在时复数第二人称）〔未〕做
мамочка〔阴〕мама 的指小表爱
гратися〔未〕玩耍，游戏
гра〔阴〕游戏
нема〔用作谓语〕没有，无
іграшка〔阴〕玩具
вокзал〔阳〕客运站；(客)车站
вагон〔阳〕(在轨道上行驶的)车，车辆，车厢
тепловоз〔阳〕内燃机车
електровоз〔阳〕电力机车
завжди 及 **завжди**〔副〕永远；一直，总是
поїзд〔阳〕列车，火车
люди〔复〕人们，人士
давати〔未〕给，给予；提供
сигнал〔阳〕信号

черговий〔形〕值班的；〔用作名词〕值班人员
по〔前〕(六格)(表示行为的场所、方向、范围等)在…，朝…
станція〔阴〕站
начальник〔阳〕首长；…长；主任
провідник〔阳〕列车员
пасажир〔阳〕旅客，乘客
пити〔未〕喝，饮
машиніст〔阳〕火车司机
грайтесь（гратися 的命令式）〔未〕玩，玩耍
далі〔副〕继续(下去)
кричати〔未〕叫喊，呼喊；叫嚷（кричіть 为命令式）
Москва 莫斯科
Київ 基辅
вісімнадцятий〔数〕第十八的
експрес〔阳〕特别快车

двана́дцять〔数〕十二

доро́га（三、六格 доро́зі）〔阴〕路，道路；旅途

зупи́нка〔阴〕停止，停顿；停车站

швидки́й〔形〕快的，快速的

звича́йний〔形〕平常的，常见的

хвили́на〔阴〕（时钟的）分

руша́ти〔未〕出发，动身；开始动

пові́льно〔副〕缓慢地，平稳地

коти́тися〔未〕滚动，滑行

ре́йка〔阴〕钢轨

набира́ти〔未〕收集；弄到

шви́дкість〔阴〕迅速；速度

   набира́ти шви́дкість 加（足）速度

купе́〔不变，中〕（客车中的）包间，包房

весь, вся, все, всі〔代〕全部；所有

роди́на〔阴〕家庭；〈口语〉家人们

ла́вка（三、六格 ла́вці）〔阴〕长凳

рука́（三、六格 руці́）〔阴〕手；胳膊

цига́рка〔阴〕（俄式带纸嘴的）烟卷

пали́ти〔未〕点燃；抽（烟）

мо́жна〔副，用作无人称谓语〕可以，能够，行

дружи́на〔阳，阴〕配偶（指夫或妻）

газе́ту（газе́та 的单数第四格）〔阴〕报纸

бі́ля〔前〕（二格）靠近，在…旁边

ма́ти（二格为 ма́тері）〔阴〕母亲

прохі́д（六格为 (у) прохо́ді）〔阳〕通道

сту́кати〔未〕敲；叩（门、窗）

квито́к〔阳〕票；证

звича́йно〔用作插入语〕自然，当然

Комента́рі

1. 动词现在时复数第二人称

	复数第二人称词尾	例词
第一变位法	-ете	нести́ — (ви) несете́ пла́кати — (ви) пла́чете
	-єте	зна́ти — (ви) зна́єте дава́ти — (ви) даєте́
第二变位法	-ите	говори́ти — (ви) гово́рите люби́ти — (ви) лю́бите
	-їте	стоя́ти — (ви) стоїте́

至此，我们已经学习了动词现在时变位的全部六种人称形式。现做小结如下：

人称		第一变位法人称词尾		第二变位法人称词尾	
单数	я	-у	-ю	-у	-ю
	ти	-еш	-єш	-иш	-їш
	він вона́ воно́	-е	-є	-ить	-їть
复数	ми	-емо	-ємо	-имо	-їмо
	ви	-єте	-єте	-ите	-їте
	вони́	-уть	-ють	-ать	-ять

2. 名词复数第二格

	单数第一格	复数第二格
第一变格法	маши́на	маши́н
	пра́ця	прац ь
	іде́я	іде́й
	ми́ша	мише́й
第二变格法	чолові́к	чолові́ків
	ба́тько	батькі́в
	вікно́	ві́кон
	учи́тель	учителі́в
	мо́ре	морі́в
	знання́	знань
	чита́ч	читачі́в
	прі́звище	прі́звищ
第三变格法	тінь	ті́ней
	річ	рече́й
第四变格法	ім'я́	іме́н
	лоша́	лоша́т

几点说明：

①第一变格法的名词复数二格多为秃尾形式，再如：сестра́—сесте́р，стіна́—стін。也有词尾 **-ей** 或 **-ів**，如：сім'я́—сіме́й，ста́роста—старості́в。

此外，当名词词干最后音节出现元音 -o- 时，复数二格 -o- 变为 -i-，如 гора́—гір, доро́га—доріг；当复数二格是秃尾形式，而词干末尾是两个辅音时，则秃尾形式的两个辅音之间可出现元音 о 或 е，如：пі́сня—пісе́нь, кни́жка—книжо́к。

②第二变格法中阳性名词复数二格词尾多为 -ів, -їв, -ей，如：геро́й—геро́їв, ліс—лісі́в, гість—госте́й；中性名词复数二格多为秃尾形式，如：ли́сто—ліст, ло́же—лож, 也有词尾 -ів, -їв, 如：по́ле—полі́в, почуття́—почутті́в。

③第四变格法名词复数二格仍需添有后缀 -ят（-ат）或 -ен。

④乌克兰语中有一些只有复数形式的名词，如 две́рі, ді́ти, кані́кули, 这些词的第二格结尾为 -ей, -ів（-їв），或者是秃尾形式，如：лю́ди—люде́й, ді́ти—діте́й, кані́кули—кані́кул, схо́ди—схо́дів。

3. 动词复合式将来时

本课中的 пи́тимуть, пи́тимемо 为动词复合式将来时形式。复合式将来时的构成方法为：**未完成体不定式加 -му, -меш, -ме, -мемо, -мете, -муть 构成**。如：动词 чита́ти 的将来时为 я чита́тиму, ти чита́тимеш…。带 -ся 动词则去掉 -ся 后分别加 -мусь, -мешся, -меться, -мемось, -метесь, -муться。如：ба́читися—я ба́читимусь, ти ба́читимешся, він (вона́, воно́) ба́читиметься, ми ба́читимемось, ви ба́читиметесь, вони́ ба́читимуться。

4. 数词（1—100）

（1）乌克兰语数词分为数量数词和顺序数词，前者表示事物的数量，后者表示事物的顺序。

	数量数词	顺序数词
1	оди́н (одна́, одно́, одні́)	пе́рший
2	два (дві)	дру́гий
3	три	тре́тій
4	чоти́ри	четве́ртий
5	п'ять	п'я́тий
6	шість	шо́стий
7	сім	сьо́мий
8	ві́сім	во́сьмий
9	де́в'ять	дев'я́тий

续表

	数量数词	顺序数词
10	де́сять	деся́тий
11	одина́дцять	одина́дцятий
12	двана́дцять	двана́дцятий
13	трина́дцять	трина́дцятий
14	чотирна́дцять	чотирна́дцятий
15	п'ятна́дцять	п'ятна́дцятий
16	шістна́дцять	шістна́дцятий
17	сімна́дцять	сімна́дцятий
18	вісімна́дцять	вісімна́дцятий
19	дев'ятна́дцять	дев'ятна́дцятий
20	два́дцять	двадця́тий
30	три́дцять	тридця́тий
40	со́рок	сороко́вий
50	п'ятдеся́т	п'ятдеся́тий
60	шістдеся́т	шістдеся́тий
70	сімдеся́т	сімдеся́тий
80	вісімдеся́т	вісімдеся́тий
90	дев'яно́сто	дев'яно́стий
100	сто	со́тий

有些数量和顺序概念需要连用几个数词来表示，如：два́дцять три（23）—— два́дцять тре́тій（第23），сто со́рок оди́н（141）—— сто со́рок пе́рший（第141）。这样的数词叫作合成数词。

（2）数词与名词的连用规则

数量数词оди́н以及以оди́н为末位数的合成数词与连用的名词在性、数、格上一致，如：оди́н чолові́к, два́дцять одна́ кни́жка。

два（дві），три，чоти́ри以及以它们为末位数的合成数词要求名词用复数第一格，其中два与阳性和中性名词连用，дві与阴性名词连用，如：два дзе́ркала, дві го́ри, два́дцять три і́грашки；有时，名词的复数一格与2、3、4连用时，重音会发生变化，如：брат（兄弟）—бра́ти（复数）—два бра́ти；мо́ре（海）—моря́（复数）—три мо́ря；жі́нка（女人）—жі́нки（复数）—чоти́ри жі́нки。

п'ять 以上的其他数词以及以它们为末位数的合成数词要求名词用复数二格，如：п'ять маши́н, де́сять ро́ків。

顺序数词和形容词一样，在句中与被说明的名词在性、数、格上一致，如：пе́рший уро́к, тре́тя кімна́та。合成顺序数词只有末尾的一个词形有性、数、格变化，其前面所有的组成部分一律不变，如：сто два́дцять тре́тій чолові́к（第123个男人）。

5. нема́+二格 表示"没有，无"，在句中作谓语，如：Тут нема́ стільці́в（这里没有椅子）。У ме́не нема́ олівця́（我没有铅笔）。

6. Савчуки́ 为复数形式，表示同一家族的人，译为"萨乌丘克一家"。

7. 乌克兰语中表示日期时，"是几号"用顺序数词和名词число́的第一格（通常省略不用）表示，"是几月几号"则把表示月份的词变为第二格作非一致定语。表示"几点几分"时要用数量数词。

8. мо́жна+动词不定式 表示"可以、能够做…，"在句中作谓语，如：Тут мо́жна сіда́ти（这里可以坐）。

Впра́ви

1. **翻译并记住下列词组。**

    很多人 _____   发信号 _____

    列车长 _____   喝茶 _____

    在途中 _____   加快速度 _____

    全家 _____   在他的手里 _____

    不许吸烟 _____   读报 _____

    在母亲旁边 _____   站在过道里 _____

2. **将下列词组译成乌克兰语。**

    1个妹妹 _____   两份报纸 _____

    31张桌子 _____   100台机器 _____

    23个大学生 _____   15年 _____

    3月2日 _____   6月7日 _____

8月16日 _____ 　　10月28日 _____

4点5分 _____ 　　10点24分 _____

3. 抄写下列句子，并将括号内的词变成复合式将来时。

(1) Влітку ми (жити) на дачі. _____

(2) Ми (їздити) додому часто. _____

(3) Там вони (купатися) в річці. _____

(4) У кімнаті (стояти) стіл, стільці, диван і шафа. _____

(5) На полиці (лежати) білизна. _____

(6) Гриць восени (вчитися) в університеті. _____

4. 按课文回答问题。

(1) Який це поїзд? _____

(2) Скільки (多少) годин цей поїзд іде до Києва? _____

(3) Скільки зупинок він робить? _____

(4) Де тепер Савчуки? _____

(5) Що робить Юрій Михайлович? _____

(6) Що робить його дружина? _____

5. 将下列句子译成乌克兰语。

(1) 这是快车。这是我们的包厢。
_____

(2) 可以在这里休息。
_____

(3) 我姐姐坐在左边并且在读报。
_____

(4) 列车员端来茶。
_____

(5) 您的票在哪儿？这就是，请看。
_____

(6) 你们要在哪儿吃午饭？
_____

(7) 您喜欢这本杂志吗？
_____

（8）你们读熟课文了吗？

_____

（9）火车里没有乘客。

_____

（10）车站旁边总是有很多人。

_____

6. 听听读读。

　　(1) — Коли́ вируша́є по́їзд до Ки́єва?

　　　　— Сього́дні вве́чері.

　　　　— Скі́льки він іде́ від Москви́ до Ки́єва?

　　　　— Двана́дцять годи́н.

　　　　— Дя́кую.

　　(2) — Що ти бу́деш роби́ти у доро́зі?

　　　　— Я бу́ду чита́ти кни́гу або́ газе́ту. А ти?

　　　　— Я хо́чу до́бре відпочи́ти. Бу́ду спа́ти.

　　(3) — Будь ла́ска, ва́ші квитки́!

　　　　— Ось вони́.

　　　　— Чай бу́дете пи́ти?

　　　　— Так, три стака́ни.

　　　　— За́раз.

第8课　Во́сьмий уро́к

学习要点：
1. 人称代词及其变格
2. 动词第二人称命令式
3. 名词复数第三格
4. 年龄表示法

Діало́г

—Добри́день, Ма́рто! Це́ говори́ть І́гор Кова́льчук. Чи Богда́н удо́ма?

—Ні, його́ нема́, але́ він за́раз бу́де. А, ось він! Богда́не, І́гор дзво́нить.

—Добри́день, І́горю! Що ново́го?

—У цю субо́ту ми влашто́вуємо літерату́рний ве́чір. Бу́демо чита́ти ві́рші Тара́са Шевче́нка, Іва́на Франка́. Я, звича́йно, бу́ду говори́ти про життя́ й тво́рчість Шевче́нка. Всі ду́же хо́чуть тебе́ там ба́чити.

—Коли́ це? В субо́ту? Бою́ся, що в цю субо́ту я не бу́ду ма́ти ча́су.

—Прихо́дь, ду́же тебе́ про́шу.

—Ну, до́бре.

Текст

До прї́зду госте́й

Пі́сля вече́рі сім'я́ Бо́йків у віта́льні.

—Та́ту, —пита́є Га́ля, —а де працю́є дя́дько Ю́рій? Хто він?

—Дя́дько Ю́рій—украї́нець, як і ті́тка Ксе́ня, як і ми, —відповіда́є Мико́ла Па́влович.—Він журналі́ст, йому́ 53 ро́ки. Ті́тка Ксе́ня ма́є 51 рік, вона́ домогоспода́рка. Ста́рший син у них—Яросла́в, йому́ 24, він ще не одру́жений. Оле́нка моло́дша, їй 16.

—А де жи́тимуть на́ші го́сті?

—Мабуть, вони будуть жити тут, а ми на дачі. У готелі буде не так спокійно, там багато галасу. А нам буде добре на дачі. У нас же «Москвич», поки що їздитимемо до міста. А скоро у мами і в мене буде відпустка. Будемо разом відпочивати, показувати гостям околиці Києва, курортні місця, ліси, поля, Дніпро, пляжі…

—А в лісі гриби, квіти!

—Так, Галю, будуть гриби й квіти.

Наші гості також ходитимуть до музеїв, театрів, кіно. Потім ми разом подорожуватимемо по Україні, гостюватимемо у діда Івана і баби Марії.

—Ура! У нас буде чудовий відпочинок!

—Так, але зараз треба готуватися до приїзду гостей.

Словник

чи 〔语气〕是不是，是否，吗
удома 〔副〕= **вдома**
зараз 〔副〕马上，立刻；现在
дзвонити 〔未〕按铃；打电话
Що нового? 有什么新闻吗？
субота 〔阴〕星期六
влаштовувати, -ую, -уєш 〔未〕组织，举行
літературний 〔形〕文学的，文艺的
вечір 〔阳〕（联欢性的）晚会
вірш 〔阳〕诗句；诗，诗作
про 〔前〕（四格）关于
життя 〔中〕生命，生活；生存
творчість 〔阴〕创造，创作；〔集合名词〕作品
хотіти, хочу, хочеш 〔未〕想，想要
бачити, -чу, -чиш 〔未〕看见
боятися, боюся, боїшся 〔未〕害怕，恐怕
час 〔阳〕时，时间；一小时
приходити, -джу, -диш；命令式 -одь

〔未〕来；来到；来临
приїзд 〔阳〕（乘车、马、船等）来到，到达
гість 〔阳〕客人
після 〔前〕（二格）在…以后
вітальня 〔阴〕客厅
питати, -аю, -аєш 〔未〕问，询问；请求，寻求
дядько 〔阳〕伯父，叔父；伯伯，叔叔
як 〔连〕如，像；像…一样
тітка 〔阴〕阿姨；伯母，姑母
журналіст 〔阳〕新闻记者
домогосподарка 〔阴〕家庭妇女；女主人
старший 〔形〕年长的；职位较高的；程度较高的
син 〔阳〕儿子
одружений 〔形〕结了婚的
мабуть 〔插入语〕大约，大概，想必
дача 〔阴〕别墅
готель 〔阳〕旅馆
спокійно 〔副〕安静地，宁静地

«Москвич» "莫斯科人"牌轿车
пóки〔副〕暂且；到目前为止
пóки що 暂时(还)，目前(还)
їздити, їжджу, їздиш〔未〕乘，骑；乘行
місто〔阳〕城市
відпýстка〔阴〕休假，假期
рáзом〔副〕一起，共同；〈口语〉一下子
окóлиця〔阴〕城边，郊区；附近
курóртний〔形〕疗养(区)的
мíсце〔中〕地方，处所
пóле〔中〕田野，田地
пляж〔阳〕水边浴场，海滨浴场
гриб〔阳〕蘑菇
квíти〔复〕花

ходи́ти, -джý, -диш〔未〕走，行走
музéй〔阳〕博物馆，陈列馆
подорожувáти, -ýю, -ýєш〔未〕旅行，游览
гостювáти, -юю, -юєш〔未〕у кого 串门，做客
дід〔阳〕祖父；外祖父；老大爷
бáба〔阴〕老婆婆
урá〔感〕乌拉！万岁！(表示高兴、赞美的欢呼)
готувáтися, -ýюся, -ýєшся〔未〕до чого 准备(干)，预备(干)
відпочи́нок〔阳〕休息；休息的时间

Коментарí

1. 人称代词及其变格

代词是概括地指称事物、特征或数量的词类。按意义代词通常分为以下9类：人称代词、物主代词、反身代词、指示代词、疑问代词、关系代词、限定代词、不定代词、否定代词。代词有格的变化，部分代词还有性、数的变化。

乌克兰语的人称代词有я(我)，ти(你)，він(他；它)，вонá(她；它)，вонó(它)，ми(我们)，ви(你们，您)，вони́(他们)等共8个。人称代词有格的变化(见下表)。

	第一人称		第二人称		第三人称			
	单数	复数	单数	复数	单数			复数
一格	я	ми	ти	ви	він	вонá	вонó	вони́
二格	менé	нас	тебé	вас	йогó	її	йогó	їх
三格	менí	нам	тобí	вам	йомý	їй	йомý	їм
四格	менé	нас	тебé	вас	йогó	її	йогó	їх
五格	мнóю	нáми	тобóю	вáми	ним	нéю	ним	ни́ми

续表

	第一人称		第二人称		第三人称			
	单数	复数	单数	复数	单数			复数
六格	(на) мені	(на) нас	(на) тобі	(на) вас	(на) ньому (на)нім	(на) ній	(на) ньому (на)нім	(на) них

注：第三人称代词与前置词连用时要加 н，如：до нього, до неї, до них, про нього, про неї, про них。

2. 动词第二人称命令式

动词命令式表示说话人希望、要求、建议、命令、邀请别人进行或完成某一动作，分为第一人称、第二人称、第三人称三种形式。其中第二人称命令式是主要形式，它表示向说话对方提出要求、命令、劝告等。本课中及本课以前出现的命令式形式均为第二人称命令式。

第二人称命令式分单数和复数形式。单数由现在时词干或单一式将来时词干（复数第三人称形式去掉词尾所余部分就是词干）加 -й，-и，-ь构成，复数形式的标志是 -те，-іть；-те加在单数第二人称命令式之后。

构成规则如下表：

词干特点	构成	命令式
①词干以元音结尾 читáти — читá-ють працювáти — працю́-ють	加 -й，-йте	читáй, читáйте працю́й, працю́йте
②词干以辅音结尾，单数第一人称重音在词尾上 писáти — пи́ш-уть — пишý сказáти — скáж-уть — скажý брать — бер-у́ть — берý	加 -й，-íть	пиши́, пиші́ть скажи́, скажі́ть бери́, бері́ть
③词干以辅音结尾，重音在词干上，结尾辅音是 д，т，з，с，л，н时加 -ь，结尾为其他辅音则不加 -ь． прихо́дити — прихо́д-ять, прихо́джу	加 -ь，-ьте 只复数加 -те	прихо́дь, прихо́дьте

续表

词干特点	构成	命令式
забу́ти — забу́д-уть, забу́ду		забу́дь, забу́дьте
ста́вити — ста́в-ять, ста́влю		став, ста́вте
рі́зати — рі́ж-уть, рі́жу		рі́ж, рі́жте
ті́шити — ті́ш-ать, ті́шу		тіш, ті́ште

几点说明：

① 一些以 -авати 结尾的动词构成命令式时，保留 -ва-，如：дава́ти — даю́ть — дава́й, діставати — дістаю́ть — діставай。

② 以 -ся 结尾的动词构成命令式时，-ся 保留，如：учи́тися — у́чаться — учи́ся。

③ 构成命令式时部分动词的词干中发生音变，如：стоя́ти — стоя́ть — стій, боя́тися — боя́ться — бі́йся。

④ 某些动词词干以两个辅音结尾，重音也总在词干上，但构成命令式时加 -и, -іть, 如：запо́внити — запо́внять, запо́вню — запо́вни, запо́вніть。

3. 名词复数第三格

第三格又称"与格"，主要用于表示动作的间接客体，或在无人称句中表示行为的主体。

属于各变格法的名词复数第三格词尾均为 **-ам**, **-ям**，如：маши́на — маши́нам, іде́я — іде́ям, ми́ша — миша́м, чолові́к — чоловіка́м, вікно́ — ві́кнам, вчи́тель — вчителя́м, знання́ — знання́м, тінь — ті́ням。第四变格法的名词变格时加后缀 **-ят**, **-ат** 或 **-ен**，如：хлоп'я́ — хлоп'я́там, ім'я́ — імена́м。

4. 年龄表示法

乌克兰语中表示某人多少岁时，年龄所有者要变成第三格，其后用第一格的数词加名词 рік（年）的相应格的形式，如：Йому́ 53 ро́ки（他 53 岁）；此外，也可用动词 ма́ти（有）的人称形式，如：Він ма́є 53 ро́ки（他 53 岁）。Я ма́ю 20 ро́ків（我 20 岁）。

5. є 与 нема́

（1）乌克兰语中 є, нема́ 分别表示"有、在"和"没有、不在"，如：

На столі́ є журна́л. 桌子上有本杂志。

На столі́ нема́ журна́лу. 桌子上没有杂志。

Бáтько тут. 爸爸在这里。

Бáтька немá тут. 爸爸不在这里。

其中 є 在多数情况下省略，而 немá 则不可省略，再如：

Там (є) сад. 那里有个花园。

Там немá сáду. 那里没有花园。

将来时则分别用 бýде 和 не бýде 表示，如：

Зáвтра бýде концéрт. 明天将有音乐会。

Зáвтра не бýде концéрту. 明天没有音乐会。

（2）у кого є (бýде，бýдуть)，у кого немá (не бýде) 表示"谁有（将有）"，"谁没有（将没有）"。如：

——У вас є дáча?——你们有别墅吗？

——Ні，у нас немá дáчі.——不，我们没有别墅。

У мéне бýде час. 我将有时间。

У мéне бýдуть гóсті. 我们这儿将有客人。

У тéбе не бýде газéти. 你将没有报纸。

У нас не бýде часý. 我们将没时间。

6. у цю субóту "在这周六"。"在星期几"需用前置词 у (в) 加名词的第四格表示。цю 为 цей 的阴性第四格形式，与 субóту 在性、数、格上一致。

7. «Боюся，що...» 一句为复合句。що 是连接词，用以引出分句，说明主句中 боюся 的内容，在分句中不作句子成分。全句译为"恐怕这周六我没有时间。"

8. «А нам бýде дóбре на дáчі» 一句中，дóбре 用作谓语，译为"好，很好"，主体要用第三格形式，时间用 бýти 的单数第三人称表示。全句译为"我们在别墅里会很好的。"

Впрáви

1. 找出对话和课文中出现的所有人称代词并指出该词的格。

2. 回答下列问题。

   （1）Скíльки вам рóків? _____

   （2）Чи є у вас брат? _____

   （3）Скíльки йомý рóків? _____

   （4）Чи знáєте ви, скíльки менí рóків? _____

（5）Це ваша товаришка? Скільки їй років? _____

3. 将括号中的代词变成需要的格。

（1）Тато відпочиває: у _____ (він) тепер відпустка.

（2）Там стоїть Леся, біля _____ (вона) Степан.

（3）Мама дома? — Ні, _____ (вона) немає.

（4）У _____ (вона) урок? — Так, вона в школі.

（5）Де Петро? До _____ (він) йдуть гості.

（6）У _____ (ми) нова квартира.

（7）Тут мої друзі, я йду до _____ (вони).

（8）_____ (Ви) буде добре тут.

4. 按示例将肯定句改为否定句。

示例：Тут є готель. — Тут нема готелю.

（1）На річці є пляж. _____

（2）У лісі є гриби. _____

（3）На полі є квіти. _____

（4）Тут галас. _____

（5）Журналіст у кімнаті. _____

（6）У мене буде відпустка. _____

（7）У нас буде відпочинок. _____

（8）Тут будуть гості. _____

5. 将下列句子译成乌克兰语。

（1）请不要说得这样快。

_____

（2）请慢慢回答。

_____

（3）请读一读这份报纸。

_____

（4）请问，您是谁？

_____

（5）请给我看看您的杂志。

_____

第9课　Дев'я́тий уро́к

学习要点：
1. 动物名词与非动物名词
2. 名词单、复数第四格
3. 名词单数第五格
4. 完成体动词及单一式将来时

Діало́ги

1. —Мико́ло, чи в нас є що-не́будь ї́сти? Я таки́й голо́дний!

   —Подиви́ся в холоди́льнику. Здає́ться, там ще було́ тро́хи борщу́ й ка́ши.

   —Ні, дя́кую. Ми вже́ цю ка́шу й борщ ці́лий ти́ждень їмо́—і на сніда́нок, і на обі́д, і на вече́рю.

   —Ну, то з'їж яйце́. Там є я́йця, я вчо́ра купи́в.

   —Чудо́во! З'їм яйце́ й шмато́к хлі́ба та ви́п'ю гаря́чої ка́ви.

   —Ка́ви у нас нема́. Є чай.

   —Ну, то неха́й бу́де чай. Мо́жна й ча́ю ви́пити, аби́ гаря́чий.

2. —Бабу́сю, що ти готу́єш на обі́д?

   —Пе́рше бу́де украї́нський борщ з ку́рятиною, дру́ге—кроля́тина з карто́плею, тре́тє—пирі́г і компо́т.

   —А я люблю́ борщ з свини́ною.

   —Борщ з ку́рятиною смачні́ший. Ку́рятина—легке́ м'я́со, а свини́на—важке́.

   —Пече́ні я́блука бу́дуть, бабу́сю?

   —Звича́йно.

Текст

У гастроно́мі

Окса́на Іва́нівна ка́же Яросла́вові: «Ході́мо купува́ти проду́кти. Ти бу́деш нести́ су́мку».

Центра́льний гастроно́м мі́ститься на ро́зі ву́лиць Ле́ніна і Хреща́тика. Тут є рі́зні ві́дділи: бакалі́я, м'ясни́й, ри́бний, ковба́сний, моло́чний, хлі́бний, штучні́ това́ри тощо. Ось бакалі́я. Окса́на Іва́нівна з Яросла́вом підхо́дять. Вітри́ни й полиці́ запо́внені крупо́ю, пе́рцем, сі́ллю, ка́вою, ча́єм, о́цтом, цу́кром, олі́єю.

— Да́йте, будь ла́ска, со́лі, олі́ї й цу́кру!

Продаве́ць ва́жить цу́кор. Є цу́кор і в па́чках. Сіль продає́ться ті́льки в па́чках, ка́ва в па́чках і в коро́бках. Окса́на Іва́нівна пла́тить у ка́сі і йде з че́ком до продавця́. Віддає́ чек і оде́ржує поку́пки.

Ось м'я́со. М'ясни́к рі́же м'я́со ноже́м. Тут рі́зне м'я́со: свини́на, ялови́чина, бара́нина, кроля́тина. Он там тарі́ль з фа́ршем. Вітри́ни запо́внені пти́цею.

Окса́на Іва́нівна і Яросла́в іду́ть додо́му, несу́ть проду́кти.

Словни́к

що-не́будь 〔代〕随便什么, 不管什么
і́сти, їм, їси, їсть, їмо́, їсте́, їдя́ть; 命令式 їж 〔未〕吃; 喝（汤）
голо́дний 〔形〕饥饿的, 挨饿的
подиви́тися, -влю́ся, -вишся 〔完〕看, 望, 瞧 **диви́тися** 〔未〕
холоди́льник 〔阳〕冰箱
здава́тися, здаю́ся, здає́шся 〔未〕显得, 好像；〔用作插入语〕здає́ться 似乎, 好像
було́ бу́ти 的过去时中性
тро́хи 〔副〕一些, 不多; 稍微
ці́лий 〔形〕完整的; 整个的
ти́ждень 〔阳〕星期, 礼拜, 周
вече́ря 〔阴〕晚饭, 晚餐
ну 〔感〕(表示鼓励、催促) 好吧; 喂, 嗯
то 〔连〕那, 就, 于是
з'ї́сти, з'їм, з'їси, з'їсть, з'їмо́, з'їсте́, з'їдя́ть; 命令式 з'їж 〔完〕吃完, 吃掉 **з'їда́ти** 〔未〕
вчо́ра 〔副〕昨天, 昨日
купи́ти, -плю́, -пиш 〔完〕买, 购买 **купува́ти** 〔未〕
чудо́во 〔副〕极好地, 太好了
шмато́к 〔阳〕块
ви́пити, -п'ю, -п'єш 〔完〕喝下; 喝干; 喝完 **випива́ти** 〔未〕
гаря́чий 〔形〕热的, 炎热的
неха́й 〔语气〕让, 叫; 愿
аби́ 〔连〕只要, 只求
бабу́ся 〔阴〕祖母; 外祖母
пе́рше 〔中〕第一道菜
з 〔前〕(五格) 和, 与, 同; 带有
ку́рятина 〔阴〕鸡肉
дру́ге 〔中〕第二道菜
кроля́тина 〔阴〕(家) 兔肉

трéтє 〔中〕第三道菜
свини́на 〔阴〕猪肉
смачнíший（смачни́й 的比较级）〔形〕更有滋味的，更味美的
легки́й 〔形〕轻的；薄的；清淡的
важки́й 〔形〕重的，沉重的；笨重的
гастронóм 〔阳〕食品店
проду́кти 〔复〕食品
су́мка 〔阴〕袋，包，囊
мíститися, мíщуся, мíстишся 〔未〕存在，有；容得下
на 〔前〕（六格）在…上，在…
рíг（六格为 на рóзі）〔阳〕角落，拐角
ву́лиця 〔阴〕街，街道
　на рóзі ву́лиці 在街的拐角上
вíддíл 〔阳〕部分；（行政、企业等机构的）部，司，局，处，科；部门
бакалíя 〔阴，集合名词〕食品杂货
м'ясни́й 〔形〕肉的，肉类的
ри́бний 〔形〕鱼的
ковбáсний 〔形〕灌肠的，香肠的
молóчний 〔形〕奶的，乳的
хлíбний 〔形〕面包的；粮食的
шту́чний 〔形〕人工的，人造的
товáр 〔阳〕货物，制品；商品
тóщо 〔不变〕等等
вітри́на 〔阴〕（陈列商品的）橱窗；玻璃柜
запóвнений 被充满的，被装满的；被占满的

крупá 〔阴〕米，粒
пéрець 〔阳〕胡椒；辣椒
сіль（五格为 сíллю）〔阴〕盐
óцет 〔阳〕醋
цу́кор 〔阳〕糖
олíя 〔阴〕油；（食用的）植物油
продавéць 〔阳〕卖主；售货员
вáжити, -жу, -жиш 〔未〕重，重量为…；称，过秤
пáчка 〔阴〕一包，一束，一叠
продавáтися, -даю́ся, -даєшся 〔未〕（被）出售
корóбка 〔阴〕盒子
плати́ти, -ачу́, -áтиш 〔未〕支付（钱款）；报答，偿付
кáса 〔阴〕收款处；售票处
чек 〔阳〕支票；收款票，取货单
віддавáти, -даю́, -даєш 〔未〕（归）还；给，交给
одéржувати, -ую, -уєш 〔未〕收到，领到，接到；得到
поку́пка 〔阴〕买；买到的东西
м'ясни́к 〔阳〕肉商，卖肉的人
рíзати, рíжу, рíжеш 〔未〕切，割，剪
ялови́чина 〔阴〕牛肉；肉
барáнина 〔阴〕羊肉
тарíль 〔阴〕〈口语〉菜
фарш 〔阳〕碎肉；馅儿
пти́ця 〔阴〕鸟；家禽
додóму 〔副〕回家，回家去

Коментарí

1. **动物名词与非动物名词**

名词有动物名词与非动物名词之分。动物名词是表示人和动物的名词, 回答 хто? 的问题, 如: бáтько, бабýся, кінь (马) 等; 其他表示事物、现象名称的词为非动物名词, 回答 що? 的问题, 如: дéрево, хáта, стіл, дзéркало 等。

2. **名词单、复数第四格**

第四格又称宾格, 主要与及物动词(表示直接及于客体的动作的动词)连用, 作行为的直接客体。某些前置词也要求第四格, 如: про (关于), в (在…那里) 等。第四格的构成规则如下:

(1) 单数

第一变格法名词单数第四格词尾为 **-у, -ю**, 如: сестрá — сестрý, машúна — машúну, ідéя — ідéю, бýря — бýрю。

第二变格法中阳性动物名词单数四格同二格, 如: чоловíк — чоловíка (单二) — чоловíка (单四), бáтько — бáтька (单二) — бáтька (单四); 阳性非动物名词及中性名词单数四格同一格, 如: річ — річ, тінь — тінь, ім'я — ім'я。

(2) 复数

动物名词复数第四格和第二格相同, 如: вчúтель — вчителíв (复二) — вчителíв (复四); жíнка — жінóк (复二) — жінóк (复四); 非动物名词复数第四格和第一格相同, 如: машúна — машúни (复一) — машúни (复四), край — краї (复一) — краї (复四)。

3. **名词单数第五格**

第五格又称工具格, 主要用于表示行为工具、方式、交通工具等, 某些前置词、动词等也要求第五格。单数第五格的构成见下表:

	单数第一格	单数第五格
第一变格法	сестрá робíтниця ідéя мúша	сестрóю робíтницею ідéєю мúшею
第二变格法	брат селó вчúтель	брáтом селóм вчúтелем

续表

	单数第一格	单数第五格
第二变格法	герóй знання́ читáч прíзвище	герóєм знання́м читачéм прíзвищем
第三变格法	тінь рáдість	тíнню рáдістю
第四变格法	ім'я́ лошá	ім'я́м (íменем) лошáм

几点说明：

①第三变格法单数五格词尾为-ю，如果词尾-ю前为唇音（п、б、в、ф、м）或р时，则中间要用隔字符"'"隔开，如：любóв—любóв'ю，верф—вéрф'ю，мáтір—мáтір'ю。如果词尾-ю前为其他辅音，并且该辅音前为元音时，则该辅音要重复写出，如：сіль—сíллю，річ—рíччю，мóлодь—мóлоддю。如果词尾-ю前的辅音前仍为辅音，则辅音不需重复写出，如：вість—вíстю，смерть—смéртю。

②第四变格法名词单数五格不带后缀-ят，-ат，如：хлоп'я́—хлоп'я́м，курчá—курчáм。

4. 完成体动词及单一式将来时

动词的体分为两种：完成体和未完成体。完成体指出动作已经完成或将要完成，而未完成体表示行为过程本身，不指明是否完成。本课以前出现的动词均为未完成体动词，本课中开始出现完成体动词。完成体没有现在时，只有过去时和将来时。

大部分动词具有完成体与未完成体两个体的对应形式，成为对偶体动词。

完成体将来时的变位形式即构成单一式将来时。变位方法与未完成体现在时相同，如：писáти—написáти，пишý—напишý，пи́шеш—напи́шеш。

5. Чи в нас є що-нéбудь íсти?（我们有什么吃的吗？）动词不定式íсти说明不定代词що-нéбудь，在句中作定语。

6. цíлий ти́ждень（整整一周）为第四格，表示行为或状态持续的时间。

7. купи́в，булó分别为купи́ти，бýти的过去时形式。

8. …вип'ю гарячої кави. випити 为及物动词，要求客体用第四格。但如果及物动词表示动作仅及于客体一部分时，直接补语用第二格表示，如：Я хочу пити води（我想喝点水）。гарячої 为形容词 гарячий 的阴性第二格形式，与 кава 在性、数、格上一致。

9. Ходімо купувати… ходімо 为动词 ходити 的第一人称命令式形式（详见第15课）。ходити 为运动动词，其后可以接动词不定式，表示动作的目的。该句译为"让我们去买…"

Вправи

1. 将下列名词构成单数第五格。

   чоловік _____   університет _____

   батько _____   перо _____

   кінь _____   товариш _____

   кущ _____   море _____

   староста _____   жінка _____

   суддя _____   груша _____

   лисиця _____   ніч _____

   повість _____   життя _____

2. 将括号中的词变为需要的格，并将句子译成汉语。

   （1）Продавець ріже м'ясо _____（ніж）.

   （2）Вітрини магазину заповнені _____（крупа, перець, сіль, кава, оцет, цукор, олія）.

   （3）Діти граються з _____（бабуся）.

   （4）Я добре пишу _____（олівець）.

   （5）На столі стоїть чашка з _____（чай）.

   （6）Сестра з _____（батько）відпочивають дома.

3. 按课文回答问题。

   （1）Що говорить Оксана Іванівна Ярославові? _____

   （2）Куди（去哪里）вони йдуть? _____

   （3）Де міститься центральний гастроном? _____

   （4）Які там є відділи? _____

（5）Що є на вітринах? _____

（6）Що купує Оксана Іванівна? _____

（7）Що робить продавець? _____

（8）Що робить м'ясник? _____

（9）Яке м'ясо ви любите? _____

（10）Що ви будете готувати на обід? _____

4. 将下列句子译成乌克兰语。

（1）你在做什么？我在读书。
_____

（2）请带上包，我们去食品店。
_____

（3）孩子们在拿铅笔。
_____

（4）两个小姑娘抬着食品：食品够重的。
_____

（5）劳驾，请把笔给我。
_____

（6）菜汤和粥要用勺子喝，肉、鱼要用餐叉吃。
_____

（7）让售货员称一称油的重量，我去收款处付款。
_____

（8）我的同事住在英雄街。
_____

5. 听听读读。

（1）О котрій годині сніданок（обід, вечеря）?

（2）Ви вже поснідали（пообідали, повечеряли）?

（3）Час обідати.（该吃午饭了。）

（4）Що ви бажаєте на перше?（第一道菜您想要什么？）

（5）Що будете пити（喝）?

（6）—Що ви бажаєте на закуску?
　　—На закуску принесіть салат із помідорів.（冷盘请上番茄沙拉。）

第10课　Десятий урок

学习要点：
1. 形容词的变格法及形容词单数第二格
2. 名词复数第五格
3. 名词单数第三格
4. 动词过去时

Діалог

—Степане, чи ти не знаєш адреси Сергія, нашого нового канадського студента?

—Так, знаю. Він живе недалеко від університету.

—А який у нього номер телефону?

—Він ще не має телефону. Матиме наступного тижня. А що таке?

—Для нього є лист від матері з Монреалю.

—Дивись! Сергій тут тільки тиждень, а вже мати до нього пише.

—Пише, бо дуже його любить.

—Звичайно. Ну, добре, я завтра його бачитиму й скажу, що до нього є лист.

—Дуже дякую.

—Нема за що.

Текст

Лист

Сьогодні всі Савчуки вдома. Через дощ не можна йти гуляти по місту. Оксана Іванівна порається на кухні, Ярослав сидить біля телевізора, Юрій Михайлович вивчає путівники, а Оленка пише листа.

Київ, 2 липня 1999р.

Добрий день, дорогі наші бабусю й дідусю!

Як ви поживаєте? Чи здорові?

Ми ще в Києві. Знайомимося з містом, з його жителями, з пам'ятниками, пам'ятниками старовини, ходимо в кіно, в театр, музеї, у магазини. Як і всі в Києві, багато ходимо пішки. У мене ввечері болять ноги. Але тут усе таке цікаве!

Дуже гарна прогулянка була у нас вчора. Ми йшли через площу Калініна до будиночка, де жив Шевченко, а потім піднімались по вулиці Челюскінців. А там і славетна Володимирська гірка з пам'ятником князеві Володимиру. Як там гарно! Ми дивились на Дніпро, мости на Дніпрі. Відпочивали в затінку, потім спускались на Поділ у фунікулері.

З Подолу ми їхали трамваєм до площі Комсомолу, а тоді гуляли в парках над Дніпром. Додому поверталися ледве живі від утоми. Але всі були дуже задоволені.

До побачення, наші любі!

Тато, мама і Ярослав кланяються.

Ваша Оленка.

Оленка бере конверт і пише адресу:

Закарпатська область,
м. Рахів-2
вул. Леніна, 5
Гнатюкові Івану Васильовичу.

Словник

адреса 〔阴〕地址, 住址
канадський 〔形〕加拿大的; 加拿大人的
недалеко 〔副〕不远地; 不久地
　недалеко від... 离…不远
номер 〔阳〕号, 号码
телефон 〔阳〕电话
наступний 〔形〕其次的, 下一个的; 行将到来的
Що таке? 出了什么事?
лист 〔阳〕(纸张等的)张, 页; 信

бо 〔连〕因为
Нема за що. 没关系; 不用谢
через 〔前〕由于, 因为; 经过, 通过
дощ 〔阳〕雨
гуляти, -яю, -яєш 〔未〕散步, 逛
поратися, -аюся, -аєшся 〔未〕忙于…, 照料…; 忙忙碌碌
кухня 〔阴〕厨房
телевізор 〔阳〕电视机
путівник 〔阳〕(旅行)指南

дорогий〔形〕贵（重）的；亲爱的，敬爱的
дідусь〔阳〕〈口语〉дід 的表爱
поживати, -аю, -аєш〔未〕生活，过日子
 Як поживаєте? 您近来可好？
здоровий〔形〕健康的，健壮的
знайомитися, -млюся, -мишся〔未〕与…结识，与…认识；了解，熟悉
житель〔阳〕居民，住户
пам'ятник〔阳〕纪念碑；古迹
старовина〔阴〕旧时；很早以前的古代
магазин〔阳〕商店
пішки〔副〕徒步，步行地
ввечері〔副〕（在）晚上，晚间
боліти, -лить〔未〕疼，痛
нога〔阴〕腿，足，脚
усе〔代〕= все
прогулянка〔阴〕散步，闲游，游玩
площа〔阴〕广场
підніматися, -аюся, -аєшся〔未〕走上，登上；升起
славетний〔形〕光荣的，荣耀的；著名的
гірка〔阴〕小山
князь〔阳〕大公；公爵（князеві 为单数三格）
міст, моста 及 мосту〔阳〕桥
затінок, -нку〔阳〕荫；阴凉处
спускатися, -аюся, -аєшся〔未〕走下来，降下来
поділ, -долу〔阳〕低地，洼地
фунікулер〔阳〕（山地的）缆索铁路；缆车；铁索道
їхати, їду, їдеш〔未〕乘，坐，骑；（乘行）到…去
трамвай〔阳〕电车道；电车
комсомол, -у〔阳〕共青团
тоді〔副〕那时；那一次
 а тоді 然后，以后
парк, -у〔阳〕公园
над〔前〕（五格）在…上面，在…上空，在…之上
повертатися, -аюся, -аєшся〔未〕转身；返回，回来，回去
ледве〔副〕好（不）容易，很勉强地，几乎不…
живий〔形〕活的，活着的；生存
від〔前〕（二格）由于，因为
утома = **втома**〔阴〕疲乏；疲劳
задоволений〔形〕十分满意的，心满意足的
побачення〔中〕相会，会见；约会
 До побачення! 再见！再会！
любий〔形〕爱戴的；喜爱的；亲爱的
кланятися, -яюся, -яєшся〔未〕鞠躬，（见面）点头；致敬，问候
область〔阴〕地方，地区；州

Коментарі

1. 形容词的变格法及形容词单数第二格
 形容词有格的变化。根据形容词词干末尾辅音的不同，通常分为两种变格

法：硬变化和软变化。

属于硬变化的有：（1）词干末尾为硬辅音，其阳性第一格词尾为 -ий，阴性为 -а，中性为 -е，如：нови́й，нова́，нове́；молоди́й，молода́，молоде́；сві́жий，сві́жа，сві́же。（2）带有后缀 -ів，-ин（-їв，-їн）的物主形容词，如：ба́тьків，бра́тів，доччи́н 等。

属于软变化的有：（1）词干末尾为软辅音 -н-，其阳性第一格词尾为 -ій，阴性为 -я，中性为 -є，如：си́ній，си́ня，си́нє；осі́нній，осі́ння，осі́ннє；лі́тній，лі́тня，лі́тнє。（2）词干以 -й 结尾的形容词，如：безкра́їй，довгові́їй。

形容词单数第二格构成方法如下：

	硬变化			软变化		
一格	нови́й	нове́	нова́	си́ній	си́нє	си́ня
二格	ново́го	ново́го	ново́ї	си́нього	си́нього	си́ньої
一格	ба́тьків	ба́тькове	ба́тькова	безкра́їй	безкра́є	безкра́я
二格	ба́тькового	ба́тькового	ба́тькової	безкра́його	безкра́його	безкра́йої

2. 名词复数第五格

所有名词复数第五格的词尾均为 -ами，-ями（硬变化为 -ами，软变化为 -ями）。第四变格法名词变复数第五格时加后缀 -ят（-ат）或 -ен。如：маши́на—маши́нами，пра́ця—пра́цями，ми́ша—миша́ми，чолові́к—чолові́ками，село́—се́лами，край—края́ми，знання́—знання́ми，тінь—ті́нями，ім'я́—імена́ми，лоша́—лоша́тами。

3. 名词单数第三格

本课中名词单数第三格在两处使用，一处为 "з па́м'ятником кня́зеві Володи́миру"（…弗拉基米尔大公的纪念碑）。乌克兰语中表示 "(某人)的纪念碑"，"某人"应用三格；另一处为课文最后的 "Гнатюко́ві Іва́ну Васи́льовичу"，乌克兰语中信封上的收信人姓名需用第三格形式。名词单数第三格构成如下：

第一变格法：词尾为 -і，如：маши́на—маши́ні，пра́ця—пра́ці，ми́ша—ми́ші。词干末尾以 г，к，х 结尾的名词变单数三格时 г，к，х 变为 з，ц，с。如：нога́—нозі́，рука́—руці́，му́ха—му́сі。

第二变格法：阳性名词单数第三格词尾有 -ові，-еві，-єві，硬变化为 -ові（ба́тько—ба́тькові，ліс—лі́сові），软变化为 -еві，-єві（учи́тель—учи́телеві，край—кра́єві），混合变化为 -еві（чита́ч—чита́чеві）；中性名词单数第三格词尾是 -у（-ю），如：

село — селу́, вікно́ — вікну́, мо́ре — мо́рю, я́вище — я́вищу。有时某些阳性名词单数第三格也用词尾 -у (-ю)，如：ро́зум — ро́зумові, ро́зуму, Васи́ль — Василе́ві, Васи́лю, край — кра́єві, кра́ю。有些中性名词单数第三格也用词尾 -ові, -еві，如：се́рце — се́рцеві。

第三变格法：词尾为 -і，如：тінь — ті́ні, річ — ре́чі。

第四变格法：词尾为 -i，同时加后缀 -ат (-ят) 或 -ен，如：ім'я́ — і́мені, лоша́ — лоша́ті。

4. 动词过去时

动词过去时通常表示说话时刻之前发生的行为，这种行为可能是一次发生的，也可能是经常、反复发生的；可能是发生了但未达到结果，也可能是发生并取得结果的行为。

动词过去时大都由**动词不定式词干加后缀 -л- 以及相应词尾**构成。过去时不分人称，只有性、数的不同。单数分性，阳性以 **-в** 结尾，阴性以 **-ла** 结尾，中性以 **-ло** 结尾；复数不分性，统以 **-ли** 结尾，如：писа́ти — (він) писа́в, (вона́) писа́ла, (воно́) писа́ло, (вони́) писа́ли; написа́ти — (він) написа́в, (вона́) написа́ла, (воно́) написа́ло, (вони́) написа́ли。

有的动词不定式词干以辅音结尾，过去时阳性不加 -в，阴性仍加 -ла，中性加 -ло，复数加 -ли，如：нести́ — ніс, несла́, несло́, несли́; бі́гти — біг, бі́гла, бі́гло, бі́гли。

动词іти́的过去时形式是不规则的：ішо́в, ішла́, ішло́, ішли́。

5. ...Не зна́єш адре́си... адре́си 为单数第二格。зна́ти 为及物动词，当及物动词被否定时，后面的名词多用二格形式，尤其是当该名词为抽象名词时。下文中的 "не ма́є телефо́ну" 同理。

6. насту́пного ти́жня 整个词组为单数第二格形式，意为"在下周"。

7. Диви́сь! (Диві́ться!) 表示惊讶，意为"你(您)瞧！"

8. У ме́не...боля́ть но́ги ("我的脚疼")。动词 болі́ти 表示 "…疼"，只用第三人称单数或复数形式，如：У те́бе боли́ть голова́? (你的头疼吗？) У вас боля́ть зу́би? (您的牙疼吗？)

9. ...до буди́ночка, де жив Шевче́нко. 该句为复合句，前一分句为主句，后一分句为从句，说明主句中的 буди́ночка 一词，主从句用 "де" 连接。全句可译为："到了谢甫琴科住过的小房子。"

Впра́ви

1. 将下列词组译成乌克兰语。

   新大学的地址 _____   离大学不远 _____
   电话号码 _____   在下一周 _____
   母亲的来信 _____   非常感谢 _____
   不客气 _____   因为下雨 _____
   在市里散步 _____   坐在电视旁 _____
   写信 _____   了解城市 _____
   步行 _____   穿过广场 _____
   在阴凉处休息 _____   乘缆车下来 _____
   乘电车 _____   由于疲劳 _____
   回到家 _____   再见 _____

2. 从下列前置词中选出合适的填入空格，并将括号内的词变为需要的形式。

   前置词：через，з，у，над，для，на

   （1）_____（стіл）ви́сить поли́ця.

   （2）Суп ва́рять _____（карто́пля і крупа́）.

   （3）Сього́дні ми ходи́ли в кіно́ ра́зом _____（го́сті）.

   （4）Марі́я ди́виться _____（фотогра́фія）.

   （5）_____（пло́ща）ми йдемо́ перехо́дом.

   （6）Ві́ро, _____（ти）не боля́ть но́ги?

   （7）_____（я）є лист від дру́га.

3. 将括号中的动词变为过去时形式。

   （1）Вра́нці ба́тько（іти́）на робо́ту.

   _____

   （2）Петро́ вве́чері（чита́ти）кни́жку.

   _____

   （3）Надво́рі（стоя́ти）весна́.

   _____

   （4）Мій дід（бу́ти）вчи́телем.

   _____

   （5）Вона́ до́бре（зна́ти）англі́йську мо́ву.

   _____

（6）Вони́ нічо́го не（могти́）зроби́ти.
_____

4. 按课文回答问题。

（1）Де сього́дні Савчуки́? _____

（2）Що вони́ ро́блять? _____

（3）Що пи́ше Оле́нка? _____

（4）Кому́ вона́ пи́ше? _____

（5）Що вона́ пи́ше у листі́? _____

（6）Як кінча́ється лист? _____

5. 将句子译成乌克兰语。

（1）我们昨天玩得很开心。
_____

（2）昨天当我们去电影院时下雨了。
_____

（3）在基辅有很多纪念碑。
_____

（4）他们住得离博物馆不远。
_____

（5）我们到乌克兰老师家去。
_____

6. 听听读读。

（1）—Віро, у те́бе не боля́ть но́ги?

　　—Боля́ть, я ле́две йду.

　　—Сіда́й, бу́демо відпочива́ти тут, на ла́вці, в за́тінку.

（2）—Та́ту, ти вже зна́єш, що ми роби́тимемо за́втра?

　　—Так, ма́буть, ми огляда́тимемо Botanічний сад.

　　—Де цей сад? Дале́ко? Ми ї́хатимемо туди́ чи йти́мемо пішки́?

　　—Туди́ ми бу́демо ї́хати троле́йбусом №14, а там ходи́тимемо пішки́.

第11课 Одина́дцятий уро́к

学习要点：
1. 形容词单数第四格
2. 形容词单数第六格
3. 物主代词及其变格法

Текст

По́шта

  Пі́сля ле́кцій хло́пці пішли́ на пошта́мт. У ко́жного були́ свої́ спра́ви. Генна́дієві тре́ба було́ оде́ржати при́сланий з до́му паку́нок і купи́ти віта́льні листі́вки, Оле́ксі — посла́ти рекомендо́вану бандеро́ль, Васи́леві — поговори́ти по телефо́ну з ма́тір'ю, Степа́нові — ви́купити кни́жку, наді́слану з Ки́єва післяпла́тою. Люде́й в операці́йному за́лі було́ небага́то. Степа́н простягну́в своє́ повідо́млення.

  —З вас одна́ гри́вня вісімдеся́т сім копі́йок, — сказа́ла працівни́ця пошта́мту.

  —О́тже, це підру́чник з хі́мії, яки́й я замовля́в, — поду́мав Степа́н. Ра́птом хтось леге́нько взяв його́ за лі́коть. Це був Андрі́й Голоборо́дько, Степа́нів однокла́сник, яки́й навча́вся у педагогі́чному інститу́ті.

  —Що ти тут ро́биш?

  —Як ба́чиш, запо́внюю бланк, діста́в пере́каз з до́му.

  Степа́н познайо́мив його́ із свої́ми дру́зями. Генна́дій уже́ діста́в паку́нок, Оле́кса відпра́вив бандеро́ль, і вся компа́нія перейшла́ до за́лу міжмі́ських перегово́рів, де Васи́ль замовля́в розмо́ву.

  —Мені́ тре́ба поговори́ти з ма́тір'ю. Це село́ Тара́сівці Новосе́лицького райо́ну Чернівецької о́бласті. П'ять хвили́н.

  —У цьо́му селі́ є пошто́ве відді́лення?

  —Так. Чи до́вго доведе́ться чека́ти?

  —Взагалі́ протя́гом годи́ни, але́ ви ніку́ди не відхо́дьте, мо́жливо, даду́ть і за п'ятна́дцять хвили́н.

—Спаси́бі.

—Товариші́, —звернувся Васи́ль до дру́зів. —Ви мене́ не чека́йте. Це мо́же бу́ти й че́рез годи́ну. А я по́ки що почита́ю.

Молоді́ лю́ди попроща́лись і ви́йшли з по́шти.

Словни́к

по́шта〔阴〕邮政；邮局；邮件

ле́кція〔阴〕（大学的）讲课；演讲

хло́пець〔阳〕男孩子；〈口语〉年轻人

піти́, піду́, пі́деш；过去时 пішо́в, пішла́〔完〕去，走去，前往

пошта́мт〔阳〕（一城市的）邮政总局

ко́жний〔代〕每，各；每一个，任何一个；〔用作名词〕每个人

свій, своя́, своє́, свої́〔代〕自己的

спра́ва〔阴〕事，事情；事业

оде́ржати, -жу, -жиш〔完〕收到，领到，得到

при́сланий（被）寄来的,（被）捎来的

з〔前〕（二格）从…上(中)，自…里

паку́нок〔阳〕包，捆

віта́льний〔形〕欢迎词的；祝词的；祝贺的

листі́вка〔阴〕传单；明信片

посла́ти, пошлю́, пошле́ш〔完〕打发，派出；寄出 **посила́ти**〔未〕

рекомендо́ваний〔形〕介绍的；推荐的；挂号的（指信）

бандеро́ль〔阴〕印刷品邮件

поговори́ти, -орю́, -ори́ш〔完〕谈一谈

надісланий（被）送来的,（被）寄来的

післяпла́та〔阴〕（委托付货时）代收货款

операці́йний〔形〕业务的，作业的

зал〔阳〕厅，大厅

операці́йний зал营业厅，营业室

небага́то〔副〕不多地，稍微地，有限地

простягну́ти, -ягну́, -я́гнеш〔完〕伸出；递给 **простяга́ти**, -а́ю, -а́єш〔未〕

повідо́млення〔中〕传达；通告，通知；报告

гри́вня〔阴〕格里夫纳（乌克兰货币单位）

копі́йка〔阴〕戈比（一格里夫纳的百分之一）

працівни́ця〔阴〕女工作者；女劳动者

о́тже〔用作插入语〕那么，这样一来，可见

підру́чник〔阳〕教科书

хі́мія〔阴〕化学

поду́мати, -аю, -аєш〔完〕想，考虑；认为，以为 **ду́мати**〔未〕

ра́птом〔副〕突然，忽然

хтось〔代〕某人，有人；任何人

леге́нько〔副〕轻轻地，轻微地（ле́гко 的指小）

взя́ти, візьму́, ві́зьмеш〔完〕抓住，握住 **бра́ти**〔未〕

за〔前〕(四格)接表示"抓"、"拿"、"扶"等意义的动词的客体

лі́коть〔阳〕肘，胳膊肘；下臂

однокла́сник〔阳〕(中小学的)同班同学

навча́тися, -а́юся, -а́єшся〔未〕学；学会，学好 навчи́тися, -чу́ся, -чи́шся〔完〕

педагогі́чний〔形〕教育的；教学的，师范的

інститу́т〔阳〕(高等)专科学校，学院

запо́внити, -ню, -ниш〔完〕(使)充满；填写，填好 запо́внювати〔未〕

бланк〔阳〕表，表格

діста́ти, -а́ну, -а́неш〔完〕弄到；收到，接到

пере́каз〔阳〕汇款

познайо́мити, -млю, -миш〔完〕把…介绍给…，使…与…相识 знайо́мити〔未〕

із〔前〕=з

відпра́вити, -влю, -виш〔完〕寄去，送去；发出，派出 відправля́ти〔未〕

компа́нія〔阴〕一伙人，伙伴，同伴(们)

перейти́, -ейду́, -е́йдеш; 过去时 -йшо́в, -йшла́〔完〕走过，通过

міжмісь́кий〔形〕各城市之间的，城际的

перегово́ри〔复〕谈判；(用电话)商谈

розмо́ва〔阴〕谈话，话语

село́〔中〕大村庄；乡村

пошто́вий〔形〕по́шта 的形容词

відді́лення〔中〕(商店、工厂等的)分店，分车间，分部

до́вго〔副〕长期地，长久地

довести́ся, -е́деться〔完〕〔无人称句中用作谓语〕遇到机会，得以 дово́дитися〔未〕

чека́ти, -а́ю, -а́єш〔未〕等，等待

взагалі́〔副〕一般(地说)，总之，大体上

про́тягом〔前〕(二格)在…期间内

ніку́ди〔副〕那里也(不)，任何地方也(不)

відхо́дити, -джу, -диш〔未〕离开，走开；出发 відійти́〔完〕

можли́во〔插入语〕可能，也许

за〔前〕(四格)(表示时间)在(若干时间)内

спаси́бі〔不变〕谢谢(您)

това́риш〔阳〕同志，同伴，同伙；同龄人

зверну́тися, -ну́ся, -не́шся〔完〕找，向…表示，向…提出(愿望、请求等) зверта́тися〔未〕

мо́же〔插入语〕也许，可能

че́рез〔前〕(四格)过，经过，隔(指经过若干时间或距离)

попроща́тися, -а́юся, -а́єшся〔完〕告别，告辞

ви́йти, -йду, -йдеш〔完〕走出，出来，走开 вихо́дити〔未〕

Коментарі

1. 形容词单数第四格

	硬变化			较变化		
一格	новий	нове́	нова́	си́ній	си́нє	си́ня
四格	同一或二	нове́	нову́	同一或二	си́нє	си́ню
一格	ба́тьків	ба́тькове	ба́тькова	безкра́їй	безкра́є	безкра́я
四格	同一或二	ба́тькове	ба́тькову	同一或二	безкра́є	безкра́ю

说明：当形容词单数阳性形式说明非动物名词时，第四格同第一格；说明动物名词时，第四格同第二格。如：оде́ржати висо́кий урожа́й（获得大丰收）；зна́ти висо́кого чолові́ка（认识高个子的人）。

2. 形容词单数第六格

	硬变化		
一格	новий	нове́	нова́
六格	(у)ново́му, -ім	(у)ново́му, -ім	(у)нові́й
一格	ба́тьків	ба́тькове	ба́тькова
六格	(у) ба́тьковому, -ім	(у) ба́тьковому, -ім	(у)ба́тьковій
	软变化		
一格	си́ній	си́нє	си́ня
六格	(у)си́ньому, -ім	(у)си́ньому, -ім	(у)си́ній
一格	безкра́їй	безкра́є	безкра́я
六格	(у) безкра́йому, -їм	(у) безкра́йому, -їм	(у)безкра́їй

3. 物主代词及其变格法

物主代词包括：мій（我的），твій（你的），наш（我们的），ваш（您的，你们的），його́（他/它的），її（她/它的），їх或ї́хній（他/它们的），свій（自己的）。

除його́，її和їх同俄语中的его，её，их一样不变格外，其他物主代词有性、数、格的变化，要与所说明的词在性、数、格上一致。

物主代词的变格法如下：

格＼性数	单数 阳性	单数 中性	单数 阴性	复数
一格	мій	моє	моя	мої
二格	мого		моєї	моїх
三格	моєму		моїй	моїм
四格	同一或二		мою	同一或二
五格	моїм		моєю	моїми
六格	(на) моєму (моїм)		(на) моїй	(на) (в) моїх

说明：①物主代词 твій，свій 的变格与 мій 相同；

②物主代词 наш，ваш 的变格与硬变化形容词相同，їхній 的变格同软变化形容词。

4. поговори́ти по телефо́ну з + 五格表示"和…打电话"。

5. Олексі — посла́ти…，Василеві — поговори́ти…，Степа́нові — ви́купити… 三句中均省略了 тре́ба бу́ло，因而主体均为三格，动词则都用不定式形式。可译为："(谁)要(需要)…。"

6. …це підру́чник з хі́мії, яки́й я замовля́в… 该句为复合句，其中前一分句为主句，后一分句为定语从句，яки́й 为连接词，用来连接主从句，全句可译为"…这正是我定购的化学教科书。"下文中的《Степа́нів одноклáсник, яки́й навча́вся…》意同此句。

підру́чник з хі́мії（化学教科书）中，前置词 з 加二格表示方面意义，如：і́спит з матема́тики（数学考试），впра́ви з мо́ви（言语练习）。

7. З вас одна́ гри́вня…（您应付1格里夫纳…）乌克兰语中"(谁)应付(多少)钱"用前置词 з 接二格形式表示应付钱者，而所付钱数为第一格。再如：Скі́льки з ме́не?（我要付多少钱？）

Вправи

1. 将下列词组译成乌克兰语。

   下课后 _____   买贺卡 _____
   打电话 _____   在营业厅里 _____
   化学教科书 _____   抓住他的胳膊肘 _____
   师范学院 _____   填表 _____
   介绍他和自己的朋友认识 _____   长途电话室 _____
   长久地等待 _____   哪儿也别去 _____
   向朋友们表示 _____

2. 读句子，解释句中前置词 з（із）的用法，并将句子译成汉语。

   （1）Геннадієві треба було одержати присланий з дому пакунок і купити вітальні листівки.

   _____

   （2）Він поговорив по телефону з матір'ю.

   _____

   （3）Це книжка, надіслана з Києва післяплатою.

   _____

   （4）З вас одна гривня вісімдесят сім копійок.

   _____

   （5）Отже, це підручник з хімії.

   _____

   （6）Молоді люди попрощались і вийшли з поштамту.

   _____

   （7）Степан познайомив його із своїми друзями.

   _____

3. 将句中的形容词或物主代词变成适当的形式。

   （1）У _____（мій）кімнаті один стіл і два ліжка.
   （2）Мій брат живе тепер в _____（далекий）місті.
   （3）Українці люблять _____（чорний）хліб.
   （4）Юрій Михайлович дає _____（свій）документи.
   （5）Я купив _____（білий）сумку.

（6）Скільки чоловіків у _____（ваш）класі?

4. 听听读读。

  （1）Де мо́жна придба́ти（买到）конве́рт（ма́рку, пошто́вий папі́р）?

  （2）Скі́льки кошту́є（价值，价钱是）замо́влений лист（挂号信）?

  （3）Де прийма́ються（办理）замо́влені листи́（бандеро́лі, поси́лки）?

  （4）Мені́ тре́ба подзвони́ти.（我要打电话）

  （5）Де знахо́диться телефо́н-автома́т（自动电话）?

5. 续句子。

  （1）—Куди́ ти йде́ш?

  　　—На пошта́мт. Тре́ба купи́ти віта́льні лісті́вки та одержа́ти бандеро́ль.

  　　—Ході́мо ра́зом. Мені́ теж тре́ба…

  （2）—До́бри́день.

  　　—

  　　—Мені́ тре́ба надісла́ти рекомендо́ваного листа́.

  　　—

  　　—Ось гро́ші. Будь ла́ска.

  （3）—Слу́хаю вас.

  　　—

  　　—Запо́внюйте бланк.

  　　—

  　　—С вас три гри́вні.

  　　—

  　　—Візьмі́ть зда́чу.

第12课　Дванáдцятий урóк

> 学习要点：
> 1. 形容词复数第二格与第六格
> 2. 反身代词 себé
> 3. 无人称谓语副词

Текст

У зоопáрку

Сьогóдні у Галинки день нарóдження. Врáнці Óльга Івáнівна подарувáла їй велику ляльку і сказáла:

—Поздоровляю тебé, Галинко! Рости велика і будь щаслива! Одягáйся, пíдемо до зоопáрку з Петрóм, Олéсем і Олéнкою.

—О! До зоопáрку! Я так люблю тварин!—рáдіє Гáля.

Київський зоопáрк—один з найбільших на Україні. В ньóму покáзують мáйже 1500 тварин. Йогó відвíдують і дорóслі, і школярí, і малí діти. Відвíдувачі тут бувáють і врáнці, і вдень, і ввéчері. Дýже гáрно в зоопáрку влітку. Скрізь дерéва, квіти, басéйни, ставки.

Галинці дýже сподóбається жирáфа. У нéї дóвга і елегáнтна шия, її ходá легкá. Ось усí зупиняються пéред верблюдом, а пóтім—пéред слонáми. Слониха Мéрі—велика ласýнка. Вонá берé лáсощі хóботом і кидáє їх собí у рот. Олéнка далá їй цукéрку.

А тепéр звíрі-хижакú: лéви, тигри, ведмéді, вовки. Вони живýть у великих клíтках. Біля них Гáлі стрáшно.

—Дивись, Гáлю, у ведмéдиці малí ведмежáта. Вони люблять лáсощі, як діти. Дай їм цукéрку!

Гáля кидáє цукéрки ведмежáтам, алé стоїть далéко від їх клíтки.

Біля басéйну лежáть білі ведмéді. Їм жáрко.

Вільно гуляють по зоопáрку олéні, фазáни. У ставкáх плáвають білі і чóрні лебеді. Які це чудові птахи!

Потім усі йдуть до орлів, страусів, пінгвінів, тоді — до гадюк. Діти хочуть побачити усе.

— Давайте покатаємось на поні!

Галинка сідає у візок, а Олесь їде верхи. Дзвенять дзвіночки: дзінь-дзінь.

Словник

зоопарк〔阳〕动物园
народження, -я〔中〕分娩；出生，诞生
　день народження 生日，诞生日
вранці〔副〕（在）早晨，一清早
подарувати, -ую, -уєш〔未〕赠予，赠送
лялька, -и，三、六格 -ці〔阴〕洋娃娃
поздоровляти, -яю, -яєш〔未〕向…祝贺，向…道喜
рости, -ту, -теш, -темо, -тете；过去时 ріс, росла〔未〕生长；成长
великий〔形〕伟大的；重要的
щасливий〔形〕幸福的；幸运的
одягатися, -аюся, -аєшся〔未〕穿上衣服 **одягтися** 及 **одягнутися**〔完〕
так〔副〕这样（地），如此；那样（地）
тварина〔阴〕动物，兽类
радіти, -ію, -ієш〔未〕愉快，高兴，欢乐
київський〔形〕基辅的
з〔前〕（二格）…中，之中，其中
найбільший〔形〕最大的
майже〔副〕差不多，几乎，将近
відвідувати, -ую, -уєш〔未〕访问，拜访，看望 **відвідати**〔完〕
дорослий〔形〕成年的；〔用作名词〕成年人

малий〔形〕年岁小的
відвідувач, -а〔阳〕访问者；客人
вдень〔副〕白天，白昼
влітку〔副〕在夏天，在夏季
скрізь〔副〕到处，在各处
басейн, -у〔阳〕蓄水池
ставок, -вка〔阳〕池塘，池
жираф〔阳〕（及 **жирафа**〔阴〕）长颈鹿
довгий〔形〕长的；长期的，长时间的
елегантний〔形〕雅致的，优美的；文雅的
шия, -ї〔阴〕颈，脖子
хода, -и〔阴〕步态；行走
усі = **всі**〔代，用作名词〕所有的人，大家
зупинятися, -яюся, -яєшся〔未〕停，停住，站住 **зупинитися**〔完〕
перед〔前〕（五格）在…前面
верблюд〔阳〕骆驼
слон, -а〔阳〕象，大象
слониха〔阴〕母象
ласунка, -и，三、六格 -ці〔阴〕〈口语〉爱吃美食的女人
ласощі, -ів〔复〕美食，佳肴
хобот〔阳〕（动物的）长鼻子

кидати, -аю, -аєш〔未〕扔，投，抛，掷
　кинути〔完〕
рот〔阳〕嘴，口
цукерка, -и, 三、六格 -ці〔阴〕糖果
звір, -а〔阳〕野兽
хижак, -а〔阳〕猛兽，猛禽
лев〔阳〕狮子
тигр〔阳〕虎，老虎
ведмідь, -медя〔阳〕熊
клітка, -и〔阴〕笼子，兽槛
страшно〔副〕可怕地；〔无人称〕觉得可怕，害怕
ведмедиця, -і〔阴〕牝熊
ведмежа, -ати；复 -ата〔中〕幼熊，小熊
далеко〔副〕遥远，远
їх〔代〕他们的，她们的，它们的
жарко〔副〕热地；〔用作谓语〕觉得热
вільно〔副〕自由地，不受拘束地

олень, -я〔阳〕鹿
фазан, -а〔阳〕雉，野鸡
лебідь, -бедя〔阳〕天鹅
птах, -аха〔阳〕鸟，禽
орел, орла〔阳〕鹫，鹰
страус, -а〔阳〕鸵鸟
пінгвін, -а〔阳〕企鹅
гадюка, -и〔阴〕蝮蛇
покататися, -таюся, -таєшся〔完〕（乘车、船等）玩一会儿；〈口语〉游玩若干时间
поні〔不变，阳〕（英国）小型马，矮马
візок〔阳〕小马车，小运货马车
верхи〔副〕骑着（马等）
дзвеніти, -ню, -неш, -німо, -ніте〔未〕叮当作响
дзвіночок, -чка〔阳〕小铃，小铃铛

Коментарі

1. 形容词复数第二格与第六格

形容词复数第二格与复数第六格词尾相同，其构成如下：

	单数一格（阳）	复数一格	复数二格	复数六格
硬变化	новий	нові	нових	(у) нових
	батьків	батькові	батькових	(у)батькових
软变化	синій	сині	синіх	(у) синіх
	безкраїй	безкраї	безкраїх	(у) безкраїх

2. 反身代词себе

乌克兰语中只有一个反身代词себе（自己）。себе表示主体所发出的行为

返回到自己身上，可以用于各个人称，一般在句中作补语。如：

Я（Ми）
Ти（Ви）　купи́в（купи́ли）собі́ нові́ книжки́.
Він（Вони́）

себе́没有第一格。其他各格构成如下：

第一格	第二格	第三格	第四格	第五格	第六格
——	себе́ (до себе́)	собі́	себе́ (на себе́)	собо́ю	(на,в) собі́

3. 无人称谓语副词

谓语副词是一种不变化的词类，表示人、动物和自然界的状态，还可表示"可能"、"不可能"、"应该"、"必须"等意义，在无人称句中作谓语。当名词或代词与谓语副词连用作行为主体时，用第三格。如本课中的"Бі́ля них Га́лі **стра́шно**.""**Ї́м жа́рко**."再如：

（1）Тобі́ **мо́жна** так каза́ти.（你可以这么说。）

（2）На мо́рі **ти́хо**.（海上风平浪静。）

（3）Йому́ **хо́лодно**.（他觉得冷。）

4. Сього́дні у Гали́нки день наро́дження.

У кого день наро́дження意思是"（谁）过生日。"本句可译为"今天嘉林卡过生日"。

5. Ки́ївський зоопа́рк—оди́н з найбі́льших на Украї́ні.

本句中найбі́льших后省略了名词зоопа́рків.

оди́н з +复数二格 表示"…其中之一"，оди́н在此处用作代词。如：оди́н з них（他们中的一个人），оди́н з нови́х студе́нтів（新大学生之一），одна́ з жіно́к（妇女之一）。本句可译为"基辅动物园是乌克兰最大的动物园之一。"

6. кида́є ї́х собі́ в рот意思是"把它们（美食）抛到自己嘴里"。

7. зві́рі-хижаки́

хижаки́为зві́рі的**同位语**。同位语是由名词表示、并在格上和被说明词一致的定语，通常表示事物的特征、性质以及人的职业、性别、民族等意义。当同位语与被说明词都是普通名词（表示概括同类事物的名词，与专有名词相对）时，其间要用连字符"-"，如：жі́нка-інжене́р（女工程师），变格时两个词都变。

8. Вони́ лю́блять ла́сощі, як ді́ти.

    як ді́ти 为比较短语，意思是"像孩子们一样"。

9. Дава́йте поката́ємось на по́ні!

    дава́й(-те)在口语中表示祈使意义，意为"让我们一起来…吧"，后面的动词用复数第一人称形式。如：Дава́йте пі́демо!（我们一起走吧！）Дава́йте познако́мимось!（让我们认识一下吧！）

Впра́ви

1. 将下列词组译成乌克兰语。

    生日 _____   送她洋娃娃 _____
    祝贺你 _____   最大的动物园之一 _____
    请穿上衣服 _____   喜欢动物 _____
    非常美丽 _____   成年人和小孩子 _____
    长脖子 _____   轻盈的步态 _____
    在他面前 _____   离他们很远 _____

2. 在句中的空格处填上适当形式的 себе́。

    （1）Я взяла́ _____ тро́хи си́ру.

    （2）Він са́м з _____ говори́в.

    （3）Ти мо́жеш _____ купи́ти порося́.

    （4）Вони́ ті́льки _____ лю́блять.

    （5）Ти _____ не мо́жеш ба́чити.

    （6）Вона́ у _____ в кімна́ті.

3. 说出下列形容词的复数第二格及第六格形式。

    вечі́рній, фрукто́вий, украї́нський, _____
    ста́рший, сві́жий, рі́зний, _____
    пошто́вий, нічни́й, насту́пний, _____
    молоди́й, дру́жній, лі́тній _____

4. 将下列句子译成乌克兰语。

    （1）在基辅动物园里有将近1500只动物。

（2）我的姐姐经常去商店。
___

（3）所有售货员都认识我的姐姐。
___

（4）夏天这里很热。
___

（5）孩子们给大象好吃的东西。
___

（6）鹿的脖子上挂着小铃铛。
___

（7）祝你生日快乐！
___

（8）让我们认识一下吧！
___

（9）他是我的朋友之一。
___

5. 用括号内的词回答问题。

　　（1）Де ми? (сад, зоопáрк) _____

　　（2）Хто це? (верблю́д, слон) _____

　　（3）Якá ши́я у жирáфа? (корóткий, дóвгий) _____

　　（4）Хто лю́бить лáсощі? (пінгвíн, ведмéдь) _____

　　（5）Якá пти́ця чудóва? (орéл, лéбідь) _____

　　（6）Хто з твари́н—хижáк? (лев, óлень) _____

第13课   Тринáдцятий урóк

学习要点：
1. 形容词单数第五格
2. 物主形容词
3. 动词假定式

Текст

Погóда. Клíмат.

У недíлю врáнці Сергíй, Сашкó і Мáша ви́рішили поїхати до гідропáрку. Вони́ домóвилися з одноклáсниками Сашкá, Павлóм і Олéнкою з сьóмого пóверху, зустрíтися бíля буди́нку. А кóло газéтного кióску їх чекáли Сергí є ві друзі з інститýту—Ромáн і Уля́на. Автóбуса не булó кíлька хвили́н.

—Якá чудóва погóда для купáння! Я нікóли не бáчив такóго чи́стого нéба. Хочá ще й дýже рáно, а вже припікáє, —завáжив Павлó.

—Нічóго, бíля ставкá бýде прохолóдне, —заспокóїла йогó Уля́на.

Встáли з автóбуса, пройшли́ ще півторá кілóметра. За годи́ну були́ вже на мíсці. Гідропáрк зустрíв їх щебетáнням пташóк, різнобáрв'ям квíтів на клýмбах, легки́м тумáном над ставкóм. Людéй булó ще дýже мáло. Знайшли зрýчне мíсце під тéнтом, роздягли́ся і оди́н за óдним пострибáли у вóду. Дóвго плáвали, хлóпці пірнáли, стрибáли з ви́шки. Ніхтó не помíтив, як нéбо потемнíло, сóнце ховáлось і впáли пéрші крáплі дощý. Галасли́вою згрáйкою збились під накриття́м.

—Ну хтó б подýмав, що такé бýде, —сказáла Мáша. —Ні грóму, ні вíтру, ні дощý нічóго не віщувáло. У нас у Сибíру такóго не бувáє. Лíто—це лíто: спéка, сóнце, безхмáрне нéбо. А зимá—це зимá. Морóз, вíтер, пургá.

—У вас типóво континентáльний клíмат, —авторитéтно заяви́в дев'ятиклáсник Сашкó, —а в нас—помíрний. Дощý чекáємо і влíтку, і взи́мку, а снíгу остáннім чáсом стáло випадáти мáло.

—Так, ця зимá булá і без снíгу, і без морóзу, —додáв Сергíй.

—Хлóпці, дівчáта! А нéбо проясню́ється, дощ скóро прóйде, і ми ще бу́демо купáтися.

Дощ пройшóв. Знóву засія́ло сóнце. Увéчері поїхали додóму.

Словни́к

погóда, -и〔阴〕天气

клíмат, -у〔阳〕气候

у〔前〕(四格)（表示时间或期间）在，于，在…以内

недíля, -i〔阴〕星期天

ви́рішити, -шу, -шиш〔完〕决定，拿定主意 **вирíшувати**〔未〕

поïхати, -íду, -íдеш〔完〕（乘车、船等）出发，到…去

гідропáрк, -у〔阳〕水上公园

домóвитися, -влюся, -вишся〔完〕商量好，约定 **домовля́тися**〔未〕

пóверх, -у〔阳〕楼层

кóло〔前〕(二格)（与非动物名词连用）在旁边，在…附近

газéтний〔形〕报纸的

кіóск, -а〔阳〕售货亭

автóбус, -а〔阳〕公共汽车

кíлька, -кóх, -кóм, 五格 -комá, 六格 -кóх〔数〕几，几个；一些

купáння, -я〔中〕游泳，洗浴

нікóли〔副〕任何时候也（不）；永远（不）；从来（不）

чи́стий〔形〕干净的，清洁的；空白的

нéбо, -а〔中〕天，天空

хочá〔连〕= хоч 即使，虽然

рáно〔副〕早

припікáти, -кáю, -кáєш〔未〕（太阳）烤（晒）得厉害；晒热（土地）**припекти́**〔完〕

зауважити, -жу, -жиш〔完〕注意到，发觉；说出，指出 **зауважувати**〔未〕

нічóго〔副〕〈口语〉还好，还可以；〔用作谓语〕〈口语〉不要紧，没有关系

прохолóдне〔副〕清凉地，凉快地，凉爽地

заспокóїти, -óю, -óїш〔完〕使放心，安慰，使安静 **заспокóювати**〔未〕

встáти, -áну, -áнеш〔完〕站起来，起立；起床 **вставáти**〔未〕

пройти́, -йду́, -йдеш；过去时 -йшóв, -йшлá〔完〕走过，驶过；行走（若干里程）；〈转〉过去，消失（指时间或某种情况）**прохóдити**〔未〕

півторá〔数〕一个半

кіломéтр, -а〔阳〕公里，千米

зустрíти, -íну, -íнеш〔完〕遇见；迎接，欢迎 **зустрічáти**〔未〕

щебетáння, -я〔中〕唧唧叫，啁啾声

птáшка〔阴〕(птах 的指小）小鸟

різнобáрв'я〔中〕不同颜色，杂色

клу́мба, -и〔阴〕花坛

тумáн, -у〔阳〕雾，轻烟

мáло〔副〕少，不多，不够

знайти, -йду́, -йде́ш; 过去时 -йшо́в, -йшла́〔完〕找到，寻到；捡到；找出 **знахо́дити**〔未〕

зру́чний〔形〕方便的，合适的；适宜的

під〔前〕(五格) 在⋯之下；在⋯附近

тент, -у〔阳〕遮篷，帆布遮阳篷

роздягти́ся, -ягну́ся, -я́гнешся；过去时 -я́гся, -я́глася〔完〕脱衣服，脱外衣 **роздяга́тися**〔未〕

за〔前〕(五格) 跟（着），随，接 оди́н за о́дним 一个跟着一个

пострибá́ти, -áю, -áєш〔完〕开始跳

у=в〔前〕(四格)（表示方向）向⋯(里)，到⋯(里)，入⋯(中)

пла́вати, -аю, -аєш〔未〕〔不定向〕（定向 **пли́сти** 及 **пли́вти**）游泳，泅水；航行

пірна́ти, -áю, -áєш〔未〕潜入，没入（水中）**пірну́ти**〔完〕

стриба́ти, -áю, -áєш〔未〕跳，跳跃 **стрибну́ти**〔完〕

ви́шка, -и〔阴〕塔；高台，瞭望台

ніхто́, ніко́го, ніко́му, нікі́м, ні на ко́му〔代〕谁也（不），任何人（也不）

помі́тити, -і́чу, -і́тиш〔完〕发现，看出，发觉 **поміча́ти**〔未〕

потемні́ти, -і́ю, -і́єш〔完〕黑暗起来，变得暗淡无光

со́нце, -я〔中〕太阳

схова́тися, -а́юся, -а́єшся〔完〕躲藏，隐藏 **хова́тися**〔未〕

впа́сти, -аду́, -аде́ш, -адемо́〔完〕落，坠落；跌倒；降落（指雨、雪、雾气等）

кра́пля, -і〔阴〕滴，一滴

галасли́вий〔形〕喧哗的，嘈杂的

зграй́ка〔阴〕(**згра́я** 的指小) 一小群（指鸟、兽、鱼等）

збити́ся, зіб'ю́ся, зіб'є́шся〔完〕迷失；错乱；挤在一起

накриття́, -я〔中〕掩蔽；隐蔽物；屋顶，遮檐

ні〔语气〕（用以加重否定语气）一点儿也（没有，不），一个也（没有，不）

б=би（б用于元音之后）〔语气〕（表示假设、愿望等）

грім, гро́му; 复 громи́〔阳〕雷

ві́тер, -тру; 复 -три́〔阳〕风

віщува́ти, -а́ю, -а́єш〔未〕预报，预示，预告

Сибі́р 西伯利亚

лі́то, -а〔中〕夏天，夏季

спе́ка, -и〔阴〕热，炎热

безхма́рний〔形〕无云的，晴朗的

зима́, -и́〔阴〕冬天，冬季

моро́з, -у〔阳〕寒冷，严寒

пурга́, -и́〔阴〕暴风雪

типо́во〔副〕典型地

континента́льний〔形〕大陆的

авторите́тно〔副〕权威地，有威信地

заяви́ти, -влю́, -виш〔完〕声明，提出 **заявля́ти**〔未〕

дев'ятикла́сник〔阳〕九年级学生

помі́рний〔形〕适度的；温和的，温带的

взи́мку〔副〕(在)冬天，(在)冬季

сніг, -у〔阳〕雪

оста́нній〔形〕最后的，最末的 оста́ннім ча́сом 最近，目前

стáти, -áну, -áнеш〔完〕〔用作助动词〕开始 ставáти〔未〕

випадáти, -áю, -áєш〔未〕落下；降落

без〔前〕(二格) 没有，无，不带

додáти, -áм, -асѝ, -áсть, -амó, -астé, -адýть；过去时 -áв, -алá〔完〕加上，添上；补充说(写) додавáти〔未〕

дівчáта〔阴，集合名词〕姑娘们

проя́снюватися, -ю́ється〔未〕清楚；晴，放晴 проясни́тися〔完〕

купáтися, -áюся, -áєшся〔未〕洗澡，游泳 ви́купатися〔完〕

знóву = знов〔副〕又，再，又一次，重新

засяя́ти, -ся́ю, -ся́єш〔完〕明亮起来，照耀起来

Коментарí

1. 形容词单数第五格

	硬变化			软变化		
一格	нови́й	нове́	нова́	си́ній	си́нє	си́ня
五格	нови́м	нови́м	новóю	си́нім	си́нім	си́ньою
一格	бáтьків	бáтькове	бáтькова	безкрáїй	безкрáє	безкрáя
五格	бáтьковим	бáтьковим	бáтьковою	безкрáїм	безкрáїм	безкрáйою

2. 物主形容词

本课课文第一段中 Сергíєві дрýзі 中的 Сергíєві 为物主形容词，意为"谢尔盖的"。

物主形容词是关系形容词的一种，表示事物属于某人，回答 чий? чия? чиє?(谁的)的问题，有性、数、格的区别。

物主形容词由表人名词的词干借助后缀 -ів，-їв，-ин，-їн 构成。

后缀 -ів，-їв 加在属于第二变格法的阳性名词词干后，如：

Андрíй — Андрíїв, робітни́к — робітникíв;

后缀 -ин，-їн 加在属于第一变格法以 -а，-я 结尾的阳、阴性名词词干后，如：сестрá — сестри́н, дочкá — дóччин, Софíя — Софíїн.

由属于第二变格法的名词构成的物主形容词，其后缀部分有时出现元音交替现象：i 与 о 或 e(є) 交替。如：бáтько — бáтьків, бáтькова, бáтькове, бáтькові; Сергíй — Сергíїв, Сергíєва, Сергíєве, Сергíєві。

物主形容词与表示所属关系的名词第二格在意义上是相等的。如：бáтьків

портфе́ль = портфе́ль ба́тька，сестрина́ кни́жка = кни́жка сестри́，ді́дове пальто́ = пальто́ ді́да。

物主形容词的变格见形容词变格法。

3. 动词假定式

动词假定式又称条件式，其主要功能是表示假定的、实际不存在的动作或行为，有时用来表示说话人的愿望。本课中的 "Ну хто б поду́мав，що таке́ бу́де。" 一句中，假定式即表示实际不存在的行为。

假定式由**陈述式过去时加语气词 би（б）**构成，有性、数的变化。如：чита́ти——чита́в би，чита́ла б，чита́ло б，чита́ли б；бу́ти——був би，була́ б，було́ б，були́ б（注：б 用于元音后）。假定式没有时的区分，可用于三种时间的句子中。би 可以和 як 合写成 якби́。

另外，假定式的形态标志 би 可放在过去时形式的前后，也可被其他词间隔开，如：Він би сказа́в，вона́ б прийшла́. 再如：(1) О，коли́ б ти знав，… як стра́шно то було́.（噢，如果你知道，… 那曾是多么的可怕。）(2) Хто б це міг бу́ти?（这能是谁呢？）

4. Авто́буса не було́ кі́лька хвили́н.

не було́（не бу́де）与第二格连用表示没有、不存在的事物，如：Сього́дні не бу́де дощу́.（今天不会下雨。）

5. Гідропа́рк зустрі́в їх щебета́нням пташо́к.

句中的第五格表示行为方式及工具，意思是 "用…（来迎接）"，"以…（来迎接）"。该句可译为："水上公园以小鸟的啁啾声…来迎接他们。"

6. Ніхто́ не помі́тив，як не́бо потемні́ло…

该句为复合句，连接词 як 所连接的从句揭示主句中 помі́тив 的内容。该句可译为 "谁也没发现，天黑下来了…"

7. Гасли́вою згра́йкою зби́лись під накриття́м.

句中的 гасли́вою згра́йкою 为行为方式五格，在句中作状语。该句可译为："人们嘈杂地一帮一伙地挤在屋檐下。"

Впра́ви

1. 将下列词组译成乌克兰语。

在星期天 _____   决定去公园 _____

和同班同学约定 _____   七楼 _____

报亭 _____   几分钟 _____

从没见过 _____   安慰他 _____

一公里半 _____   薄雾 _____

一个接一个地 _____   跳入水中 _____

雨滴 _____   最近 _____

补充说 _____   雨停了 _____

2. 将下列词组译成乌克兰语，注意物主形容词的构成和用法。

哥哥的书包 _____   彼得(Петро́)的姐姐 _____

安德烈(Андрі́й)的鞋 _____   爸爸的书 _____

工程师的儿子 _____   母亲的学生 _____

3. 找出课文中使用的所有第五格形式，并解释其意义和用法。

4. 选择适当的前置词填空，并把括号内的词变成需要的形式。

备选前置词：без, за, перед, над, під.

(1) Оле́нка сиді́ла _____ (кру́гле дзе́ркало).

(2) _____ (письмо́вий стіл) ви́сить портре́т Шевче́нка.

(3) Звича́йно ми обі́даємо _____ (вино́).

(4) Че́рез пло́щу ми йдемо́ перехо́дом _____ (земля́).

(5) _____ (нови́й кінотеа́тр) стоя́ли Наді́я й Лі́да.

(6) Він ро́бить уро́ки _____ (годи́на).

(7) Росли́ни (植物) не живу́ть _____ (вода́).

5. 将下列句子译成乌克兰语。

(1) 昨天是星期天，只有我和姐姐在家。
_____

(2) 我们乘火车到基辅，然后乘公共汽车到村庄。
_____

(3) 我本是可以放你进来的，可我的爸爸不在家。(放入：пусти́ти)
_____

(4) 要是身体健康，我就去听音乐会了。
_____

(5) 雨过天晴，太阳又光芒普照。多美呀！
_____

第14课　Чотирна́дцятий уро́к

学习要点：
1. 数量数词один的变格
2. 顺序数词的变格
3. 疑问代词хто, що的变格

Текст

Зу́стріч

Пі́сля заня́ть в інститу́ті Сергі́й ви́рішив піти́ додо́му пішки́. Сього́дні було́ аж чоти́ри па́ри, мо́жна дозво́лити собі́ прогуля́тися. Це трапля́лось з ним рі́дко. По поне́ділках — заня́ття баскетбо́лом, по вівто́рках — робо́та в науко́вому гуртку́, по п'я́тницях — басе́йн. Ішо́в не поспіша́ючи, на по́вні гру́ди вдиха́в сві́же весня́не пові́тря. Несподі́вано для се́бе поба́чив у на́товпі висо́ку знайо́му по́стать Іва́на Бо́йка.

— Іва́не, ти? Зві́дки взя́вся?

— Вже поверну́вся з а́рмії. А ти?

— А я вчу́ся на тре́тьому ку́рсі.

Това́риші поти́снули ру́ки оди́н одно́му, по́тім обняли́ся.

— Ого́, які́ в те́бе плє́чі! — ви́гукнув Сергі́й.

— Та я в а́рмії займа́вся боротьбо́ю, і ти зна́єш — до́сить успі́шно.

— Це помі́тно і по плеча́х, і по рука́х. Молоде́ць. Що ду́маєш да́лі роби́ти?

— В а́рмії був воді́єм. Тепе́р мо́жу на авто́бусах будьяко́ї ма́рки працюва́ти.

— Дава́й за́йдемо до кафе́. Ви́п'ємо ка́ви, з'їмо́ ті́стечок і про все поговори́мо.

Хло́пці сі́ли за сто́ликом бі́ля вікна́. Розмо́ва продо́вжувалась.

— А як твої́ брати́, Сергі́ю? Як батьки́?

— До́бре. Хлоп'я́та росту́ть — їм уже́ по п'ять ро́ків, Сашко́ — в дев'я́тому кла́сі, батьки́ працю́ють там же. А кого́ з на́ших шкільни́х дру́зів ти ба́чив?

— Ба́чив брати́в Петре́нків. Оди́н навча́ється в політехні́чному, дру́гий у меди́чному. Ста́рший уже́ жона́тий.

—Ой, Іва́не, я ж забу́в тобі́ нови́ну розпові́сти. Генна́дій Колісниче́нко одружи́вся з Окса́ною Головне́нко, і тепе́р подру́жжя Колісниче́нко ви́їхало на село́. Він працю́є механіза́тором, а вона́ доя́ркою. Живу́ть до́бре, їм да́ли га́рну кварти́ру. Я був у них. Приро́да чудо́ва, ми в ставку́ купа́лися, по гриби́ ходи́ли.

—Так, розійшли́ся на́ші дру́зі і подру́ги по міста́х і се́лах, по інститу́тах та заво́дах.

—Ти хоч не пропада́й. Дзвони́, заходь.

—Тепе́р бу́демо часті́ше ба́читися.

Словни́к

зу́стріч, -і〔阴〕相遇，相会；迎接
заня́ття, -я；复 二 -я́ть〔中〕职业，工作；〔复〕(学校的) 作业；学习
па́ра, -и；复 па́ри, пар〔阴〕一双，一对；〈口语〉双课时（高等学校中连上的两节课）
дозво́лити, -лю, -лиш〔完〕кому? чому? 允许，许可；容许，让 **дозволя́ти**〔未〕
прогуля́тися, -я́юся, -я́єшся〔完〕散步，闲逛，溜达 **прогу́люватися**〔未〕
трапля́тися, -я́ється〔未〕发生 **тра́питися**〔完〕
рі́дко〔副〕稀疏；很少，不常，难得
по〔前〕(六格) 每逢，在整个时间内
понеді́лок, -лка〔阳〕星期一
баскетбо́л, -у〔阳〕篮球
вівто́рок, -рка〔阳〕星期二
робо́та, -и〔阴〕工作，作业；作品
науко́вий〔形〕科学的，学术的；科学上的
гурто́к, -тка́〔阳〕人群；小组
п'я́тниця, -і〔阴〕星期五

поспіша́ти, -а́ю, -а́єш〔未〕赶紧，赶忙，急于，忙于 **поспіши́ти**〔完〕
по́вний〔形〕满的；完全的，全部的，整个的
гру́ди, -е́й〔复〕胸，胸膛
вдиха́ти, -а́ю, -а́єш〔未〕吸入，吸 (气) **вдихну́ти**〔完〕
весня́ний〔形〕春天的，春季的
пові́тря, -я〔中〕空气
несподі́вано〔副〕意外地；突然地
на́товп, -у〔阳〕一群人，人群
висо́кий〔形〕高的，高空的；高度的
знайо́мий〔形〕认识的，熟悉的
по́стать, -і〔阴〕人体，身段；人形
зві́дки〔副〕从哪里，从何处，为什么
взя́тися, візьму́ся, ві́зьмешся〔完〕着手，开始做；〈口语〉出现，来到 **бра́тися**〔未〕
а́рмія, -ї〔阴〕军队，陆军
курс, -у〔阳〕(高等以及中等专业学校的) 年级
поти́снути, -ну, -неш〔完〕握，挤，压，

按 **потиска́ти**〔未〕

обня́тися, -ні́му́ся, -ні́мешся〔完〕拥抱 **обніма́тися**〔未〕

ого́〔感〕哎呀，啊哟（表示意外、惊异、赞赏之意）

плече́, -а́；复 пле́чі〔中〕肩，肩膀

ви́гукнути, -ну, -неш〔完〕呼喊，喊出，大声叫出 **вигу́кувати**〔未〕

займа́тися, -а́юся, -а́єшся〔未〕чим? 从事，致力于，做 **зайня́тися**〔完〕

боротьба́, -и́〔阴〕斗争，奋斗；摔跤，角力

до́сить〔副〕相当地，够

успі́шно〔副〕有成效地；顺利地，成功地

помі́тно〔副〕可见地；可以明显感觉出来地

молоде́ць, -дця〔阳〕好小伙子；〈口语〉好样的，真行

водій́, -я́〔阳〕（汽车等的）司机，驾驶员

могти́, мо́жу, мо́жеш；过去时 міг, могла́〔未〕能，会，可以 **змогти́**〔完〕

будь-який́〔代〕不管什么样的，任何的

ма́рка, -и〔阴〕邮票；商标；（商品等的）型号，品级

зайти́, -йду́, -йдеш〔完〕顺路走到，顺路探望；去找（人）**захо́дити**〔未〕

кафе́〔不变，中〕咖啡馆

за〔前〕（五格）在…之后，在…之外，在…旁

продо́вжуватися, -ується〔未〕继续进行；持续…时间 **продо́вжитися**〔完〕

батьки́, -і́в〔复〕父母

хлоп'я́, -я́ти；复 -я́та〔中〕小男孩儿

по〔前〕（四格）各，每

дев'я́тий〔数〕第九的

клас, -у〔阳〕（中小学的）年级，级；班；（中小学的）教室

шкільни́й〔形〕学校的

політехні́чний〔形〕综合技术的，多科技术的

меди́чний〔形〕医学的，医疗的

жона́тий〔形〕结了婚的（指男子），有妻子的；〔只用复数〕结了婚的

забу́ти, -у́ду, -у́деш〔完〕忘记，遗忘 **забува́ти**〔未〕

новина́, -и́〔阴〕新闻，新消息，新事物

розпові́сти, -і́м, -і́си, -і́сть, -імо́, -істе́, -ідя́ть；过去时 -і́в, -іла́〔完〕讲，讲述，叙述 **розповіда́ти**〔未〕

одружи́тися, -ужу́ся, -у́жишся〔完〕结婚，娶妻，出嫁 **одру́жуватися**〔未〕

подру́жжя, -я〔中〕（一对）夫妇，夫妻；配偶

ви́їхати, -їду, -їдеш〔完〕（乘行）动身，出发；离开 **виїжджа́ти**〔未〕

механіза́тор, -а〔阳〕机械化专家；机务人员

доя́рка, -и〔阴〕女挤奶员

приро́да, -и〔阴〕大自然；自然风景

по〔前〕（四格）各，每

розійти́ся, -йду́ся, -йдешся〔完〕走散，散往各处 **розхо́дитися**〔未〕

подру́га, -и〔阴〕女友，女朋友

пропада́ти, -а́ю, -а́єш〔未〕失踪，遗失 **пропа́сти**〔完〕

частíше〔副〕（чáсто 的 比较级）更经常地

бáчитися, -чуся, -чишся〔未〕会面，见面

Коментарí

1. 数量数词 одúн 的变格

одúн 有性、数、格的区别，使用时要与连用的名词在性、数、格上一致。одúн 的变格如下：

格 \ 性	单数 阳性	单数 中性	单数 阴性	复数
一格	одúн	однó(однé)	однá	однí
二格	однóго	однóго	однiéï (однóï)	однúх
三格	одномý	одномý	однíй	однúм
四格	同一或二	однó(однé)	однý	同一或二
五格	однúм	однúм	однiéю (однóю)	однúми
六格	(у)одномý(-íм)	(у)одномý	(на) однíй	(на)однúх

2. 顺序数词的变格

顺序数词的变格与形容词变格相同，除 трéтiй 的变格与形容词软变化相同外，其他词同形容词硬变化。如：

格 \ 性	单数 阳性	单数 中性	单数 阴性	复数
一格	п'я́тий	п'я́те	п'я́та	п'я́ті
二格	п'я́того	п'я́того	п'я́тої	п'я́тих
三格	п'я́тому	п'я́тому	п'я́тій	п'я́тим
四格	同一或二	п'я́те	п'я́ту	同一或二
五格	п'я́тим	п'я́тим	п'я́тою	п'я́тими
六格	(у)п'я́тому(-ім)	(у)п'я́тому(-ім)	(у)п'я́тій	(у)п'я́тих

трéтій 的变格如下：

格＼数性	单数 阳性	单数 中性	单数 阴性	复数
一格	трéтій	трéтя	трéтє	трéті
二格	трéтього	трéтьої	трéтього	трéтіх
三格	трéтьому	трéтій	трéтьому	трéтім
四格	同一或二	трéтю	同一	同一或二
五格	трéтім	трéтьою	трéтім	трéтіми
六格	(у) трéтьому (трéтім)	(у) трéтій	(у) трéтьому (трéтім)	(у) трéтіх

合成顺序数词只有末尾的一个词形有性、数、格的变化，而前面的所有组成部分均不变格。如：сто двáдцять четвéртий 的单数第二格为 сто двáдцять четвéртого，复数第二格为 сто двáдцять четвéртих，其他各格同理。

3. 疑问代词 хто，що 的变格

乌克兰语中的疑问代词有 хто（谁，什么人），що（什么，什么事），якúй（什么样的），чий（谁的），котрúй（第几个），скíльки（多少）等。疑问代词用以对人、事物、特征和数量提问。其中 хто，що 只有格的变化，没有性、数的形式。хто，що 的变格如下：

一格	хто	що
二格	когó (бíля когó)	чогó (бíля чóго)
三格	комý	чомý
四格	когó	що
五格	ким	чим
六格	(на)кóму	(на) чóму

4. Це трапля́лося з ним рíдко.

трапля́тися з ким? чим? 表示"（谁、什么）发生了……"，如：Що з тобóю трáпилося?（你发生什么事了？）本句可译为："这在他是很少有的事。"

5. По понеділках — заняття баскетболом…

前置词 по 加复数第六格表示"每逢"。如：по ночах（每天夜里），по неділях（每逢星期天）。

6. Ішов не поспішаючи…

поспішаючи 为 поспішати 的副动词形式，在句中说明动词谓语 ішов，作状语。副动词的构成和用法参见第 21 课语法。本句可译为："（他）不慌不忙地走着，…"

7. Товариші потиснули руки один одному, …

потиснути кому руки 的意思是"握…的手"。потиснути руки один одному 的意思是"互相握手"。

8. …і ти знаєш — досить успішно.

ти знаєш 为插入语，在谈话中用于引起对方注意，译为"你要知道"，"你知道吗？"

9. Хлоп'ята ростуть — їм уже по п'ять років.

表示人的年龄时，主体应用第三格形式，如：Сину два року.（儿子两岁。）Мені двадцять років.（我 20 岁。）

前置词 по 加第四格表示平均分配意义，译为"每"、"各"，如：сидіти по дві години（各坐两个小时）。

10. …батьки працюють там же.

же 为语气词，表示"正是，就是，同一个"，там же 的意思是"就在那里，在同一个地方"。本句可译为"…父母还在那里工作。"

11. Один навчається в політехнічному, другий у медичному.

本句中 в політехнічному 与 в медичному 后均省略了名词 інституті，分别表示"在工学院"和"在医学院"。

12. Він працює механізатором, а вона — дояркою.

працювати ким? 表示"做…工作"，如：працювати інженером（вчителькою, офіціанткою）可译为"做工程师（女教师，女服务员）工作"。

Вправи

1. 将下列词组译成乌克兰语。

下课后 _____   步行回家 _____

每逢周一 _____　　不慌不忙地走 _____

呼吸新鲜空气 _____　　在人群中 _____

在三年级 _____　　互相握手 _____

在桌旁坐下 _____　　继续谈话 _____

去采蘑菇 _____　　分散到各个城市 _____

2. 找出课文中所有带前置词 по 的句子，解释该前置词的用法。

3. 将 хто, що 变成需要的形式填入空格。

　　（1）_____ ти будеш робити завтра?

　　（2）Який гарний хлопець! _____ це?

　　（3）У _____ болить зуб?

　　（4）_____ треба іти?

　　（5）_____ ти працюєш?

　　（6）Біля _____ стоїть столик?

　　（7）На _____ були книжки?

　　（8）_____ звуть дояркою?

　　（9）З _____ вони повертаються додому?

4. 读下列谚语，注意 хто, що 的用法。

　　（1）Хто ледащо（懒汉），тому їсти нема що.

　　（2）Чим би дитина не бавилась（寻开心），аби не плакала.

　　（3）З ким поведешся（交往），від того й наберешся（学到）.

　　（4）Що за холод（寒冷；冷淡），як козак（哥萨克；好小伙）молод.

　　（5）Чого Івась не навчиться, того й Іван не буде знати.

　　（6）Горе тому, в кого нема порядку в домі.

5. 将数词 один 变成需要的形式填入空格。

　　（1）Два брати через гору живуть і ніколи _____ до _____ не ходять.

　　（2）В _____ з просторих залів їдальні було накрито столи для гостей.

　　（3）Ми входимо в кімнату один за _____.

　　（4）Вчора я написав _____ статтю（文章）.

　　（5）Вони живуть в _____ квартирі.

第15课　П'ятна́дцятий уро́к

学习要点：
1. 形容词第三格
2. 动词第一人称命令式
3. 动词第三人称命令式
4. 钟点表示法

Текст

Весі́лля

Петро́ прийшо́в весе́лий:

—Ну, Оле́нко і Яросла́ве, як вам тут живе́ться? Чим вас пора́дувати? Вам пощасти́ло. В субо́ту ми пі́демо на весі́лля. Одру́жується мій това́риш.

—Яко́го ві́ку молоді́?

—Йому́ 22 ро́ки, а наре́ченій—20 ро́ків. Ось запро́шення. Чита́йте: «Ласка́во про́симо на весі́лля».

—О котрі́й годи́ні?

—Реєстра́ція шлю́бу відбу́деться о тре́тій годи́ні, а весі́льний банке́т призна́чили на вісімна́дцяту годи́ну три́дцять хвили́н у рестора́ні «Столи́чний» на дру́гому по́версі в тре́тьому за́лі.

—Чудо́во. Нам ду́же хо́четься поба́чити суча́сні весі́льні обря́ди.

—З чим ми пі́демо? Ході́мо купува́ти подару́нки. Що у вас дару́ють на весі́лля?

—Ма́буть, те, що й у вас: усе́, що потрі́бно молоди́м у господа́рстві.

І ось весі́льний день наста́в. Кі́лька маши́н під'їжджа́ють до Пала́цу шлю́бу. У передпо́кої молоді́. Вже пів на тре́тю. Наре́чена вихо́дить у бі́лому вбра́нні, на голові́ фата́, в рука́х бі́лі кві́ти. Бі́ля не́ї наре́чений. Поза́ду йдуть дру́жки, а за ни́ми—ро́дичі і го́сті. О тре́тій годи́ні проце́сія підніма́ється по схі́дцях на дру́гий по́верх. Скрізь килими́. Відчиня́ються две́рі. У білосні́жному за́лі звучи́ть урочи́стий весі́льний марш. Га́рна жі́нка—депута́т Міськра́ди—оголо́шує ство́рення ново́ї сім'ї́ і віта́є молоди́х. Молоді́ одяга́ють обру́чки. Їм видаю́ть шлю́бне посві́дчення. Пі́сля те́плих поздоро́влень зно́ву луна́є марш, із за́лу вихо́дять чолові́к і дружи́на — молоде́ подру́жжя. Хай вам щасти́ть, молоді́!

— Бу́дьте ласка́ві, прихо́дьте ж на весі́льний банке́т!

Словни́к

весі́лля, -я; 复 -лля, -і́ль〔中〕结婚典礼, 婚礼

весе́лий〔形〕快乐的, 愉快的

жи́тися, живе́ться; 过去时 жило́ся〔无人称, 未〕（如何）生活

　Як вам живе́ться? 您生活得怎样？

пора́дувати, -ую, -уєш〔完〕кого? що? 使愉快, 使高兴

пощасти́ти, -тить〔完〕кому 走运, 运气好 **щасти́ти**〔未〕

вік, -у〔阳〕世纪; 年龄, 岁数

　Яко́го ві́ку…? …多大岁数？ …年龄多大？

наре́чений〔形〕非嫡亲的;〔用作名词〕**наре́чений**, -ого〔阳〕未婚夫; **наре́чена**, -ої〔阴〕未婚妻

запро́шення, -я; 复二 -ень〔中〕邀请; 请帖

ласка́во〔副〕温柔地, 温存地

　ласка́во про́симо〈口语〉欢迎; 请光临

о 及 **об**（用于以元音开头的词前）〔前〕（六格）在（几点钟）时

котри́й〔代〕第几, 哪一个

реєстра́ція, -ї〔阴〕登记, 注册

шлюб, -у〔阳〕婚姻, 结婚

відбу́тися, -у́дуся, -у́дешся〔完〕发生; 举行, 进行 **відбува́тися**〔未〕

весі́льний〔形〕结婚的, 婚礼的

банке́т, -у〔阳〕大宴会

призна́чити, -чу, -чиш〔完〕约定, 预定; 规定

рестора́н, -у〔阳〕饭馆, 饭店

столи́чний〔形〕首都的, 京城的

хоті́ся, хо́четься〔无人称, 未〕想要, 想

суча́сний〔形〕现代的, 当代的; 现在的

обря́д, -у〔阳〕仪式, 典礼

подару́нок, -нка〔阳〕赠品, 礼物

дарува́ти, -у́ю, -у́єш〔未, 完〕赠送

потрі́бно〔无人称句中用作谓语〕需要, 应该

　усе́, що потрі́бно 需要的一切

молоді́, -и́х〔复〕（形容词用作名词）未婚夫和未婚妻; 新婚夫妇

господа́рство〔中〕经济; 家产, 家当

наста́ти, -а́не〔完〕（时间）来临, 降临, 到来;（某种状态）开始 **настава́ти**〔未〕

маши́на, -и〔阴〕机器;〈口语〉汽车, 摩托车

під'їжджа́ти, -а́ю, -а́єш〔未〕及 **під'ї́здити**, -і́жджу, -і́здиш, -і́здимо, -і́з-

диté〔未〕（乘车、马、船等）驶近
під'їхати, -їду, -їдеш〔完〕

палáц, -у〔阳〕宫；宫殿

    палáц шлю́бу 婚礼宫，婚礼馆

передпóкій, -кóю〔阳〕前室，外室

пів〔不变〕半点钟

    пів на трéтю 两点半钟

вбрання́, -я́〔中〕衣服，服装；盛装

головá, -и́〔阴〕头，头部

фатá, -и́〔阴〕头纱；（新娘披的）纱

позáду〔副〕在后面，在背后

дружóк〔阳〕（друг 的指小表爱）朋友

рóдич, -а〔阳〕亲人，亲属，亲戚

процéсія, -ї〔阴〕行列，队列

схíдець, -дця〔阳〕台阶；〔复〕楼梯

ки́лим, -а；复 -и́, -íв〔阳〕地毯

відчиня́тися, -я́юся, -я́єшся〔未〕开，打开（门、窗等）

двéрі, -éй〔复〕门；门口

білоснíжний〔形〕雪白的

звучáти, -чи́ть〔未〕发出声响，鸣，响；（音乐声、说话声等）传来

урочи́стий〔形〕隆重的；庄严的，庄重的

марш, -у〔阳〕进行曲

депутáт, -а〔阳〕代表，议员

оголóшувати, -ую, -уєш〔未〕宣布；宣读 **оголоси́ти**〔完〕

ствóрення〔中〕建立，组建

вітáти, -áю, -áєш〔未〕欢迎；祝贺；问候 **привітáти**〔完〕

одягáти, -áю, -áєш〔未〕给⋯穿上（衣服）；盖上；围上 **одягти́** 及 **одягну́ти**〔完〕

обру́чка〔阴〕圆环；戒指

видавáти, -даю́, -даєш〔未〕出版；颁布

шлю́бний〔形〕婚姻的，结婚的

посвíдчення, -я〔中〕证明；证件，证明书

поздорóвлення, -я；复二 -ень〔中〕祝词，贺词

лунáти, -áє〔未〕（声音等）回响，回荡

хай〔语气〕（与动词连用）让，叫

ласкáвий〔形〕温柔的，温存的，温暖的

    Бу́дьте ласкáві!〈口语〉请；请费心，劳驾

Коментарí

1. 形容词第三格

形容词单、复数第三格的构成见下表。

	硬变化			软变化		
一格	нови́й	новé	новá	си́ній	си́нє	си́ня
三格（单）	новóму	новóму	новíй	си́ньому	си́ньому	си́ній
三格（复）		нови́м			си́нім	
一格	бáтьків	бáтькове	бáтькова	безкрáїй	безкрáє	безкрáя
三格（单）	бáтьковому	бáтьковому	бáтьковій	безкрáйому	безкрáйому	безкрáїй
三格（复）		бáтьковим			безкрáїм	

2. 动词第一人称命令式

说话人要求对方同自己一起进行某种行为，用第一人称命令式。

第一人称命令式只有复数形式，由第二人称单数命令式形式加 **-мо** 构成，只有以 **-и** 结尾的单数第二人称命令式形式构成第一人称命令式时 **-и** 变为 **-і**，再加上 **-мо** 构成。例如：

співа́ти — співа́й — співа́ймо

працюва́ти — працю́й — працю́ймо

спа́ти — спи — спі́мо

писа́ти — пиши́ — пиші́мо

сі́сти — сядь — ся́дьмо

забу́ти — забу́дь — забу́дьмо

复数第一人称命令式词尾 -імо 中的 о 有时可省略，如：робі́мо — робі́м。

3. 动词第三人称命令式

说话人对第三者表示命令、建议或希望时用第三人称命令式。

第三人称命令式由动词第三人称形式前加语气词 **хай** 或 **неха́й** 构成。例如：

Неха́й вона́ іде́! 让她去吧！

Неха́й усі́ студе́нти ви́вчать це напа́м'ять. 让所有的学生把这部分背下来。

Хай живе́ дру́жба! 友谊长存！

Хай вам щасти́ть! 祝你们幸福！

4. 钟点表示法

（1）几点几分（котра́ годи́на?）主要表示方法如下：

…а (я) (годи́на)	几点
п'я́та (годи́на)	五点
…хвили́н на…у (ю)	几点几分
п'ять хвили́н на двана́дцяту	十一点五分
пів на…у (ю)	几点半
пів на пе́ршу	十二点半
за…хвили́н…а (я)	差几分几点
за чверть тре́тя	差一刻三点

（2）在几点几分（о котрі́й годи́ні?）

о…ій (годи́ні)	在几点
о п'я́тій (годи́ні)	在五点

у (в)...хвили́н на...у (ю)	在几点几分
у (в) п'ять хвили́н на двана́дцяту	在十一点五分
о пів на...у (ю)	在几点半
о пів на пе́ршу	在十二点半
за...хвили́н...а (я)	在差几分几点时
за чверть тре́тя	在差一刻三点时

5. Петро́ прийшо́в весе́лий.

该句中 прийшо́в весе́лий 为合成谓语。这类合成谓语是由表示事物的运动或状态的动词与形容词或名词的第一格（或第五格）一起构成，表示事物的复杂特征。再如：

Ба́тько сіда́є мовчазни́й.（父亲默默地坐着。）

6. ... як вам тут живе́ться?

本句中的 живе́ться 与下文中的 пощасти́ло, хо́четься 均为无人称动词。无人称动词没有人称的变化，只用第三人称单数形式，过去时用中性（详见第26课）。

无人称动词构成无人称句，句中不能有主语。行为主体一般用第三格表示。如：Мені́ хо́четься...（我想…）Нам пощасти́ло.（我们走运了。）Йому́ живе́ться до́бре.（他生活得很好。）

7. Що у вас дару́ють на весі́лля?

本句为不定人称句，这类句子的特点是说话人更注意事实、事件、行为本身，而发出行为的人或者没有指出来，或者不确定、不清楚。句中的谓语用动词的现在时和将来时复数第三人称或过去时复数表示。本句可译为："你们这儿结婚都送什么？"

再如下文中的 "Їм видаю́ть шлю́бне посві́дчення."（向他们颁发了结婚证。）也是不定人称句。

Впра́ви

1. 将下列词组译成乌克兰语。

使你们高兴 _____　　去参加婚礼 _____

请光临 _____　　在几点钟 _____

结婚登记 _____　　在二楼 _____

买礼物 _____　　两点半钟 _____

走在后面 _____   亲朋好友 _____

登上楼梯 _____   门开了 _____

婚礼进行曲 _____   组建新家庭 _____

祝贺新婚夫妇 _____   劳驾 _____

2. 听听读读。找出文中的动词命令式形式，并指出其人称和数。

Як па́рость виногра́дної лози́,

Плека́йте мо́ву. Пи́льно й ненаста́нно

Полі́ть бур'я́н. Чисті́ша від сльози́

Вона́ хай бу́де. Ві́рно і слухня́но

Неха́й вона́ щора́зу слу́жить вам,

Хоч і живе́ своі́м живи́м життя́м.

Прислу́хайтесь, як океа́н співа́є ——

Наро́д гово́рить.

（М. Ри́льский）

3. 用乌克兰语说出下列时间。

（1）3点整 _____   （2）4点10分 _____

（3）9点整 _____   （4）下午5时半 _____

（5）1点25分 _____   （6）差5分7点 _____

4. 指出下列词形分别为动词的哪种形式，并将动词恢复原形。

（я）пла́чу _____, сі́дай _____, робі́мо _____,（він）міг би _____,

（він）сів _____,（ви）чита́тимете _____,（вони́）беру́ть _____,

ї́жмо _____,（я）ся́ду _____, вези́ _____, скажі́мо _____,

（він）бу́де писа́ти _____

5. 把下列句子译成乌克兰语。

（1）在婚宴上，酒杯（бока́л）叮当作响。

_____

（2）婚礼在这个大厅举行。

_____

（3）新娘穿着雪白的婚纱，手指（па́лець）上戴着戒指。

_____

（4）读吧，只是别着急。

_____

（5）让他们来吧！

（6）我们去问他吧！

第16课　Шістна́дцятий уро́к

学习要点：
1. 形容词复数第五格
2. 指示代词
3. 简单句与复合句
4. 定语从句

Текст

У селі

Позавчо́ра Бо́йки зустріча́ли своі́х батькі́в, які́ приі́хали до них у го́сті з Полта́вщини. Га́нна Гна́тівна і Павло́ Макси́мович — селя́ни. Тепе́р вони́ уже́ на пе́нсії.

Сього́дні Га́нна Гна́тівна і Павло́ Макси́мович поверта́ються додо́му. Вони́ запроси́ли до се́бе на Полта́вщину си́на — Мико́лу Па́вловича, його́ роди́ну і невісстчиних ро́дичів. Усі́ були́ тому́ ра́ді і поі́хали, крім Яросла́ва — племі́нника Мико́ли. Він хоті́в попрацюва́ти в Центра́льній науко́вій бібліоте́ці в Ки́єві.

І ось широ́кі просто́ри Полта́вщини. Наре́шті з'яви́лося село́ Петрі́вці з бі́лими ха́тами й буди́нками та зеле́ними садка́ми. У цьо́му селі́ ви́ріс Мико́ла Па́влович.

—Он стої́ть на́ша нова́ ха́та, а на то́му кінці́ села́, за ставко́м — шко́ла, — розповіда́є Га́нна Гна́тівна.

—У цю шко́лу Мико́лка пішо́в таки́м мали́м хло́пчиком. Ціє́ю доро́гою він ходи́в де́сять ро́ків, —дода́в Павло́ Макси́мович.

Підприє́мство у Петрі́вцях зве́ться «Нове́ життя́». Цього́ ро́ку тут був особли́во бага́тий урожа́й. Тепе́р збира́ють вели́кі врожа́ї жи́та і пшени́ці, ячме́ню і вівся́нки, про́са і гре́чки, цукро́вого буряку́, карто́плі, о́вочів. Але́ коли́ Бо́йки і Савчуки́ приі́хали, селя́ни вже скінчи́ли жнива́, зібра́ли хліб і скла́ли в скирти́ золоти́сту соло́му. Відбуло́ся урочи́сте Свя́то врожа́ю.

У селі́ вели́ке високомеханізо́ване господа́рство. Бо́йки і Савчуки́ огля́нули корі́вник, свина́рник, ста́йню, хліві́, комо́ри для зерна́, пта́шник.

Словни́к

позавчо́ра 〔副〕前天
приї́хати, -ї́ду, -ї́деш 〔完〕（乘车、马、船等）来到，到达，驶来 **приїжджа́ти** 〔未〕
селяни́н 〔阳〕（男）农民
селя́нка 〔阴〕（女）农民
пе́нсія, -ї 〔阴〕退休费，养老金
   бу́ти на пе́нсії 退休
запроси́ти, -ошу́, -о́сиш 〔完〕请，邀请；请来参加 **запро́шувати**, -ую, -уєш 〔未〕
на 〔前〕（四格）（表示运动动词等的方向）朝，到⋯去，向⋯
невістчин 〔形〕儿媳妇的，弟媳的，嫂子的
ра́дий 〔形〕高兴的，乐意的；满意的
крім 〔前〕（二格）除⋯以外，除了⋯
племі́нник, -а 〔阳〕侄，外甥
широ́кий 〔形〕宽的，宽阔的
просто́рий 〔形〕宽敞的，广阔的；宽大的
наре́шті 〔副〕最后，终于；〔插入语〕（此外）还有，还可以
з'яви́тися, -влюся, -вишся 〔完〕来到，出现；产生 **з'явля́тися** 〔未〕
зеле́ний 〔形〕绿色的；绿荫覆盖的
садо́к, -дка́ 〔阳〕（сад 的指小表爱）小花园，小果园
ви́рости, -ту, -теш；过去时 -ріс, -росла 〔完〕长，长大；成长 **вироста́ти** 〔未〕
той 〔代〕那，那个

кіне́ць, -нця́ 〔阳〕终结，尽头；端
хло́пчик, -а 〔阳〕小男孩儿
підприє́мство, -а 〔中〕企业
зва́тися, зву́ся, зве́шся, звемо́ся, зветеся 〔未〕称为，叫作
особли́во 〔副〕特别地；特别是，尤其是
бага́тий 〔形〕富裕的，富有的，富足的
урожа́й = врожа́й, -ю 〔阳〕收成，收获；丰收；丰富，大量
збира́ти, -а́ю, -а́єш 〔未〕采集，收割；收集 **зібра́ти**, зберу́, збере́ш 〔完〕
жи́то, -а；复 жита́, жити́в 〔中〕黑麦
пшени́ця, -і 〔阴〕小麦
ячмі́нь, -ме́ню 〔阳〕大麦
вівся́нка, -и 〔阴〕〈口语〉燕麦米；燕麦粥
про́со, -а 〔中〕黍；稷
гре́чка, -и 〔阴〕荞麦；荞麦米
цукро́вий 〔形〕糖的；制糖的
буря́к, -а́ 及 -у́ 〔阳〕甜菜
о́вочі, -ів 〔复，集合名词〕蔬菜，青菜
скінчи́ти, -чу́, -чи́ш 〔完〕完毕，结束，完成
жнива́ 及 **жни́ва**, жнив 〔复〕收割；收获；收割期
хліб, -а；复 -а́, -і́в 〔阳〕谷物，粮食
скла́сти, -аду́, -аде́ш 〔完〕整齐地放在一起，叠起来，垛起来
ски́рта, -и；复 ски́рти 及 скирти́ 〔阴〕垛，大垛，禾堆
золоти́стий 〔形〕金色的，金黄色的

солома, -и〔阴〕秆，稻草，麦秸

свято, -a；复свята及свята〔中〕节目，佳节，纪念日

високомеханізований〔形〕高度机械化的

оглянути, -ну, -неш〔完〕细看，察看；参观；检查 оглядати〔未〕

корівник, -a〔阳〕牛栏，牛棚

свинарник, -a〔阳〕猪栏，猪圈

стайня, -i, -ею〔阴〕马厩，马棚

хлів -a〔阳〕畜棚，畜栏

комора, -и〔阴〕粮仓，谷仓；仓库

зерно, -а及зерно, -a〔中〕（植物的）籽粒；〔集合名词〕谷物，粮食

пташник, -a〔阳〕家禽舍，鸟舍

Коментарі

1. 形容词复数第五格

	硬变化	软变化
单数一格	новий (нове, нова)	синій (синє, синя)
复数一格	нові	сині
复数五格	новими	синіми
单数一格	батьків (батькове, батькова)	безкраїй (безкрає, безкрая)
复数一格	батькові	безкраї
复数五格	батьковими	безкраїми

2. 指示代词

乌克兰语中的指示代词有цей（这个），той（那个），такий（这样的）等。指示代词用来指人、事物或人、事物的特征、数量，在句中说明名词，其性、数、格与名词一致。

指示代词такий的变格法与硬变化形容词相同。

指示代词цей, той的变格法如下：

		阳性	中性	阴性	阳性	中性	阴性
单数	一格	цей	це	ця	той	те	та
	二格	цього	цього	цієї	того	того	тієї (тої)
	三格	цьому	цьому	цій	тому	тому	тій

续表

		阳性	中性	阴性	阳性	中性	阴性
单数	四格	同一或二	同一	цю	同一或二	同一	ту
	五格	цим	цим	цією	тим	тим	тією(тою)
	六格	(на)цьому	(на)цьому	(на)цій	(на)тому(тім)	(на)тому(тім)	(на)тій
复数	一格	ці			ті		
	二格	цих			тих		
	三格	цим			тим		
	四格	同一或二			同一或二		
	五格	цими			тими		
	六格	(на) цих			(на) тих		

3. 简单句与复合句

根据句子的结构，所有的句子可以分为简单句和复合句。

简单句是只包括词与词之间在语法上的互相联系的句子。简单句按其主要成分（主语和谓语）的数量又分为双主要成分句（有两个主要成分）如单主要成分句（只可能或只需要一个主要成分）。

双主要成分句永远是人称句，如：Пройшли дощі. У мене туфлі червоні. Олесь і Сашко читають. Це дитяча кімната.

单主要成分句可分为不定人称句、无人称句、泛指人称句、称名句。

复合句是由两个或两个以上的简单句构成的句子。根据各分句之间依附关系的不同，复合句可分为并列复合句和主从复合句。

由两个或两个以上平等的简单句用并列连接词（і, й, а, але, та, чи, або 等）连接而成的复合句为并列复合句。如：

（1）Весна вже прийшла, та дерева ще голі.（春天已经来了，可树还是光秃秃的。）

（2）Не спить дорога, і не спить земля.（道路没有沉睡，大地也没有沉睡。）

（3）Дощик пройшов, але ще капало з дерев.（雨停了，可树上还在滴水。）

由两个或两个以上用主从连接词连接起来的不平等的句子叫作主从复合句。根据从句与主句的关系，主从复合句中的从句又可以分为主语从句、谓语从句、补语从句、定语从句、地点从句、时间从句、行为方式和程度从句、目的

从句、原因从句、条件从句、让步从句。（详见以下各课注释）

4. 定语从句

Позавчо́ра Бо́йки зустріча́ли свої́х батькі́в, які́ приї́хали до них у го́сті з Полта́вщини.

які́所连接的从句为定语从句，用来说明主句中的батькі́в一词。定语从句用来限定说明主句中的任何一个用名词表示的部分，回答яки́й? яка́? яке́?的问题。例如：

（1）Петру́сь лежа́в і диви́вся на хма́ри ди́му, що носи́лися по ха́ті.（彼得鲁斯躺着看农舍冒出的烟云）。

（2）Весь лі́вий бе́рег, яки́й ще за хвили́ну пе́ред ним здава́вся безлю́дним, тепе́р ожи́в.（一分钟前在他们面前还显得人迹稀少的整个左岸，现在生机勃勃了。）

5. Усі́ були́ тому́ ра́ді і пої́хали, крім Яросла́ва.

ра́дий可以接第三格补语，表示"对…高兴、满意"。本句中тому́为ра́дий的补语，用以指代上文中提到的事情。全句可译为"大家对此都很高兴，除了亚罗斯拉夫…之外都去了。"

6. Ціє́ю доро́гою він ходи́в де́сять ро́ків.

ціє́ю доро́гою为第五格形式。第五格可以用来表示活动的范围和处所，如：іти́ по́лем（在田野里走）。本句可译为"这条路他走了10年。"

7. Але́ коли́ Бо́йки і Савчуки́ приї́хали, селя́ни вже скінчи́ли жнива́.

коли́所连接的句子为时间从句，译为"当…的时候"，用来说明主句"селя́ни … жнива́"所发生的时间。

8. … скла́ли в ски́рти золоти́сту соло́му.

前置词в表示某种状态变化的结果，ски́рти为复数第四格。该词组可译为"把金色的麦秸垛成垛"。

Впра́ви

1. **将下列词组译成乌克兰语。**

   来他们家做客 ＿＿＿＿＿＿　　已经退休 ＿＿＿＿＿＿

   邀请他到自己家 ＿＿＿＿＿＿　　宽阔的街道 ＿＿＿＿＿＿

   终于出现了 ＿＿＿＿＿＿　　在这个村子里长大 ＿＿＿＿＿＿

在村子的那一端 ＿＿＿＿＿＿＿＿＿＿ 小男孩儿 ＿＿＿＿＿＿＿＿＿＿

新生活 ＿＿＿＿＿＿＿＿＿＿＿＿＿ 特别好的收成 ＿＿＿＿＿＿＿＿

今年 ＿＿＿＿＿＿＿＿＿＿＿＿＿＿ 收割粮食 ＿＿＿＿＿＿＿＿＿＿

2. 在空格中填入 цей 或 той 的适当形式。

（1）＿＿＿＿＿＿＿＿＿ро́ку був вели́кий урожа́й.

（2）З ＿＿＿＿＿＿＿＿＿ча́су ми не ба́чились.

（3）У ＿＿＿＿＿＿＿＿＿селі́ сі́ють пшени́цю.

（4）＿＿＿＿＿＿＿＿＿пшени́ця до́бра.

（5）Від ＿＿＿＿＿＿＿＿＿пташника́ до рі́чки вони́ йшли́ пі́шки.

（6）На ＿＿＿＿＿＿＿＿＿гре́чку я хо́чу подиви́тись, коли́ вона́ цвісти́ме.

（7）У ＿＿＿＿＿＿＿＿＿буряка́х бага́то цу́кру.

3. 读对话，将括号中的乌克兰语词或词组变成单数或复数第五格形式，并将对话译成汉语。

—Добри́й день, Яросла́ве! Шко́да（遗憾）, що ти з（ми）＿＿＿＿＿＿＿не ї́здив.

—Що ж ви ба́чили в селі́?

—Всього́ не розка́жеш. Якби́ ти ба́чив ці чудо́ві се́ла з（такі́ бі́лі ха́ти й зеле́ні садки́）＿＿＿＿＿＿＿! Ми ознайо́милися з усі́м（господа́рство）＿＿＿＿＿＿＿«Нове́ життя́».

—І яке́ ж там господа́рство?

—Це зернове́ господа́рство. Там сі́ють пшени́цю, жи́то, про́со, ячмі́нь, гре́чку.

—А худо́ба там є?

—Так, є коро́ви і сви́ні. Ко́ней ду́же ма́ло. Тепе́р усе́ ро́блять（маши́ни）＿＿＿＿＿＿＿.

—А пти́ця?

—Її бага́то.

—А кролі́ в них є?

—Є, всі білосні́жні. Вони́ так куме́дно（令人发笑地）воруши́ли（颤动）（свої́ рожеві но́сики）＿＿＿＿＿＿＿, що Гали́нка му́сила їм да́ти по листо́чку капу́сти.

—Які́ маши́ни є в господа́рстві?

—Господа́рство високомеханізо́ване. Ми ба́чили трактори́ з（плуги́）＿＿＿＿＿＿＿, сіва́лки та бага́то і́нших маши́н.

4. 将下列句子译成乌克兰语。

（1）当我住在农村的同学家时，农民们在收割庄稼。

＿＿

（2）我们从早到晚地工作了两个星期。

（3）在清新的稻草上休息很好。

（4）前天我到我的一个朋友家做客。

（5）我的妹妹在城市里长大，没见过黑麦和小麦。

第17课　Сімна́дцятий уро́к

学习要点：
1. 不定代词
2. 否定代词
3. 集合数词 оби́два
4. 补语从句

Текст

На моги́лі Невідо́мого солда́та

У Ки́єві є одне́ мі́сце, де бу́дь-хто з особли́вою си́лою мо́же відчу́ти, як свя́то береже́ украї́нський наро́д сві́тлу па́м'ять про тих, хто відда́в своє́ життя́ в боя́х за честь, свобо́ду і незале́жність Батькі́вщини. Це Парк Ві́чної Сла́ви.

За́втра Савчуки́ від'їжджа́ють до Кана́ди. Сього́дні вони́ закі́нчують де́які оста́нні приготува́ння і пої́дуть туди́, де вже були́ в котри́йсь із пе́рших днів свого́ приї́зду в Ки́їв.

Хтось постука́в у две́рі.

—Прийшо́в хто-не́будь?

Так. Це Бо́йки. Вони́ хо́чуть провести́ цей день ра́зом з Савчука́ми.

І ось Парк Ві́чної Сла́ви во́їнам Вели́кої Вітчизня́ної війни́. На їх честь тут стої́ть вели́чний монуме́нт. Обелі́ск із те́мно-сі́рого полірова́ного грані́ту підня́вся в не́бо на 26 ме́трів. По оби́два бо́ки але́ї, що веде́ до обелі́ска, 34 моги́ли геро́їв Вітчизня́ної війни́.

Бі́ля підні́жжя монуме́нта—моги́ла Невідо́мого солда́та. Над не́ю гори́ть Ві́чний вого́нь. Це вого́нь любо́ві до Вітчи́зни, яки́й за́вжди пала́в у серця́х відва́жних захисникі́в рі́дної землі́.

Савчуки́ і Бо́йки кладу́ть віно́к із живи́х квіті́в до підні́жжя монуме́нта. Галинка й Оле́нка—по черво́ній троя́нді на ко́жну моги́лу.

Над моги́лами ти́хо шелести́ть ли́стя дере́в. Яка́сь старе́нька жі́нка шепо́че: «Ніхто́ не забу́тий, ніщо́ не забу́те».

Словни́к

моги́ла, -и〔阴〕墓穴；墓

невідо́мий〔形〕不知道的，无人知道的；不认识的

солда́т, -а〔阳〕士兵，兵士

моги́ла Невідо́мого солда́та 无名战士墓

будь-хто́〔代〕不管是谁，任何人

з〔前〕(五格) 带着，怀着；…地

особли́вий〔形〕特别的，特殊的；单独的

си́ла, -и〔阴〕力，力量，力气

відчу́ти, -у́ю, -у́єш〔完〕感觉出来，感到，觉得 відчува́ти〔未〕

свя́то〔副〕神圣地

берегти́, -ежу́, -еже́ш；过去时 -рі́г, -регла́〔未〕爱护，珍惜 зберегти́〔完〕

наро́д, -у〔阳〕人民；民族

сві́тлий〔形〕光亮的，明亮的；光明的；光辉的

па́м'ять, -і, 五格 -ттю〔阴〕记忆（力）；纪念；知觉

бій, бо́ю, 五格 бо́єм, 六格 бою́〔阳〕战斗，交战

за〔前〕(四格) 为，为了；主张，赞成

честь, -і〔阴〕荣誉，名誉，荣幸

свобо́да, -и；复二 -о́д〔阴〕自由

незале́жність, -ності〔阴〕独立，独立性；自主性

батьківщи́на, -и〔阴〕祖国

ві́чний〔形〕永远的，永久的；不朽的

сла́ва, -и〔阴〕光荣，荣誉；名声

від'їжджа́ти, -а́ю, -а́єш〔未〕(乘车、马、船等) 走开，离开；启程 від'ї́хати〔完〕

Кана́да 加拿大

закі́нчувати, -ую, -уєш〔未〕完毕，完结，终结；毕业 закінчи́ти, -чу́, -чи́ш 及 закі́нчити, -чу, -чиш〔完〕

де́який〔代〕某，某一，某一个

приготува́ння〔中〕准备，预备

туди́〔副〕往那里，往那边

котри́йсь〔代〕某，某种；不知道哪一个，某一个

посту́кати, -аю, -аєш〔完〕敲了敲（门，窗）

хто-не́будь〔代〕= хтось

провести́, -еду́, -еде́ш〔完〕度过；待（若干时间）прово́дити, -джу, -диш〔未〕

во́їн, -а〔阳〕战士，军人

вітчи́зняний〔形〕祖国的，本国的

війна́, -и́〔阴〕战争，打仗

Вели́ка Вітчи́зняна війна́ 伟大的卫国战争

вели́чний〔形〕雄伟的，壮丽的；庄严的

монуме́нт, -а〔阳〕大纪念碑，纪念塔；大型纪念石像

обелі́ск, -а〔阳〕方尖碑，方尖塔

темно-сі́рий〔形〕深灰色的

полірóваний〔形〕表面抛光的，光滑的

грані́т, -у〔阳〕花岗石，花岗岩

метр, -а〔阳〕米（长度单位）

по〔前〕(四格) 在…边 (表示方位)
обидва, обох, обом, 五格 обома, 六格 обох; обидві, обох, обом, 五格 обома, 六格 обох〔数〕两个，双
бік, бо́ку, 六格 бо́ці; 复 бо́ки〔阳〕肋，侧
але́я, -ї〔阴〕林荫路
вести́, веду́, веде́ш; 过去时 вів, вела́〔未〕до чого 通向；把…导向
геро́й, -я〔阳〕英雄；(作品的) 主人公
підні́жжя, -я; 复二 -іж〔中〕(山) 脚，(山) 麓
горі́ти, -рю́, -ри́ш〔未〕燃烧，着火；发光
вого́нь, -гню́〔阳〕火，火焰；火光，灯光
любо́в, -і, 五格 -в'ю〔阴〕爱，爱情，爱戴；爱好
　любо́в до кого-чого 对…的爱
вітчи́зна, -и〔阴〕祖国
пала́ти, -а́ю, -а́єш〔未〕冒火焰；发光，闪耀 запала́ти〔完〕
се́рце, -я; 复 серця́, серде́ць 及 серць〔中〕心，心脏
відва́жний〔形〕勇敢的，果敢的
захисни́к, -а́〔阳〕保卫者，捍卫者
рі́дний〔形〕亲的，亲生的；家乡的；亲爱的
земля́, -í〔阴〕地，土地；〔大写〕地球
кла́сти, -аду́, -аде́ш〔未〕平放；放入；放在…上面 покла́сти〔完〕
віно́к, -нка́〔阳〕花冠，花环，花圈
черво́ний〔形〕红的，红色的
троя́нда, -и〔阴〕蔷薇(花)，玫瑰(花)
шелесті́ти, -ещу́, -ести́ш〔未〕发沙沙声，发簌簌声
які́йсь〔代〕某，不知什么样的，不知怎样的
старе́нький〔形〕上了年纪的
шепоті́ти, -очу́, -оти́ш〔未〕低声地说，附着耳朵说 шепну́ти, -ну́, -не́ш〔完〕
ніщо́〔代〕什么也(不，没有)；什么事情也(不)

Коментарі

1. 不定代词

不定代词表示所指的人、物、特征是不确定的，由疑问代词加构词语气词 **де-，аби-，-сь** 及 **будь-，-небудь，-будь，ка́зна-，хто́зна-** 构成，如：де́хто (某人，某些人，有些人)，абищо́ (随便什么，不管什么)，чийсь (某人的)，бу́дь-хто (随便谁，无论谁)，що-бу́дь (随便什么)，що-не́будь (随便什么)，ка́зна-яки́й (不知什么样的)，яки́й-не́будь (随便什么样的)。

加 де-，аби-，-сь 的不定代词在书写时不用连字符；其余的则需要用连字符 (见上例)。

不定代词变格时，仅原疑问代词发生变化，变格与对应的疑问代词相同，

如：déхто, décкого, décкому, décкого, déким,（на）décкому；будь-чи́й, будь-чийо́го, будь-чийо́му, 同一或二, будь-чи́м,（на）будь-чи́м。部分不定代词与前置词连用时，前置词放在原疑问代词与构词语气词之间，各部分分写，如：будь у кого, де́ в кого, аби́ з ким, аби́ на чому。

2. 否定代词

否定代词用来表示不存在的人、事物和特征，由否定语气词 ні 加疑问代词构成，如：ніхто́（谁也不）, ніщо́（什么也不）, нія́кий（什么样的…也不）, нічи́й（谁的…也不）。

否定代词的变格与对应的原疑问代词相同，如：ніхто́, ніко́го, ніко́му, ніко́го, нікі́м, ні на ко́му。

否定代词与前置词连用时，前置词放在 ні 与疑问代词之间，各部分分写。如：ні в кого, ні від кого, ні з ким, ні в якому ра́зі, ні на чо́му。

否定代词 ніхто́, ніщо́ 用于间接格时重音变动，意义不同。ні́кого 表示"没有谁可以…", ні́чого 表示"没有什么可以…"。试比较：

{ Ні́кому привіта́ти мене́.（没有谁能来欢迎我。）
{ Ніко́му не віддам́ я це.（我不会把这个交给任何人。）

{ Ні́чого сказа́ти про це.（对此没什么可说的。）
{ Нічо́го я не сказа́в про це.（对此我什么也没说。）

3. 集合数词 оби́два

оби́два 表示"两个，双"。该词有三种形式：оби́два 与阳性和中性名词连用；оби́дві 与阴性名词连用；当名词一个为阳性，另一个为阴性时，则用обо́є。该词要求名词用单数第二格形式。例如：

（1）Оби́два бра́ти були́ висо́кі.（两个哥哥都很高。）

（2）Оби́дві сестри́ були́ га́рні.（两个姐姐都漂亮。）

（3）І чолові́к і жі́нка, обо́є були́ ра́ді його́ ба́чити.（丈夫和妻子两个人都很高兴见到他。）

оби́два, оби́дві, обо́є 具有相同的变格法，第二格到第六格均为：обо́х, обо́м, 同一或二, обома́, обо́х。当与其连用的名词为第二、三、五、六各格或动物名词第四格时，该词要在格上与名词一致并且名词要用复数形式。如：

Ми зна́ємо твої́х обо́х браті́в.（我们了解你的两个兄弟。）

оби́два（оби́дві, обо́є）可以和人称代词 ми, ви, вони́ 连用并以同格形式出现。例如：

Ми обидва робимо на заводі.（我们俩都在工厂工作。）

4. 补语从句

补语从句用来解释说明主句中作为补语的代词，或者是作为主句中谓语的补语。回答 кого? чого? кому? чому? 等问题。例如：

（1）Привіт тому, хто вже прийшов.（向已经来的人问候。）

（2）Хто хоче багато знати, тому треба мало спати.（谁想懂得多，谁就要少睡觉。）

（3）Розкажу вам, як сіно косять люди.（我要给你们讲讲，人们是怎样割干草的。）

5. У Києві одне місце...батьківщини.

本句为带有递序从属关系的多层次主从复合句，其中 де 连接的第一个分句为定语从句，直接从属于主句"У Києві є одне місце"，说明主句中的"місце"一词；як 连接的第二个从句从属于第一个从句，为补语从句，说明 відчути 的内容；хто 连接的第三个从句从属于第二个从句，也是补语从句，说明 тих 一词。整个句子的意思是：在基辅有一个地方，在那里无论是谁都可以满怀一种特殊的力量感觉到，乌克兰人民是多么神圣地卫护着对那些为了苏联的荣誉、自由和独立在战斗中献出自己的生命的人们的光辉记忆。

6. Сьогодні вони закінчуть...і поїдуть туди, де вже були...

本句为带有**地点从句**的主从复合句。地点从句说明主句行为发生的地点，回答 де（在哪里），куди（去哪里），звідки（从哪里）的问题。地点从句用关联词 де，куди，звідки 与主句连接，同时在主句中一般有指示词 там, туди, звідти（从那里），用以指出主句有从属部分。如：

（1）Де відвага, там і щастя.（哪里有勇敢，哪里就有幸福。）

（2）Звідки вони ідуть, там бори гудуть.（他们从哪儿来，哪儿的森林就哗哗响。）

"закінчують деякі останні приготування"意思是"结束了最后的一些准备工作。"

7. І ось Парк Вічної Слави воїнам Великої Вітчизняної війни.

名词第三格可用于没有动词的句子中，与第一格名词连用，表示行为的承受者。例如：

Привіт друзям!（向朋友们问好！）

Слава героям!（光荣属于英雄们！）

本句中 вóїнам 即为此用法，与其连用的名词 слáва 处于所属地位，因而变成二格。

8. На їх честь тут стоїть…

前置词 на 在此处表示目的。 на чию честь 的意思是"为了对…表示尊敬"、"为了纪念…"。

9. Ніхтó не забýтий, ніщó не забýте.

забýтий 为动词 забýти 的被动形动词形式（详见第19课），可译为"被忘记的，被遗忘的"。这句话的意思是"谁都不会被忘记，什么都不会被忘记"。

Впрáви

1. 将下列词组译成乌克兰语。

   对英雄们的光辉记忆 _____   在战斗中献出生命 _____
   为了自由和独立 _____   来基辅的头几天 _____
   度过这一天 _____   为了纪念他们 _____
   雄伟的纪念碑 _____   在林荫路两侧 _____
   对祖国的热爱 _____   用鲜花做成的花环 _____

2. 将括号中的代词变成需要的形式。

   （1）На _____（дéхто）булú тéмні плащí, на _____（дéхто）свíтлі.
   （2）Ввéчері ми приїхали в _____（якúйсь）селó, вúйшли біля _____（якúйсь）хáти.
   （3）У _____（хто-нéбудь）є Шевчéнків «Кобзáр»?
   （4）_____（Дéякі）книжкáми він дýже задовóлений.
   （5）До вокзáлу мóжна їхати _____（будь-якúй）трáнспортом.
   （6）В кімнáті не булó _____（ніхтó）, і я оглянýв її однúм пóглядом.
   （7）Вже знáє менé, до _____（ніхтó）не йде, — тíльки до мéне.
   （8）Вíра з _____（ніхтó）не привітáлась, до _____（ніхтó）не підійшлá.
   （9）На гóловах у _____（дéхто）булú солóм'яні брилí（草帽）.
   （10）В колектúві _____（нічúй）межí（一格为межá）не переорéш.

3. 读短文并译成汉语，注意代词的用法。

   Моя Натáлка цíлий день щось їсть: абó хліб, абó кáшу, абó ще щось. Я кажý:

«Наталко! Не їж увесь час! Це недобре для твого здоров'я.» Вона відповідає: «Але ж, мамо, що я маю робити, коли я ввесь час голодна?» Я кажу: «Піди до лікаря (医生), може він допоможе.» Я думаю: «Може вона й має рацію (道理), але що робити?» Я дзвоню до своєї товаришки Ліди, кажу всю історію й питаю: «Лідо, що б ти зробила на моєму місці?» Ліда відповідає: «Чому (为什么) ти щось маєш робити? Нехай Наталка щось зробить. Але якщо хочеш, можеш ось що зробити: просто не купуй нічого їсти.» Я думаю й кажу: «Так, це дуже просто, але що я тоді буду їсти?»

译文：

4. 按示例改变句子。

    示例：І він і вона були відважні.
    —Обоє вони були відважні.

    (1) І їй і йому хотілося спати. _____
    (2) Ларису і її сестру всі тут добре знають. _____
    (3) Вона щиро привітала мене і мою товаришку. _____
    (4) Я дам пораду тобі і твоїй знайомій. _____
    (5) Ми вже їздили багато разів і по цій і по тій дорозі. _____

5. 将括号中的词组变成需要的形式。

    (1) Візьми це _____ (обидві руки).
    (2) Ми прохали (请求) _____ (обидві вони) приїхати до нас.
    (3) На _____ (обидві дівчини) були гарні светри.
    (4) Про _____ (обидва ці герої) співають пісні.
    (5) Він подзвоніть _____ (обидва інженера).

6. 将下列句子译成乌克兰语。

    (1) 在他们的陵墓上燃烧着永不熄灭的火焰。
    _____

（2）光荣属于我们祖国的捍卫者！

（3）让对英雄的记忆永存！让和平永存！

（4）我们不想要战争，我们要和平。

（5）我们把花环和鲜花带到他们的纪念碑前。

第18课 Вісімна́дцятий уро́к

学习要点：
1. 性质形容词的比较等级
2. 性质副词的比较等级

Текст

Зо́внішність люди́ни

Сергі́й з Оле́ксою поверта́лися додо́му пі́сля заня́ть у педагогі́чному інститу́ті. Ра́птом Оле́кса зупини́вся пе́ред райо́нною До́шкою поша́ни.

— А підійди́-но бли́жче, дру́же. Впізна́єш?

З вели́кого портре́та на хло́пця гля́нули промени́сті о́чі його́ ма́тері.

— А вона́ ж нічо́го вдо́ма не говори́ла. Ну й хара́ктер!

— Ти глянь, як до́бре вигляда́є. Ніко́ли не ска́жеш, що де ма́ти доро́слого си́на. На висо́кому чолі́ — жо́дної змо́ршки, о́чі ка́рі, зо́всім юні́. Ті́льки у чо́рному кучеря́вому воло́ссі де-не-де́ пробива́ється сивина́. Ти ду́же схо́жий на не́ї. А на кого́ схо́жі ва́ші близнюки́?

— Ва́жко сказа́ти. Ні́би тро́хи — на бабу́сю, Окса́ну Тере́нтіївну, а мо́же, й на ма́му. У ста́ршого, Пе́трика, но́сик задери́куватий і гу́би припу́хлі, як у ма́ми, а в ме́ншого Мико́лки посмі́шка бабу́сина і обли́ччя кру́гле, як у не́ї.

— На скі́льки ж Пе́трик ста́рший?

— Усього́ на двана́дцять хвили́н, але́ він ду́же серйо́зно до цього́ ста́виться і за́вжди захища́є моло́дшого. А так вони́ ма́йже одна́кові. Та найколори́тніша фігу́ра в на́шому до́мі — діду́сь Андрі́й Васи́льович. Бро́ви широ́кі, ву́са, як у спра́вжнього запоро́жця, сам могу́тній, як дуб. А ти на кого́ схо́жий?

— А я на ба́тька й на ма́му. Ба́тько в ме́не низе́нький, міцни́й. Воло́сся, пра́вда, на голові́ лиши́лось малува́то, але́ змо́ршок на кру́глому обли́ччі зо́всім нема́, ніс кирпа́тий, зу́би рі́вні й бі́лі, і коли́ він сміє́ться, то вигляда́є моло́дшим за ма́му. Ма́ма ж по́вна протиле́жність ба́тькові. Уся́ вона́ яка́сь ви́довжена: на довга́стому обли́ччі —

рі́вний з горбо́винкою ніс, чо́рні бро́ви, мигдалеподі́бні сі́рі о́чі. Зо́вні ма́ти суво́ра й непристу́пна, а напра́вді в не́ї до́бре се́рце.

Словни́к

зо́внішність〔阴〕外表，外貌，外观

люди́на, -и〔阴〕人，个人

райо́нний〔形〕地区的，区的

до́шка, -и〔阴〕板；板状东西；黑板；榜，牌

поша́на, -и〔阴〕尊敬，敬重；敬意
До́шка поша́ни 光荣榜

бли́зько〔副〕在附近，邻近

дру́же（用作呼语）朋友

впізнава́ти, -наю́, -нає́ш, -наємо́, -наєте́〔未〕认出，看出，认识 **впізна́ти**〔完〕

портре́т, -а〔阳〕肖像，画像；相片

гля́нути, -ну, -неш〔完〕看

промени́стий〔形〕放射光芒的，炯炯的，容光焕发的

о́ко, о́ка, 六格 о́ці; 复 о́чі, оче́й, 五格 очи́ма〔中〕眼睛；视力

хара́ктер, -у〔阳〕性格，脾性；性质

вигляда́ти, -а́ю, -а́єш〔未〕现出（某种）外表，看来像…；（外表）看来是…

чоло́, -а́; 复 чо́ла, чіл〔中〕前额

жо́дний = **жо́ден**〔代〕任何的…也不，不论怎样的

змо́ршка, -и; 复二 -шок〔阴〕皱纹；折痕

ка́рий〔形〕深棕色的

ю́ний〔形〕少年的；青年人的；青春的

кучеря́вий〔形〕卷发的

воло́сся, -я〔中，集合名词〕（头）发，毛发

де-не-де́〔副〕在某处，在某些地方；处处

пробива́тися, -а́юся, -а́єшся〔未〕穿过，挤过；长出，冒出 **проби́тися**, -б'ю́ся, -б'є́шся〔完〕

сивина́, -и́〔阴〕斑白的头发；白胡子

схо́жий〔形〕на кого, на що, з ким, з чим, до кого, до чого 像…的，与…相像的

близню́к, -а́; 复 -и́〔阳〕双生子，孪生子

ва́жко〔副〕很难；感到难过

ні́би〔连，语气〕好像，似乎，仿佛

стари́й〔形〕老的，年老的；旧的

но́сик, -а〔阳〕鼻子（ніс 的指小表爱）

задери́куватий〔形〕充满激情的；好斗的

губа́, -и́; 复 гу́би, губ 及 губі́в〔阴〕嘴唇

припу́хлий〔形〕圆鼓鼓的，胖乎乎的

ме́нший〔形〕比较小的，小些的；最小的

по́смішка, -и〔阴〕微笑，笑容

обли́ччя, -я; 复二 -ич〔中〕脸，面孔，面颊

скі́льки〔副〕多少，若干；〔代〕(-ко́х, -ко́м 及 -кома́)（与名词连用）多少，若干；〔数〕〈口语〉几个

усього́〔副〕一共，总共

серйо́зно〔副〕严肃地，认真地，一本正经地

ста́витися, -влюся, -вишся〔未〕до кого, до чого 对待，看待

захища́ти, -а́ю, -а́єш〔未〕防守，保卫；保护 **захисти́ти**, -ищу́, -исти́ш〔完〕

одна́ковий〔形〕一样的，同样的

найколори́тніший〔形〕色彩最鲜明的；最独特的

фігу́ра, -и〔阴〕形，形状；（人的）身体，体型；人

дім, до́му；复 доми́, домі́в〔阳〕房子；住所，家

брова́, -и́; 复 бро́ви, брів, брова́м〔阴〕眉毛，眼眉

вус, -а；复 ву́са 及 ву́си, ву́сів〔阳〕（上唇上面的）髭，小胡子

спра́вжній〔形〕〈口语〉真的，真正的，真实的

запоро́жець, -жця〔阳〕扎波罗热人

сам, само́го, само́му, сами́м, само́му; **сама́**, само́ї, самі́й, само́ю, самі́й; **само́**, само́го; **самі́ (сами́)**, сами́х〔代〕自己，本人，本身；只有

могу́тній〔形〕强大的；强壮的，力气大的

дуб, -а; 复 -и́〔阳〕柞树，橡树

низе́нький〔形〕低低的，矮矮的

міцни́й〔形〕结实的；强壮的，健壮的

пра́вда, -и〔阴〕真情，真相；实话；〔用作插入语〕真的，实在，不错

лиши́тися, -шу́ся, -ши́шся〔完〕留下，留在（某处）**лиша́тися**〔未〕

малува́то〔副〕〈口语〉少一点儿，差一点儿

зо́всім〔副〕完全；十分；根本

ніс, но́са〔阳〕鼻（子）

кирпа́тий〔形〕翘鼻子的，翻鼻孔的

зуб, -а; 复 -и, -ів〔阳〕牙，齿

рі́вний〔形〕平的；直的；均匀的

сміятися, -ію́ся, -іє́шся〔未〕笑，发笑

за〔前〕（四格）（与比较级连用）比

протиле́жність, -ності〔阴〕对立，相反；对立现象

ви́довжений〔形〕加长的，放长的，长长的

довга́стий〔形〕长方形的；长圆形的，椭圆形的

горбо́винка, -и〔阴〕小鼓包，隆起 ніс з горбо́винкою 凸骨鼻子，鹰钩鼻子

мигдалеподі́бний〔形〕扁桃状的

сі́рий〔形〕灰色的

зо́вні〔副〕从外面；外表上，表面上

суво́рий〔形〕严肃的，严格的，严厉的

непристу́пний〔形〕不能接近的；无法攀登的

наспра́вді〔副〕事实上，实际上

Коментарí

1. 性质形容词的比较等级

性质形容词所表示的事物的特征可以有程度上的差别，这种差别在语法上通过比较等级来表示。比较等级包括比较级和最高级。例如：новий（新的）— новіший（更新的，比较新的）— найновіший（最新的）分别为形容词的原级 — 比较级 — 最高级。

（1）比较级

比较级表示一事物的特征与另一事物的特征进行程度上的比较，具有"比较…的"，"更…的"意思，使用时与名词在性、数、格上保持一致。

比较级有单一式和复合式两种形式。

①**单一式比较级**一般由形容词原形的词干加后缀 -iш 或 -ш 构成。后缀 -iш 通常加在词干结尾部不发生语音交替或语音不脱落的形容词的词干之后。如：простий — простіший, веселий — веселіший, синій — синіший；后缀 -ш 通常加在词干结尾部发生语音交替或语音脱落的形容词词干之后。如：далекий — дальший, широкий — ширший, глибокий — глибший, тонкий — тонший。

词干以 г, з, ж 或 с, ст 结尾的形容词构成单一式比较级时，词干尾部的辅音 г, з, ж 或 с, ст 与后缀 -ш 结合，通常一起发生音变，变为 **-жч, -щ**。如：дужий — дужчий, дорогий — дорожчий, товстий — товщий。

下列形容词的单一式比较级构成特殊：добрий — кращий, старий — старший, молодий — молодший, великий — більший, гарний — кращий, поганий — гірщий, малий — менший。

②**复合式比较级**是由 більш（更，较）或 менш（比较不）加形容词原形构成。如：молодий — більш молодий, менш молодий；далекий — більш далекий, менш далекий。

（2）最高级

最高级也有单一式和复合式两种形式。

①**单一式最高级**由比较级形式加前缀 **най-** 构成。如：

глибокий — глибший — **най**глибший

дорогий — дорожчий — **най**дорожчий

твердий — твердіший — **най**твердіший

为了加强最高级意义，有时用 **якнай-** 或 **щонай-**。如：**якнай**кращий（最最美好的），**щонай**веселіший（最最快乐的）。

②**复合式最高级**由原级形容词加上 **найбільш** 或 **найменш** 构成。如：тонкий——найбільш тонкий, найменш тонкий; молодий——найбільш молодий, найменш молодий。

2. 性质副词的比较等级

由性质形容词构成的性质副词也可以构成比较等级。性质副词的比较等级有比较级和最高级之分。其构成方式与性质形容词相同，只是要将形容词比较等级的词尾 **-ий** 去掉，加上 **-е**。例如：

$\begin{cases} \text{простий——простіший——найпростіший} \\ \text{просто——простіше——найпростіше} \end{cases}$

$\begin{cases} \text{холодний——холодніший——найхолодніший} \\ \text{холодно——холодніше——найхолодніше} \end{cases}$

$\begin{cases} \text{близький——ближчий——найближчий} \\ \text{близько——ближче——найближче} \end{cases}$

$\begin{cases} \text{високий——вищий——найвищий} \\ \text{високо——вище——найвище} \end{cases}$

请注意区别形容词比较等级中性形式与副词比较等级。试比较：

（1）Надія читає **краще**, ніж Галя.（副词比较级）

Моє пальто **краще**, ніж твоє.（形容词比较级）

（2）Оля читає **найкраще**.（副词最高级）

Його пальто **найкраще**.（形容词最高级）

3. А підійди-но ближче, друже.

-но 为语气词，通常加在动词的变位形式或命令式之后，用以使语气变得缓和和委婉；或用以加强语气。如：

（1）Куплю-но я цю книгу.（我要买这本书。）

（2）Співай-но!（唱吧！）

4. На високому чолі — жодної зморшки, ...

жодний 为限定代词（关于限定代词详见第28课）。жодний（或 жоден）为阳性形式，其阴性和中性形式分别为 жодна, жодне。жодний 表示"任何人也不…，任何的，无论怎样的"意义，如：жодним способом（决不），без жодних результатів（毫无结果）。需要注意的是，该词不与否定语气词连用，因为在该词的词义中已经包含了否定的成分。

本句的意思是："高高的额头上没有一丝皱纹…"

5. На скíльки ж Пéтрик стáрший?

本句中前置词 на 加上第四格形式表示比较的差额。再如：вúщий на гóлову（高一头），стáрший на два рóки（大两岁）。скíльки 后省略了 хвилúн。

6. Тáто виглядáє молóдшим за мáму.

与比较级连用的被比较对象的表达方法通常有如下几种：

（1）за + 四格：Він стáрший за Нáстю.（他比娜斯佳大。）

（2）від + 二格：Вонá добрíша від сестрú.（她比姐姐更善良。）

（3）ніж（аніж）+ 一格：Вонá вчúться крáще, ніж він.（她比他学习好。）
　　　　　　　　　　Він вúщий, ніж ти.（他比你高。）

（4）як + 一格：Вонá вчúться крáще, як він.（她比他学习好。）

7. Мáма ж пóвна протилéжність бáтькові.

本句中 бáтькові 为 бáтько 的单数第三格形式。протилéжність комý? чомý? 表示"与…相反，与…相对立"。本句的意思是："妈妈和爸爸完全相反。"

Впрáви

1. 将下列词组译成乌克兰语。

在光荣榜前 ＿＿＿＿＿＿＿＿　　炯炯有神的眼睛 ＿＿＿＿＿＿＿＿

很难说 ＿＿＿＿＿＿＿＿　　像爸爸 ＿＿＿＿＿＿＿＿

圆脸 ＿＿＿＿＿＿＿＿　　认真对待这件事 ＿＿＿＿＿＿＿＿

几乎是一样的 ＿＿＿＿＿＿＿＿　　根本没有 ＿＿＿＿＿＿＿＿

牙齿洁白整齐 ＿＿＿＿＿＿＿＿　　显得比妈妈年轻 ＿＿＿＿＿＿＿＿

完全相反 ＿＿＿＿＿＿＿＿　　表面上严厉 ＿＿＿＿＿＿＿＿

2. 读下列句子并译成汉语，注意比较短语的用法。

（1）У стáршого Пéтрика нóсик задерúкуватий і гýби припýхлі, як у мáми.

＿＿＿＿＿＿＿＿＿＿＿＿＿＿＿＿＿＿＿＿＿＿＿＿＿＿＿＿＿＿＿＿＿＿

（2）В мéншого Микóлки пóсмішка бабýсина і облúччя крýгле, як у нéї.

＿＿＿＿＿＿＿＿＿＿＿＿＿＿＿＿＿＿＿＿＿＿＿＿＿＿＿＿＿＿＿＿＿＿

（3）Брóви широ́кі, кошлáті, вýса — як у спрáвжнього запорóжця, сам могýтній, як дуб.

＿＿＿＿＿＿＿＿＿＿＿＿＿＿＿＿＿＿＿＿＿＿＿＿＿＿＿＿＿＿＿＿＿＿

（4）Бáтько в мéне низéнький, міцнúй, як горíшок.

＿＿＿＿＿＿＿＿＿＿＿＿＿＿＿＿＿＿＿＿＿＿＿＿＿＿＿＿＿＿＿＿＿＿

（5）Брови точнісінькі, <u>як у тебе.</u>

3. 将下列形容词构成简单式比较级和最高级形式。

старий, молодий, легкий, високий, близький, гарний, злий, білий, малий, солодкий, далекий, чорний

4. 指出下列形容词比较级形式的原级形式。

кращий, глибший, тихіший, вужчий, більший, чорніший, дальший, ширший

5. 将括号内的词变成比较级形式。

（1）Цей будинок _____（старий, новий, гарний）, ніж той.

（2）Наша вулиця _____（широка, простора, вузька）, ніж сусідня.

（3）Мій брат _____（високий, молодий, спокійний）, ніж я.

（4）Це книжка _____（стара, цікава, гарна）, ніж та.

（5）Скоро осінь, вечорами і ранками вже _____（холодно）, ніж було.

（6）День тепер починається _____（пізно）, а кінчається _____（рано）.

（7）Галю, ти дуже довго розповідаєш, треба розповідати (_____ коротко).

6. 将括号内的词变成需要的最高级形式。

（1）Моя наречена _____（красивий）.

（2）Мій журнал _____（цікавий）.

（3）Батько й мати _____（рідний）.

（4）У вітальні стоїть _____（великий）стіл, а на кухні — _____（малий）.

（5）На Надії стрічка довга, на Галі — ще довша, а на Оксані — _____（довгий）.

（6）Він _____（хороший）з наших студентів.

7. 将短文译成乌克兰语。

这是一张照片。这是两个男孩子，两兄弟。奥列西（Олесь）年纪小，彼得罗年纪大。奥列斯长着黑色的头发，高高的额头，褐色的眼睛，黑色的眉毛，匀称的鼻子和一张大嘴。彼得罗长着浅色的头发。他的眉毛比头发黑，有着一张椭圆形的脸和比奥列斯小的嘴。人们说，彼得罗更漂亮一些。

译文：
_____
_____
_____
_____

8. 听听读读。

(1) —Хто це?

　　—Це Сашко́, мій това́риш.

　　—Він ста́рший, ніж ти?

　　—Ні, таки́й, як я. Але́ Сашко́ висо́кий, я ни́жчий, ніж він.

(2) —Що ви ро́бите?

　　—Малю́ю портре́т. Це мій та́то.

　　—Він ще молоди́й?

　　—Так, він молоди́й.

　　—У вас є ще брат?

　　—Є. Я ста́рший син.

　　—У вас ніс і підборі́ддя（下巴）, як у ба́тька.

　　—У ме́не підборі́ддя гостріше（更尖些）. У та́та темні́ші о́чі, а воло́сся світлі́ше.

第19课　Дев'ятна́дцятий уро́к

学习要点：
1. 形动词及形动词短语
2. 被动形动词
3. 构词知识——词的形态结构

Текст

Міська́ ву́лиця

  Я живу́ у вели́кому мі́сті на центра́льній ву́лиці. Ву́лиця на́ша пряма́ і широ́ка. Між шосе́ і тротуа́ром з пра́вого бо́ку тя́гнеться зеле́на сму́га. Білоко́рі бере́зи, пи́шні кашта́ни, стрункі́ горобини з я́скраво-черво́ними ке́тягами гіркува́тих я́гід, кле́ни, золоті́ й багря́ні восени́, ство́рюють неповто́рне обли́ччя одніє́ї з найкра́щих ву́лиць мі́ста. Рі́вні ряди́ висо́ких чотирнадцятиповерхо́вих буди́нків. Балко́ни прикра́шені мозаї́чними візеру́нками. На пе́рших по́верхах усі́х цих буди́нків розмі́щені продукто́ві, господа́рчі та промтова́рні магази́ни, фотогра́фія, ательє́ мод, кав'я́рня, побуто́ві майсте́рні, в яки́х мо́жна відремонтува́ти парасо́льку і електри́чну пра́ску, вста́вити блиска́вку у валі́зу чи чо́біт.

  Найкра́щий буди́нок на на́шій ву́лиці краєзна́вчий музе́й. Спору́да невели́ка, легка́, романти́чна, з висо́ким га́нком і старови́нними дубо́вими схо́дами. З лі́вого бо́ку ву́лиці дитя́чий садо́к, шко́ла, кінотеа́тр з я́скравими афі́шами. Буди́нки тут дев'ятиповерхо́ві, у двора́х дитя́чі майда́нчики.

  По ву́лиці хо́дять троле́йбуси і авто́буси, а на перехре́сті її́ з сусі́дньою ста́нція метро́. На ро́зі на́шої ву́лиці і ве́рхнього прову́лка, ви́мощеного бруків́кою, газе́тний кіо́ск.

Словни́к

міськи́й〔形〕城市的
прями́й〔形〕直的，笔直的
між〔前〕(五格) 在…之间，在…之中
шосе́〔不变，中〕公路，马路
тротуа́р, -у〔阳〕人行道，便道
пра́вий〔形〕右侧的，右方的
тягти́ся, -гну́ся, -гне́шся；过去时 тя́гся, тягла́ся〔未〕延伸，绵亘；延续
сму́га, -и〔阴〕细长片，条；边；带
білоко́рий〔形〕白色外皮的，白色外壳的
бере́за, -и〔阴〕白桦
пи́шний〔形〕华丽的，豪华的；富饶的；极好的
кашта́н, -а〔阳〕栗；栗子
стрункий〔形〕匀称的，端正的
гороби́на, -и〔阴〕花楸；花楸果
яскра́во-черво́ний〔形〕鲜红色的
ке́тяг〔阳〕一串（果或花）
гіркува́тий〔形〕有点儿苦的
я́года, -и；复二 я́гід〔阴〕浆果，野果
клен, -а〔阳〕槭树
золоти́й〔形〕金的，黄金的；金色的
багря́ний〔形〕深红的，绯红的
восени́〔副〕(在) 秋天，秋季
ство́рювати, -юю, -юєш〔未〕建立；创造；创作；造成 **створи́ти**〔完〕
неповто́рний〔形〕无比的，独特的
ряд, -у；复 -и́, -і́в〔阳〕行，排，列；许多
чотирнадцятиповерхо́вий〔形〕十四层（楼）的

прикра́сити, -а́шу, -а́сиш〔完〕使美丽，装饰，点缀 **прикраша́ти**〔未〕
мозаї́чний〔形〕镶嵌(式)的，拼花的
візеру́нок, -нка〔阳〕花纹，花样
розмісти́ти, -щу́, -і́стиш〔完〕安放（好），陈列（好），摆（好） **розміща́ти**〔未〕 及 **розмі́щувати**〔未〕
продукто́вий〔形〕粮食的，食品的
господа́рчий〔形〕经济的；日常应用的，家务用途的
промтова́рний〔形〕日用工业品的
фотогра́фія, -ї〔阴〕摄影，照相；照片；照相馆
ательє́〔不变，中〕艺术工作室，画室；时装工艺社
мо́да, -и〔阴〕时兴，时髦；〔复〕时装，时装样式
ательє́ мод 时装工艺社
кав'я́рня, -і；复 二 -рень〔阴〕〈旧〉咖啡馆
побуто́вий〔形〕日常生活的
майсте́рня, -і〔阴〕作坊，小工厂；画室
відремонтува́ти, -у́ю, -у́єш〔完〕修理 **ремонтува́ти**〔未〕
парасо́лька, -и；复二 -льок〔阴〕雨伞，(遮) 阳伞
електри́чний〔形〕电的，电动的；发电的
пра́ска, -и；复二 -сок〔阴〕熨斗，烙铁
вста́вити, -влю, -виш；命令式 встав〔完〕放入，安装入，插入 **вставля́ти**〔未〕
блиска́вка, -и〔阴〕闪电；拉锁

валіза, -и〔阴〕手提箱,（行李）箱
чóбіт, -бота；复 -боти, -біт〔阳〕靴子,长筒靴
краєзнáвчий〔形〕地方志的
спорýда, -и〔阴〕建筑物；设施
невеликий〔形〕不大的, 不高大的；不重大的
романтичний〔形〕浪漫主义的
гáнок, -нку〔阳〕（建筑物前的）台阶；（带顶的）门廊
старовинний〔形〕旧时的；古代的
дубóвий〔形〕柞树（制）的, 橡树（制）的
схóди, -ів〔复〕台阶, 楼梯
лівий〔形〕左的, 左面的, 左侧的
кінотеáтр, -у〔阳〕电影院
яскрáвий〔形〕明亮的；鲜艳的；明显的

афіша, -ї〔阴〕海报, 演出广告
дев'ятиповерхóвий〔形〕九层（楼）的
двір, двора 及 двору；复 двори〔阳〕院子, 庭院
майдáнчик, -а〔阳〕场, 台, 平台
 дитячі майдáнчики 儿童游戏场
тролéйбус, -а〔阳〕无轨电车
перехрéстя, -я；复二 -есть〔中〕十字交叉；十字路口, 岔路口
сусідній〔形〕相邻的, 邻近的, 隔壁的
метрó〔不变, 中〕地下铁路, 地铁
вéрхній〔形〕上面的；（河的）上流的
провýлок, -лка〔阳〕小巷, 胡同
вимостити, -ощу, -остиш〔完〕铺, 筑（路等）**вимóщувати**〔未〕
брукíвка, -и〔阴〕石板路

Коментарí

1. 形动词及形动词短语

形动词是动词的一种不变位形式，通过行为或状态来说明事物的特征，回答 який 的问题。形动词兼有动词和形容词的特征。它有与形容词一样的词尾，有性、数、格的变化，与被说明的名词在性、数、格上一致，如：прочитаний журнáл（读完的杂志），прочитана газéта（读完的报纸），прочитане слóво（读完的单词），прочитані журнáли（读完的一些杂志）。同时，它又像动词一样，有完成体与未完成体、现在时与过去时的区别，并与动词一样具有支配格和带说明语的能力。

形动词分主动形动词和被动形动词。主动形动词说明的名词是行为的发出者，如：читáючий студéнт（读书的大学生）；被动形动词说明的名词是行为的承受者，如：читана книжка（读过的书）。如果此时出现行为主体，则用第五格表示，如：читана мнóю книжка（我读过的书）。

形动词与它本身的支配成分、说明成分一起构成形动词短语。形动词短语经常放在被说明词之后，用逗号与被说明词隔开；也可位于句子中间，则前

后都要用逗号。如：Ду́же мені́ подо́бається собо́р, ви́кладений моза́їкою.（我非常喜欢镶嵌着马赛克的大教堂。）Собо́р, ви́кладений моза́їкою, мені́ ду́же подо́бається.

如果形动词短语位于被说明词之前则不必加逗号，如：Ду́же мені́ подо́бається ви́кладений моза́їкою собо́р.

2. 被动形动词

被动形动词只能由及物动词构成，有现在时和过去时之分。本课中出现的прикра́шені, розмі́щені, ви́мощеного均为过去时被动形动词。

现在时被动形动词由带有后缀 **-ува**，**-юва** 或 **-овува** 的未完成体及物动词不定式词干构成。构成方法如下：

（1）当上述后缀不带重音时，则在不定式词干后加 **-н-**（**ий**），如：

викóнувати — викóнуваний（正在被执行的）

здíйснювати — здíйснюваний（正在被实现的）

（2）当上述后缀带重音时，则 **-ува-** 要变成 **-óва-**，**-юва-** 要变成 **-ьóва-**（**-йóва-**），然后再加 **-н-**（**ий**），如：

купува́ти — купо́ваний（正在被买的），

малюва́ти — мальо́ваний（正在被画的），

друкува́ти — друко́ваний（被刊载的）

现在时被动形动词表示与句中谓语同时发生的行为，如：

Я гля́ну на карти́ну, мальо́вану ба́тьком.（我看着爸爸正在画的画。）

过去时被动形动词由及物动词不定式词干借助后缀 **-н-**（**ий**），**-ен-**（**ий**）和 **-т-**（**ий**）构成。构成方法如下：

（1）不定式词干以 **-а, -я** 结尾的，一般加 **-н-**（**ий**），如：

писа́ти — пи́саний

чита́ти — чи́таний

ося́яти — ося́яний

розстріля́ти — розстрі́ляний

（2）不定式词干以 **-и** 结尾的，大都去掉 **-и**，加 **-ен-**（**ий**），如：

звари́ти — зва́рений

чорни́ти — чо́рнений

动词变位时发生辅音交替的，此时也要进行同样的辅音交替，如：

люби́ти — люблю́ — лю́блений

лови́ти — ловлю́ — ло́влений

виростити — вирощу — вирощений

（3）不定式以 -їти 结尾的，加 -єн-（ий），如：

угноїти — угноєний

клеїти — клеєний

（4）不定式以 -сти, -зти 结尾的，去掉 -ти，加 -ен-（ий），如：

нести — несений

вивезти — вивезений

（5）单音节动词以及由它们加前缀构成的完成体动词，去掉不定式后缀 -ти，加 -т-（ий），如：

бити — битий，　　дути — дутий，　　взяти — взятий，

зігріти — зігрітий，　вибити — вибитий，　вбити — вбитий

3. 构词知识——词的形态结构

一个词可以分解为具有一定意义的各个部分，这些部分称为词素。词素一般可以分为词根、前缀、后缀和词尾。

（1）词根：词根是词的核心部分，它表示词的词汇意义的最基本内容。词根不能再分解，如：любий, любимий, любити, любитель, любов, полюбити 等词都有一个共同的组成部分 люб，люб 表示这些词意义的最基本内容"喜爱"，люб 就是上述词的词根。具有相同词根的词叫同族词或同根词。

（2）前缀：前缀位于词根之前，给词以附加的词汇意义或语法意义。如：нести（拿来，拿去）加上不同前缀可以构成 принести（拿来，带来），занести（顺便带来，顺便送到），донести（用手拿到，送到），винести（拿出，搬出，拿走）等不同的词；писати 加上前缀 на- 则构成对应的完成体形式 написати。

（3）后缀：后缀位于词根之后，词尾之前，给词以附加意义。如：читач（读者）的后缀 -ач 表示"做某事的人"，садок（小花园）的后缀 -ок 表示该词是 сад（花园）的指小表爱形式，переказувати（复述）的后缀 -ува- 用来构成与 переказати 对应的未完成体。

（4）词尾：词尾位于词的末尾，是词的变化部分。它表示词与词之间的关系，即表示词的性、数、格、人称等各种语法意义。如：Вони будуть жити на дачі.（他们将住在别墅里。）句中的 -уть, -і 为词尾。-уть 表示该动词为第三人称复数形式，-і 表示该词为单数阴性第六格。

一个词去掉词尾后所剩下的部分又称为词干。词干是整个词的不变化部分。如：дерево（树）去掉词尾 -о，词干为 дерев，синій（蓝色的）去掉词尾 -ій，词干为 син。有些词干与词根相同，如：сила（力量）词干、词根均为 сил；有些

词没有词尾，只有词干，如：дуб（橡树），ніж（刀子）。

4. Балко́ни прикра́шені моза́їчними візеру́нками.

句中 прикра́шені 充当谓语，为被动形动词现在时形式，其性、数与主语 балко́ни 一致。被动形动词作谓语时，时间由 бу́ти 的相应形式表示，如：Робо́та була́ зро́блена.（工作做完了。）Робо́та бу́де зро́блена.（工作将做完。）

5. ...на перехре́сті її з сусі́дньою — ста́нція метро́.

句中 її 指前文提到的 ву́лиця。сусі́дньою 为 сусі́дній 的阴性单数第五格形式，后面省略了被说明词 ву́лиця。该句的意思是："⋯⋯在它和相邻街道的十字路口处有一个地铁车站。"

Впра́ви

1. 将下列词组译成乌克兰语。

   笔直宽阔的街道 _____   在人行道上 _____

   从右侧 _____   一串浆果 _____

   独特的面貌 _____   最美的街道之一 _____

   食品商店 _____   修理雨伞 _____

   安拉锁 _____   幼儿园 _____

   在十字路口 _____   地铁车站 _____

2. 将括号内的词变成被动形动词形式。

   （1）Як ти міг це чу́ти, коли́ две́рі були́ _____（зачини́ти）?

   （2）Ми ї́ли ви́шні, _____（купи́ти）на база́рі.

   （3）Не бери́ хлі́ба _____（не ми́ти）рука́ми!

   （4）У рестора́ні було́ _____（охолоди́ти）пові́тря.

   （5）Це подару́нки _____（присла́ти）з Украї́ни.

   （6）По-на́шому, цей лист _____（написа́ти）непога́ною украї́нською мо́вою.

   （7）Це ще не _____（ви́рішити）проблє́ма.

   （8）Ця карто́пля _____（вари́ти）у воді́.

3. 选用要求第五格的前置词 між, над, під, перед, за 填空，并将括号内的词变成需要的形式。

   （1）_____（стіл）виси́ть поли́ця.

   （2）_____（буди́нки）вузька́ ву́лиця.

（3）Наша дача _____（Київ）.

（4）_____（школа）великий сад.

（5）_____（сад）озеро.

（6）_____（дерева）він бачив червоний дах будинку.

4. 将下面的对话译成乌克兰语。

— 你住在哪条街？
_____

— 我住在谢甫琴科大街。这条大街绿荫覆盖，非常美丽。
_____

— 你们街道还有什么有趣的？
_____

— 在我们的街上有很多商店——日杂店、食品店和日用工业品店。
_____

— 那你们街上有什么文化机构（заклади культури）吗？
_____

— 当然了。我们街上有历史博物馆、影剧院和画廊（картина галерея）。
_____

5. 听听读读。

（1）—Грицю, де наші хлопці?

—На майданчику.

—Ти біжиш туди?

—Так, вони вже тренуються（锻炼）.

—А ввечері ти вдома?

—Ні, сьогодні ж футбол. Приходь на стадіон（体育场）.

—Добре. Бувай здоров（祝你健康）, Грицю!

—Бувай.

（2）—Де ви тепер живете?

—На дачі. Зараз я туди їду.

—Де у вас дача?

—У Пущі-Водиці.

—Є у вас там сад?

—Звичайно. Великий і гарний сад.

第20课   Двадця́тий уро́к

学习要点：
1. 主动形动词
2. 构词知识——复合词

Текст

На Закарпа́тті

Ці́лий ти́ждень пробули́ Савчуки́ на Закарпа́тті. Були́ вони́ в своїх старих батьків у Ра́хові. Діду́сь Іва́н та бабу́ся Марі́я Гнатюки́ були́ ду́же ра́ді ба́чити діте́й. Приро́да Закарпа́ття зачарува́ла Савчукі́в. Навкруги́ мальовни́чі го́ри. Найви́ща се́ред них — Гове́рла. Там зеленіє мо́ре смере́к і ке́дрів, бері́з, дубі́в, бу́ків. Яке́ чи́сте пові́тря! Чу́ти дзві́ночки корі́в, що пасу́ться ви́соко на полони́ні, чарівні́ мело́дії трембі́ти.

У го́рах бага́то водоспа́дів. Че́рез три мі́сяці тут бу́де сніг, мовча́тимуть заме́рзлі джере́ла, мо́жна бу́де ходи́ти на ли́жах.

Ось Синеви́рське о́зеро. Місце́ві жи́телі назива́ють його́ «Морськи́м о́ком». Круго́м о́зера височа́ть го́ри з хво́йними ліса́ми. Здає́ться, ні́би неклі́паюче си́нє о́ко ди́виться в не́бо.

Тут швидка́ ріка́ Ти́са, да́лі — Ла́ториця, Уж. У гі́рських річка́х бага́то ри́би. Одного́ ра́зу Ю́рій Миха́йлович і Яросла́в теж налови́ли ри́би. Окса́на згото́вила смачну́ вече́рю.

Савчуки́ були́ та́кож на виногра́дниках, відві́дали ви́нні погреби́, їли виногра́д, пили́ чудо́ве закарпа́тське вино́ «Бере́чівська» та «Квіти полони́ни».

Ю́ні Савчуки́ поба́чили, що Закарпа́ття — край чарівно́ї красі́, поети́чних леге́нд і пісе́нь, му́жніх, працьови́тих люде́й, а ще — дорогоці́нних лісі́в, кори́сних копа́лин, ціли́ющих мінера́льних джере́л.

Окса́на Іва́нівна зга́дувала ю́ність і тро́хи сумува́ла. Вона́ згада́ла про важкі́ часи́ на Закарпа́тті, коли́ всі бага́тства кра́ю не нале́жали наро́дові. Про ці часи́ місце́ві жи́телі — гуцу́ли — скла́ли чима́ло сумни́х пісе́нь. Бага́то люде́й поки́нули тоді́ свої́ рі́дні Карпа́ти й поїхали в чужі́ краї́. Се́ред них була́ й молода́ дівчина Окса́на.

Тепе́р над Закарпа́ттям луна́ють весе́лі пісні.

Словни́к

Закарпа́ття 外喀尔巴阡（地名）
пробу́ти, -у́ду, -у́деш〔完〕（在某处）住；逗留（若干时间）
Ра́хов 拉霍夫（地名）
зачарува́ти, -у́ю, -у́єш〔完〕使入迷，使神往 **зачаро́вувати**〔未〕
навкруги́〔副〕周围，四周
мальовни́чий〔形〕美丽如画的；生动的
се́ред〔前〕（二格）在…中间；在…之中
зелені́ти, -і́ю, -і́єш〔未〕变绿，发绿；呈现出绿色
смере́ка, -и〔阴〕云杉
кедр, -а〔阳〕雪松
бук, -а〔阳〕山毛榉
чу́ти, чу́ю, чу́єш〔未〕听见；嗅得出；觉得，感到
коро́ва, -и；复коро́ви, -рів〔阴〕母牛
па́стися, -се́ться, -су́ться〔未〕在草地上吃草
полони́на, -и〔阴〕山谷，山地牧场
чарівни́й〔形〕玄妙的，诱人的
мело́дія, -ї〔阴〕旋律；音调
трембі́та, -и〔阴〕特列姆比塔牧笛（乌克兰的一种民间木管乐器，长达3米）
водоспа́д, -у〔阳〕瀑布
мі́сяць, -я；复-і, -ів〔阳〕月份；月亮
мовча́ти, -чу́, -чи́ш〔未〕不说话，沉默
заме́рзнути, -ну, -неш〔完〕结冰；冻硬；冻死，冻坏 **замерза́ти**〔未〕
джерело́, -а́；复 -е́ла, -е́л〔中〕泉，源泉；根源
ли́жа, -і；复ли́жі, лиж〔阴〕滑雪板 ходи́ти на ли́жах 滑雪
о́зеро, -а；复 -е́ра, -е́р〔中〕湖，湖泊
місце́вий〔形〕地方的，地区的；本地的，当地的
назива́ти, -а́ю, -а́єш〔未〕起名叫；称为 **назва́ти**, -ву́, -ве́ш〔完〕
морськи́й〔形〕大海的，海洋的
круго́м〔前〕（二格）在周围，在四面八方
височі́ти, -чи́ть及 -чіє〔未〕高耸，耸立
хво́йний〔形〕针叶的，针叶树木的
здава́тися〔未〕（无人称）看来，好像，觉得
неклі́паючий〔形〕不眨动的，凝视的；不闪烁的
си́ній〔形〕蓝色的，青色的
ріка́, -и́；复рі́ки, рік〔阴〕河，江，川
да́лі〔副〕较远，〈口语〉远一些
гі́рський〔形〕山的，多山的
рі́чка, -и〔阴〕小河

раз, -у；复 рази́, раз 及 рazі́в〔阳〕次
одного́ ра́зу 有一次

наловити, -влю́, -виш〔完〕捕获，捕捉
（相当数量）

зготува́ти, -у́ю, -у́єш〔完〕准备好，预备好；〈口语〉做饭

виногра́дник, -a〔阳〕葡萄园

ви́нний〔形〕酒的；像酒的，有酒香的

по́гріб, -реба；复 -реби, -ребів〔阳〕地窖

виногра́д, -у〔阳〕葡萄

закарпа́тський〔形〕外喀尔巴阡的

вино́, -а；复 ви́на, вин〔中〕葡萄酒；酒

край, -ю，六格 -ю́ 及 -ï〔阳〕边；国土，地区

краса́, -и́〔阴〕美，美丽

поети́чний〔形〕诗的；富有诗意的

леге́нда, -и〔阴〕传说，轶闻；奇异的故事

пі́сня, -і；复 -сні́, -се́нь〔阴〕歌，歌曲

му́жній〔形〕英勇的，刚毅的；成熟的

працьови́тий〔形〕爱劳动的，勤劳的；能干的

дорогоці́нний〔形〕珍贵的，宝贵的；极其重要的

кори́сний〔形〕有益的，有益健康的；有用的

копа́лини, -лин〔复〕矿物

цілю́щий〔形〕有益健康的；能治病的

мінера́льний〔形〕矿物的

зга́дувати, -ую, -уєш〔未〕回忆，回想，想起；提到 **згада́ти**〔完〕

ю́ність, юності, 五格 ю́ністю〔阴〕少年时代

сумува́ти, -у́ю, -у́єш〔未〕忧郁，忧愁，伤心

бага́тство, -a〔中〕财富，财产

нале́жати, -жу, -жиш〔未〕кому, чому 及〈口语〉до кого, до чого 属于

гуцу́л, -а́；复 -и〔阳〕古楚尔人

скла́сти, -аду́, -аде́ш〔完〕编写成，创作成（文艺作品等）**склада́ти**〔未〕

чима́ло〔副〕相当大地，相当重要地

сумни́й〔形〕忧郁的，悲伤的，凄凉的

поки́нути, -ну, -неш〔完〕抛弃，遗弃；离开（某地）**покида́ти**〔未〕

чужи́й〔形〕别人的；陌生的；疏远的

Коментарі́

1. 主动形动词

主动形动词分现在时和过去时两种。

现在时主动形动词由及物动词或不及物动词的现在时词干构成，其方法是把动词现在时复数第三人称词尾去掉，加后缀 **-уч-**、**-юч-**、**-ач-**、**-яч-** 以及相应的形容词词尾 **-ий**，如：

писа́ти — пи́шуть — пи́шучий

працюва́ти — працю́ють — працю́ючий

лежа́ти — лежа́ть — лежа́чий

спа́ти — сплять — спля́чий

过去时主动形动词由完成体不及物动词的不定式词干构成，其方法是不定式词干加后缀 -л- 以及相应的形容词词尾 -ий，如：

осироті́ти — осироті́**лий**

почорні́ти — почорні́**лий**.

带后缀 -ну- 的动词，构成过去时主动形动词时要把 -ну- 去掉。

如：поту́хнути — поту́хлий

засо́хнути — засо́хлий.

2. **构词知识——复合词**

乌克兰语中除了含有一个词根的词（вода́，земля́，ліс）以外，还有不少含有两个或更多词根的复合词。如：водопа́д（瀑布）就含有вода́（水）和па́дати（下落）两个词的词根。

乌克兰语复合词主要通过以下方式构成：

（1）借助元音 -о-/-е-/-є-/ 连接结合。如：

вод**о**ла́з（潜水员），піш**о**хі́д（步行者），земл**е**тру́с（地震），стал**е**ва́р（炼钢工），кра**є**ви́д（风景），житт**є**пис（履历）。

（2）不用连接元音直接结合。如：

радіогазе́та（广播新闻），пі́вніч（午夜）。

这种方法构成的复合词第一部分可能是完整词形，也可能是词的部分形式。如：

одноповерхо́вий（一层的），семимі́сячний（七个月的），високомеха-

нізо́ваний（高度机械化的），далекозо́рий（有远见的），півдня́（半天），

вищезга́даний（上面所提到的）。

3. **Найви́ща се́ред них — Гове́рла.**

包含形容词最高级的句子结构通常有以下几种类型：

（1）з + 二格。Він найкра́щий з на́ших студе́нтів.（他是我们的学生中最好的。）

（2）серед + 二格。Він найви́щий се́ред них.（他是他们中最高的。）

（3）між + 五格。Він найста́рший між ни́ми.（他是他们中最大的。）

（4）比较级 + за（від）+ усе́（усі́х）。Вона́ кра́ща за（від）всіх ді́вчат.（她比所有的女孩儿都漂亮。）

На́стя моло́дша від усі́х у кла́сі.（娜斯佳在班里年龄最小。）

4. Місцéві жи́телі називáють його «Морськи́м óком».

动词 називáти 的意思是 "把…称为…"，"给…起名叫…"，其支配关系是 когó? щó? ки́м? чи́м? 如：називáти си́на Антóном（给儿子起名叫安东）。

注意：表示"（谁的）名字叫（什么）"时要用动词 звáти，而不能用називáти，如：Як тебé звáти?（你叫什么名字？）Менé звуть Гáля.（我叫加利娅。）

5. диви́тися 与 бáчити

动词 диви́тися 的意思是 "看，观看"，通常要接带前置词的补语。如：Він ди́виться на фотогрáфію.（他在看照片。）Óля ди́виться у вікнó.（奥莉娅看着窗外。）

只有当该动词与телеві́зор 或 фільм 连用时才可能不用前置词：

диви́тися телеві́зор（фільм）看电视（电影）

动词 бáчити 的意思是 "看见，看到"，要求第四格直接补语。如：Я бáчу мóре.（我看见了大海。）Вонá бáчить люди́ну на дорóзі.（她看见路上有一个人。）

Впрáви

1. 将下列词组译成乌克兰语。

很高兴看到孩子们 _____   逗留了整整一周 _____
使我着迷 _____   结冰的泉水 _____
滑雪 _____   当地居民 _____
在湖的周围 _____   有一次 _____
做了可口的晚饭 _____   勤劳勇敢的人 _____
珍贵的森林 _____   矿泉水 _____
回想起少年时代 _____   属于人民 _____
离开家乡 _____

2. 将括号里的词变为主动形动词。

（1）Ця жíнка з _____（посиві́ти）волóссям ще зóвсім молодá.

（2）_____（Працювáти）лю́ди вмі́ють ціновáти час.

（3）_____（Пожóвкнути）ли́стя пáдає з дéрева.

（4）Чи ти знáєш _____（писáти）карти́ну ýчня?

（5）Мені́ подóбається _____（лежáти）на столí кни́жка.

（6）На землí лежи́ть _____（пожовті́ти）ли́стя.

（7）Мовчи́ть _____ (потемні́ти) ліс.

（8）У не́ї _____ (люби́ти) се́рце.

（9）Уся́ і́хня роди́на ду́же _____ (співа́ти).

3. 将下面的对话译成乌克兰语。

— 你们在外喀尔巴阡都看到什么了？
_____

— 我们看到了很多有趣的东西。那儿的大自然多美呀！高高的山上有绿色的森林。山谷里牛、羊（вівці́）在吃草。我们听到了它们的小铃铛的响声。我们喝了有益健康的矿泉水。
_____
_____
_____

— 你们和人们谈话了吗？
_____

— 当然了。他们的语言（мо́ва）非常悦耳，还唱美妙的歌。
_____

4. 指出下列复合词分别是由哪些词根构成的，确定这些词根与复合词意义间的关系。

чотирнадцятиповерхо́вий, краєзна́вчий, промтова́рний, дорогоці́нний, півго́дини, дитсадо́к, деревообро́бний, пішохі́дний, дев'ятикла́сник, життєра́дісний

5. 听听读读。

（1）Я бажа́ю пої́хати на екску́рсію（游览，参观）у Пекі́н（у го́ри, на мо́ре）.

（2）Чи пої́дете ви з на́ми на екску́рсію?

（3）Куди́ ви пої́дете? Це дале́ко чи бли́зько?

（4）Па́не（先生）екскурсово́д（导游）, повторі́ть, будь ла́ска.

第21课 Двáдцять пéрший урóк

学习要点：
1. 副动词及副动词短语
2. 不定量数词
3. 构词知识——复合缩写词

Текст

Москвá

Непомíтно минýли два мíсяці. Повертáючись додóму, канáдці Савчукú захотíли подивúтися Москвý. Аджé Москвá—це столúця Росíйської Федерáції. До Москвú летíли літакóм. Приземлúвшись на аеродрóмі, Савчукú поїхали в готéль «Москвá». Це велúкий комфортáбельний готéль у цéнтрі мíста. З йогó вíкон вúдно Крáсну плóщу і Кремль. Москóвський Кремль—це старовúна росíйська фортéця, чудóвий пáм'ятник архітектýри. Стíни і вéжі Кремля́ збудóвано давнó. На Спáській вéжі встанóвлено відóмий усьомý свíтові старовúнний вéжовий годúнник. Кóжні чверть годúни там лунáє мелóдія. Кóжної годúни чýти бій годúнника. О 6-й годúні рáнку та о 12-й годúні нóчі, колú починáється і кінчáється день.

Кремль—центр столúці. Тут прáцює росíйський президéнт. Тут збудóвано чудóвий теáтр, колúшні цáрські палáци і старовúнні собóри перетвóрено на музéї.

На Крáсній плóщі—Мавзолéй В. І. Лéніна.

Прáворуч від готéлю вúдно старúй будúнок університéту. Москóвський університéт—одúн з найстарíших в РФ.

Новí будíвлі Москóвського університéту мíстяться на бéрезі Москвú-рікú—на Воробйóвих гóрах. Головнúй кóрпус мáє 32 повéрхи. Тут є все: аудитóрії і лабораторії, áктовий зал, клуб, спортúвні зáли, басéйн для плáвання, декíлька повéрхів займáє центрáльна бібліотéка. На територíї університéту є тáкож великий ботанічний сад, обсерваторія, сквери з фонтанами і скульптурами.

Оглянувши нові будівлі університету, Савчуки поспішили до міста. У них ще лишилося найбільшу скарбницю російського образотворчого мистецтва— Третьяковську галерею.

Савчуки багато читали про Москву. Тепер вони її побачили.

Словник

непомітно〔副〕不易看出地；不显著地
минути, -ну, -неш〔完〕从旁边走过，经过；(时间、某种现象等)过去 **минати**〔未〕
захотіти, -очу, -очеш〔完〕想要，想起要（做某事）
аджé〔语气〕要知道，当然
столиця, -і〔阴〕首都
федерація, -ї〔阴〕联邦
летіти, лечу, летиш〔未〕飞，飞行 **полетіти**〔完〕
літáк, -á〔阳〕飞机
приземлитися, -люся, -лишся〔完〕(飞机等)降落，着陆 **приземлятися**〔未〕
аеродрóм, -у〔阳〕飞机场
комфортáбельний〔形〕舒适的
центр, -у〔阳〕中心，中央；核心
видно〔用作谓语〕看得见，可以看出
крáсний〔形〕红色的；美丽的；好的
Кремль, -я〔阳〕克里姆林宫
москóвський〔形〕莫斯科的
фортеця, -і〔阴〕要塞，堡垒
архітектýра, -и〔阴〕建筑学；建筑式
стінá, -й；复 стіни, стін〔阴〕墙，城墙
вéжа, -і〔阴〕塔，塔楼

збудувáти, -ую, -уєш〔完〕建，修建；创建 **будувáти**〔未〕
давнó〔副〕很久，好久；早就，早已
встанови́ти, -овлю, -овиш〔完〕摆放，安置，安装 **встанóвлювати**, -юю, -юєш〔未〕
відóмий〔形〕著名的，有名的；已知道的
світ, -у；复 -и́, -ів〔阳〕世界，天下
вéжовий〔形〕塔的，塔楼的
годи́нник, -а〔阳〕钟，表
бій, бóю〔阳〕敲击(声)；敲打(声)
президéнт, -а〔阳〕总统
коли́шній〔形〕从前的，过去的；前任的
цáрський〔形〕沙皇的，帝王的
собóр, -у〔阳〕大教堂
перетвори́ти, -орю, -ориш〔完〕кого, що, в кого, в що 及 на кого, на що 使…变为…，使…变成… **перетвóрювати**〔未〕
мавзолéй, -ю〔阳〕陵墓
будíвля, -і；复二 -вель〔阴〕楼房，建筑
головни́й〔形〕头部的；主要的；最大的，中心的
кóрпус, -у；复 -и́, -ів〔阳〕(一大片楼房，

厂房中的）一所楼房
аудито́рія, -ї 及 **авдито́рія**〔阴〕大教室，讲堂
лабораторія, -ї〔阴〕实验室；化验所
а́ктовий〔形〕典礼的
　　а́ктовий зал（学校等的）礼堂
клуб, -у；复 -и〔阳〕俱乐部
спорти́вний〔形〕运动的
　　спорти́вний зал 体育馆，健身房
пла́вання, -я〔中〕游泳；航行
　　басе́йн для пла́вання 游泳池
де́кілька, -ох, 五格 -ома；复 -ох〔数〕几，几个；一些
займа́ти, -а́ю, -а́єш〔未〕占，占有，占用
зайня́ти, -йму́, -ймеш；过去时 -ня́в, -няла́〔完〕

терито́рія, -ї〔阴〕领土；地域，境域
ботані́чний〔形〕植物的
　　ботані́чний сад 植物园
обсервато́рія, -ї〔阴〕天文台
сквер, -у〔阳〕（广场或大街上的）小公园
фонта́н, -а〔阳〕喷泉
скульпту́ра, -и〔阴〕雕刻；雕塑品，雕像
скарбни́ця, -і〔阴〕宝库
образотво́рчий〔形〕有表现力的；造型的
мисте́цтво, -а〔中〕艺术；技能，技巧
галере́я, -ї〔阴〕游廊；（美术）陈列馆
　　Третьяко́вська галере́я 特列季亚科夫画廊

Комента́рі

1. 副动词及副动词短语

副动词是动词的一种非变位形式，兼有动词和副词的特征。副动词像动词一样有及物和不及物、未完成体和完成体之分，并与动词要求同样的格；同时又和副词一样没有词形变化，在句中说明动词谓语，作状语，说明主要动作的时间、方式方法、原因、条件等。如：

（1）Ми йшли до шко́ли спіша́чи.（我们急急忙忙向学校走去。）

（2）Посту́кавши в две́рі, я зайшо́в у клас.（我敲了几下门，就走进了教室。）

副动词分未完成体副动词和完成体副动词。

未完成体副动词所表示的行为一般与动词谓语所表示的行为同时发生，如例（1）中的спіша́чи。未完成体副动词由现在时词干加后缀 **-учи**（**-ючи**）, **-ачи**（**-ячи**）构成。如：

писа́ти — пи́шуть — пи́ш**учи**

чита́ти — чита́ють — чита́**ючи**

крича́ти — крича́ть — крич**ачи́**

говори́ти — гово́рять — гово́р**ячи**

完成体副动词所表示的行为则常常是发生在动词谓语所表示的行为之前，如例（2）中的посту́кавши。完成体副动词由完成体动词过去时阳性形式加后缀 **-ши** 构成。如：

написа́ти — написа́в — написа́в**ши**

прочита́ти — прочита́в — прочита́в**ши**

принести́ — приніс — приніс**ши**

привезти́ — привіз — привіз**ши**

注：带 -ся 动词构成副动词时，-ся 通常变为 -сь。如：

диви́тися — ди́вля**чись**

подиви́тися — подиви́в**шись**

副动词和说明它的词所组成的词组叫作**副动词短语**。副动词短语在句中说明主要行为，作状语。副动词短语可位于句首、句中或句末，要用逗号与句子其他部分隔开。如：

Ро́блячи уро́ки, Оле́сь ду́мав про футбо́л.（做功课时奥列西却想着足球。）

2. 不定量数词

不定量数词是数量数词的一种，表示事物的不确定的数量。这类数词不多，常用的有 кі́лька（几个），де́кілька（几个，一些），бага́то（许多），кількана́дцять（十几个）等。

不定量数词要求其后的名词用复数第二格。当不定量数词本身处于间接格时，后面的名词用复数同格。如：

кі́лька ко́ней（几匹马）

де́кілька гір（几座山）

бага́то ро́ків（许多年）

в кілько́х слова́х（用不了几句话）

з багатьо́х причи́н（由于多种原因）

不定量数词的变格法如下：

一格	бага́то	кі́лька
二格	багатьо́х	кілько́х
三格	багатьо́м	кілько́м
四格	同一或二	同一或二
五格	багатьма́	кількома́
六格	(на) багатьо́х	(на) кілько́х

3. 构词知识——复合缩写词

复合缩写词主要是各专业技术用语或组织机构的名称。按其构成大致有以下几种：

（1）由各词的第一个字母组成。如：

РФ（Росíйська Федерáція）——俄罗斯联邦

ООН（Організáція Об'єднаних Нáцій））——联合国

由首字母构成的缩写词，有的是普通名词，各字母小写，如：вуз（вúщий учбóвий зáклад）——高等院校

（2）由各词的首音节或开头部分构成。如：

завкóм（заводськúй комітéт）——厂委会

райкóм（райóнний комітéт）——区委

（3）由第一个词的开头部分和第二个词全词结合起来构成，其中大都是由形容词作开头部分加名词构成。如：

стінгазéта（стінна́ газéта）——墙报

спортзáл（спортúвний зал）——体育馆

мединститýт（медúчний інститýт）——医学院

4. До Москвú летíли літакóм.

句中的 літакóм 为第五格形式，用以表示交通工具。再如：їхати пóїздом（乘火车去），приíхати автóбусом（乘公共汽车来）。

5. З йогó вíкон вúдно Кра́сну пло́щу і Кремль.

句中的 вúдно 为谓语副词。该词要求第四格或第二格的名词或代词做补语，表示"可以看得见…"。如：вúдно дорóгу（看得见路）。类似的动词还有чутнó（可听到，听得清），如：чутнó пíсню（听得见歌声）。

本句的意思是："从它（旅馆）的窗里可以看见红场和克里姆林宫。"

6. Стíни і вéжі Кремля́ збудóвано давнó.

本句为无人称句。乌克兰语中有一类以 -но，-то 结尾的被动形动词过去时形式，用于无人称句中，与系词 бýти 一起构成句中的谓语（在现在时时 бýти 通常省略）。本句中的 збудóвано 即为这种形式。这类词在使用时只能有直接补语，不能有主语。如：

（1）Йогó булó вбúто під Берлíном.（他在柏林城下被打死了。）

（2）До вéчора все бýде зрóблено.（到晚上一切都将做完。）

（3）План вúконано.（计划完成了。）

*注意区别以 -но, -то 结尾的形式与被动形动词过去时中性。如：

вби́ти — вби́тий, -а, -е — вби́**то**

ви́конати — ви́конаний, -а, -е — ви́кона**но**

зібра́ти — зі́браний, -а, -е — зі́бра**но**

зроби́ти — зро́блений, -а, -е — зро́бле**но**

7. На Спа́ській ве́жі встано́влено відо́мий усьому́ сві́тові старови́нний ве́жовий годи́нник.

відо́мий 的意思是"著名的，被…所知的"，该词的间接补语要用第三格形式，即 відо́мий кому? чому? 如：відо́мий усьому́ мі́сту лі́кар（闻名全市的医生），відо́ма усьому́ сві́тові кни́га（闻名全世界的书）。

Впра́ви

1. 将下列词组译成乌克兰语。

不知不觉地过去了 _____ 乘坐飞机 _____

在飞机场 _____ 在市中心 _____

全世界闻名的 _____ 每一刻钟 _____

钟声 _____ 红场 _____

莫斯科河 _____ 主楼 _____

礼堂 _____ 体育馆 _____

游泳池 _____ 占据几层楼 _____

艺术宝库 _____

2. 将括号里的动词变为需要的副动词形式，并把句子译成汉语。

（1）В літаку́ він спав, _____（сиді́ти）в комфорта́бельному крі́слі.

_____

（2）_____（Гра́ти）в ша́хи, ми не поба́чили, як на по́лі приземли́вся літа́к.

_____

（3）До́бре _____（зна́ти）мисте́цтво, вона́ особли́во ціка́вилася старови́нною різьбо́ю по де́реву.

_____

（4）_____（Чита́ти）спо́гади про Ре́піна, я ні́би ба́чив його́ пе́ред собо́ю.

_____

（5）_____（Ввійти）в музей, Іван зустрів товариша.

（6）_____（Оглянути）Останкінський палац, туристи піднялися ліфтом на телевізійну вежу.

（7）_____（Провести）три дні в Москві, вони поїхали додому.

（8）_____（Повертатися）додому, вони побували в Москві.

3. 写出下列副动词的动词原形。

例：читаючи — читати.

захотівши _____, минаючи _____, звіряючи _____,

лишаючись _____, приземлившись _____, стукаючи _____,

провівши _____, минувши _____, шепочучи _____

4. 改变句子结构，将括号中的词或词组改写成副动词或副动词短语。

例：а. Він（сказав це）і подивився на неї.

Сказавши це, він подивився на неї.

б.（Після обіду）він заснув.

Пообідавши, він заснув.

（1）Він（не знав української мови）і тому не міг з ними говорити.

（2）Ти це сказав і（не думав, що з цього вийде）.

（3）Вони працювали до вечора і（не відпочивали）.

（4）Чи ви співаєте,（коли купаєтеся?）

（5）Вона краще себе почуває（після відпочинку）.

（6）（Коли він скінчив роботу）, він пішов до них у гості.

（7）(Він сів за стіл) і написав листа.

（8）(Коли прочитаєш роман), віднеси його до бібліотеки.

5. 将下列句子译成乌克兰语。

（1）我在莫斯科待了五天。我是乘飞机去的那里。

（2）新大学占据了很大的面积。

（3）我的时间很少，可是我想看一看列宁墓。

（4）第二天我和同事们去了红场。

（5）我非常高兴地回到家乡。

6. 听听读读。

（1）—Ви вже їдете з Москви? І не побували на телевізійній вежі в Останкіно?

—На жаль, ні. Ми дуже мало були в Москві, а вона така велика! Розкажіть, будь ласка, про Останкіно!

（2）—Чи сподобалась вам Третьяковська галерея?

—Дуже сподобалась. Я люблю Рєпіна, Сурикова, Сєрова, особливо Антокольського.

—Яку картину Рєпіна ви хотіли б побачити ще раз?

—Важко сказати. Мабуть, «Запорожців».

第22课　Двáдцять дрýгий урóк

学习要点：
1. 集合数词 двóє—тридцятеро
2. 目的从句
3. 条件从句

Текст

Час

Цьогó вéчора близнюкѝ Микóлка і Пéтрик поверталися з дитсадкá додóму весéлі й збýджені.

—Мáмо, а ми сьогóдні вчѝлися визначáти час за годѝнником, —в одѝн гóлос повідóмили вонѝ.

—І навчѝлися? Ну, молодцí. Ось бýдемо прохóдити повз поштáмт, і ви скáжете, котрá годѝна.

—Пів на шóсту! Пів на шóсту! —загукáли малюкѝ, побáчивши годѝнник.

—Прáвильно. А як ви здогадáлися?

—А ми дивѝлися на стрíлки. Хібá ти не знáєш, що корóтша стрíлка покáзує годѝни, а дóвша—хвилѝни?

—Ну, ви тепéр усé крáще за менé знáєте.

Вдóма хлóпці не моглѝ дочекáтися, пóки мáма звíльниться, щоб продемонструвáти своí знання. Нарéшті, всі трóє всíлися на дивáні, Галѝна Олексíївна взялá в рýки будѝльник, і почáвся екзáмен. Мáти крутѝла стрíлки годѝнника, а дíти по чéрзі називáли час.

—Микóлко, котрá зáраз годѝна?

—За чверть сьóма.

—А зáраз, Пéтрику?

—Дев'я́та годѝна.

—Ну, молодцí. Зáраз покáжемо тáтові, як ви навчѝлися визначáти час.

— На котру годину ви йдете вранці в дитсадок? — запитав батько.

— На восьму.

— А о котрій годині за вами приходять?

— О п'ятій, а іноді й пізніше.

— Коли ж саме пізніше?

— Буває й п'ять, і десять, і п'ятнадцять хвилин на шосту.

— А коли ви обідаєте?

— Обідаємо ми о першій годині.

— А спите вдень?

— З другої до третьої години.

— Прекрасно. Ви добре знаєте розпорядок дня.

— Тату, ти знаєш, що година — це шістдесят хвилин, а у хвилині шістдесят секунд?

— А ранок, день, вечір і ніч разом становлять добу і тривають аж двадцять чотири години? — додав Миколка.

— Ну, ніколи б не здогадався, якби не ви, — посміхнувся тато. — А тепер — у ліжка. Бачите, вже дев'ята, або інакше двадцять перша, година. Вам час спати.

Словник

дитсадок, -дка〔阳〕幼儿园

збуджений〔形〕兴奋的，振奋的

вчитися, вчуся, вчишся〔未〕学，学习；求学；受训练

визначати, -аю, -аєш〔未〕确定，决定；指定；区分出来 **визначити**, -чу, -чиш〔完〕

за〔前〕(五格) 按照，依照，根据

в один голос 同声地，一致地

повідомити, -млю, -миш〔完〕传达，传递；通知，报告 **повідомляти**〔未〕

повз〔前〕(四格) 从…旁边

загукати, -аю, -аєш〔完〕喊起来，开始喊，开始叫

малюк, -а〔阳〕〈口语〉小孩子

правильно〔副〕正确，对

здогадатися, -аюся, -аєшся〔完〕领悟，猜到 **здогадуватися**〔未〕

стрілка, -и〔阴〕(仪表的) 指针；箭头

хіба〔语气〕难道，莫非，真的吗

короткий〔形〕短的；简短的

дочекатися, -аюся, -аєшся〔完〕等（候）到

поки〔连〕在…的时候；一直到…时候（为止)，在(没有)…之前

звільнитися, -нюся, -нишся〔完〕获得

自由；空出来；有空 звільня́тися〔未〕

щоб〔连〕为了，以便

продемонструва́ти, -у́ю, -у́єш〔完〕显示，表现

зна́ння, -я；复二 знань〔中〕知道，了解，通晓；〔复〕知识

тро́є, трьох〔数〕三，三个

всі́стися, вся́дуся, вся́дешся〔完〕坐下（指坐得舒适或很久）

буди́льник, -а〔阳〕闹钟

екза́мен, -у〔阳〕考试；考验

крути́ти, -учу́, -у́тиш〔未〕拧，扭，捻，搓

по〔前〕（六格）依据，按照，遵循

че́рга, -и, 三、六格 -зі 及 черга́, -и́, 三、六格 -зі́〔阴〕次序, 顺序

по че́рзі 轮流, 按顺序

запита́ти, -а́ю, -а́єш〔完〕问，询问；提问 запи́тувати, -ую, -уєш〔未〕

за〔前〕（五格）（表示目的）取，找，求

і́ноді〔副〕有时，有时候，偶尔

пі́зно〔副〕（很）晚，（很）迟

коли́〔副〕何时，什么时候，当…的时候

са́ме〔副〕正好，恰好，就是

прекра́сно〔副〕非常好地；非常美妙地

розпоря́док, -дку〔阳〕程序，规章；指示

розпоря́док дня 日程；作息时间表

шістдеся́т〔数〕六十

секу́нда, -и〔阴〕秒；一眨眼，一刹那

станови́ти, -овлю́, -о́виш〔未〕是，成为

доба́, -и́；复 до́би, діб〔阴〕昼夜；时刻；时代

трива́ти, -а́ю, -а́єш〔未〕延长；延续，持续

якби́〔连〕假如，若是

посміхну́тися, -ну́ся, -не́шся〔完〕微微一笑 посміха́тися〔未〕

або́〔连〕或，或者，或是

іна́кше〔副〕按另一种方式；〔连〕否则，要不然

Коментарі́

1. **集合数词** дво́є — три́дцятеро

集合数词表示事物的数量，其基本意义与相应的定量数词相似，但强调这些事物从事同一行为或具有同一特征，即把事物作为一个总和来表示。

乌克兰语中的集合数词共有20个，分别是：дво́є, тро́є, че́тверо, п'я́теро, ше́стеро, се́меро, во́сьмеро, де́в'ятеро, де́сятеро, одина́дцятеро, двана́дцятеро, трина́дцятеро, чотирна́дцятеро, п'ятна́дцятеро, шістна́дцятеро, сімна́дцятеро, вісімна́дцятеро, дев'ятна́дцятеро, два́дцятеро, три́дцятеро。

集合数词有间接格形式，如第二格分别为：двох, трьох, чотирьох, п'ятьох, шістьо́х, сімо́х, вісьмо́х, дев'ятьо́х…；第三格分别为：двом, трьом, чотирьо́м, п'ятьо́м, шістьо́м, сімо́м, вісьмо́м, дев'ятьо́м…；第五格分别为：двома́, трьома́…。

集合数词要求其后的名词变成复数第二格形式，如：

У них в роди́ні тро́є хло́пців і дво́є дівча́т.（他们家有三个男孩儿和两个女孩儿。）

集合数词通常和下列词连用：

（1）表示人的阳性名词。如：Усі́ тро́є її сині́в пішли́ на війну́.（她的三个儿子都去参战了。）

（2）表示动物的阳性或中性名词。如：По ву́лиці бі́гло тро́є порося́т.（街上跑着三头小猪。）

（3）只有复数的名词。如：В кімна́ті було́ дво́є двере́й.（房间有两扇门。）

（4）复数形式与单数形式有不同词干的名词。如：У не́ї було́ се́меро діте́й.（她有七个孩子。）ді́ти 的单数为 дити́на。

（5）人称代词。如：Нас було́ всього́ дво́є.（我们共有两个人。）

2. 目的从句

目的从句表示主句行为的目的，回答 для чого?（为什么），з яко́ю мето́ю?（带着什么目的）的问题。

目的从句用连接词 **щоб**（为了）与主句连接，如：Мою́ любо́в забра́ла о́сінь, щоб поверну́ти навесні́.（秋把我的爱带走，是为了在春天还给我。）Він прийшо́в, щоб вас поба́чити.（他是来看望您的。）主句中有时用 для то́го, з тим 来强调指出该主句带有目的从句，如：Тре́ба було́ одніє́ї гри для то́го, щоб усі́ були́ весе́лі.（为了让大家高兴，应该搞一个游戏。）

当主从句的行为主体相同时，目的从句的谓语用动词不定式形式，如：Брат пішо́в у бібліоте́ку, щоб знайти́ одну́ кни́жку.（弟弟为了找一本书，到图书馆去了。）

如果主从句的行为主体不同，从句中的动词谓语用过去时形式。如：Він хоті́в позва́ти Міко́лка, щоб той приніс ру́чку.（他想招呼米科尔卡，让他把钢笔拿来。）

3. 条件从句

条件从句表示主句行为发生的条件或可能发生的条件，回答 при які́й умо́ві?（在什么条件下）的问题。

条件从句常用连接词 **якби́**（假如），**якщо́**（如果，要是），**аби́**（只要，只求），**коли́**（如果，既然），**коли́ б**（如果）与主句连接，如：

（1）І коли проти нас ти повстанеш, проти тебе повстанемо ми.（如果你反对我们，我们也要反对你。）

（2）Аби цвіт, а ягідки будуть.（只要有花，就会有果。）

（3）Якби у мене був час, я прийшов б до вас.（我要是有时间就到你这儿来了。）

条件从句可以放在主句之前或之后，中间用逗号隔开。如：

Коли вдосвіта виїхати, то на обід саме поспієш.（如果黎明出发，那么你正好赶得上吃午饭。）或：На обід саме поспієш, коли вдосвіта виїхати.

4. Вдома хлопці не могли дочекатися, поки мама звільниться, щоб продемонструвати свої знання.

本句为带有两个从句的主从复合句。第一个从句为 поки 连接的时间从句，第二个从句为 щоб 连接的目的从句。这两个从句从不同的角度说明同一主句，为并列从属关系。本句的意思是："在家里孩子们为了显示自己的知识，等不及妈妈抽出空来。"

5. З другої до третьої години.

前置词 з 与 до 常在一起使用，表示"从…时候到…时候"，均接第二格。如：з ранку до ночі（从早晨到夜间），з першої до п'ятої години（从一点到五点），з початку до кінця（从头至尾）。

6. Бачите, вже дев'ята, або інакше двадцять перша, година.

або інакше двадцять перша 为插入语，用以对所述内容进行补充说明。插入语可以放在句首、句中或句末，用逗号与句子的其他部分隔开。

7. Вам час спати.

此处 час 用作谓语，表示"是…时候了，该…了"。час 的用法同谓语副词：主体用第三格，所接动词用不定式。再如：Мені час додому.（我该回家了。）Їм час відпочивати.（他们该休息了。）

Вправи

1. 将下列词组译成乌克兰语。

今天晚上 ＿＿＿＿＿＿＿＿＿＿　　根据表区分时间 ＿＿＿＿＿＿＿＿＿＿

异口同声地 ＿＿＿＿＿＿＿＿＿＿　　学习写信 ＿＿＿＿＿＿＿＿＿＿

路过邮局 ＿＿＿＿＿＿＿＿＿＿　　把闹钟拿到手里 ＿＿＿＿＿＿＿＿＿＿

考试开始了 ＿＿＿＿＿＿＿＿　　按顺序说出 ＿＿＿＿＿＿＿＿

来接你们 ＿＿＿＿＿＿＿＿　　日程表 ＿＿＿＿＿＿＿＿

持续24个小时 ＿＿＿＿＿＿＿＿　　该睡觉了 ＿＿＿＿＿＿＿＿

2. 用集合数词替换句中的定量数词。

（1）Прийшло сім хлопців. ＿＿＿＿＿＿＿＿

（2）Дві дівчини щиро вітали гостей. ＿＿＿＿＿＿＿＿

（3）Тут спить двадцять дітей. ＿＿＿＿＿＿＿＿

（4）Там стояло чотири коні. ＿＿＿＿＿＿＿＿

（5）Усі шість її синів уже одружені. ＿＿＿＿＿＿＿＿

（6）Повернулося додому тільки п'ять чоловіків. ＿＿＿＿＿＿＿＿

（7）Тут працює десять науковців. ＿＿＿＿＿＿＿＿

（8）Іде по дорозі три козаки. ＿＿＿＿＿＿＿＿

（9）Туди послали вісім людей. ＿＿＿＿＿＿＿＿

（10）Загинуло тридцять героїв. ＿＿＿＿＿＿＿＿

3. 将下面的短文译成乌克兰语。

　　我在6点15分去找同伴。20分钟后我们出发了。火车是7点半发车。差一刻9点时我们走近我奶奶家。在11点和12点之间妈妈该到了。

＿＿＿＿＿＿＿＿＿＿＿＿＿＿＿＿＿＿＿＿＿＿＿＿＿＿＿＿＿＿＿＿＿＿

＿＿＿＿＿＿＿＿＿＿＿＿＿＿＿＿＿＿＿＿＿＿＿＿＿＿＿＿＿＿＿＿＿＿

＿＿＿＿＿＿＿＿＿＿＿＿＿＿＿＿＿＿＿＿＿＿＿＿＿＿＿＿＿＿＿＿＿＿

4. 读短文并译成汉语。指出目的从句和条件从句。

　　Ось і кінець нашої книжки. Хочеться вірити, що це «щасливий кінець», що ви багато навчилися. Ви тепер знаєте багато слів і вмієте їх вживати. Звичайно, двадцяти лекцій не досить, щоб добре вивчити мову. Це тільки початок, але якщо вам сподобалася українська мова і ви захочете далі її вивчати, то за рік-два ви добре говоритимете і розумітимете по-українському. Тоді ви зможете познайомитися з українською літературою, українською історією, а, можливо, навіть поїдете на Україну, щоб на власні очі побачити, як живуть українці. Тоді щасливої вам дороги!

＿＿＿＿＿＿＿＿＿＿＿＿＿＿＿＿＿＿＿＿＿＿＿＿＿＿＿＿＿＿＿＿＿＿

＿＿＿＿＿＿＿＿＿＿＿＿＿＿＿＿＿＿＿＿＿＿＿＿＿＿＿＿＿＿＿＿＿＿

＿＿＿＿＿＿＿＿＿＿＿＿＿＿＿＿＿＿＿＿＿＿＿＿＿＿＿＿＿＿＿＿＿＿

第23课　Двáдцять трéтій урóк

学习要点：
1. 数词（200—1000000000）
2. 2以上数量数词的变格法
3. 日期表示法

Текст

Психологíчний ромáн

20 лютого

Дорогá Надíє Семéнівно!

Ви прохáли якнайскорíше написáти Вам моï думки́ про Ваш ромáн. Прочитáвши тíльки пéршу части́ну, тóбто бíля двохсóт сторінóк, я мóжу лише зроби́ти дéякі заувáження і дáти Вам кíлька порáд. По-пéрше, не рáджу починáти зі смéрті герóя. Якби́ Ви писáли детекти́вний ромáн, тодí булá б ínша річ, алé ви, як я розумíю, пи́шете ромáн психологíчний. Крім тóго, у Вас на сáмому почáтку ги́не не тíльки герóй, алé й двóє йогó товáришів — аж три вби́вства на пéрших двохстáх сторíнках. Чи де не забагáто? Якщó Ви дýмали, що вби́вши герóя і не показáвши йогó вби́вцю, Ви тим зацікáвите читачá, то трéба булó послáти товáришів шукáти тогó вби́вцю, а не давáти і їм вíдразу заги́нути. І що Ви тепéр роби́тимете на настýпних трьохстáх сторíнках? Мýшу прочитáти рéшту части́ну ромáну і тодí побáчу.

Щóдо сти́лю, то він у Вас непогáний, особли́во в діалóгах, алé, опи́суючи прирóду, Ви чáсом стаєтé сентиментáльною. Рóзмір ромáну дóбрий — трóхи мéньш п'ятисóт сторíнок.

Оцé, мáбуть, і всі моï заувáження. Прáвду кáжучи, я не дýмав, що Ваш пéрший ромáн ви́йде таки́й вдáлий. Якщó й дрýга йогó части́на такá, як і пéрша, то Ви мóжете, не боячи́сь, посилáти йогó до дрýку. Я пéвний, що він бýде мáти ýспіх.

Щи́ро вітáю,

Ваш В. Гончарéнко

Словни́к

психологі́чний〔形〕心理学的，心理（上）的

рома́н, -у〔阳〕长篇小说

проха́ти, -а́ю, -а́єш〔未〕请求，邀请，约请

якнайскорі́ше〔副〕最快地，尽可能快地

написа́ти, -шу́, -шеш〔完〕写（字）；撰写 **писа́ти**〔未〕

ду́мка, -и；复 -мки́, -мо́к〔阴〕意思，想法，主意；看法；〔复〕考虑

прочита́ти, -а́ю, -а́єш〔完〕读，阅读，看（书等） **прочи́тувати**, -ую, -уєш〔未〕

части́на, -и〔阴〕一部分；处，组；部队

то́бто〔连〕即，就是(说)

бі́ля〔前〕(二格) 大约，差不多

дві́сті, двохсо́т〔数〕二百

сторі́нка, -и；复 -нки́, -но́к〔阴〕页，面

лише́〔语气〕只(是)，仅仅，只有

заува́ження, -я；复二 -ень〔中〕意见，注解；评论；批评

пора́да, -и〔阴〕劝告，劝诫；帮助；〈口语〉愉快，快乐

по-пе́рше〔副〕首先，第一

ра́дити, -джу, -диш〔未〕кому给…出主意，建议 **пора́дити**〔完〕

почина́ти, -а́ю, -а́єш〔未〕开始，着手 **поча́ти**, -чну́, -чне́ш〔完〕

зі〔前〕= з

смерть, -і, 五格 -тю；复 -і, -е́й〔阴〕死，死亡；灭亡

детекти́вний〔形〕侦探的；侦探小说的

і́нший〔形〕别的，其他的，不同的

річ, ре́чі, 五格 рі́ччю；复 ре́чі〔阴〕事，事情

і́нша річ 另一回事

са́мий, са́мого〔代〕(与名词连用) 正，紧，尽，最；(与代词连用) 正是

поча́ток, -тка 及 -тку〔阳〕开端，开始；源头

ги́нути, -ну, -неш〔未〕(人) 死于疾病或贫穷；(庄稼) 死于干旱或霜冻 **заги́нути**〔完〕

вби́вство, -а〔中〕谋杀，凶杀

забага́то〔副〕有点多；多；太多了

вби́ти, вб'ю, вб'єш〔完〕杀死，谋杀 **вбива́ти**〔未〕

вби́вця, -і〔阳〕杀人者，凶手

зацікави́ти, -влю, -виш〔完〕使有兴趣，引起注意 **зацікавлювати**〔未〕

чита́ч, -а́, 五格 -е́м〔阳〕读者

шука́ти, -а́ю, -а́єш〔未〕找，寻找

дава́ти〔未〕让，允许 **да́ти**〔完〕

відра́зу〔副〕立刻，马上，一下子

три́ста, трьохсо́т〔数〕三百

му́сити, му́шу, му́сиш〔未〕应该，必须；不得不

ре́шта, -и〔阴〕剩余；其余

щодо〔前〕(二格) 关于，就…而论

стиль, -ю〔阳〕(艺术) 风格

непога́ний〔形〕不坏的，不错的

діало́г, -у〔阳〕对话，对白

опи́сувати, -ую, -уєш〔未〕描写，叙述 **описа́ти**〔完〕

ча́сом〔副〕有时；偶然，偶尔

става́ти, стаю́, стає́ш〔未〕яким, ким, чим 成为，变成 **ста́ти**〔完〕

сентимента́льний〔形〕感情用事的，伤感的

ро́змір, -у〔阳〕大小，长短；尺寸；规模，范围

ме́нше〔副〕比较少，少些；比较小，小些

п'ятсо́т, -тисо́т〔数〕五百

оце́〔语气〕（用于做结论时指出某事物或用以加强连用的代词、副词）这就是，这是

пра́вда, -и〔阴〕真情，真相；真话，实话；真理

пра́вду ка́жучи 说真的，说实话

вда́лий〔形〕成功的，顺利的

друк, -у〔阳〕印刷，付印；出版

пе́вний〔形〕有信心的；可信的

у́спіх, -у〔阳〕成功，成绩

щи́ро〔副〕真诚地，衷心地

Коментарі́

1. 数词（200—1000000000）

200以上数量数词和顺序数词分别为：

	数量数词	顺序数词
200	двісті	двохсо́тий
300	три́ста	трьохсо́тий
400	чоти́риста	чотирьохсо́тий
500	п'ятсо́т	п'ятисо́тий
600	шістсо́т	шестисо́тий
700	сімсо́т	семисо́тий
800	вісімсо́т	восьмисо́тий
900	дев'ятсо́т	дев'ятисо́тий
1000	ти́сяча	ти́сячний
1000000	мільйо́н	мільйо́нний
1000000000	мілья́рд	мілья́рдний

其他数目或顺序需要用合成数词表示，如：двісті п'ятнáдцять（215），девʼятсóт сóрок сім（947），тисяча девʼятсóт шістдеся́т шість（1966），тисяча девʼятсóт девʼянóсто девʼя́тий（第1999）。

2.2 以上数量数词的变格法

（1）два (двi), три, чотири

	阳、中性	阴性		
一格	два	дві	три	чотири
二格	двох		трьох	чотирьóх
三格	двом		трьом	чотирьóм
四格	同一或二		同一或二	同一或二
五格	двомá		трьомá	чотирмá
六格	(на) двох		(на)трьох	(на)чотирьóх

（2）пʼять—девʼятнáдцять, двáдцять, тридцять

一格	пʼять	сім
二格	пʼяти́, пʼятьóх	семи́, сімóх
三格	пʼяти́, пʼятьóм	семи́, сімóм
四格	пʼять 或 пʼятьóх	сім 或 сімóх
五格	пʼятьмá, пʼятьомá	сьомá, сімомá
六格	(на) пʼяти́, пʼятьóх	(на) семи́
一格	дванáдцять	тридцять
二格	дванадцятьóх (-ти́)	тридцятьóх (-ти́)
三格	дванадцятьóм (-ти́)	тридцятьóм (-ти́)
四格	дванáдцять 或 -óх	тридцять 或 -óх
五格	дванадцятьомá (-тьмá)	тридцятьомá (-тьмá)
六格	(на) дванадцятьóх (-ти́)	(на) тридцятьóх (-ти́)

说明：上述词的各格都有两种形式。其他词的变格以此类推。

（3）п'ятдеся́т, шістдеся́т, сімдеся́т, вісімдеся́т

一格	п'ятдеся́т
二格	п'ятдесяти́, п'ятьдесятьо́х
三格	п'ятдесяти́, п'ятьдесятьо́м
四格	п'ятдеся́т 或 п'ятдесятьо́х
五格	п'ятдесятьма́, п'ятдесятьома́
六格	п'ятдесяти́, п'ятдесятьо́х

说明：上述四个词的变格相同，各格同样有两种形式。

（4）со́рок, дев'яно́сто, сто

一格	со́рок	дев'яно́сто	сто
二格	сорока́	дев'яно́ста	ста
三格	сорока́	дев'яно́ста	ста
四格	со́рок	дев'яно́сто	сто
五格	сорока́	дев'яно́ста	ста
六格	(на)сорока́	(на)дев'яно́ста	(на)ста

（5）дві́сті, трі́ста, чоти́риста…дев'ясо́т

一格	дві́сті	три́ста	п'ятсо́т
二格	двохсо́т	трьохсо́т	п'ятисо́т
三格	двомста́м	трьомста́м	п'ятиста́м
四格	дві́сті	три́ста	п'ятсо́т
五格	двомаста́ми	трьомаста́ми	п'ятьмаста́ми
六格	(на) двохста́х	(на)трьохста́х	(на) п'ятиста́х

（6）ти́сяча, мільйо́н, мілья́рд

	单数	复数	单数	复数
一格	ти́сяча	ти́сячі	мільйо́н	мільйо́ни
二格	ти́сячі	ти́сяч	мільйо́на	мільйо́нів
三格	ти́сячі	ти́сячам	мільйо́нові	мільйо́нам
四格	ти́сячу	ти́сячі	мільйо́н	мільйо́ни

续表

	单数	复数	单数	复数
五格	ти́сячею	ти́сячами	мільйо́ном	мільйо́нами
六格	(на)ти́сячі	(на)ти́сячах	(на) мільйо́нові	(на) мільйо́нах

说明：ти́сяча 按名词第一变格法变格；мільйо́н，мілья́рд 按名词第二变格法变格。

（7）合成数量数词（три́ста со́рок сім）

一格	три́ста со́рок сім
二格	трьохсо́т сорока́ семи́ (сімо́х)
三格	трьомста́м сорока́ семи́ (сімо́м)
四格	три́ста со́рок сім 或 сімо́х
五格	трьомаста́ми сорока́ сьома́ (сімома́)
六格	(на) трьохста́х сорока́ семи́ (сімо́х)

3. 日期表示法

乌克兰语中日期由顺序数词单数中性形式与表示"月份"的名词第二格形式共同构成，如：пе́рше тра́вня（5月1日），два́дцять дру́ге сі́чня（1月22日）。回答"Яке́ (сього́дні) число́?"（今天几号）的问题。

表示"月份"的名词的第二格除 лю́тий（2月）变为лю́того外，其余均以 -а (-я) 结尾：

сі́чень — сі́чн**я**，бе́резень — бе́резн**я**，

квітень — квітн**я**，тра́вень — тра́вн**я**，

че́рвень — че́рвн**я**，ли́пень — ли́пн**я**，

се́рпень — се́рпн**я**，ве́ресень — ве́ресн**я**，

жо́втень — жо́втн**я**，листопа́д — листопа́д**а**，

гру́день — гру́дн**я**.

表示"在某月某日"时，需将顺序数词变为中性单数第二格形式，如：п'я́того гру́дня（在12月5日），тре́тього ли́пня（在7月3日），шістна́дцятого лю́того（在2月16日）。

4. Ви проха́ли якнайскорі́ше написа́ти Вам мої́ думки́ про Ваш рома́н.

在书信等公文事务语体的文章中，将 ви，ваш 等词大写表示作者对对方的尊重。本句中的 Вам，Ваш 及下文中多次出现的大写的 Ви 等均同此意。

5. …Але́ Ви, як я розумі́ю, пи́шете рома́н психологі́чний.

як я розумі́ю 为插入句。插入句与主要句子在语法上没有任何联系，它在句中所起的作用与插入语相同，可表示说话人对所述思想的态度、评价、感情色彩等。例如：Ви, я ба́чу, лю́бите приро́ду.（我看得出，您喜欢大自然。）Вони́, як ми вже сказа́ли, пла́кали.（正如我们已经说过的那样，他们哭了。）

6. Крім то́го, у вас на са́мому поча́тку ги́не не ті́льки геро́й, але́ й дво́є його́ товариші́в…

не ті́льки…але́… 的意思是 "不仅…而且…"，为连接并列成分的双重连接词。该连接词连接的两个成分意义上相近，一般侧重于强调第二个成分的意义。如：

Ці квіти́ росту́ть не ті́льки в сада́х, але́ і в по́лі.（这些花不但生长在花园里，而且生长在田地里。）

7. Пра́вду ка́жучи, я не ду́мав, що Ваш пе́рший рома́н ви́йде таки́й вда́лий.

Пра́вду ка́жучи 为插入语，意思是 "说实话，老实说"，ка́жучи 为каза́ти 的副动词形式。

Впра́ви

1. 将下列词组译成乌克兰语。

   尽快地写 ＿＿＿＿＿＿＿＿＿　　对小说的看法 ＿＿＿＿＿＿＿＿＿

   第一部分 ＿＿＿＿＿＿＿＿＿　　大约二百页 ＿＿＿＿＿＿＿＿＿

   提意见 ＿＿＿＿＿＿＿＿＿　　另一回事 ＿＿＿＿＿＿＿＿＿

   在最开始处 ＿＿＿＿＿＿＿＿＿　　以此吸引读者 ＿＿＿＿＿＿＿＿＿

   派去寻找 ＿＿＿＿＿＿＿＿＿　　小说的风格 ＿＿＿＿＿＿＿＿＿

   描写大自然 ＿＿＿＿＿＿＿＿＿　　说实话 ＿＿＿＿＿＿＿＿＿

2. 找出课文中出现的所有数词，并指出其格的形式。

3. 用乌克兰语朗读下列词组。

   за 60 у́чнями, до 568 книжо́к, при 877 у́чнях, без 56 столі́в

4. 读下列乌克兰谜语。打开括号，将数词变为需要的形式。

   （1）Хто вра́нці хо́дить на (чоти́ри), вдень на (два), а вве́чері на (три)?

（2）У（два）матерів по（п'ять）синів, у кожного своє ім'я.

（3）（Два）брати через гору живуть і ніколи（один）до（один）не ходять.

（4）Хто（три）зубами сіно їсть?

（5）Летів птах на（дванадцять）ногах, та тільки（одне）яйце зніс.

5. 将括号中的词组译成乌克兰语。

（1）У нашій країні більше ＿＿＿＿＿＿（27500万）чоловік.

（2）З ＿＿＿＿＿＿（368位）робітниками радгоспу було укладено договір.

（3）Сімейний підряд запропонували ＿＿＿＿＿＿（856）трудівникам Первомайського району.

（4）При ＿＿＿＿＿＿（870）годинах навчального навантаження викладачеві вузу нелегко займатися науковою роботою.

6. 将下列句子译成乌克兰语。

（1）今天是12月1日，我们的假期开始了。

（2）11月25日结束考试。

（3）2月3日我们还在农村。

（4）今天是10月14日，我哥哥结婚。

（5）9月1日是开学的第一天。

7. 读对话，注意数词的用法。

—Скільки миль（英里）ми вже проїхали?

—Біля трьохсот. Це приблизно половина（一半）дороги.

—Половина? Хіба туди шістсот миль?

—Трохи менше шестисот. П'ятсот вісімдесят.

—А я чомусь думала, що біля п'ятсот. Так, принаймні（至少）, виглядало на мапі（地图）.

第24课　Двáдцять четвéртий урóк

学习要点：
1. 运动动词及其前缀
2. 行为方式、程度和度量从句

Текст

Аеропóрт

До аеропóрту Оксáна Терéнтіївна з невíсткою Галúною та онýком Сергíєм приїхали дýже рáно. Мáша, дóнька наймéншого бабýсиного сúна, якúй працювáв у Сибíру, мáла прилетíти о восьмíй годúні.

Дізнáвшись у довідкóвому бюрó, що літáк з Читú не спізнюється, Оксáна Терéнтіївна, Гáлина і Сергíй пішлú до зáлу чекáння. Алé бабýсі не сидíлося спокíйно. Вонá не бáчила Мáші цíлий рік і дýже скýчила за онýкою.

Як тíльки з репродýктора долинáв гóлос дúктора, що повідомля́в про вúліт чи прилíт якóгось літакá, бабýся Оксáна насторóжувалася і не давáла своїм сказáти жóдного слóва.

А гóлос із гучномóвця лунáв дýже чáсто. Однúх пасажúрів запрóшували пройтú на реєстрáцію, íнших попереджáли про затрúмку рéйсу чéрез нельóтну погóду. Дúктор повідомля́в, де знахóдиться кáмера схóву, в якúх кáсах мóжна придбáти квиткú, як пройтú до кімнáти мáтері і дитúни.

Стрíлка годúнника наблúзилась до восьмóї. Нарéшті оголосúли про прибуття́ літакá з Читú рéйсом 243.

Сергíй з мáмою та бабýсею поспішúли до вúходу.

Чéрез ажýрну огорóжу виднíлося льóтне пóле. Мáшу всі побáчили відрáзу. Вонá зіскóчила з автокáра й побíгла назýстріч рóдичам. Рáдість зýстрічі з Мáшею булá такá велúка, що всі воднóчас і плáкали, і смія́лись.

У розмóвах не помíтили, як до вúходу підвезлú багáж. Узялú Мáшину валíзу та спортúвну сýмку й поїхали додóму.

Словни́к

аеропо́рт, -у, 六格 -у́; 复 -и́, -ів〔阳〕航空港

неві́стка, -и; 复 -и́〔阴〕儿媳妇；嫂子，弟媳妇；妯娌

ону́к, -а〔阳〕孙子

до́нька, -и〔阴〕(до́ня 的指小表爱) 小女儿

найме́нший〔形〕最小的，最少的

прилеті́ти, -ечу́, -ети́ш〔完〕飞来，飞到；飞驰而来 **приліта́ти**〔未〕

дізна́тися, -а́юся, -а́єшся〔完〕得知，打听到；查明 **дізнава́тися**, -наюся, -наєшся〔未〕

довідко́вий〔形〕备查的，参考的；备咨询的

бюро́〔不变，中〕局，处，所
довідко́ве бюро́ 问事处

Чита́ 赤塔 (地名)

спі́знюватися, -ююся, -юєшся〔未〕迟到，误点，未赶上 **спізни́тися**, -ню́ся, -ни́шся〔完〕

чека́ння〔中〕等，等待
зал чека́ння 候车 (机) 室；候诊室

сиді́тися, сиди́ться; 过去时 -і́лося〔未〕(无人称) 坐 (待) 得住

ску́чити, -чу, -чиш〔完〕за ким, за чим 想念，思念 **скуча́ти**〔未〕

ону́ка, -и〔阴〕孙女

репроду́ктор, -а〔阳〕扬声器

долина́ти, -на́є〔未〕(声音等) 传来 **доли́нути**, -не〔完〕

ди́ктор, -а〔阳〕广播员

ви́літ, -льоту〔阳〕飞出，起飞；(飞机) 离陆

прилі́т, -льоту〔阳〕飞来，飞到

насторо́жуватися, -уюся, -уєшся〔未〕警觉起来，戒备起来 **насторожи́тися**, -жу́ся, -жи́шся〔完〕

сло́во, -а; 复 слова́, слів〔中〕词，单词；话，言语，语言

гучномо́вець, -вця, 五格 -вцем〔阳〕扬声器

попереджа́ти, -а́ю, -а́єш〔未〕кого 预先告知，警告 **попере́дити**, -джу, -диш〔完〕

затри́мка 及 за́тримка, -и〔阴〕耽搁，延误

рейс, -у〔阳〕(往一定目的地的) 航行，航程；行程

нельо́тний〔形〕不适于飞行的

знахо́дитися, -джуся, -дишся〔未〕位于，在

ка́мера, -и〔阴〕房，室

схов, -у〔阳〕保管，保存；隐蔽的地方
ка́мера схо́ву 衣帽间；寄存处

придба́ти, -а́ю, -а́єш〔完〕获得；购得，买到

дити́на, -и〔阴〕婴儿，小孩儿；子，女

набли́зитися, -и́жуся, -и́зишся〔完〕靠近，接近；(时间、时机等) 临近，行将到来 **наближа́тися**〔未〕

прибуття́〔中〕来到，到达

ви́хід, -ходу〔阳〕出去；出口，出路
ажу́рний〔形〕透花的，透孔的（指编织物、雕刻品等）；精雕细刻的
горо́жа, -і〔阴〕栅栏；围墙
видні́тися, -іється〔未〕现出，显出，看得见
льо́тний〔形〕适于飞行的；飞行的，航空的
  льо́тне по́ле 飞行场（地）
зіско́чити, -чу, -чиш〔完〕跳下，跃下；掉下 **зіска́кувати**, -ую, -уєш〔未〕
автока́р, -а〔阳〕（港口、火车站、工厂内使用的）自动搬运车，自动小货车
побі́гти, -іжу́, -іжи́ш〔完〕开始跑，跑起来
назу́стріч〔副〕кому 迎面，迎头；迎接
ра́дість, -дості〔阴〕愉快，高兴，欢乐
водноча́с〔副〕同时（地）
пла́кати, -а́чу, -а́чеш〔未〕哭
підвезти́, -зу́, -зе́ш〔完〕(用车、马等）运到，载到；顺便把…送到 **підво́зити**, -во́жу, -во́зиш〔未〕
бага́ж, -у́〔阳〕行李
узя́ти〔完〕= **взя́ти**

Коментарі́

1. 运动动词及其前缀

乌克兰语中有少数表示运动意义、不带前缀的未完成体动词，即运动动词。这类动词按其意义分为定向动词和不定向动词。定向动词表示朝一个方向进行的行为，不定向动词表示无一定方向或多次往返的行为。例如：

定向运动动词	不定向运动动词
іти́（走）	ходи́ти
і́хати（乘行）	і́здити
бі́гти（跑）	бі́гати
летіти（飞）	літа́ти
плисти́（游，航行）	пла́вати
везти́（运）	вози́ти
вести́（带领）	води́ти
нести́（拿，带）	носи́ти
повзти́（爬）	по́взати

应当注意的是，定向与不定向运动动词均为未完成体动词，没有与其相对应的

完成体动词。

　　定向运动动词和不定向运动动词带有前缀时可构成完成体和未完成体的对应形式，如：пробі́гти〔完〕— пробіга́ти〔未〕。不同的前缀赋予动词以不同的附加意义，如бі́гти加上前缀про-构成пробі́гти，表示"跑过去，跑（若干距离）"，而加上前缀по-构成побі́гти，则表示"开始跑"。

　　常见的前缀及其意义如下：

（1）**по-**　加在定向动词前构成完成体动词，表示行为的开始。
　　　　　　如：**по**ї́хати, **по**везти́, **по**вести́。іти́加по-构成动词пі́ти。

（2）**при-** 可加在定向与不定向动词前构成体的对偶，表示来到某处。
　　　　　　如：**при**йти́ — **при**хо́дити, **при**ї́хати — **при**їжджа́ти, **при**бі́гти — **при**біга́ти, **при**везти́ — **при**во́зити。

（3）**ви-**　可加在定向与不定向动词前构成体的对偶，表示从里向外的运动。
　　　　　　如：**ви́**йти — **ви**хо́дити, **ви́**їхати — **ви**їжджа́ти, **ви́**летіти — **ви**літа́ти。

（4）**в-**　 表示从外向里的运动。如：**в**'ї́хати — **в**'їжджа́ти, **в**бі́гти — **в**біга́ти, **в**нести́ — **в**но́сити。

（5）**про-** 表示经过某物或穿过某物的运动。如：**про**йти́ — **про**хо́дити, **про**вести́ — **про**во́дити。

（6）**під-** 表示向某物靠近的运动。如：**під**везти́ — **під**во́зити, **під**'ї́хати — **під**'їжджа́ти, **під**бі́гти — **під**біга́ти。

（7）**пере-**表示从事物的一边到另一边的运动。如：**пере**ї́хати — **пере**їжджа́ти, **пере**йти́ — **пере**хо́дити, **пере**бі́гти — **пере**біга́ти。

（8）**за-**　表示顺便到某处去的运动。如：**за**йти́ — **за**хо́дити, **за**ї́хати — **за**їжджа́ти, **за**нести́ — **за**но́сити。

2. 行为方法、程度和度量从句

　　在带行为方法、程度和度量从句的主从复合句中，从句说明主句中行为的方式、行为和特征的程度和量度，回答як?（怎样），до яко́го сту́пеня?（到什么程度）的问题。从句通常用як, ні́би, що等连接词与主句连接，主句中则一般使用指示词так, таки́й等用以强调指出主句有从属部分。例如：

　　Бажа́ю так скінчи́ти я свій шлях, як почина́ла: з спі́вом на уста́х.（我希望像开始时那样结束自己的旅程：口中唱着歌。）（从句表示主句中行为的方式）

　　Дніпро́ розли́вся так, що не ви́дно, де його́ береги́…（第聂伯河泛滥得看不见岸边…）（从句说明主句中行为达到的程度）

3. Але́ бабу́сі не сиді́лося споко́йно.

句中的 сиді́тися 为无人称动词，行为主体用第三格，动词本身现在时用第三人称单数形式，过去时用中性。

这类无人称动词表示不受主体控制的、不由自主的生理或心理状态，多由对应的人称动词加上 -ся 构成。如：спа́тися（比较 спа́ти），працюва́тися（比较 працюва́ти），жи́тися（比较 жи́ти）。试比较：

{ У кімна́ті було́ шу́мно. Йому́ не спало́ся.
（房间里很嘈杂。他睡不着。）
Тепе́р дев'я́та годи́на. Він ще не спить.
（现在九点。他还没睡。）

4. Як ті́льки з репроду́ктора долина́в го́лос ди́ктора, бабу́ся Окса́на насторо́жувалася.

як ті́льки 为连接时间从句的连接词，表示主句行为紧跟在从句行为之后发生，意思是 "刚一…"。本句可译为："扬声器刚传出播音员的声音…祖母奥克桑娜就坐不住了。"

5. Ди́ктор повідомля́в, де знахо́диться ка́мера схо́ву, в яки́х ка́сах мо́жна придба́ти квитки́, як пройти́ до кімна́ти ма́тері і дити́ни.

本句为带有多个从句的主从复合句，де，яки́й，як 所连接的从句均与主句 Ди́ктор повідомля́в 直接发生关系，揭示主句中 повідомля́в 一词的内容。

Впра́ви

1. 将下列词组译成乌克兰语。

来到航空港 ＿＿＿＿＿＿　　问事处 ＿＿＿＿＿＿

飞机误点 ＿＿＿＿＿＿　　候车室 ＿＿＿＿＿＿

坐不住 ＿＿＿＿＿＿　　思念孙女 ＿＿＿＿＿＿

传来声音 ＿＿＿＿＿＿　　不让说一句话 ＿＿＿＿＿＿

由于天气 ＿＿＿＿＿＿　　位于哪里 ＿＿＿＿＿＿

寄存处 ＿＿＿＿＿＿　　买到票 ＿＿＿＿＿＿

母婴候车室 ＿＿＿＿＿＿　　急忙向出口走去 ＿＿＿＿＿＿

向亲人迎面跑去 ＿＿＿＿＿＿

2. 找出课文中出现的所有带前缀的运动动词，并解释前缀的意义。

3. 读句子，在空白处填上合适的前缀ви-, при-, пере-, по-, під-, до-, про-。

   （1）Вони …йшли（че́рез）ву́лицю.

   （2）Я вас …везу́ до бібліоте́ки.

   （3）Ми …їхали село́.

   （4）Про́шу, …везі́ть мене́ додо́му.

   （5）Вони́ …їхали з Нью-Йо́рку до Чіка́го.

   （6）Там до те́бе хтось …йшов.

   （7）Куди́ ви… і́дете насту́пного лі́та?

   （8）Ми диви́лися, як лю́ди… хо́дять з це́ркви.

   （9）Вони́ ввесь час… їздять з мі́сця на мі́сце.

   （10）Вони́… летіли з Ки́єва вчо́ра вве́чері.

   （11）Стара́ ма́ти… йшла з ха́ти.

4. 读句子，在空白处填上合适的动词везти́, вести́, ходи́ти, іти́, і́хати。

   （1）Богда́н якра́з і́де до мі́ста, він тебе́ мо́же під… .

   （2）Здає́ться, ви неда́вно пере… на нове́ поме́шкання.

   （3）Коли́ ми ви… з буди́нку, ми поба́чили Мико́лу.

   （4）Авто́бус уже́ при… .

   （5）Її по… до лі́каря.

   （6）До нас при… го́сті з Монреа́лю.

   （7）Його́ нема́, він якра́з ви… з кімна́ти.

   （8）Про́симо, при… до нас у го́сті!

   （9）Тепе́р вони́ якра́з пере… на дру́гий бік ву́лиці.

   （10）Ви… з кімна́ти!

5. 听听读读。将句子译成汉语。

   （1）Як мо́жна доїхати до аеропо́рту?

   _____

   （2）Де мо́жна придба́ти квито́к на літа́к до Чити́?

   _____

   （3）Скільки разі́в на ти́жні відліта́є літа́к до Чити́?

   _____

（4）Чи залишилось вільне місце на цій літак на п'ятницю?

_____

（5）Зараз починається зліт літака.

_____

（6）Увага, починається посадка.

_____

第25课 Двáдцять п'я́тий урóк

学习要点：
1. 不变格名词
2. 插入语

Текст

Перукáрня

У субóту врáнці Тетя́на Пáвлівна Вернидýб з дóнькою Олéнкою ви́рішили піти́ до перукáрні. Мáтері трéба булó постри́гтися, пофарбувáтися, а Олéнці зроби́ти святкóву зачі́ску: вонá йшлá на весі́лля до пóдруги. Мáючи густé ц дóвге волóсся, Олéнка, як прáвило, заплітáла йогó в однý товстý кóсу. Сьогóдні ж їй хотíлося виглядáти особли́во по-святкóвому. Перукáрня, якóю чáсто користувáлася Тетя́на Пáвлівна, прóтягом дóвгого чáсу булá зачи́нена у зв'язкý з капітáльним ремóнтом та реконструкцією. І спрáвді, старóго примíщення не мóжна булó впізнáти. Пéрше, що врáзило Тетя́ну Пáвлівну, — висóкі й ширóкі вíкна вітри́нного ти́пу, на них елегáнтні жалюзí. Ніжно-крéмові стíни в коридóрі і свíтла блискýча підлóга, оригінáльний інтер'єр зáлу чекáння із зручни́ми м'яки́ми крíслами і криштáлевими бра; на стóликах розклáдені свíжі газéти, журнáли, альбóми мóдних зачíсок і стри́жок. У нíшах кíлька манекéнів у прекрáсно ви́готовлених перýках. Здáвши пáльта гардерóбниці, Тетя́на Пáвлівна з Олéнкою підійшли́ до манекéнів.

— Мáмо, я хóчу такý зачíску. Бáчиш, вонá з дóвгого волóсся, алé дýже оригінáльна.

— Я дýмаю, вонá тобí пасувáтиме.

Людéй у зáлі булó небагáто. За кíлька хвили́н мáти з дочкóю вже були́ запрóшені до робóчого зáлу.

— Менí трéба поми́ти гóлову, пофарбувáти волóсся і зроби́ти корóтку стри́жку, — сказáла Тетя́на Пáвлівна знайóмій лíтній перукáрці.

—Тоді́ пере́йдемо в примі́щення для миття́ і фарбува́ння. Ви хо́чете пофарбува́тися?

—Я б хоті́ла ви́світлити воло́сся.

—На жаль, цього́ зроби́ти вже не мо́жна. У вас поде́куди пробива́ється сивина́, ефе́кт ви́світлення бу́де недоста́тнім. У нас є францу́зькі барвники́, які́ зро́блять вас золота́вою блонди́нкою.

Пі́сля фарбува́ння і су́шки Тетя́на Па́влівна сі́ла підстрига́тися.

—Поголі́ть мені́, будь ла́ска, ши́ю, — попроси́ла вона́.

—До́бре.

Тетя́на Па́влівна гля́нула в дзе́ркало і задово́лено посміхну́лася.

—Вели́ке спаси́бі. Я ще хо́чу зроби́ти манікю́р, а по́тім уже́ розраху́юся.

—Пройді́ть напра́во.

По́ки Тетя́на Па́влівна сиді́ла в манікю́рниці, з дру́гого за́лу ви́скочила Оле́нка.

—Ну як, ма́мо? Що ти ска́жеш? Це за́чіска че́ських модельє́рів.

—Чудо́во. І ко́су твою́ збере́гли, і за́чіска мо́дна.

Ма́ти з дочко́ю розрахува́лися в ка́сі і задово́лені пішли́ додо́му.

—Не дарма́ цей за́клад тепе́р назива́ється «Сало́н перука́рня». Я б його́ назва́ла сало́ном краси́, — сказа́ла Оле́нка.

Словни́к

перука́рня, -і〔阴〕理发馆

постри́гтися, -ижу́ся, -иже́шся〔完〕（给自己）剪发，理发 **стри́гтися**〔未〕

пофарбува́тися, -у́юся, -у́єшся〔完〕染上色；染发

святко́вий〔形〕节日的

за́чіска, -и〔阴〕头发样式，发式

густи́й〔形〕密的，稠密的；浓的

пра́вило, -а〔中〕规则；规章

як пра́вило 照例，通常

заплі́та́ти, -а́ю, -а́єш〔未〕编上，编织起来 **заплести́**, -ету́, -ете́ш〔完〕

товсти́й〔形〕厚的，粗的；重的（指织物等）；胖的

коса́, -и́, 四格 -у; 复 ко́си, кіс〔阴〕发辫

по-святко́вому〔副〕节日地；打扮漂亮地；快乐地

користува́тися, -у́юся, -у́єшся 及 **кори́стуватися**, -уюся, -уєшся〔未〕чим, з чо́го 使用，运用；享有，受到

зачини́ти, -иню́, -и́ниш〔完〕闭上，关上，合上；停止，关闭 **зачиня́ти**〔未〕

зв'язо́к, -зку́〔阳〕（相互）关系，联系；联络

в зв'язку́ з чим 由于，因为，鉴于

капіта́льний〔形〕主要的，基本的；价

值大的，值钱的

ремо́нт, -у〔阳〕修理

реконстру́кція, -ї〔阴〕改建，改造；修复

спра́вді〔副〕的确，确实；〔用作插入语〕真的，真是

примі́щення, -я；复二 -ень〔中〕房间，处所；舱，室

врази́ти, -а́жу, -а́зиш〔完〕使感到惊讶，使大吃一惊 **вража́ти**〔未〕

тип, -у〔阳〕型，类型，(样)式；典型

жалюзі́〔不变，中〕遮窗，固定百叶窗

ні́жно-кре́мовий〔形〕嫩奶油色的

коридо́р, -а〔阳〕走廊

блиску́чий〔形〕闪光的，光亮的

підло́га, -и〔阴〕地板，(室内的)地

оригіна́льний〔形〕真的，原本的；新奇的，奇异的

інтер'є́р, -а〔阳〕内部装修，内部装饰

м'яки́й〔形〕软的，柔软的；柔和的

кришта́ле́вий〔形〕精制玻璃的，水晶玻璃的

бра〔不变，中〕壁灯

розкла́сти, -аду́, -аде́ш〔完〕分放，分置 **розклада́ти**〔未〕

альбо́м, -у〔阳〕纪念册，画册，影集

мо́дний〔形〕时髦的，流行的

стри́жка, -и〔阴〕剪，剪短(毛、发、指甲等)；剪掉

ні́ша, -і〔阴〕壁龛

манеке́н, -а〔阳〕(成衣店用)人体模型；(橱窗中的)木制模特儿

ви́готовити, -влю, -виш〔完〕制造，制出；组成；准备好 **виготовля́ти**〔未〕

перу́ка, -и〔阴〕假(头)发

зда́ти, здам, здаси́, здасть, здамо́, здасте́, здаду́ть〔完〕移交，交付，交到；交存 **здава́ти**, здаю́, здає́ш〔未〕

пальто́, -а́；复па́льта, пальт〔中〕大衣，外套

гардеро́бниця, -і〔阴〕存衣室女管理人

пасува́ти, -у́ю, -у́єш〔未〕до кого? до чого? кому? чому? 适合于…，与…相适应

дочка́, -и́；复 -чки, -чок〔阴〕女儿

робо́чий〔形〕做工的，工作的

поми́ти, -и́ю, -и́єш〔完〕洗，洗干净，洗一会儿

пофарбува́ти, -у́ю, -у́єш〔完〕染成，染好

лі́тній〔形〕中年的，上了年纪的

перука́рка, -и〔阴〕女理发师

миття́, -я́〔中〕洗，洗涤

фарбува́ння, -я〔中〕染，涂色

ви́світлити, -лю, -лиш〔完〕照明，照亮；解释；使(容光)焕发 **висві́тлювати**, -юю, -юєш〔未〕

жаль, жа́лю 及 жалю́；复 -лі́, -лі́в〔阳〕悲伤；惋惜，遗憾；怜悯

на жаль〔用作插入语〕很遗憾，很抱歉

поде́куди〔副〕在某处

ефе́кт, -у〔阳〕印象，影响；效果，结果

ви́світлення, -я〔中〕照亮；使(容光)焕发

недоста́тній〔形〕不足的，缺少的；不充分的

францу́зький〔形〕法国的，法兰西的

барвни́к, -ка́〔阳〕颜料，染料
золота́вий〔形〕金黄色的
блонди́нка, -и〔阴〕淡黄发女子
су́шка, -и〔阴〕晒干，晾干
підстрига́тися, -а́юся, -а́єшся〔未〕剪发，理发 **підстри́гтися**, -ижу́ся, -иже́шся〔完〕
поголи́ти, -олю́, -о́лиш〔完〕剃，刮
манікю́р, -у〔阳〕修指甲（术）
розрахува́тися, -у́юся, -у́єшся〔完〕清账，付清，结算 **розрахо́вуватися**, -уюся, -уєшся〔未〕
напра́во〔副〕在右边；往右边
манікю́рниця, -і〔阴〕修指甲师
ви́скочити, -чу, -чиш；命令式 -оч〔完〕跳出，跃出；跳上 **виска́кувати**, -ую, -уєш〔未〕
че́ський〔形〕捷克的，捷克人的
модельє́р, -а〔阳〕（产品）样品工人
зберегти́, -ежу́, -ежеш；过去时 -рі́г, -регла́〔完〕保护，爱护；爱惜；保留 **зберіга́ти**〔未〕及 **берегти́**〔未〕
дарма́〔副〕徒劳地，白白地；无根据地，无理由地
за́клад, -у〔阳〕机关；公共机构
назива́тися, -а́юся, -а́єшся〔未〕〔只用完成体〕说出自己的姓名；〔只用未完成体〕称为，叫作 **назва́тися**, -ву́ся, -ве́шся〔完〕
сало́н, -у〔阳〕客厅；沙龙，社交界

Коментарі́

1. 不变格名词

乌克兰语中有一些不变格名词。常见的不变格名词有：

（1）零词尾（没有词尾）的女人的姓。如：Бере́ст，Верниду́б 等。Він зустрі́вся з Ната́лкою Бере́ст.（他遇见了娜塔尔卡·别列斯特。）Вона́ поба́чила Окса́ну Верниду́б.（她看了奥克桑娜·维尔尼杜布。）

（2）外来词，即从其他民族的语言中借用而来的词。本课中的жалюзі́，бра均属此列。这类词本身所处的格要通过上下文的语法关系来确定。如：елега́нтні жалюзі́ 中 жалюзі́ 处于第一格，кришталє́вими бра 中 бра 处于第五格。类似的词还有бюро́（局，所），купе́（包间），кака́о（可可），шосе́（公路），інтерв'ю́（采访），колібрі́（蜂鸟），турне́（游历）等。

（3）一些地理名称也是不变格名词。如：Тбілі́сі（第比利斯），Баку́（巴库），Душанбе́（杜尚别），Янцзи́（长江），Со́чі（索契）等。

2. 插入语

插入语表示说话者对所表达思想的态度、评价、感情色彩等，与句子其他成分没有语法上的联系，书写时通常用逗号把它与句子其他部分隔开。

插入语可以表示说话者对所述思想的确信程度，如：справді（当真，真的），може（也许，可能），здається（似乎，好像），мабуть（大概），звичайно（当然，自然），правда（当真）等；可以表示说话者对所述事实的各种感情，如：на щастя（幸好，幸亏），на жаль（很遗憾）；可以表示思想内容的相互联系和表达的先后顺序，如：по-перше（首先，第一），по-друге（其次，第二），нарешті（此外还有），крім того（此外），навпаки（相反），значить（就是说）；可以表示思想的表达方法，如：правду кажучи（说实话，老实说），словом（一句话，总之）；可以表示所述内容的来源，如：кажуть（据说），по-моєму（依我看），на мою думку（依我看），по-твоєму（依你看），чутно（听说）；还可以用于引起谈话对方对所述内容的注意，如：бачиш（你看），знаєш（要知道）。

3. Перше, що вразило Тетяну Павлівну, — високі й широкі вікна вітринного типу, на них елегантні жалюзі.

本句为带有定语从句的主从复合句，що 所连接的从句对主句中的 перше 进行限定和补充说明。вітринного типу 为 вікна 的非一致定语，(що) якого типу 表示"什么类型的……，什么样式的……。"全句可译为："首先令捷佳娜·帕夫利夫娜感到惊讶的，就是橱窗式的又高又宽的窗户，上面安装着精美的百叶窗。"

4. Я б хотіла висвітлити волосся.

语气词 б 与 би 为同一个词，但 б 用于元音之后。本句中的 б 表示愿望。课文最后一句"Я б його назвала салоном краси, — сказала Оленка."中的 б 与此处用法相同。

5. У нас є французькі барвники, які зроблять вас золотавою блондинкою.

зробити кого? чого? ким? чим? 的意思是"使……成为……"，如：зробити його щасливим（使他成为幸福的人，使他幸福），робити її старою（使她衰老），робити мене помічником（使我成为助手）。

Вправи

1. 将下列词组译成乌克兰语。

在理发店剪发 ＿＿＿＿＿＿＿＿＿　　做发型 ＿＿＿＿＿＿＿＿＿
浓密的长发 ＿＿＿＿＿＿＿＿＿　　通常 ＿＿＿＿＿＿＿＿＿
编成一个辫子 ＿＿＿＿＿＿＿＿＿　　由于修理 ＿＿＿＿＿＿＿＿＿
认不出 ＿＿＿＿＿＿＿＿＿　　光亮的地板 ＿＿＿＿＿＿＿＿＿

适合你 ＿＿＿＿＿＿＿＿＿＿　　工作间 ＿＿＿＿＿＿＿＿＿＿

洗头 ＿＿＿＿＿＿＿＿＿＿＿　　染发 ＿＿＿＿＿＿＿＿＿＿＿

效果不充分 ＿＿＿＿＿＿＿　　在收款处付款 ＿＿＿＿＿＿

美容院 ＿＿＿＿＿＿＿＿＿＿　　理发沙龙 ＿＿＿＿＿＿＿＿

2. 用下列名和姓的各间接格形式造句。

Ля́ля Убийво́вк, Гали́на Бі́лик, Ната́лка Білощеркі́вець, Га́нна Чуба́ч

3. 找出句中的插入语，在需要的地方点上标点。将句子译成汉语。

（1）На жаль те про що розповіда́в Пе́трик було́ пра́вдою.

＿＿＿＿＿＿＿＿＿＿＿＿＿＿＿＿＿＿＿＿＿＿＿＿＿＿＿＿＿＿＿

（2）Оста́ннє мі́сце се́ред шкіл райо́ну теж мабу́ть не було́ ви́гадкою.

＿＿＿＿＿＿＿＿＿＿＿＿＿＿＿＿＿＿＿＿＿＿＿＿＿＿＿＿＿＿＿

（3）Я розумі́єте коли́сь змо́лоду теж грав у орке́стрі.

＿＿＿＿＿＿＿＿＿＿＿＿＿＿＿＿＿＿＿＿＿＿＿＿＿＿＿＿＿＿＿

（4）По-пе́рше ми ростемо́ жва́во по-дру́ге в нас ціпке́ корі́ння по-тре́тє ли́стя на́ше пи́шне вче́тверте ми одні́ свобо́дні ми не зале́жні.

＿＿＿＿＿＿＿＿＿＿＿＿＿＿＿＿＿＿＿＿＿＿＿＿＿＿＿＿＿＿＿

（5）До́брий ви по-мо́єму чолові́к това́ришу дире́ктор.

＿＿＿＿＿＿＿＿＿＿＿＿＿＿＿＿＿＿＿＿＿＿＿＿＿＿＿＿＿＿＿

4. 将下列句子译成乌克兰语。

（1）我的理发师是一位中年妇女。

＿＿＿＿＿＿＿＿＿＿＿＿＿＿＿＿＿＿＿＿＿＿＿＿＿＿＿＿＿＿＿

（2）女理发师给我做发型做得很快，然而我不满意。

＿＿＿＿＿＿＿＿＿＿＿＿＿＿＿＿＿＿＿＿＿＿＿＿＿＿＿＿＿＿＿

（3）当我照镜子时，我看到一张不知是谁的陌生的脸。

＿＿＿＿＿＿＿＿＿＿＿＿＿＿＿＿＿＿＿＿＿＿＿＿＿＿＿＿＿＿＿

（4）大概，她给我剪头发剪得太短了。

＿＿＿＿＿＿＿＿＿＿＿＿＿＿＿＿＿＿＿＿＿＿＿＿＿＿＿＿＿＿＿

（5）短发使我的脸完全变成圆形的了。

＿＿＿＿＿＿＿＿＿＿＿＿＿＿＿＿＿＿＿＿＿＿＿＿＿＿＿＿＿＿＿

（6）这个发型对我适合吗？

＿＿＿＿＿＿＿＿＿＿＿＿＿＿＿＿＿＿＿＿＿＿＿＿＿＿＿＿＿＿＿

（7）您想做什么发型？
___

（8）就像这个相册上的发型。
___

5. **听听读读。**

   （1）Діалóг

   —Дóбрий день! Скажíть, будь лáска, дóвго доведéться чекáти?

   —Недóвго. Я вже кінчáю. Що ви хóчете зробúти—стрúжку, зáчіску, манікю́р?

   —Менí трéба зробúти це все. Алé спочáтку стрúжку.

   —Прóшу. Сідáйте сюдú. Яку́ стрúжку ви бажáєте зробúти?

   —Підстрижíть, будь лáска, кóротко. Тепéр де мóдно.

   —Спрáвді.

   （2）Мікротéкст

   Перукáр берé в ру́ки нóжиці і схиля́ється над головóю клієнта（顾客）. Додóлу（往地面上）пáдає руся́ве волóсся. Тепéр потрíбна машúнка для стрúжки. За машúнкою—брúтва（剃刀）. Нарéшті, все.

第26课 Двáдцять шóстий урóк

> 学习要点：
> 1. 无人称动词
> 2. 原因从句

Текст

Хворóба

На рáнок Оксáні Терéнтіївні погíршало: підвúщилася температýра, посúлився кáшель.

Сашкóві довелóся пéред шкóлою сходúти до аптéки. У віддíлі готóвих лíків він попросúв таблéток від кáшлю і пáчку гірчúчників — те, що замóвили йомý вдóма. За порáдою аптéкаря Сашкó узяв тако́ж якúхось цілю́щих вітамíнів, сподівáючись, що бабýся вúдужає дóсить швúдко.

Домáшнє лікувáння, протé, ýспіхом не увінчáлося. Лíкар «Швúдкої допомóги», вúкликаний ужé надвéчір, настíйно рáдив госпіталізувáти хвóру, оскíльки підóзрював у неї запáлення легéнів з усклáдненням. Діáгноз був настíльки серйóзний, що нічóго не залишáлося, як погóдитися з лíкарем.

І ось Оксáна Терéнтіївна в терапевтúчному відділéнні трéтьої міськóї лікáрні. Палáта, у якý її помістúли, малá, але здаєється затúшною. Бíля кóжного з трьох лíжок стоять новéнькі тýмбочки, посерéдині кімнáти — невелúкий стіл і стíльці. На столí стоїть вáза з квíтами, лежáть газéти й журнáли.

Сусíдка Оксáни Терéнтіївни спрáва, теж літня жінка, вже сьóмий день у лікáрні. У неї був гіпертонíчний криз. Спочáтку почувáла себé дýже погáно, а зáраз ужé тиск знúзився. Студéнтку Тамíлу, лíжко якóї напрóти, Оксáна Терéнтіївна впéрше побáчила вчóра в приймáльному відділéнні, де їх рáзом оформляли і звідки напрáвили в однý палáту. Дíвчина давнó стражда́є від бронхíту.

Невдóвзі пíсля снідáнку розпочáвся ранкóвий обхíд. Усí хвóрі мáли бýти на мíсцях для óгляду лікарями.

—Як ми себе́ почува́ємо? —привіта́вшись до всіх, звернувся до Окса́ни Тере́нтіївни лі́кар, що зайшо́в до пала́ти в су́проводі медсестри́. —Що це ви зду́мали хворі́ти? А тепе́р лікува́тися тре́ба.

Оскі́льки рентге́н підтве́рдив попере́дній діа́ноз, курс лікува́ння був серйо́зний: уко́ли антибіо́тиків, кі́лька порошкі́в і пілю́ль, у то́му чи́слі заспокі́йливих, вітамі́ни. А де́що пізні́ше передба́чено фізітерапевти́чні процеду́ри. Сподіва́тися на по́вне ви́дужання мо́жна не рані́ше, як за два ти́жні.

Пе́ршими відві́дали хво́ру ма́тір Гео́ргій з Гали́ною. Але́ Оле́г я́кович, лі́кар, не ра́див турбува́ти Окса́ну Тере́нтіївну кі́лька днів, тому́ домо́вилися, що ті́льки в неді́лю при́йде до лі́карні Андрі́й Васи́льович з ону́ками. А до то́го відо́мості про стан здоро́в'я хво́рої Гали́на бу́де оде́ржувати по телефо́ну.

—Не турбу́йтеся вдо́ма, —сказа́ла Окса́на Тере́нтіївна, —почува́ю себе́ за́раз до́бре. Че́рез кі́лька днів мене́ обіця́ють ви́писати з лі́карні. І ми зно́ву бу́демо всі ра́зом.

Словни́к

хворо́ба, -и〔阴〕病, 疾病
на〔前〕(四格)(表示一段时间)在…时, 当…时; 在…之前
погі́ршати, -ає〔完〕变得更坏, 恶化
підви́щитися, -щуся, -щишся〔完〕提高, 上升, 增高 **підви́щуватися**, -уюся, -уєшся〔未〕
температу́ра, -и〔阴〕温度; 气温; 体温
поси́литися, -люся, -лишся〔完〕得到加强, 加紧 **поси́люватися**, -ююся, -юєшся〔未〕
ка́шель, -шлю〔阳〕咳嗽
сходи́ти, -джу́, -диш〔完〕走一趟, 去一趟;〈口语〉走遍
апте́ка, -и〔阴〕药店, 药房
гото́вий〔形〕准备好的; 做成的, 现成的
лі́ки, -ів〔复〕药, 药品
табле́тка, -и〔阴〕片剂, 药片
від〔前〕(二格)止; 除
табле́тка від ка́шлю 止咳药片
гірчи́чник, -а〔阳〕〈医〉芥末膏
апте́кар, -я; 复 -і, -ів, -ям〔阳〕药剂师, 药房主
вітамі́н, -у; 复 -и, -ів〔阳〕维生素
сподіва́тися, -а́юся, -а́єшся〔未〕на кого, на що 及 кого, що 希望, 期望, 指望
ви́дужати, -аю, -аєш〔完〕痊愈, 复原, 恢复健康 **виду́жувати**, -ую, -уєш〔未〕
шви́дко〔副〕快, 赶快; 很快
дома́шній〔形〕家庭的, 家常的; 家

制的

лікува́ння, -я〔中〕治疗，医治

проте́〔连〕但是，可是，然而

увінча́тися, -а́юся, -а́єшся〔完〕告成，完成 **увінчуватися**〔未〕

лі́кар, -я；复 -і́, -ів〔阳〕医生

допомо́га, -и〔阴〕帮助，帮忙；救护

ви́кликати, -ичу, -ичеш；命令式 -ич〔完〕叫出来；找来，传唤 **викликати**, -а́ю, -а́єш〔未〕

надве́чір 及 **на́двечір**〔副〕快到晚上，傍晚

насті́йно〔副〕坚持地，坚决地；迫切地

госпіталізува́ти, -зу́ю, -зу́єш〔完，未〕接收（病人）住院

хво́рий〔形〕有病的，患病的；〔用作名词〕病人

оскі́льки〔连〕既然；因为

підо́зрювати, -юю, -юєш〔未〕及 **підозріва́ти**〔未〕怀疑；猜想

запа́лення, -я〔中〕发炎，炎症

леге́ня, -і；复二 -ге́нь 及 -ге́нів〔阴〕肺 запалення легенів 肺炎

усклáднення, -я；复二 -ень〔中〕复杂，混乱；并发症

діа́гноз, -у〔阳〕诊断

насті́льки〔副〕到这种程度，到这种地步

серйо́зний〔形〕严肃的，认真的；重大的

залиша́тися, -а́юся, -а́єшся〔未〕留下，遗留；放弃；离开 **залиши́тися**, -ишу́ся, -и́шишся〔完〕

погоди́тися, -джуся, -дишся〔完〕同意，赞同 **пого́джуватися**, -уюся, -уєшся〔未〕

терапевти́чний〔形〕治疗的；内科的

лікáрня, -і；复二 -рень〔阴〕医院

пала́та, -и〔阴〕病房，病室

помісти́ти, -іщу́, -і́стиш〔完〕放（置），摆在；安顿，安置住下 **поміща́ти**〔未〕

здава́тися, здаю́ся, здає́шся〔未〕显得，好像，现出…样子 **зда́тися**〔完〕

за́тишний 及 **зати́шний**〔形〕幽静的；平静的；舒适的

нове́нький〔形〕新的

ту́мбочка, -и〔阴〕床头柜

посере́дині〔前〕（二格）在…中间；在…之中

ва́за, -и〔阴〕花瓶；高脚盘

сусі́дка, -и〔阴〕女邻居

спра́ва〔副〕从右面；在右面

гіпертоні́чний〔形〕高血压的

кри́за, -и〔阳〕〈经〉危机；〈医〉极期，危象

споча́тку〔副〕起初，开头，最初；以前；重新

почува́ти, -а́ю, -а́єш〔未〕感觉，感受 **почу́ти**, -у́ю, -у́єш〔完〕

пога́но〔副〕不好，坏；丑陋

тиск, -у〔阳〕压力

зни́зитися, -и́жуся, -и́зишся〔完〕降落；下降，低一些 **зни́жуватися**〔未〕

навпро́ти＝**напро́ти**〔副〕在对面；〔前〕（二格）在…对面，对着…

впе́рше〔副〕第一次，首次

прийма́льний〔形〕接收的，接受的；

接待的

оформля́ти, -я́ю, -я́єш〔未〕办理手续 **офо́рмити**, -млю, -миш〔完〕

напра́вити, -влю, -виш〔完〕使往…去；引向，指向 **направля́ти**〔未〕

стражда́ти, -а́ю, -а́єш〔未〕受苦，遭受痛苦

бронхі́т, -у〔阳〕支气管炎

невдо́взі〔副〕很快（就），不久（就）

розпоча́тися, -чне́ться〔完〕开始 **розпочина́тися**, -а́ється〔未〕

ранко́вий〔形〕早晨的

обхі́д, -хо́ду〔阳〕巡行，巡查，巡视

ма́ти, ма́ю, ма́єш〔未〕（与不定式连用）将，应该，可能

о́гляд, -у〔阳〕检查；察看；诊断

су́провід, -воду〔阳〕伴奏；伴随，陪同 у су́проводі 在…的伴奏下；在…的陪同下

медсестра́, -и́〔阴〕护士

зду́мати, -аю, -аєш〔完〕拿定主意；想出

хворі́ти, -і́ю, -і́єш〔未〕有病，患病

лікува́тися, -у́юся, -у́єшся〔未〕就医，治病

рентге́н〔阳〕（二格 -a）X 光机；（二格 -y）X 光，X 射线

підтве́рдити, -джу, -диш〔完〕证实，承认，证明 **підтве́рджувати**〔未〕

попере́дній〔形〕先前的；预先的，事先的

курс, -у〔阳〕疗程

уко́л, -у〔阳〕注入；打针，注射

антибіо́тики, -ів〔复〕抗菌素，抗生素

порошо́к, -шку́〔阳〕粉末；药粉

пілю́ля, -і〔阴〕药丸，丸药

число́, -а́; 复 -сла, -сел〔中〕数；日，号 у тому́ числі́ 其中包括

заспокі́йливий〔形〕令人安心的；镇静的

де́що, де́чого〔代〕某些东西，某事；一点儿，少许

передба́чити, -а́чу, -а́чиш〔完〕预料到；推测到 **передбача́ти**〔未〕

фізіотерапевти́чний〔形〕生理内科的

процеду́ра, -и〔阴〕手续；步骤，疗法 фізіотерапевти́чні процеду́ри 理疗

ви́дужання, -я〔中〕痊愈，恢复健康

турбува́ти, -у́ю, -у́єш〔未〕使惊慌，使不安；打搅

тому́〔副〕所以，因而

відо́мості, -мостей〔复〕通报，汇报；名望

стан, -у〔阳〕状况，状态，情况

здоро́в'я, -я〔中〕健康，身体（状况）

турбува́тися, -у́юся, -у́єшся〔未〕因…惊慌；担心，担忧

обіця́ти, -я́ю, -я́єш〔未〕答应，允诺，允许 **пообіця́ти**〔完〕

ви́писати, -ишу, -ишеш〔完〕摘录；定购；使出（医院）**випи́сувати**〔未〕

Коментарі

1. 无人称动词

动词的人称形式表示行为与说话人的关系，有第一、二、三人称之分。乌克兰语中大多数动词有人称的变化，如читáю（第一人称），прийдеш（第二人称），прилетúть（第三人称）。然而，有一些动词没有人称的变化，只用第三人称单数形式（过去时用中性），如：смеркáє（天黑），везé（走运），довелóсь（得以）等，这样的动词叫无人称动词。无人称动词主要有以下几类：

（1）表示自然现象、周围环境，如：світáє（天亮），смеркáє（天黑），темніє（天色暗下来）。这类无人称动词一般没有行为主体。

（2）表示自然力作用的现象，如：Метé снíгом.（雪打旋。）Зéмлю залилó водóю.（水淹没大地。）Занеслó вíтром.（被风刮走。）这类动词表示间接主体发出的行为，间接主体用第五格表示。

（3）表示人的生理或心理状态，如：йомý не спúться（他睡不着），менí хóчется（我想），не їсться（吃不下去），кóле（刺痛），погíршало（恶化）等。句中的行为主体多用第三格。

（4）表示偶发事件的可能性，如：пощастúло（走运），довелóся（得以，有机会），трáпилось（发生）。句中的主体用第三格。

需要指出的是，某些动词在用于其他意义时可以是人称动词。试比较：

Він занíс менí кнúжку.（他顺便给我捎来了书。）

Дорóгу занеслó снíгом.（雪盖住了道路。）

另外，一些表示人的病态的无人称动词要求主体用第四格，如：Йогó нýдить.（他恶心。）Івáна морóзить.（伊万感到浑身发冷。）

2. 原因从句

原因从句是状语从句的一种，从句指出主句行为的原因，回答чомý（为什么），чéрез що（由于什么），з якóї причúни（由于什么原因）的问题。

原因从句通常用连接词бо（因为），томý що（因为），томý...що...（之所以…是因为），оскíльки（因为）等与主句连接。如：

（1）Чекáти не мóжна, бо мóжна загубúти все.（不能等了，因为可能会坏事的。）

（2）Томý і óсінь ця здаéться нам весною, що в рíдній сторонí нам крáще стáло жúти.（这个秋天之所以让我们觉得像春天，是因为在故乡我们的生活变得更好了。）

（3）Лікар настійно радив госпіталізувати хвору, оскільки підозрював у неї запалення легенів з ускладненням.（医生一定要病人住院，因为怀疑她得了肺炎并发症。）

3. Діагноз був настільки серйозний, що нічого не залишалось, як погодитися з лікарем.

нічого не залишалось, як 的意思是"（没有别的可做的），只能…，只剩下…"全句可译为："诊断结果如此严重，只能同意医生的意见。"

4. Біля кожного з трьох ліжок стоять новенькі тумбочки.

кожний з+复数二格 表示"…中的每一个"，如 кожний з нас（我们中每个人）。本句的意思是：三张床中每一张床边都放着新的床头柜。

5. Як ми себе почуваємо?

本句为医生问病人的话，字面意思是"我们感觉怎么样？"实际是问："Як ви себе почуваєте?"（你们感觉怎么样？）在口语中，人称代词 ми 在表示对谈话对方友好的同情、讽刺、昵称时，可以用作 ти(ви) 的同义词。

Вправи

1. 将下列词组译成乌克兰语。

体温升高 ＿＿＿＿＿＿＿＿＿　　去一趟药店 ＿＿＿＿＿＿＿＿＿
成药 ＿＿＿＿＿＿＿＿＿　　止咳药片 ＿＿＿＿＿＿＿＿＿
很快痊愈 ＿＿＿＿＿＿＿＿＿　　急救 ＿＿＿＿＿＿＿＿＿
同意医生的话 ＿＿＿＿＿＿＿＿＿　　市立医院 ＿＿＿＿＿＿＿＿＿
一起办手续 ＿＿＿＿＿＿＿＿＿　　早饭后不久 ＿＿＿＿＿＿＿＿＿
各就各位 ＿＿＿＿＿＿＿＿＿　　在护士的陪同下 ＿＿＿＿＿＿＿＿＿
其中包括 ＿＿＿＿＿＿＿＿＿　　稍后 ＿＿＿＿＿＿＿＿＿
生病的母亲 ＿＿＿＿＿＿＿＿＿　　打扰她 ＿＿＿＿＿＿＿＿＿
身体状况 ＿＿＿＿＿＿＿＿＿　　不要担心 ＿＿＿＿＿＿＿＿＿
答应我 ＿＿＿＿＿＿＿＿＿　　出院 ＿＿＿＿＿＿＿＿＿

2. 找出下列词中的同根词，解释其意义。

лікувати, допомога, хвороба, лікар, хворий, лікарня, допомагати, ліки, хворіти, лікування, лікуватися

3. 将括号内的动词变成适当的形式。

（1）Йому́ _____（щасти́ти）з ча́су одру́ження.

（2）Мене́ _____（моро́зити）.

（3）Їм не _____（сиді́тися）вдо́ма.

（4）Хво́рому не _____（спа́тися）.

（5）Як вам _____（живи́тися）на да́чі?

（6）_____（Смерка́ти）…огне́м круго́м запала́ло…

（7）Шу́рі не _____（стоя́тися）тут.

（8）_____（Вечорі́ти）. Здоро́ве пала́юче со́нце зупини́лось над Гала́цом.

（9）Мені́ _____（хоті́тися）поговори́ти з ва́ми.

4. 指出下列句中的连接词，将句子译成汉语。

（1）Цієї весни́ у Дніпрі́ бага́то води́ тому́, що зима́ була́ сніжна́.

_____

（2）Не копа́й дру́гому я́му, бо сам упаде́ш.

_____

（3）Не пока́зуй пу́гачеві дзе́ркала, бо він і сам зна́є, що га́рний.

_____

（4）Лід зупини́вся че́рез те, що під мо́стом заби́вся прохі́д.

_____

5. 读对话，将括号中的词译成乌克兰语。

（1）—Де ви працю́єте, Га́нно Семе́нівно?

—_____（在医院）, Окса́нко.

—Ви лі́кар?

—Ні, я _____（护士）.

—І ви _____（给人们治病吗）?

—Так. Я _____（服药，打针）.

—У садо́чку теж _____（打针）. Я їх не люблю́. Від уко́лів _____（胳膊疼）.

（2）—Надíйко, ти така́ черво́на. _____（你大概发烧了）. Бери́ гра́дусник.

—Ні, Ка́тю, я _____（很健康）. Це я йшла ду́же шви́дко, поспіша́ла.

第27课　Двáдцять сьóмий урóк

学习要点：
1. 反身物主代词 свій
2. 指小表爱后缀
3. 比较短语

Текст

Óдяг

Повертáючись з робóти, пóдруги Тетя́на і Óльга звернýли увáгу на оголóшення. Виявля́ється, в краєзнáвчому музéї відкривáється ви́ставка сучáсного і нарóдного укрáїнського óдягу.

—Зáвтра вихідни́й,—сказáла Тетя́на,—я візьмý свою́ дочкý, а ти—свою́, і пíдемо на ви́ставку.

—Дóбре.

Дрýгого дня пóдруги з дíтьми підніма́лися мармурóвими схóдами музéю на дрýгий пóверх.

У пéршому зáлі були́ ви́ставлені зимóві й осíнні пáльта, дубля́нки з розкíшними хутряни́ми коміра́ми, зимóві плащí на штýчному хýтрі. Дубля́нки були́ майстéрно ви́гаптувані на пóлах і спи́ні шовкóвими нитка́ми. Вражáло розмаї́ття візерýнків—рослíнних, геометри́чних, однотóнних і з багáтою гáмою кольорíв.

Дрýгий зал зустрíв їх спрáвжнім бýйством барв—тут були́ ви́ставлені жінóчі сýкні. Червоня́сті, блаки́тні, рожéві, сизувáті, жовтогаря́чі пла́ття вáбили до сéбе ви́шуканістю форм і лíній, незвичáйністю оздóблення і прикрáс, неповтóрною простотóю, якá вдає́ться тíльки майстра́м найви́щого клáсу. Легéсенькі, як хмарки́, блýзки, вузькí й широ́кі спідни́ці—однотóнні, смугáсті, картáті—незмíнно викликáли захóплення в жінóк та їхніх дочóк.

—Мáмо,—аж підскóчила Óльжина дóнька Натáлка,—прáвда, менí пасувáтиме ця оксами́това спідни́ця?

—Звича́йно, до́ню, але́ тобі́ ще ра́но ходи́ти в такі́й, вона́ бо́льше підхо́дить за ві́ком Оле́нці.

Ната́лка закопи́лила гу́бу, але́ шви́дко нови́й експона́т ви́ставки підня́в їй на́стрій.

—Ну, тоді́ поши́й мені́ черво́но-жо́вту карта́ту спідни́чку, таку́, як оця́, і бі́лу ко́рту з ме́реживом.

—Це мо́жна. Я ба́чу в те́бе непога́ний смак, — засмія́лася О́льга.

У тре́тьому за́лі були́ ви́ставлені зразки́ мо́дного взуття́ та головни́х убо́рів.

Тут уже́ дівча́ток не мо́жна було́ відірва́ти від чо́біт на висо́ких тонки́х підбо́рах, від золота́вих та срібля́стих босоні́жок і череви́ків. Чолові́чі фе́трові капелю́хи, вуша́нки з ху́тра не́рпи, но́рки, о́леня, куни́ці, жіно́чі бере́ти, соло́м'яні капелю́шки я́кось не спра́вили вра́ження на на́ших відві́дувачів.

Зате́ спра́вжнє свя́то чека́ло їх у за́лі наро́дного о́дягу. Ді́вчина-манеке́н була́, як жива́: у карта́тій черво́но-чо́рній пла́хті, в оксами́товій керсе́тці та запа́сці, у розши́тій неймові́рними візеру́нками соро́чці. До́бре нами́сто на ши́ї, барви́сті стрі́чки в ко́сах — усе́ це роби́ло її́ схо́жою на польову́ царі́вну. Дівча́та засти́гли вра́жені. Ко́жна з них уяви́ла себе́ в тако́му костю́мі на новорі́чному ве́чері.

Словни́к

зверну́ти, -ну́, -неш〔完〕转（弯）；使转向，引向 **зверта́ти**〔未〕

ува́га, -и〔阴〕注意，留心；意见 зверну́ти ува́гу на що 将注意力转向…，注意到…

оголо́шення, -я〔中〕布告，广告；宣布

виявля́тися, -я́юся, -я́єшся〔未〕显出；表现出；原来(是) **ви́явитися**, -влюся, -вишся〔完〕виявля́ється〔用作插入语〕原来，竟然是；结果

відкрива́тися, -а́юся, -а́єшся〔未〕开，打开；(被)揭开 **відкри́тися**, -и́юся, -и́єшся〔完〕

ви́ставка, -и〔阴〕展览，展览会；(商品等的)陈列橱

наро́дний〔形〕人民的，民间的；国民的

вихідни́й〔形，用作名词〕〈口语〉休假日

мармуро́вий〔形〕大理石的；像大理石的

ви́ставити, -влю, -виш〔完〕摆出；陈列，展览 **виставля́ти**〔未〕

зимо́вий 及 **зимови́й**〔形〕冬天的，冬季的

осі́нній〔形〕秋天的，秋季的

дубля́нка, -и〔阴〕熟羊皮短皮袄，皮毛一体大衣

розкі́шний〔形〕奢侈的，豪华的；丰富的

хутряни́й〔形〕毛皮的

ко́мір, -а; 复 -и́, -і́в〔阳〕(衣) 领, 领子

плащ, -á〔阳〕雨衣；斗篷

ху́тро, -а〔中〕毛皮，皮货

майсте́рно〔副〕精巧地，技艺精湛地

ви́гаптувати, -тую, -туєш〔完〕刺绣，绣花 вигапто́вувати, -то́вую, -то́вуєш〔未〕

пола́, -и́; 复 по́ли, піл〔阴〕下摆，衣裙

спи́на, -и〔阴〕背，背部

шовко́вий〔形〕丝的，绸缎的

ни́тка, -и; 复 -тки́, -то́к〔阴〕线

розма́їття, -я〔中〕多种多样

росли́нний〔形〕植物的

геометри́чний〔形〕几何的，几何图形的

однотóнний〔形〕一种色调的

гáма, -и〔阴〕音阶；按顺序排列的事物

кóлір, -льору〔阳〕颜色，色调，色

бу́йство, -а〔中〕狂暴，蛮横，猛烈

бáрва, -и〔阴〕颜色

жінóчий〔形〕妇女的，女用的

су́кня, -і; 复二 -конь〔阴〕女外衣，女童装

червоня́стий〔形〕微红的，浅红的

блаки́тний〔形〕天蓝色的，淡蓝的

роже́вий〔形〕玫瑰色的，粉红的

сизува́тий〔形〕浅灰蓝色的

жовтогаря́чий〔形〕橙黄色的

плáття, -я〔中〕长外衣(通常指女装)

вáбити, -блю, -биш; 命令式 ваб〔未〕吸引，讨人喜欢；迷住 приваби́ти〔完〕

ви́шуканість, -і〔阴〕优美，优雅，讲究

фóрма, -и〔阴〕形(状)；形式，形态

лíнія, -ї〔阴〕线，线条；路线

незвичáйність, -і〔阴〕不同寻常，与众不同

оздóблення, -я〔中〕修饰，装饰；装饰品，饰物

прикрáса, -и〔阴〕装饰品，点缀品

простотá, -и́〔阴〕简单，朴素；直率

вдавáтися, вдаю́ся, вдає́шся〔未〕成功，顺利完成，结果很好 вдáтися, вдáмся, вдаси́ся, вдáсться, вдамóся, вдастéся, вдаду́ться〔完〕

мáйстер, -тра; 复 -три́, -трíв〔阳〕工长，班长；工匠；能手，行家

клас, -у〔阳〕类，种类；等级，等；水平 найви́щого клáсу 最高等级的，最高水平的

блу́зка, -и〔阴〕女式衬衫

хмарóк, -ркá〔阳〕(хмáра 的指小表爱) 云，乌云

вузьки́й〔形〕窄的，狭窄的；紧的，瘦小的

спідни́ця, -і; 复 -и́ці, -и́ць〔阴〕裙子；衬裙

смугáстий〔形〕有条纹的，花条的

картáтий〔形〕方格的，方格图案的

незмíнно〔副〕不变地，不可变地

ви́кликати, -ичу, -ичеш〔完〕що у кого 引起，招致，诱致 виклика́ти, -áю, -áєш〔未〕

захóплення, -я〔中〕精神振奋；热心，

热情；兴高采烈

підскóчити, -чу, -чиш〔完〕跳着跑近，一下子跑近；向上一跳 **підскáкувати**, -ую, -уєш〔未〕

оксамúтовий〔形〕天鹅绒的，丝绒的

ходúти, -джý, -диш〔未〕穿，戴

підхóдити, -óджу, -óдиш〔未〕适合于⋯，与⋯相宜 **підійтú**, -йдý, -йдеш〔完〕

закопúлити, -лю, -лиш〔完〕使充满空气，使鼓起 **закопúлювати**, -люю, -люєш〔未〕закопúлити гýбу（гýби）〈口语〉噘嘴

експонáт, -а〔阳〕陈列品，展览品

піднятú, -німý, -німеш〔完〕捡起，抬起；使上升，提高 **піднімáти**〔未〕

нáстрій, -рою〔阳〕情绪，心情

пошúти, -úю, -úєш〔完〕缝上，缝好

спідничка, -и〔阴〕спідниця 的指小

оцéй, оця, оцé〔代〕这个，就是这个

кóфта, -и〔阴〕女式短上衣

мерéживо, -а〔中〕花边；花纹，花样

смак, -ý；复 -ú, -ів〔阳〕好味道；审美力，鉴别力；趣味

засміятися, -іюся, -ієшся, -іємóся, -ієтéся〔完〕笑起来

зразóк, -зкá〔阳〕样子，样品，样本；榜样

головнúй〔形〕头部的，脑袋的

убíр, убóру〔阳〕衣服，服装 головнúй убíр 头饰，帽子

дівчáтки〔复〕дівчáта 的指小表爱

відірвáти, -ірвý, -ірвéш 及 -ірвеш〔完〕扯掉；使离开，打断 **відривáти**〔未〕

тонкúй〔未〕薄的；细的；苗条的

підбóр, -а〔阳〕（几层皮做成的）鞋后跟儿

сріблястий〔形〕银色的，银白的，冷银光的

босонíжки, -жок〔复〕凉鞋

черевúк, -а；复 -и, -ів〔阳〕鞋

чоловíчий〔形〕男的，男人的；人的

фéтровий〔形〕细毡的，细毛毡的

капелюх, -а, 六格 -сі〔阳〕帽子

вушáнка, -и〔阴〕〈口语〉有耳罩的帽子

нéрпа, -и〔阴〕环斑海豹

нóрка, -и〔阴〕水貂

кунúця, -і〔阴〕貂

берéт, -а〔阳〕贝雷帽，扁圆形无檐软帽

солóм'яний〔形〕稻草的，麦秸的

капелюшок, -шка〔阳〕女帽

якось〔副〕不知怎么地；有点儿，在某种程度上；有一次

спрáвити, -влю, -виш；命令式 справ〔完〕庆祝；产生，造成（印象等）**справляти**〔未〕

врáження, -я；复二 -ень〔中〕印象，感想；影响

затé〔连〕但是，不过；因此，因而

плáхта, -и〔阴〕（乌克兰手工织的）厚方格花布；（用这种布做的，没有褶的）裙子

керсéтка, -и〔阴〕坎肩（一种女装）

запáска, -и〔阴〕（乌克兰西部妇女穿的由前后两幅毛布缝成的）裙子

розшúти, -шúю, -шúєш〔完〕绣上花纹，绣花 **розшивáти**〔未〕

неймовíрний〔形〕难于置信的，不可思议的

сорóчка, -и；复 -чки, -чóк〔阴〕衬衫，衬衣

намúсто, -а〔中〕珠串，项链

барвúстий〔形〕五光十色的，色彩缤纷的

стрíчка, -и；复 -чки, -чóк〔阴〕缎带，丝带

польовúй〔形〕田地的，田野的，野外的

царíвна, -и〔阴〕公主

застúгти, -гну, -гнеш〔完〕凝结；结冰；呆住，愣住 **застигáти**〔未〕

уявúти, уявлю́, уя́виш〔完〕想象，设想，料想 **уявля́ти**〔未〕

костю́м, -а〔阳〕服装，衣服；一套衣服

новорíчний〔形〕新年的

Коментарí

1. 反身物主代词 свій

反身物主代词 свій 用来说明事物是属于句中主语的，它能和所有人称发生关系，有性、数、格的变化，必须与被说明的词在性、数、格上一致。свій 的阴性、中性、复数形式分别为 своя́, своє́, свої́, 变格与 мій 的变格相同。如：

Ми ви́конали своє́ дору́чення.（我们完成了自己的任务。）

Він теж ви́конав своє́ дору́чення.（他也完成了自己的任务。）

Я беру́ свій словни́к.（我拿自己的词典。）

Брат не бере́ свого́ словника́.（哥哥没拿自己的词典。）

Скажи́ про це свої́й ма́тері.（请把这件事告诉你的妈妈。）

2. 指小表爱后缀

乌克兰语中存在大量的指小表爱后缀。这种后缀常用于名词、形容词和副词之后，赋予这些词以指小、表爱的主观评价色彩，但并不改变词的基本意义。例如：сад（花园）—садóк（小花园），легки́й（轻的，薄的）—легéсенький（轻轻的，薄薄的）。常见的指小表爱后缀有：

（1）加于名词之后的：

-óк：син—синóк, ліс—лісóк, гóлуб—голубóк.

-óчок：（指小表爱的程度高于 -ок）син—синóчок, гóлуб—голубóчок, дуб—дубóчок.

-ик：ключ—клю́чик, дощ—дóщик.

-чик：хлоп—хлóпчик, вагóн—вагóнчик, трамвáй—трамвáйчик.

-éць：хліб—хлібéць, кóмір—комірéць.

-у́сь: дід — діду́сь, та́то — тату́сь, Петро́ — Петру́сь.

-к (а): до́ня — до́нька, ніж — ні́жка.

-у́с (я): ба́ба — бабу́ся, ма́ма — маму́ся.

-к (о): ву́хо — ву́шко, о́чі — о́чко.

-и́чк (а): сестра́ — сестри́чка, вода́ — води́чка.

（2）加于形容词之后的：

-е́ньк (ий): бі́лий — біле́нький, чо́рний — чорне́нький.

-е́сеньк (ий): бі́лий — біле́сенький, га́рний — гарне́сенький.

-і́сіньк (ий): бі́лий — білі́сінький.

-ю́сіньк (ий): га́рний — гарню́сінький.

（3）加于副词之后的：

-е́нько: дале́ко — далече́нько, бли́зько — близе́нько.

-е́сенько: ле́гко — легесе́нько, ти́хо — тихе́сенько.

-і́сінько: то́чно — точні́сінько, га́рно — гарні́сінько.

此外，乌克兰语中还有一些加于动词之后的指小表爱后缀，如：

-оньки: спа́ти — спа́тоньки, ї́сти — ї́стоньки.

-у́сі: спа́ти — спату́сі, ходи́ти — ходу́сі.

需要注意的是，这类加指小表爱后缀的动词只能用不定式形式。

3. 比较短语

比较短语是由比较连接词 як 引出的短语，通常表示同句中的某个词进行比较，并与句中另一个词发生句法联系。本课中的 леге́сенькі, як хмарки́（像云一样轻的）；таку́, як оця́（像这个一样的）；була́ як жива́（像活的一样）中，як 引出的均为比较短语。比较短语的意义和用法很多，最常见的结构有：

（1）形容词, як+ 名词一格　如：бі́лий, як сніг（像雪一样白），черво́ний, як рак（像虾一样红）。这种比较短语中，无论被比较的形容词是第几格，比较短语中的名词总用第一格。

（2）таки́й+名词, як+ 名词或代词一格　如：такі́ лю́ди, як ви（像您这样的人），таки́й учи́тель, як його́ брат（像他哥哥这样的老师）。这种比较短语中被比较的名词（лю́ди, учи́тель）前有таки́й这样的指示词，而且不论是第几格，比较短语中的名词总是第一格。

4. Дру́гого дня по́други з ді́тьми підніма́лися мармуро́вими схо́дами музе́ю на дру́гий по́верх.

другого дня — "(在)第二天"

мармуровими сходами — "沿着大理石台阶"。此处的五格表示"沿着，顺着"。

5. У першому залі були виставлені зимові й осінні пальта.

Дублянки були майстерно вигаптувані на полах і спині.

Легесенькі... в жінок та їхніх дочок.

上述三句中 **й, i, та** 为同义词，都表示"和，与，及"的意思，但连接词 й 常用于元音之间，i 常用于辅音之间，та 则用于元音和辅音之间。此外，та 还可以与 але 同义，表示"但是"。

6. ...усе це робило її схожою на польову царівну.

робити кого? чого? ким? чим? 的意思是"使…成为…"，如：робити мене помічником（使我成为助手），робити матір щасливою（使母亲幸福）。

本句可译为："…这一切都使她像一位田野中的公主。"

7. Кожна з них уявила себе в такому костюмі на новорічному вечорі.

前置词 в 接第六格可以表示动作的方式、环境，此处表示穿着什么样的衣服参加晚会。全句可译为："她们中的每一个人都想象自己穿着这样的服装参加新年晚会。"

Вправи

1. 将下列词组译成乌克兰语。

注意到广告 ＿＿＿＿＿＿＿　　展览会开幕 ＿＿＿＿＿＿＿
民族服装 ＿＿＿＿＿＿＿　　秋冬大衣 ＿＿＿＿＿＿＿
毛皮领 ＿＿＿＿＿＿＿　　人造革 ＿＿＿＿＿＿＿
女式外衣 ＿＿＿＿＿＿＿　　样式与线条 ＿＿＿＿＿＿＿
最高水平的能工巧匠 ＿＿＿＿　　适合她这个年龄 ＿＿＿＿＿
噘起嘴 ＿＿＿＿＿＿＿　　新的展品 ＿＿＿＿＿＿＿
提高她的情绪 ＿＿＿＿＿＿　　不错的审美力 ＿＿＿＿＿＿
鞋帽 ＿＿＿＿＿＿＿　　高跟靴子 ＿＿＿＿＿＿＿

2. 将括号内的词变为指小表爱形式。

（1）Бігла через ＿＿＿＿（міст）, зірвала з дерева ＿＿＿＿（лист）.

（2）Мій малий ＿＿＿＿（син）цього року йде в школу.

（3）Іде теплий ＿＿＿＿（дощ）.

（4）_____（Тáто）вже повернýвся.

（5）За хáтою гáрний _____（сад），за ним велúкий став.

（6）Лéсю, покажú _____（язúк）.

（7）Цей _____（стіл）стоя́в бíля дверéй.

3. 指出下列句中带有指小表爱后缀的黑体词分别由哪些词构成。

（1）Ой, боля́ть **рýченьки**, боля́ть **нíженьки**. _____

（2）Ой, у пóлі **озéречко**, там плáвало **вiдéречко**. _____

（3）**Сóнечко, сóнечко**, вúглянь у **вiкóнечко**. _____

（4）Не говорú ні **словéчка**, нехáй бýде грéчка. _____

（5）Принесú, дóню, **вiдéрце водúці**. _____

（6）**Голосóк** у неї тонкúй, висóкий. _____

（7）Посерéд лíсу — сúнє **озéрце**. _____

（8）**Лúчко у дíвчинки** нíжне, рожéве. _____

4. 阅读下列诗歌，找出其中带有指小表爱后缀的形容词或副词。如果可能，请指出该词由哪个词构成。

（1）Мíсяць яснéсенький,

Прóмiнь（光线）тихéсенький,

Кúнув на нас.

Спи ж ти, малéсенький,

Пíзнiй-бо час.

（2）В субóту пiзнéнько,

В недíлю ранéнько,

Кувáла（咕咕叫）зозýля（布谷鸟），

Та все жалiбнéнько.

5. 听听读读。

（1）—Бабýсю, то Тáня?

—Нi, то не Тáня, то Надíйна. У неї гáрне бíле плáття.

—I в мéне є бíла сýкня i бíлi сандáлi（凉鞋）.

—Моє́ пальтó червóне. Вонó гáрне, алé малé. Я тепéр велúка. Я ростý.

Де вúсять пáльта, бабýсю?

—Он там. Ось i моє́ чóрне пальтó.

—Якúй на кóлiр твій костю́м, бабýсю?

—Мій костюм коричневий (褐色的).

(2) —Якого кольору в тебе туфлі (便鞋), Галю?

—У мене туфлі червоні. А є ще й білі, і коричневі, і чорні, і сині…

—Я люблю білі туфлі. У тебе є босоніжки?

—Є.

—Які вони?

—Зелені.

—Це теж гарний колір. А стрічка в тебе яка?

—Стрічка голуба. А якого кольору в тебе костюм, Петре?

—У мене костюм чорний.

—А сорочка?

—Сорочка блакитна.

第28课 Двадцять восьмий урок

> 学习要点：
> 1. 限定代词
> 2. 动词体的对应形式及其构成

Текст

Радіо. Телебачення

Богдан увімкнув радіоприймач і почав настроювати його на потрібну хвилю. Аж ось почулися позивні радіостанції «Юність», що пропонувала на цей раз програму «Запрошення до подорожі». Богданові подобалися різноманітні передачі «Юності», і він намагався систематично прослухувати її програми. Часу в нього завжди було обмаль, але радіо, зокрема вечірні музичні передачі, можна слухати і будучи зайнятим якоюсь справою. Інша річ телевізор, який потребує всієї уваги, нерідко відволікаючи від занять.

Після молодіжної програми й коротких останніх вістей почалася передача «Після півночі». Ніжна мелодія чомусь нагадала про враження від радіовистави за оповіданнями Григора Тютюнника, яку Богдан слухав разом з Оленкою. Дівчина була у захваті від того спектаклю. Так захоплено реагувала вона й на розважальну програму українського радіо «Від суботи до суботи».

Увагу Оленки привернув також телетурнір «Сонячні кларнети» — як поетичною назвою, так і щедрістю народних талантів України. Відзначила вона і своє рідність дитячої передачі «На добраніч, діти».

Переглядаючи програму телебачення на наступний тиждень, Богдан пожалкував, що не встигає багато чого подивитись. А скільки цікавого з'явилося останнім часом на телеекрані! Крім «Актуальної камери» і програми «Час», яких він намагається не пропускати, ніяк не можна не переглянути хоча б таких передач, як «Позиція» та «Погляд». А ще ж приваблюють і спортивні передачі, закрема трансляція окремих футбольних матчів, які на екрані кольорового телевізора є такими ефектними. Щодо телефільмів, то доводиться вибирати лише деякі, головним чином із тих, які передають у передвихідні та вихідні дні.

Нещодавно у студентському клубі обговорювалися телевізійні програми. Брали участь у тому обговоренні також працівники телестудій і журналісти. Багато було висловлено там критичних зауважень на адресу телебачення, передусім за суперечливість ряду матеріалів і нерозбірливість у доборі кінопродукції. Але всі зійшлися на тому, що телепередачі стали значно кращими, актуальнішими, ближчими до життя.

Словник

радіо〔不变，中〕无线电
увімкнути, -ну́, -не́ш〔完〕接，接通（指电流）**вмикати**〔未〕
настро́ювати, -юю, -юєш〔未〕紧好（弦），调准音律 **настро́їти**, -о́ю, -о́їш〔完〕
потрі́бний, -і́бен, -і́бна, -і́бне〔形〕需要的，所需的
хви́ля, -і〔阴〕浪，波浪；波
почу́тися, -у́юся, -у́єшся〔完〕感觉，感到；听见，听到 **почува́тися**〔未〕
позивни́й〔形〕呼叫的；〔用作名词〕**позивні́**〔复〕呼号，代号
радіоста́нція, -ї〔阴〕无线电台
пропонува́ти, -у́ю, -у́єш〔未〕提议，建议；提出
програ́ма, -и〔阴〕纲要，提纲；节目单，节目；计划，方案
по́дорож, -і, 五格 -жжю; 复二 -жей〔阳〕旅行
подо́батися, -аюся, -аєшся〔未，有时用作完成体〕кому 讨⋯喜欢，合意
різномані́тний〔形〕各种不同的，各式各样的
переда́ча, -і〔阴〕转告，转达；转达的话；广播（节目）
намага́тися, -а́юся, -а́єшся〔未〕努力，尽力，力图
системати́чно〔副〕有系统地；经常地，不断地
прослу́хувати, -лу́хую, -лу́хуєш〔未〕听取，把⋯听到完，听完（全部或一部分）**прослу́хати**, -хаю, -хаєш〔完〕
о́бмаль〔副〕〈口语〉有点儿少
зокре́ма́ 及 **зокрема́**〔副〕单独地；特别地，尤其
вечі́рній〔形〕晚上的，晚间的
музи́чний〔形〕音乐的；有音乐天赋的
слу́хати, -аю, -аєш〔未〕听；听课；听从
за́йнятий〔形〕被占（领）的；忙的，有事的
потребува́ти, -у́ю, -у́єш〔未〕кого, чого 需要
нері́дко〔副〕经常
відволіка́ти, -а́ю, -а́єш〔未〕拖开，拉

开；分散（注意等）**відволокти́**, -очу́, -о́чеш 过去时 -лі́к, -локла́〔完〕 **відволіка́ти кого від чого** 把某人从某事引开，使某人不注意某事

молоді́жний〔形〕青年的

ві́сть, -і；复 ві́сті, віstéй〔阴〕消息，新闻；通知；报道

оста́нні ві́сті 最新消息

пі́вніч, -ночі〔阴〕午夜，半夜

ні́жний〔形〕温柔的，温存的；娇嫩的

чому́сь〔副〕不知道因为什么

нагада́ти, -а́ю, -а́єш〔完〕提醒，使想起，使记起；像 **нага́дувати**, -ую, -уєш〔未〕

радіовиста́ва, -і〔阴〕广播剧

оповіда́ння, -я；复二 -а́нь〔中〕故事，传说；叙述小说

в〔前〕(六格) 在（某种状态中）

за́хват, -у〔阳〕非常高兴，欣喜若狂

спекта́кль, -ю〔阳〕演出，表演，(演出的) 戏剧

захо́плено〔副〕全神贯注地，迷恋地；精神振奋地

реагува́ти, -у́ю, -у́єш〔未〕对…反应（如何）

розважа́льний〔形〕（没有严肃内容）供消遣的，供娱乐的

приверну́ти, -ерну́, -е́рнеш〔完〕吸引 **приверта́ти**〔未〕

телетурні́р, -у〔阳〕电视比赛

со́нячний〔形〕太阳的；有阳光的

кларне́т, -а〔阳〕单簧管

на́зва, -и；复二 назв〔阴〕名称，标题

ще́дрість, -рості〔阴〕慷慨；丰富，丰盛

тала́нт〔阳〕(二格 -у) 才能，才干；(二格 -а) 有才能的人，人才，多才多艺的人

відзна́чити, -чу, -чиш〔完〕注意到，指出；庆祝，纪念 **відзнача́ти**〔未〕

своєрі́дність, -ності〔阴〕独特性，特殊性

добра́ніч〔感叹〕晚安

переглядати, -а́ю, -а́єш〔未〕重新察看，修改；翻阅，浏览 **перегля́нути**, -ну, -неш〔完〕

пожалкува́ти, -ку́ю, -ку́єш〔完〕可怜，可惜；遗憾

встига́ти, -а́ю, -а́єш〔未〕来得及，赶得上 **всти́гнути**, -ну, -неш〔完〕

телеекра́н, -а〔阳〕荧光屏

актуа́льний〔形〕迫切的，急迫的

пропуска́ти, -а́ю, -а́єш〔未〕放行；使通过；漏掉；放过 **пропусти́ти**, -ущу́, -у́стиш〔完〕

нія́к〔副〕怎么也（不），无论如何也（不），决（不）

пози́ція, -ї〔阴〕位置；阵地；立场，态度，观点

по́гляд, -у〔阳〕视线，目光；见解，观点

прива́блювати, -юю, -юєш〔未〕吸引，招引；引起（好感、兴趣等）**прива́бити**, -блю, -биш〔完〕

трансля́ція, -ї〔阴〕转播

окре́мий〔形〕单独的，个别的；特别的，特殊的

футбо́льний〔形〕足球的

матч, -у〔阳〕〈运动〉比赛
екра́н, -а〔阳〕荧光屏；银幕，电影
кольоро́вий〔形〕有色的，彩色的
ефе́ктний〔形〕给人深刻印象的，引人注目的
телефі́льм, -а〔阳〕电视(影)片
вибира́ти, -а́ю, -а́єш〔未〕选择，挑选；选举 ви́брати, -беру, -береш〔完〕
чин, -у〔阳〕官阶，官衔，军衔
головни́м чи́ном 主要地
передава́ти, -даю́, -дає́ш〔未〕转告，转达；转播，播送 переда́ти, -а́м, -аси́, -а́сть, -амо́, -асте́, -аду́ть〔完〕
передвихідни́й〔形〕休息日前一天的，周末的
нещода́вно 及 нещодавно́〔副〕不久以前
студе́нтський〔形〕大学生的
обгово́рюватися, -ююся, -юєшся〔未〕讨论；商量好 обговори́тися, -орю́ся, -о́ришся〔完〕
телевізі́йний〔形〕电视的
у́часть, -і〔阴〕参加，参与
бра́ти у́часть 参加，参与
обгово́рення, -я〔中〕讨论，商讨

праці́вник, -а́〔阳〕工作者，劳动者
телесту́дія, -ї〔阴〕电视演播室
ви́словити, -влю, -виш〔完〕说出，表示，表明 висло́влювати, -юю, -юєш〔未〕
крити́чний〔形〕批评的，评论的；持批判态度的
передусі́м〔副〕首先
за〔前〕(四格) 关于
супере́чливість, -вості〔阴〕矛盾，不一致
матеріа́л, -у〔阳〕材料；资料；衣料
нерозбі́рливість, -вості〔阴〕潦草，不清楚；不苛求；无原则
добі́р, -бо́ру〔阳〕选择，挑选
кінопроду́кція, -ї〔阴〕电影作品
зійти́ся, -йду́ся, -йдешся〔完〕相遇；相符(合)；对…意见一致 схо́дитися, -джуся, -дишся〔未〕
телепереда́ча, -і〔阴〕电视播送；电视节目
зна́чно〔副〕相当大地，很大地；(与形容词、副词比较级连用)…得多
близьки́й〔形〕近的；相似的；亲近的

Коментарі

1. 限定代词

乌克兰语中的限定代词有весь（整个，全部），ко́жний（每一个），сам（本人，独自），са́мий（正是，就是），вся́кий（任何的），жо́дний（无论怎样的）等。

限定代词有性、数的区分和格的变化，要与所说明的词在性、数、格上一致。如：Вся сім'я́ вдо́ма.（全家都在家。）Ко́жне де́рево цвіте́.（每棵树都在开花。）Він працюва́в до са́мого ра́нку.（他工作直到清晨。）有的限定代词可以单

独使用，如：Я все знáю.（我了解一切。）Кóжен повúнен це знáти.（每个人都应该知道这一点。）

限定代词的变格法如下：

数\格\性	单数 阳性	单数 中性	单数 阴性	复数
一格	весь（увéсь, ввесь）	все（усé）	вся（уся）	всі（усí）
二格	всьогó		всіє́ї	всіх
三格	всьомý		всій	всім
四格	同一或二	同一	всю	同一或二
五格	всім		всіє́ю	всімá
六格	(на)всьóму（всім）		(на)всій	(на)всіх
一格	кóжний	кóжне	кóжна	кóжні
二格	кóжного		кóжної	кóжних
三格	кóжному		кóжній	кóжним
四格	同一或二	同一	кóжну	同一或二
五格	кóжним		кóжною	кóжними
六格	(на)кóжному（кóжнім）		(на)кóжній	(на)кóжних

说明：① вся́кий, жóдний 的变格法同 кóжний。

② сам（самá, самó, самí），сáмий（сáма, сáме, сáмі）的变格法也同 кóжний，但 сам 变化时重音在词尾上（самóго, самóму, самúм），而 сáмий 变化时重音则在词根上（сáмого, сáмому, сáмим）。сам 常用来说明动物名词和人称代词，表示"自己"，"本人"，"亲自"等意义；сáмий 则常和表示处所或时间的名词连用，表示"紧临"、"正是"等意义。

2. 动词体的对应形式及其构成

乌克兰语中的动词有完成体与未完成体之分（参见第9课）。大多数动词都有相对应的未完成体和完成体两种形式。体的对应形式的构成大致有以下几种情况：

（1）未完成体动词加上前缀构成完成体动词。如：обíдати — пообíдати, писáти — написáти, робúти — зробúти。

（2）未完成体与完成体有不同的后缀。常见的后缀对应形式有：-а-——и-, -юва-——и-, -ува-——а- 等，同时重音不同。如：вивча́ти — ви́вчити, повто́рювати — повтори́ти, розка́зувати — розказа́ти, випи́сувати — ви́писати。

（3）未完成体与完成体的区别仅在于不同的重音。如：викида́ти — ви́кидати, розріза́ти — розрі́зати。

（4）未完成体与完成体具有不同的词根。如：бра́ти — взя́ти, лови́ти — спійма́ти, говори́ти — сказа́ти。

3. Богда́нові подо́балися різномані́тні переда́чі «Ю́ності».

动词 подо́батися 要求行为主体用第三格，行为的客体用第一格，动词本身则要随表示行为客体的词的性、数的形式而变化。如：Мені́ подо́бається ця кни́жка.（我喜欢这本书。）Ба́тькові подо́баються кві́ти.（父亲喜欢花。）

4. ...мо́жна слу́хати і бу́дучи за́йнятим яко́юсь спра́вою.

бу́дучи 为 бу́ти 的副动词，表示与动词谓语 слу́хати 同时发生的行为。за́йнятий чим 表示"忙于…"。本句的意思是："可以一边听（广播），一边做一些事。"

5. ...як поети́чною на́звою, так і ще́дрістю наро́дних тала́нтів Украї́ни.

як..., так і... 为比较连接词，用于连接两个相互对比的同等句子成分，强调两个成分同等重要，意为"无论…，还是…"。如：Як сього́дні, так і за́втра я бу́ду за́йнятим.（无论是今天还是明天我都很忙。）本连接词带有书面语色彩。

6. А скі́льки ціка́вого з'яви́лося оста́ннім ча́сом на телеекра́ні.

ціка́вого 为 ціка́вий 的单数中性第二格形式。形容词的中性可以用作名词，表示"…样的事物（东西）"，如：нове́（新东西，新鲜事，新闻）。Що у вас ново́го?（你们那儿有什么新闻吗？）

оста́ннім ча́сом 为固定词组，表示"最近，目前"。

本句的意思是："最近荧屏上出现了多少有趣的东西（节目）啊。"

7. Бага́то було́ ви́словлено там крити́чних зауваж́ень на адре́су телеба́чення.

на адре́су кого? чого? 表示"往…地址，按…地址"，转义表示"针对…（而说）"，本句中用于转义。全句可译为："针对电视提出了很多批评意见。"

Впрáви

1. 将下列词组译成乌克兰语。

   打开收音机 ＿＿＿＿＿＿＿＿　　需要的波段 ＿＿＿＿＿＿＿＿

   在这一次 ＿＿＿＿＿＿＿＿　　尤其是音乐节目 ＿＿＿＿＿＿＿＿

   忙于某事 ＿＿＿＿＿＿＿＿　　需要全部注意力 ＿＿＿＿＿＿＿＿

   最新消息 ＿＿＿＿＿＿＿＿　　对广播剧的印象 ＿＿＿＿＿＿＿＿

   娱乐节目 ＿＿＿＿＿＿＿＿　　吸引注意力 ＿＿＿＿＿＿＿＿

   来不及看很多节目 ＿＿＿＿＿　　最近 ＿＿＿＿＿＿＿＿

   尽量不错过 ＿＿＿＿＿＿＿＿　　无论如何不能 ＿＿＿＿＿＿＿＿

   体育节目 ＿＿＿＿＿＿＿＿　　转播足球赛 ＿＿＿＿＿＿＿＿

   彩色电视机 ＿＿＿＿＿＿＿＿　　参加讨论 ＿＿＿＿＿＿＿＿

   批评意见 ＿＿＿＿＿＿＿＿

2. 指出下列各组同根词的共同词义。

   （1）телебáчення — телевізíйний — телевíзор — телеекрáн — телепередáча — телестýдія — телетурнíр — телефíльм

   （2）кінó — кінотеáтр — кінопродýкція — кіностýдія

   （3）передáча — передавáти

   （4）працівнúк — працівнúця — працювáти — працьовúтий

   （5）обговóрення — обговóрюватися

3. 用 весь, вся, все, всі 的适当形式填空。

   （1）Ми побувáли в ＿＿＿＿＿＿＿＿ теáтрах.

   （2）На ＿＿＿＿＿＿＿＿ дерéвах висíли чудóві яблука.

   （3）У ＿＿＿＿＿＿＿＿ лісі діти не знайшлú жóдного грибá.

   （4）Рáзом з ＿＿＿＿＿＿＿＿ на вúставку зайшóв і я.

   （5）＿＿＿＿＿＿＿＿ сподóбався павільйóн «Багáтства мóря».

   （6）＿＿＿＿＿＿＿＿ день Петрó Петрóвич був на вúставці.

   （7）Тут він ознайóмився з ＿＿＿＿＿＿＿＿ гáлузями нáшого господáрства.

   （8）З ＿＿＿＿＿＿＿＿ кнúги менí сподóбалася тíльки однá пóвість.

   （9）На ＿＿＿＿＿＿＿＿ шляхý（шлях 道路）додóму я дýмав про Кúїв.

   （10）Від ＿＿＿＿＿＿＿＿ сéрця ми дя́куємо вам.

4. 选择 сам 或 са́мий 的适当形式填空，并标注重音。

   （1）Дощ ішо́в до _____ ве́чора.

   （2）У _____ вчи́теля нема́ сього́дні часу́.

   （3）Найціка́віше було́ у _____ кінці́.

   （4）Ді́ти були́ _____ в кла́сі.

   （5）Бі́ля _____ о́зера є стари́й дуб.

   （6）Вчо́ра Га́ля була́ _____ до́ма.

   （7）Я чека́ю вас з _____ ра́нку.

5. 听听读读。

   —У вас кольоро́вий чи чо́рно-бі́лий телеві́зор?

   —Ми давно́ придба́ли «Реко́рд（纪录）» із кольоро́вим зобра́женням（图像）, і працю́є він до́бре.

   —А в мого́ дя́дька є малогабари́тний（小尺寸的）телеві́зор «Ю́ність», він до́сить зручни́й.

   —За́раз бага́то хоро́ших телеві́зорів, зокре́ма ви́соко оці́нюють（估价，评价）зобра́ження і звук（声音）кольоро́вого «Славу́тича».

   —Яки́м телепереда́чам ти надає́ш（给予）перева́гу（偏重，厚爱）?

   —Я регуля́рно дивлю́ся переда́чі «Сього́дні в сві́ті», «Люди́на і зако́н»（法律）. А ще подо́баються мені́ телемости́（电视卫星中转）і, звича́йно ж, «Клуб весе́лих та винахі́дливих»（机智的）і «Навко́ло（在…周围）смі́ху»（笑，笑声）.

第29课* Двáдцять дев'я́тий уро́к

Текст

Тара́с Григо́рович Шевче́нко

Згада́вши, що вла́сне сього́дні, дев'я́того бе́резня, відзнача́ються Шевче́нкові рокови́ни, Оле́нка ввімкну́ла ра́діо якра́з тоді́, коли́ почали́ розповіда́ти біогра́фію пое́та. Ді́вчина була́ вже знайо́ма з тво́рчим доро́бком митця́, чита́ла передмо́ви до його́ збі́рок, худо́жні життє́писи й на́віть одну́ науко́ву розві́дку, але́ послу́хати святко́ву переда́чу було́ все-таки ціка́во.

—Ото́ж, народи́вшись у роди́ні кріпака́, ма́ло не відра́зу зазна́є він тяжки́х уда́рів до́лі. Ра́но помира́ють батьки́, підлі́тка забира́ють до па́нського має́тку, і з двором́ господа́ря він му́сить мандрува́ти спе́ршу до Ві́льна, де са́ме назріва́ли революці́йні поді́ї, а по́тім до Петербу́рга. На́віть живу́чи в столи́ці Росі́йської імпе́рії, Шевче́нко лиша́ється рабо́м, і ті́льки завдяки́ втруча́нню тво́рчої інтеліге́нції в двадцятичотирилі́тньому ві́ці, 22 кві́тня 1838 ро́ку, він дістає́ свобо́ду, а ра́зом з тим пра́во навча́тися в Акаде́мії мисте́цтв.

Зді́бний худо́жник, у́чень Ка́рла Брюлло́ва, Тара́с Шевче́нко деда́лі охо́чіше зверта́ється до поети́чної тво́рчості. З-під його́ пера́ вихо́дять бала́ди, віршо́ві посла́ння, лірі́чні пісні́… Ве́лич тала́нту митця́ засві́дчили пое́ми «Катери́на» та «Гайдама́ки». По́стать наро́дного співця́-кобзаря́ чи бандури́ста дала́ на́зву пе́ршій збі́рці Шевче́нка «Кобза́р», опублико́ваній у Петербу́рзі 1840 ро́ку. Ви́давши її́, пое́т увійшо́в у сузі́р'я найбі́льших письме́нників кра́ю.

Закінчи́вши Акаде́мію мисте́цтв 1845 ро́ку, Шевче́нко поверта́ється на батьківщи́ну. Ось і наста́в найбі́льш плі́дний пері́од його́ тво́рчості, коли́ ма́йже за два ро́ки з'яви́лися деся́тки малю́нків, на́черків, акваре́лей, пое́ми «Єрети́к», «Наймичка», «Вели́кий льох», «Кавка́з», посла́ння «І ме́ртвим, і живи́м…», ни́зка і́нших тво́рів. Але́ вже 1847 ро́ку за у́часть у підпі́льному Кири́ло-Мефо́діївському товари́стві пое́та заарешто́вано, ув'я́знено, а тро́хи зго́дом

---

* 本书第29课至35课不再设语法专题,课文供阅读、理解,参考译文附在书后的练习参考答案中。

заслано аж у закаспійські степи. Він, прагнучи продовжувати літературну діяльність, наштовхується на категоричну заборону писати й малювати. Винятково несприятливі умови для поетичного натхнення створювала царська армія, де провів Шевченко десять років. Навіть після визволення справжньої свободи, як і права повернутися на Україну назавжди, він не дістав. Живучи в Петербурзі, поет готує друге видання «Кобзаря» (1860), пише кілька нових творів, упорядковує «Буквар» для українських шкіл, займається гравюрою. Тільки вільне життя було нетривалим: вже 26 лютого (10 березня за новим стилем) 1861 року Тарас Шевченко помирає. На бажання поета, його тіло згодом було перевезено на Україну й поховано 10 травня 1861 року на Чернечій горі біля Канева.

Словник

власне〔语气〕(事物的) 本身，在原意上；正是；〔插入语〕其实

відзначатися, -аюся, -аєшся〔未〕出众；有⋯特点；不同于；庆祝 **відзначитися**, -чуся, -чишся〔完〕

роковини, -вин〔复〕周年纪念(日), 周年

ввімкнути = **увімкнути**

якраз〔副〕正好，恰好；〔语气〕正是，恰恰

біографія, -ї〔阴〕传，传记

поет, -а〔阳〕诗人；有诗人想象力的人

творчий〔形〕创造性的，创作的

доробок, -бку〔阳〕〈口语〉创造物，创作(指文学作品)

митець, -тця〔阳〕艺术家；美术家；能手，行家

передмова, -и〔阴〕序言，绪论，前言

збірка, -и；复二 -рок〔阴〕集，文集，汇编

художній〔形〕艺术的，美术的

життєпис, -у〔阳〕传记，履历

навіть〔语气〕甚至

розвідка, -и；复二 -док〔阴〕探索，研究

послухати, -аю, -аєш〔完〕听一会儿，听一听；听话

все-таки 及 **все ж таки**〔副，连〕仍然；不过；〔用作语气词〕究竟，毕竟

цікаво〔副〕有趣味地，有兴趣地；〔用作谓语〕觉得有趣

отож〔语气〕〈口语〉这算什么，好一个；〔连〕这样一来，于是，那么

народитися, -оджуся, -одишся〔完〕出生，诞生；产生 **народжуватися**, -уюся, -уєшся 及 **родитися**〔未〕

кріпак, -а〔阳〕农奴

зазнати, -аю, -аєш〔完〕感到，感受；经受；遭受 **зазнавати**, -наю, -наєш, -наємо, -наєте〔未〕

тяжкий〔形〕重的，沉重的；严厉的；困

难的

удáр, -у〔阳〕打击，打

дóля, -і〔阴〕运气，命运；前途

помирáти, -áю, -áєш〔未〕死，去世，逝世 помéрти, -мрý, -мрéш〔完〕

підлíток, -тка〔阳〕少年，半大小子；少女

забирáти, -áю, -áєш〔未〕拿走，带走；抓去；掌握 забрáти, -берý, -берéш〔完〕

пáнський〔形〕寄宿中学的

маєток, -тку〔阳〕地主的领地，庄园

госпóдар, -я；复 -і〔阳〕主人，东家，老板；户主

мандрувáти, -ýю, -ýєш〔未〕旅行；漂泊，流浪

спéршу〔副〕首先，起初，最初

Вíльно 维尔纳（地名）

назрівáти, -áє〔未〕成熟；酝酿成熟；（危机等）迫近

революцíйний〔形〕革命的

подíя, -ї〔阴〕事，事件，事故

Петербýрг 彼得堡（地名）

імпéрія, -ї〔阴〕帝国

раб, -á〔阳〕奴隶，奴仆

завдяки〔前〕（三格）多亏；因为，由于

втручáння, -я〔中〕干涉，干预；参与

інтелігéнція, -ї〔阴〕知识界，知识分子（们）

двадцятичотирилíтний〔形〕二十四年的，二十四岁的

прáво, -а〔中〕权利，权力

академія, -ї〔阴〕科学院

здíбний〔形〕有能力的，有才能的，有天分的

худóжник, -а〔阳〕艺术家；画家

дедáлі〔副〕更远；越来越

охóче〔副〕情愿地，甘愿地；乐意地

звертáтися, -áюся, -áєшся〔未〕开始从事于，着手 звернýтися, -нýся, -нешся〔完〕

з-під〔前〕（二格）从…下面，从…底下；从…附近

балáда, -и〔阴〕叙事诗

віршовий〔形〕诗的

послáння, -я〔中〕书信体文艺作品；寄语

лíричний〔形〕抒情诗的；抒情的

вéлич, -і〔阴〕伟大，宏伟；卓绝

засвíдчити, -чу, -чиш〔完〕证明，证实；说明 засвíдчувати, -ую, -уєш〔未〕

співéць, -вця〔阳〕歌手，歌唱家，说唱演员

кобзáр, -я〔阳〕弹科勃札琴歌唱的民间歌手

бандурúст, -а〔阳〕班杜拉琴手

опублікувáти, -ýю, -ýєш〔完〕发表，公布；刊登 опублікóвувати, -ую, -уєш〔未〕

увійтú (ввійтú), -йдý, -йдеш〔完〕走进，进入 вхóдити, -джу, -диш〔未〕

сузíр'я, -я〔中〕星座

письмéнник, -а〔阳〕作家，作者

плíдний〔形〕结果实多的；富有成果的，有成效的

перíод, -у〔阳〕周期；时期，期间

десятка, -и〔阴〕十；〈口语〉十卢布的货币

на́черк, -у〔阳〕速写画，素描；特写（文学体裁）

акваре́ль, -i〔阴〕水彩画颜料；水彩画

льох, -у，六格 -ci〔阳〕地窖；（储藏物品的）山洞

Кавка́з 高加索（地名）

ме́ртвий〔形〕死的；死气沉沉的，死板的

ни́зка, -и〔阴〕一行，一列；一系列

твір, тво́ру〔阳〕创作；作品；作文

підпі́льний〔形〕地下室的；地下（状态）的，地下工作的

товари́ство, -а〔中〕协会，⋯会，⋯社；公司

заарештува́ти, -у́ю, -у́єш〔完〕逮捕，拘捕 **заарешто́вувати**, -ую, -уєш〔未〕

ув'язни́ти, -ню́, -ни́ш〔完〕拘禁，监禁 **ув'я́знювати**, -ню́ю, -ю́єш〔未〕

зго́дом〔副〕过一会儿；将来，后来，以后

засла́ти, зашлю́, зашле́ш, зашлемо́, зашлете́〔完〕送到远处，派到远处；流放到远处 **засила́ти**, -а́ю, -а́єш〔未〕

закаспі́йський〔形〕里海东岸的，里海以东的

степ, -у〔阳〕草原，原野

пра́гнути, -ну, -неш〔未〕чого 或 до чого 力求达到，倾心于；渴望

дія́льність, -ності〔阴〕活动；工作；动作；作用

наштовхува́тися, -уюся, -уєшся〔未〕碰上，撞上；碰到 **наштовхну́тися**, -ну́ся, -не́шся〔完〕

категори́чний〔形〕绝对的，坚决的

заборо́на, -и〔阴〕禁止

малюва́ти, -ю́ю, -ю́єш〔未〕画画；上色；描绘 **намалюва́ти**〔完〕

виняткóво〔副〕非常，格外；除外，不包括

неспри́ятливий〔形〕不适宜的，不顺利的，不利的

умо́ва, -и〔阴〕条件；〔复〕情况，环境，条件

натхне́ння, -я〔中〕灵感

ви́золення, -я〔中〕解放；搭救，拯救

наза́вжди 及 **назавжди́**〔副〕永远，永久

вида́ння, -я〔中〕出版，发行；出版物；版

упорядко́вувати, -ую, -уєш〔未〕整理好；编辑；创作 **упорядкува́ти**, -у́ю, -у́єш〔完〕

буква́р, -я́〔阳〕识字读本

граві́ра, -и〔阴〕版画，木刻

ві́льний〔形〕自由的，不受拘束的

нетрива́лий〔形〕不长久的，时间不长的

стиль, -ю〔阳〕历（法）

на〔前〕（四格）依据，根据，按照

бажа́ння, -я〔中〕希望，愿望，企望
на його́ бажа́ння 根据他的愿望

ті́ло, -а；复 тіла́〔中〕物体，体；身体，肉体

перевезти́, -зу́, -зе́ш, -земо́, -зете́〔完〕运过去 **перево́зити**, -о́жу, -о́зиш〔未〕

похова́ти, -а́ю, -а́єш〔完〕埋葬 **хова́ти**〔未〕

Ка́нев 卡涅夫（地名）

Коментарі

1. Тарáс Григóрович Шевчéнко (1814—1861)

谢甫琴科，乌克兰著名诗人，画家。早期诗集《科勃札歌手》反映乌克兰劳动人民的生活。长诗《海达马克》描写1768年乌克兰农民起义。此后还著有《梦》、《高加索》、《公爵女儿》、《流刑犯》等诗篇及中篇小说《艺术家》、《音乐家》等。其绘画作品也大多表现乌克兰人民的生活。

2. …Олéнка ввімкнýла рáдіо якрáз тоді́, коли́ почали́ розповідáти біогрáфію поéта.

тоді́…, коли́ 为时间连接词，连接时间从句，тоді́ 放在主句中用作指示词。тоді́…, коли́ 可译为"当…时"。本句可译为："奥连卡打开收音机时，恰好开始讲述诗人的生平。"

3. Отóж, народи́вшись у роди́ні кріпкá, мáло не відрáзу зазнаé…

мáло не 为固定词组，意思是"几乎是"，"差不多是"。

4. 22 квíтня 1838 рóку він дістаé свобóду, а рáзом з тим прáво навчáтися в Акадéмії мистéцтв.

рáзом з тим 为口语固定用语，意思是"与此同时"。прáво 可以接动词不定式，表示"(做…的)权利"，句中 прáво 受动词 дістáти 支配。本句的意思是："…1838年4月22日他获得了自由，与此同时也获得了在艺术学院学习的权利。"

5. Тарáс Шевчéнко дедáлі охóтіше звертáється до поети́чної твóрчості.

副词 дедáлі 表示"越来越…"，后接形容词或副词比较级，如：дедáлі крáще（越来越好），дедáлі мéнший（越来越少的）。

6. …опублікóваній у Петербýрзі 1840 рóку.

乌克兰语中"在某年"可以用第二格或前置词 в 加上第六格表示，如：цьогó рóку（或 в цьóму рóці），в 1999 рóці（或 1999 рóку）。

但表示"在某年某月"或"在某年某月某日"时，"某年"则只用第二格形式，如：15 квíтня 1998 рóку, в бéрезні 2000 рóку。

第30课   Тридця́тий уро́к

Текст

Ки́їв — на́ша столи́ця.

Столи́ця Украї́ни — Ки́їв розки́нувся над голуби́ми во́дами Дніпра́, на крути́х па́горбах, на зеле́них рівни́нах.

Насе́лення Ки́єва ни́ні переви́щує 2,7 млн. чолові́к, а терито́рія мі́ста — 790 кв. км. По́ряд з таки́ми да́вніми міськи́ми райо́нами, як Поді́л чи Пече́рськ, в оста́нні десятирі́ччя з'яви́лися нові́ вели́кі житлові́ маси́ви: Оболо́нь, Троє́щина, Ново-бі́личі та і́нші. Але́, звича́йно ж, спра́вжній ки́ївський колори́т мо́жна відчу́ти, лише́ блука́ючи ву́личками Подо́лу, але́ями Володи́мирської гі́рки, захо́дячи під склепі́ння старови́нних хра́мів або́ спуска́ючись Андрі́ївським узво́зом — улю́бленим маршру́том тури́стів і мі́сцем прове́дення рі́зних мисте́цьких свят.

Ки́їв — вели́кий індустріа́льний центр Украї́ни. До найпотужні́ших заво́дів нале́жать: «Арсена́л», верстатобудівни́й заво́д і́мені Го́рького, «То́челектроприла́д» та ін. На його́ око́лицях ви́росли велике́зні ко́рпуси нови́х заво́дів і фа́брик. Столи́ця Украї́ни — центр машинобудува́ння, приладобудува́ння, виробни́цтва за́собів автома́тики.

Ки́їв сла́виться свої́ми літака́ми, морськи́ми тра́улерами, екскава́торами, мотоци́клами, фотоапара́тами, натура́льним і шту́чним шо́вком, о́дягом, взуття́м, конди́терськими ви́робами. Со́тні ви́дів проду́кції, які́ ви́готовлено в Ки́єві, експорту́ються до 80 краї́н сві́ту.

За свої́м науко́вим потенціа́лом Ки́їв не поступа́ється бі́льшості і́нших європе́йських столи́ць. Тут по Володи́мирській ву́лиці розташо́вана Прези́дія Акаде́мії нау́к Украї́ни, у Ки́єві ж розмі́щені рі́зні академі́чні інститу́ти, головна́ астрономі́чна обсервато́рія, Центра́льний ботані́чний сад, Центра́льна науко́ва бібліоте́ка АН Украї́ни, видавни́цтво «Науко́ва ду́мка». Всього́ в мі́сті бли́зько 350 науко́во-досі́дних, прое́ктних і констру́кторсько-техноло́гічних інститу́тів і устано́в, а тако́ж 18 ву́зів.

Тут же знаходиться переважна більшість видавництв України, редакції, правління творчих спілок. 1928 року в Києві споруджено одну з найбільших на той час кіностудій. Серед творчих колективів столиці України найвідоміші Український драматичний театр ім. Івана Франка, Театр опери та балету ім. Тараса Шевченка, Російський драматичний театр ім. Лесі Українки, Український народний хор ім. Григорія Верьовки. Діє кілька десятків державних і народних музеїв.

Київ посідає особливе місце в житті українського народу, сприймаючись не лише як столиця країни, але й як символ безперервності історичних традицій, осередок національної духовної культури. І не випадково Віталій Коротич в одному з віршів писав:

> Де б таки не вмирали вкраїнці —
> По цілім світі —
> Поминальні свічки їм
> Каштани київські палять.

Цей чудовий поетичний образ повертає нас до неповторної картини буяння каштанового цвіту, який вкриває столицю України навесні й став джерелом для її сучасного герба.

Словник

розкинутися, -нуся, -нешся 〔完〕坐落在（一片地方），分布 **розкидатися** 〔未〕
голубий 〔形〕浅蓝的，天蓝的
крутий 〔形〕陡峭的，陡急的；急转的，急剧的
пагорб, -а 〔阳〕小丘，小岗；丘陵
рівнина, -и 〔阴〕平原
населення, -я 〔中〕居住；居民，人口
нині 〔副〕现在，如今，现今
перевищувати, -ую, -уєш 〔未〕超过，超出；超越 **перевищити**, -щу, -щиш 〔完〕
мільйон, -а 〔阳〕百万
квадратний 〔形〕方的，正方形的；平方的
поряд = **поруч** 〔副〕并排着；在旁边；在一起；并列
давній 〔形〕久远的，很久以前的；以前的，原来的
район, -у 〔阳〕地区；区（行政区划单位）
десятиріччя, -я 〔中〕十年；十周年（纪念）

житловий 〔形〕住所的，住房的
масив, -у〔阳〕高岭，高原；地块，一大片，一大块
колорит, -у〔阳〕色调，色彩；调子，风味
блукати, -аю, -аєш〔未〕徘徊，流浪，游荡 **заблукати**〔完〕
склепіння, -я〔中〕拱，拱顶，拱门
храм, -у〔阳〕神殿，庙宇；（基督教的）教堂
узвіз, -возу〔阳〕举起，抬起；上坡道，上坡路
улюблений〔形〕最受爱戴的；特别喜爱的
маршрут, -у〔阳〕路线，航线，行程
турист, -а〔阳〕旅游者
проведення, -я〔中〕度过（若干时间）
мистецький〔形〕艺术的
індустріальний〔形〕工业的
найпотужніший〔形〕最强有力的，最强大的
арсенал, -у〔阳〕军火库，兵工厂
верстатобудівний〔形〕机床制造的
ім'я, імені 或 ім'я, 五格 іменем 或 ім'ям；复 імена, імен〔中〕名，名字；名义
точелектроприлад, -а〔阳〕精密电子仪器
величезний〔形〕巨大的，极大的
фабрика, -и〔阴〕工厂，制造厂
машинобудування, -я〔中〕机器制造（业）
приладобудування, -я〔中〕仪器制造（业），仪表制造（业）
виробництво, -а〔中〕生产，制造

засіб, -собу；复 -соби, -собів〔阳〕方法，手段；〔常用复数〕资料，工具，设备
автоматика, -и〔阴〕自动化技术（研究）；自动装置
славитися, -влюся, -вишся〔未〕出名，驰名；以…著名
траулер, -а〔阳〕拖网渔船
екскаватор, -а〔阳〕挖掘机，挖土机
мотоцикл, -а〔阳〕摩托车
фотоапарат, -а〔阳〕摄影机，照相机
натуральний〔形〕天然的，真的；自然的，毫不做作的
шовк, -у；复 -й, -ів〔阳〕丝，丝绵；绸缎
кондитерський〔形〕糖果点心的；做糖果点心的
виріб, -робу〔阳〕制造品，产品，商品；制作，生产
сотня, -і〔阴〕一百（个）；一百卢布
вид, -у〔阳〕种，类
продукція, -ї〔阴〕产量，产品总额，产品；作品
експортуватися, -уюся, -уєшся〔未〕输出，出口
країна, -и〔阴〕地方，地区；国家
потенціал, -у〔阳〕潜能，潜力
поступатися, -аюся, -аєшся〔未〕向后退；让出；让步；逊色于 **поступитися**, -уплюся, -упишся〔完〕
більшість, -шості〔阴〕大多数
європейський〔形〕欧洲的；欧洲式的
розташувати, -шую, -шуєш〔完〕分开放置，布置；安排，配置 **розташовувати**, -вую, -вуєш〔未〕

презúдія, -ї〔阴〕主席团

академíчний〔形〕科学院的

астрономíчний〔形〕天文学的

видавнúцтво, -а〔中〕出版社

дóслідний〔形〕研究的，考察的；试验（性）的

проéктний〔形〕设计的

констрýкторський〔形〕设计者的，设计师的；设计的

технологíчний〔形〕工艺（学）的；技术操作的

устанóва, -и〔阴〕机关，协会；风俗，习惯

вуз, -у〔阳〕高等学校

перевáжний〔形〕占优势的，领先的，优先的

    перевáжна бíльшість 压倒多数，绝大多数

редáкція, -ї〔阴〕编辑；编辑部

правлíння, -я〔中〕掌管，治理，统治；理事会，董事会，管理委员会

спíлка, -и〔阴〕联合会，协会，社团

кіностýдія, -ї〔阴〕电影制片厂

колектúв, -у〔阳〕全体人员；团体，集体

драматúчний〔形〕话剧的，剧本的；戏剧性的

óпера, -и〔阴〕歌剧

балéт, -у〔阳〕芭蕾舞

хор, -у〔阳〕合唱；合唱团，合唱队

дíяти, дíю, дíєш〔未〕起作用，影响；行动，行事

держáвний〔形〕国家的，国立的；强大的

посідáти, -áю, -áєш〔未〕掌握；占据 **посíсти**, -ся́ду, -ся́деш〔完〕

сприймáтися, -áюся, -áєшся〔未〕领悟，理解，明白 **сприйня́тися**, -ймýся, -ймешся〔完〕

сúмвол, -у〔阳〕象征，标志，符号

безперéвність, -ності〔阴〕持续不断，不停顿

історúчний〔形〕历史（上）的，有历史意义的，历史性的

традúція, -ї〔阴〕传统

осерéдок, -дку〔阳〕中心，中央；发源地

національний〔形〕民族的

духóвний〔形〕精神上的，精神的

культýра, -и〔阴〕文化；文化程度，文明

випадкóво〔副〕偶然地，意外地；个别地

такú〔语气〕〈口语〉毕竟，终究，到底；真的

свíчка, -и〔阴〕蜡烛

óбраз, -у〔阳〕面容，外貌；形状；形象，典型

повертáти, -áю, -áєш〔未〕使转向，转动；兑换；归还 **повернýти**, -ернý, -éрнеш〔完〕

картúна, -и〔阴〕画，绘画

буя́ння, -я〔中〕茂盛地生长；逞凶

цвіт, -у〔阳，集合名词〕花；精华，优秀分子

вкривáти, -áю, -áєш〔未〕覆盖；掩盖；遮蔽 **вкрúти**, -ю, -йєш〔完〕

навеснí〔副〕在春天

герб, -á〔阳〕徽章，纹章

Коментарі

1. Насе́лення Ки́єва ни́ні переви́щує 2, 7 млн. чолові́к, а терито́рія мі́ста — 790 кв. км.

句中的 млн.，кв.，км. 均为缩写词。млн. 即мільйо́н，кв. 即квадра́тний，км. 即кіломе́тр，кв.км. 即"平方公里"。

下文中的 ін.，ім. 也是缩写词。ін. 即і́нші（等等），ім. 即і́мені（ім'я́ 的单数第二格）。

2. …теа́тр ім. Іва́на Франка́…

і́мені кого́ чого́ 表示"以…命名的"，如：ву́лиця і́мені письме́нника（以作家的名字命名的街道），університе́т і́мені Т.Г. Шевче́нка（以谢甫琴科的名字命名的大学，谢甫琴科大学）。і́мені 经常缩写成 ім.

3. За свої́м науко́вим потенціа́лом Ки́їв не поступа́ється бі́льшості і́нших європе́йських столи́ць.

бі́льшість 一词后通常接复数第二格名词，表示"大多数…"，如：бі́льшість його́ дру́зів（他的大多数朋友），бі́льшість заво́дів（大多数工厂）。

第31课 Тридця́ть пе́рший уро́к

Текст

Насе́лення Украї́ни

На терито́рії суча́сної Украї́ни постійно прожива́є по́над 50 млн. чолові́к. За цим пока́зником ця краї́на перебува́є на п'я́тому мі́сці в Євро́пі пі́сля Німе́ччини, Великобрита́нії, Іта́лії та Фра́нції. Проте́ Украї́на поступа́ється багатьо́м краї́нам сві́ту за густото́ю насе́лення, тобто кі́лькістю жи́телів на одини́цю пло́щі.

Украї́нці — корі́нне насе́лення краї́ни, одна́ з найбі́льших і найда́вніших на́цій сві́ту. Ча́стка їх в усьо́му насе́ленні Украї́ни стано́вить бли́зько 73%. В усі́х областя́х бі́льшість насе́лення — украї́нці. Ті́льки в Криму́ вони́ за кі́лькістю на дру́гому мі́сці. Розмі́щені вони́ по окре́мих областя́х нерівномі́рно. Найбі́льше украї́нців прожива́є в Центра́льному Придніпро́в'ї та за́хідних областя́х, наймéнше — в Донба́сі, Оде́ській о́бласті та в Криму́.

В Украї́ні живе́ тако́ж 14 млн. люде́й і́нших націона́льностей, що стано́вить 27% від зага́льної кі́лькості насе́лення Украї́ни. Найчисле́ннішою гру́пою се́ред них є росія́ни. Вони́ стано́влять по́над 21% всьо́го насе́лення Украї́ни. Значна́ їх кі́лькість зосере́джена у Луга́нській, Доне́цькій, Ха́рківській, Запорі́зькій, Дніпропетро́вській, Херсо́нській областя́х та Ки́єві.

Тре́тьою за величино́ю націона́льною гру́пою в Украї́ні є євре́ї. Приблизно їх 500 ти́сяч. Живу́ть вони́ перева́жно в міста́х. Основна́ ма́са їх зосере́джена у мі́сті Ки́єві, Оде́ській, Чернівецькій, Ха́рківській, Жито́мирській, Ві́нницькій, Дніпропетро́вській областя́х. Проте́ ї́хня кі́лькість продо́вжує зме́ншуватися, бо ду́же бага́то з них переселя́ються до Ізраї́лю — істори́чної батьківщи́ни євре́їв.

В Украї́ні тако́ж прожива́ють білору́си (бли́зько 440 тис.), молдава́ни (по́над 325 тис), поля́ки (по́над 210 тис.), болга́ри (бли́зько 240 тис.), уго́рці (бли́зько 165 тис.) та і́нші. До корі́нних жи́телів Украї́ни нале́жать і кри́мські тата́ри, які́ були́ приму́сово ви́селені із вла́сної землі́ у 1944 ро́ці. На терито́рії Украї́ни живу́ть і працю́ють лю́ди по́над 150 націона́льностей.

В Україні є області з дуже строкатим національним складом. Так, в Одеській області живуть, крім 55% українців, ще й 24% росіян, близько 7% болгар, молдавани, євреї, гагаузи тощо. У Закарпатській області, де українців близько 80% усього населення, живуть угорці, росіяни, румуни, євреї, словаки.

На етнічній території (тобто тій, на якій історично проживає народ) українців можна виділити у сім антропологічних типів. У Галичині переважає дунайський тип, який охоплює понад 10% українців. На Волині — поліський тип (10% українців). Понад 60% українців (Центральна і Східна Україна) належать до центральноукраїнського типу, який являє собою дещо видозмінений дунайський тип з поліським елементом. Отже, більша частина українців антропологічно є галичанами, що змішалися з волинянами. Для українців характерний високий зріст при типово європеоїдних рисах обличчя.

Словник

постійно 〔副〕经常, 不断, 不变
проживати, -аю, -аєш 〔未〕〔只用未成体〕住, 居住
понад 〔前〕（四格）超出, 超越（某种限度、标准等）
показник, -а; 复 -и, -ів 〔阳〕指数; 率; 指标
перебувати, -аю, -аєш 〔未〕在, 处于（某种状态）; 服务于, 供职于（某岗位）
Європа 欧洲, 欧罗巴洲
Німеччина 德国
Великобританія 大不列颠岛
Італія 意大利
Франція 法国
густота, -и 〔阴〕稠密; 密度; 浓度
кількість, -кості, 五格 -кістю 〔阴〕量, 数量; 数目
одиниця, -і, 五格 -ею 〔阴〕一; 单位

корінний 〔形〕（指居民）本地的, 原本的; 根本的, 基本的
нація, -ї 〔阴〕民族; 国家
частка, -и, 三、六格 -ці; 复 -тки 〔阴〕（整体的）一小部分
Крим 克里米亚
нерівномірно 〔副〕不均匀地
найбільше 〔副〕最大地, 最多地
Придніпров'я 第聂伯河沿岸地区
західний 〔形〕西方的, 西边的; 西欧的, 西方国家的
Донбас 顿巴斯（地名）
Одеський 〔形〕敖德萨的
національність, -ності, 五格 -ністю 〔阴〕民族; 民族性
загальний 〔形〕全体的, 共同的; 总的; 概括的
численний 〔形〕人多的, 人数众多的

гру́па, -и〔阴〕一群；一批；（团体、组织的）组，系

росія́нин, -а；复 -яни, -ян〔阳〕俄罗斯人

значни́й〔形〕相当大的；意义重大的

зосере́дити, -джу, -диш；命令式 -е́дь〔完〕集中，集聚；使（思想、意志、注意力等）集中，凝聚 **зосере́джувати**, -ую, -уєш〔未〕

луга́нський〔形〕卢甘斯克的

доне́цький〔形〕顿涅茨克的

ха́рківський〔形〕哈尔科夫的

запорі́зький〔形〕扎波罗热的

дніпропетро́вський〔形〕第聂伯罗彼得罗夫斯克的

херсо́нський〔形〕赫尔松的

величина́, -и́；复 -и́ни, -и́н〔阴〕大小，尺寸，长短

євре́й, -я；复 -ї, -їв〔阳〕犹太人

приблизно〔副〕大约，大概

основни́й〔形〕基本的，根本的，主要的

ма́са, -и〔阴〕物质；〈口语〉巨物，一大堆；〔复〕〈转〉群众

  основна́ ма́са чого 基本部分，主要部分；大多数

чернівецький 切尔诺维策的

житомирський 日托米尔的

вінницький 文尼察的

продо́вжувати, -ую, -уєш〔未〕继续，接续；延长 **продо́вжити**, -жу, -жиш；命令式 -о́вж〔完〕

зме́ншуватися, -уюся, -уєшся〔未〕变少（小）；减少，降低 **зме́ншитися**, -шуся, -шишся；命令式 зме́ншся〔完〕

переселя́тися, -я́юся, -я́єшся〔未〕迁移，搬家，移居 **пересели́тися**, -елю́ся, -е́лишся〔完〕

Ізра́їль 以色列

білору́с, -а；复 -и, -ів〔阳〕白俄罗斯人

молдава́нин, -а；复 -а́ни, -а́н〔阳〕摩尔达维亚人

поля́к, -а, 呼格 -я́че；复 -и, -ів〔阳〕波兰人

болга́рин, -а；复 -а́ри, -а́р〔阳〕保加利亚人

у́горец, -рця, 五格 -рцем〔阳〕匈牙利人

кри́мський 克里米亚的

тата́рин, -а；复 -а́ри, -а́р〔阳〕鞑靼人

приму́сити, -у́шу, -у́сиш〔完〕强迫，迫使 **приму́шувати**, -ую, -уєш〔未〕

ви́селити, -лю, -лиш〔完〕使迁移，使搬家，使迁出 **виселя́ти**〔未〕

вла́сний〔形〕自己的，个人的，本人的

строка́тий〔形〕杂色的；形形色色的

склад, -у；复 -и, -ів〔阳〕仓库；（全部组成或构成的）成分；全体（人员）

гагау́з〔阳〕加告兹人（居住在乌克兰、摩尔达维亚及保加利亚、罗马尼亚的少数民族，其文化与保加利亚近似）

руму́н, -а；复 -и, -ів〔阳〕罗马尼亚人

слова́к, -а, 呼格 -а́че；复 -и, -ів〔阳〕斯洛伐克人

етні́чний〔形〕民族的，种族的

ви́ділити, -лю, -лиш〔完〕分出，划出；选出，挑出；区分出来 **виділя́ти**〔未〕

антропологі́чний〔形〕人类学的

Галичина́, -и〔阴〕加里西亚（地名）
переважа́ти, -а́ю, -а́єш〔未〕占优势，占上风；〔只用未完成体〕占多数 **переважити**, -жу, -жиш；命令式 -а́ж〔完〕
дуна́йський〔形〕多瑙河的
охо́плювати, -юю, -юєш〔未〕搂住；充满；包围 **охопи́ти**, -оплю́, -о́пиш〔完〕
Воли́нь 沃林（岛）
по́льский〔形〕波兰的；波兰人的
схі́дний〔形〕东的，东面的；东方的
явля́ти, -я́ю, -я́єш〔未〕是，为
  явля́ти собо́ю 是，为
видозміни́ти, -іню́, -і́ниш〔完〕使变形，使变态；（部分）改变 **видозмі́нювати**, -юю, -юєш〔未〕

елеме́нт, -а〔阳〕(组成) 部分，成分；元素
галича́нин, -а〔阳〕加里奇人
зміша́тися, -а́юся, -а́єшся〔完〕掺和在一起，混杂在一起；混乱；发慌 **змі́шуватися**, -уюся, -уєшся〔未〕
волиня́нин, -а〔阳〕沃伦人，韦伦人
характе́рний〔形〕有特点的，有特色的；特有的
зріст, зро́сту〔阳〕身高，身材；增长，增高
при〔前〕(六格) 随身携带，(身上) 带有
європео́їдний〔形〕欧洲人种的
ри́са, -и〔阴〕线，线条；〔复〕面貌；特点，特征

Коментарі́

1. Проте́ Украї́на поступа́ється багатьо́м краї́нам сві́ту за густото́ю насе́лення.

句中的 багатьо́м 为不定量数词 бага́то 的第三格形式，应注意与作为形容词的бага́тий相区分。数词 бага́то 的变格见第21课课后注释。

2. Для украї́нців характе́рний висо́кий зріст при типо́во європео́їдних ри́сах обли́ччя.

本句的意思是："乌克兰人一般身材高，脸型带有欧洲人特征。"

第32课 Тридцять другий урок

Текст

Українська кухня

Їжа є основою життя людини, джерелом енергії, без якої життя неможливе. Організм людини, незалежно від того, працює вона, відпочиває чи спить, потребує поповнення витрачуваної енергії.

Якщо харчування є основою існування людини, то організація харчування — однією з проблем людської культури.

З давніх-давен українські страви відомі своєю різноманітністю та високими смаковими якостями. Вони створювалися не тільки різноманітністю використовуваних продуктів, а й всілякими їх комбінуваннями і застосуванням різних способів кулінарної обробки. Наприклад, до складу українського й київського борщів входить до 20 найменувань продуктів, борщу з карасями — 17 тощо.

Багато страв української кухні готують у фаршированому або шпигованому вигляді. Особливо смачні і корисні комбіновані страви з м'яса та овочів — голубці з м'ясом, яловичина шпигована з буряками.

Багата українська народна кухня стравами й різноманітними виробами з борошна. Найпоширенішими стравами з борошна є вареники, галушки, млинці, гречаники.

Традиційними способами обробки продуктів для приготування їжі були переважно варіння і тушкування, меншою мірою — печіння та смаження, пряження. Заготівлю продуктів на запас проводили теж засобами термічної обробки (сушіння), а також безтермічної ферментації (соління, квашення) та в'ялення. Українській системі харчування притаманні своєрідні звичаї, пов'язані з приготуванням повсякденних і ритуальних страв, харчові заборони, обмеження та переваги.

Повсякденні страви складалися з тих компонентів харчування, які були доступні на певній території і які великою мірою залежали від заможності селянина.

Харчува́лися украї́нці проду́ктами, отри́маними із вла́сного господа́рства. Селя́ни виро́щували зла́ки: жи́то, пшени́цю, ячмі́нь, ове́с, гре́чку. Морозостійкі́ ове́с та ячмі́нь переважа́ли у господа́рствах гірські́х місце́востей.

У півде́нних райо́нах Украї́ни, на Подністро́в'ї та у схі́дних Карпа́тах поши́рювалася кукуру́дза.

Значну́ роль у харчува́нні украї́нців відігра́вали о́вочі (карто́пля, капу́ста, буря́к, цибу́ля, часни́к, огірки́) та бобо́ві (горо́х, квасо́ля, а в карпа́тських се́лах — тако́ж біб).

Важли́ву га́лузь селя́нського господа́рства склада́ло твари́нництво — догляда́ння корі́в, ове́ць, кіз, свине́й. Адже́ важли́вим харчови́м проду́ктом було́ молоко́, бо м'я́со вжива́ли лише́ у святко́ві дні. Спожива́ння пти́ці (куре́й, качо́к, гусе́й) та яє́ць було́ тако́ж обме́женим: їх в основно́му продава́ли.

Проду́кти, які́ шви́дко псува́лися, селя́ни консервува́ли: суши́ли, соли́ли, ква́сили.

До скла́ду святко́вих страв і пе́чива входи́ла обрядо́ва ї́жа, яка́ вико́нувала релігі́йно-магі́чну фу́нкцію і без яко́ї обря́д не міг відбу́тися.

Традиці́йну святко́ву та обря́дову ї́жу мо́жна поділи́ти на дві гру́пи: стра́ви і пе́чиво до сіме́йних свят та обря́дів (день наро́дження, весі́лля, по́хорон, поми́нки) і ї́жа на календа́рні свя́та.

Святко́ва ї́жа відзнача́лася бі́льшою калорі́йністю, кра́щими смакови́ми я́костями. Бо лише́ на свя́та основна́ ма́са селя́н спожива́ла м'я́со, я́йця та ма́сло.

Ко́жен обря́д супрово́джувався приготува́нням обрядо́вих страв, без яки́х не обхо́дилися. Так, на хрести́нах обов'язко́вою стра́вою була́ «ба́бина ка́ша».

Бага́то обрядо́вих страв готува́ли на весі́лля. Крім корова́ю, пекли́ й і́нше пе́чиво, се́ред яко́го кала́ч посі́дав не оста́ннє мі́сце. Ним обдаро́вували госте́й на весі́ллі, його́ використо́вували для о́бміну між рода́ми.

Тако́ж кала́чі пекли́ на Вели́кдень, Різдво́.

Проте́ з вели́кою святі́стю за́вжди готува́ли па́ску — весня́ний обря́довий хліб до Великодня́. Це було́ спра́вжнє ді́йство, своєрі́дне та́їнство, бо ко́жна госпо́диня намага́лася якомо́га кра́ще підготува́тися до цього́ проце́су.

Словни́к

ї́жа, -і〔阴〕食物，食品

осно́ва, -и〔阴〕原理，原则，基本理论；基础

ене́ргія, -ї〔阴〕能，能量；精力，毅力

немо́жли́вий〔形〕不可能的，难以置信的

органі́зм, -у〔阳〕有机体，生物体

незале́жно〔副〕独立地，自主地 незале́жно від кого чого 不管，不论，不依…为转移

попо́внення, -я；复二 -ень〔中〕补充，充实

ви́тратити, -ачу, -атиш；命令式 -ать〔完〕花，用，消费，耗费 витрача́ти〔未〕

якщо́〔连〕如果，要是，假如；即使

харчува́ння〔中〕食物，饮食，营养

існува́ння〔中〕生存，存在；生活，生活方式

організа́ція, -ї〔阴〕组织，成立；组织，机构；体质，身体

пробле́ма, -и〔阴〕问题，疑难问题

лю́дськи́й〔形〕人的，人类的；人所固有的

стра́ва, -и〔阴〕一道菜；〔集合名词〕食物，食品，菜肴，热菜

різномані́тність, -ності, 五格 -ністю〔阴〕多样性，各式各样

смакови́й〔形〕味觉的，味道的，调味的

я́кість, -кості, 五格 -кістю〔阴〕质，质量；品质，质地

ство́рюватися, -ююся, -юєшся〔未〕(被)建立，(被)创造，造成 створи́тися〔完〕

всіля́кий〔形〕各种各样的

комбінува́ння〔中〕配合，组合，联合

застосува́ння〔中〕应用，运用，使用，利用

спо́сіб, -собу〔阳〕方法，方式

кулі́на́рний〔形〕烹饪术的，烹调术的；菜肴的

обро́бка, -и〔阴〕加工，精制；整理；耕种

напри́клад〔插入语〕例如，比方(说)

до〔前〕(二格)(表示数量界限)将近，大约

найменува́ння〔中〕名称，标题

кара́сь, -я, 五格 -е́м〔阳〕鲫鱼

фарширува́ти, -у́ю, -у́єш〔未〕填馅儿

шпиго́ваний〔形〕填塞了咸肥猪肉块的

ви́гляд, -у〔阳〕外表，外貌，外形，样子，形式

комбінува́ти, -у́ю, -у́єш〔未〕配合，组合，联合 скомбінува́ти〔完〕

голубці́, -ці́в〔复〕(填馅儿的)洋白菜卷

бо́рошно, -а〔中〕面，面粉

найпоши́ре́ніший〔形〕最广泛的，最普及的

варе́ник, -а〔阳〕甜馅儿饺子

галу́шка, -и；复 -шки́, -шо́к〔阴〕面疙瘩

млине́ць, -нця́, 五格 -нце́м〔阳〕薄饼

гречáник, -а〔阳〕荞麦面卷
традиційний〔形〕传统的
перевáжно〔副〕主要是，多半是
варíння, -я〔中〕煮，熬，炖
тушкувáння, -я〔中〕(用文火)焖，炖，煨
мíра, -и〔阴〕度量，尺度；程度；办法，措施
печíння, -я〔中〕烤，烙，烘
смáження, -я〔中〕煎，炸，烤，干炒
пряження, -я〔中〕烤，炸，煎，炒
заготíвля, -i，五格 -ею〔阴〕采办，采购
запáс, -y〔阳〕储备(品)，储藏(物)，备用品
на запáс 备用
термíчний〔形〕热的，热处理的
сушíння, -я〔中〕晒干，晾干，烘干；使干燥
безтермíчний〔形〕不热的，不经热处理的
ферментáція, -ï〔阴〕发酵，发酵作用
солíння, -я〔中〕腌，盐渍
квáшення, -я〔中〕渍酸
в'ялення, -я〔中〕(把鱼、肉等)晒干，风干
системa, -и〔阴〕系统；体系；制度
притамáнний〔形〕固有的，特有的
своєрíдний〔形〕独特的，特殊的
звичáй, -ю，五格 -єм〔阳〕风俗，习俗，习惯；礼节
пов'язáти, -яжý, -яжеш；命令式 -яжи〔完〕系住；使发生密切关系，使结合在一起 **пов'язувати**, -ую, -уєш〔未〕
повсякдéнний〔形〕日常的，经常发生的，平常的
ритуáльний〔形〕礼仪的
харчовúй〔形〕食品的，食物的；制造食品的
обмéження, -я〔中〕限制，限定，约束
перевáга, -и〔阴〕优越性，优势；比较喜欢，偏重
складáтися, -áюся, -áєшся〔未〕〔只用未完成体〕由…组成
компонéнт, -а〔阳〕成分，组成部分
достýпний〔形〕可以接近的；易懂的，通俗的
пéвний〔形〕某种的，一定的
залéжати, -жу, -жиш；命令式 -éж〔完〕依靠，依赖，以…为转移
замóжність, -ності，五格 -ністю〔阴〕富裕生活；富裕程度
харчувáтися, -ýюся, -ýєшся〔未〕吃，食，得到饲料(指牲畜)
отрúмати, -аю, -аєш〔完〕收到，领到；得到，获得 **отрúмувати**, -ую, -уєш〔未〕
вирóщувати, -ую, -уєш〔未〕使长大，培植；养育；培养 **вúростити**, -ощу, -остиш〔完〕
злак, -а；复 -и, -ів〔阳〕草，牧草；禾本科(植物)
овéс, вівсá；复 вíвса 及 вівсú, вівсíв〔阳〕燕麦；〔复〕燕麦草
морозостíйкий〔形〕耐寒的，抗寒的
місцéвість, -вості，五格 -вістю〔阴〕地方，地区；地势
півдéнний〔形〕南方的
Поднiстрóв'я 波德尼斯特罗维亚(地名)

поши́рюватися, -ю́ється〔未〕(得到)加宽,(得到)扩展, 被推广 **поши́ритися**, -риться〔完〕

кукуру́дза, -и〔阴〕玉米, 苞米

роль, -і, 五格 -ллю; 复二 -лей〔阴〕角色; 作用

відігра́вати, -ра́ю, -ра́єш〔未〕赢回;〔只用完成体〕玩完, 赌完 **відігра́ти**, -а́ю, -а́єш〔完〕

 відігра́вати роль 起(某种)作用

капу́ста, -и〔阴〕甘蓝; 白菜

цибу́ля, -і, 五格 -ею〔阴〕葱; 洋葱

часни́к, -у́〔阳〕蒜

бобо́вий〔形〕豆的, 豆粒的

горо́х, -у〔阳〕豌豆;〔集合名词〕豌豆(粒)

квасо́ля, -і, 五格 -ею〔阴〕菜豆

біб, бо́бу; 复 боби́, бобі́в〔阳〕豆, 豆粒

важли́вий〔形〕重要的, 有重要意义的

га́лузь, -і, 五格 -ззю; 复二 -зей〔阴〕部门, 方面, 领域

селя́нський〔形〕农民的

склада́ти, -а́ю, -а́єш〔未〕形成, 组成 **скла́сти**, -аду́, -аде́ш, -адемо́, -адете́〔完〕

тварі́нництво, -а〔中〕养畜业, 畜牧业

догляда́ння, -я〔中〕照看, 照料; 监视, 监督

вівця́, -і́〔阴〕羊, 绵羊, 母绵羊

коза́, -и́; 复 ко́зи, кіз〔阴〕山羊; 母山羊

свиня́, -і́, 五格 -е́ю; 复 -і, -е́й, 五格 свиньми́, свиньми́ 及 свиня́ми〔阴〕猪

молоко́, -á〔中〕乳, 奶, 乳汁

вжива́ти, -а́ю, -а́єш〔未〕用, 使用, 运用; 食用, 饮用, 吃, 喝 **вжи́ти**, -иву́, -иве́ш, -ивемо́, -ивете́〔完〕

спожива́ння, -я〔中〕消费, 使用; 吃（用于有礼貌的邀请）

ку́ри, -е́й〔复〕母鸡; 鸡; 鸡肉

ка́чка, -и; 复 -чки́, -чо́к〔阴〕鸭子

гу́си, -е́й, -ям, 五格 -сьми́, 六格 -ях〔复〕鹅

обме́жений〔形〕有限的

продава́ти, -даю́, -дає́ш, -даємо́, -дає́те〔未〕卖, 出售; 出卖 **прода́ти**, -а́м, -аси́, -а́сть, -амо́, -асте́, -аду́ть〔完〕

псува́тися, -у́юся, -у́єшся, -уємо́ся, -уєте́ся〔未〕变坏, 腐坏; 变恶劣, 恶化

консервува́ти, -у́ю, -у́єш〔未〕(用制罐头方法)保存(食品), 制成罐头;〈转〉(用某种办法)保存(物品), 防腐

суши́ти, -шу́, -шиш〔未〕弄干, 晒干, 晾干; 使干燥

соли́ти, -лю́, -лиш〔未〕放盐, 加盐; 腌, 盐渍

ква́сити, -а́шу, -а́сиш〔未〕使发酵, 使发酸 **заква́сити**〔完〕

пе́чиво, -а〔中〕烤制的食物; 饼干

обрядо́вий〔形〕仪式的, 典礼的

вико́нувати, -ую, -уєш〔未〕执行, 履行, 实行, 完成; 表演 **ви́конати**, -аю, -аєш〔完〕

релігі́йно-магі́чний〔形〕有宗教魔力的

фу́нкція, -ї, 五格 -єю〔阴〕功能, 机能; 职权, 职务

поділи́ти, -ілю́, -і́лиш〔完〕кого, що 划分, 使分离; 分担; 共享 **поділя́ти**〔未〕

сімéйний〔形〕家庭的

пóхорон, -у〔阳〕埋葬，安葬

пóминки, -нок〔复〕追悼亡者的酬客宴

календáрний〔形〕历法的；日历的；按日历规定的

бíльший〔形〕更大的，较大的，较年长的

калорíйність, -ності, 五格 -ністю〔阴〕含卡量，热值；发热量

крáщий〔形〕比较好的，更好的；最好的，优秀的

споживáти, -áю, -áєш〔未〕消费，使用；吃（用于有礼貌的邀请）**спожи́ти**, -ивý, -ивéш, -ивемó, -иветé〔完〕

супровóджувати, -ую, -уєш〔未〕伴随，陪同，同行，护送

обхóдитися, -джуся, -дишся；命令式 -óдься〔未〕对付，应付过去；价值（多少）；对待 **обійти́ся**, -йдýся, -йдешся〔完〕

хрести́ни, -ти́н〔复〕洗礼仪式，洗礼宴

обов'язкóвий〔形〕必须的，一定的

коровáй, -ю, 五格 -ем〔阳〕大圆面包

пекти́, печý, печéш, печемó, печетé；过去时 пік, пеклá〔未〕烤，烙，烘；炸，煎（指肉制品）

калáч, -á, 五格 -éм〔阳〕挂锁形白面包

обдарóвувати, -ую, -уєш〔未〕赠予，赠送；赋予 **обдарувáти**, -ýю, -ýєш〔完〕

óбмін, -у〔阳〕交换，互换；交流

рід, рóду；复 роди́, родíв〔阳〕族，家族；〈口语〉氏族；类；种类

Великдень, -кóдня〔阳〕(犹太教的)逾越节；(基督教的)复活节

Різдвó, -á〔中〕圣诞节

святíсть, -тості〔阴〕神圣

пáска, -и；复 -ски́, -сóк〔阴〕圆柱形甜面包；(复活节用的)甜奶渣糕

до〔前〕(二格) 对于，对；为了

дíйство, -а〔中〕隆重的活动

тáїнство〔中〕神秘，秘密；(圣礼)仪式

господи́ня, -і, 五格 -ею〔阴〕女主人；主妇

якомóга〔副〕(与比较级连用) 尽可能，尽量；尽力，竭力

підготувáтися, -ýюся, -ýєшся〔完〕及 **підготóвитися**, -влюся, -вишся〔完〕准备好，预备好，筹备好 **підготовля́тися**, -я́юся, -я́єшся〔未〕

процéс, -у〔阳〕过程，程序，手续；工序

Коментарí

1. Якщó харчувáння є оснóвою існувáння люди́ни, то організáція харчувáння—однíєю з проблéм людськóї культýри.

якщó...то... 连接表示对比关系的并列复合句，指出两种现象之间的对比，意为"如果说…，那么…"。本句的意思是："如果说食物是一个人生存的基础，

那么食物的构成就是人类文化的问题之一。"

2. З да́вніх-даве́н украї́нські стра́ви відо́мі…

з да́вніх-даве́н 为固定搭配词组，意思是"长期以来，从来"。

3. Напри́клад, до скла́ду украї́нського й ки́ївського борщі́в вхо́дить до 20 найменува́нь проду́ктів.

вхо́дити до скла́ду 表示"是…的组成部分，是…的成员"。本句的意思是："例如，乌克兰和基辅的红菜汤中就有将近20种食物。"

第33课 Три́дцять тре́тій уро́к

Текст

Посиди́мо, поговóримо...

Іва́н Петро́вич був у га́рному на́сторої. Він підійшо́в до Мака́ра Гна́товича, який стоя́в бíля верста́та, і ля́снув при́ятеля по плечу́:

—То ж за́втра мій день наро́дження, чека́ю! Посиди́мо, поговóримо...

Мака́р Гна́тович бли́снув окуля́рами, ли́синою й кивну́в, не одво́дячи по́гляду від різця́.

Іва́н Петро́вич дода́в:

—Та ді́вку свою́ прихопи́. З ону́ками нічо́го не скоїться, якщо́ оди́н ве́чір са́мі поба́вляться.

Стіл гну́вся від сала́тів та вінегре́тів, ковбаси́ і ши́нки, ось-о́сь мав мелоді́йно звуча́ти дзві́нок сповіща́ючи про госте́й, як ра́птом Іва́н Петро́вич згада́в: сього́дні ж гра́є ки́ївське «Дина́мо».

Рука́ імени́нника сама́ потягла́ся до ште́пселя. Невдо́взі з екра́на Іва́ну Петро́вичу підморгну́ла па́ні Мо́ніка, це означа́ло, що ва́рто посиді́ти в ши́нку «Трина́дцять стільці́в», по́ки футболі́сти почну́ть гамсели́ти м'яча́.

Іва́н Петро́вич і не почу́в, як звуча́ло. Ону́ка Насту́ся відчини́ла две́рі і впусти́ла ли́сого діду́ся в окуля́рах, то́бто Мака́ра Гна́товича, який втягну́в за собою захе́кану бабу́сю, то́бто свою́ «ді́вку».

Поста́вивши на стіл пля́шку і роздя́гнувшись, Мака́р Гна́тович прися́в поза́ду імени́нника на кра́єць стільця́.

На екра́ні боро́вся у тво́рчих му́ках пан Гімала́йський; Іва́н Петро́вич гли́боко співчува́в йому́, чека́ючи на нові́ чарі́вні у́сміш́ки па́ні Мо́ніки.

—То, мо́же, почнемо́, —боя́зко запита́в Мака́р Гна́тович. —Ра́но ж встава́ти...

—Зачека́й, зачека́й, дороги́й дру́же! —переби́в Іва́н Петро́вич. Тут же згада́в про футбо́льний матч. —Ех, запізни́вся, прога́вив. —Він поверну́в ру́чку на дру́гий кана́л.

—Го́-о-ол! — почу́вся крик коментáтора.

Імени́нник обхопи́в рукáми го́лову, захитáвся, мов йому́ ви́рвали зу́ба.

Та ви́явилося, що гол забила його улюблена київська команда «Динáмо». І він зрадíло кри́кнув, гучнíше, ніж коментáтор: —Урá-а-á!

—То, мо́же, почнемо́, — зно́ву боязко запитáв Макáр Гнáтович.

—Зáрав, зáраз, дороги́й дру́же!

Після шо́стого рáзу боязко́го «То, мо́же, почнемо́», після закíнчення передáчі футбóльного мáтчу і прогрáми «Тринáдцять стíльцíв», Івáн Петрóвич нарéшті запроси́в дру́га з його «дíвкою» до столу́.

Макáр Гнáтович гля́нув на годи́нника й бо́язко сказáв:

—Спаси́бі! Та вже пíзно, нам порá додо́му.

І на по́див та обу́рення Івáна Петро́вича став поя́снювати, що в ньо́го, мов-ля́в, діє́та та раціо́н, і ї́сти він нічо́го не змо́же.

Го́сті пішли́, вибачáючись, додо́му.

На столí вáбили вінегре́ти, салáти, в загу́слому смáльці лежáла ковбасá.

Дружи́на Івáна Петрóвича, Одáрка, повечéрявши з ону́ками на ку́хні, давно́ вже спáла. Спáли всі. Тíльки Івáн Петрóвич не спав, диву́ючись Макáрові Гнáтовичу, яки́й відстáв від життя́, не розумíв і не люби́в ні «Тринáдцять стíльцíв», ні футбóлу.

Настýпного дня обрáжений Івáн Петрóвич проминýв верстáт Макáра Гнáтовича, нáвіть не привітáвся з дру́гом.

Чéрез мíсяць, коли Івáн Петрóвич був у гáрному настрої, він підійшо́в до Макáра Гнáтовича, яки́й стоя́в біля верстáта, і ля́снув прия́теля по плечý:

—Не забу́дь — зáвтра день наро́дження моє́ї Одáрки. Чекáю. Посиди́мо, поговóримо...

Макáр Гнáтович бли́снув окуля́рами, ли́синою і кивну́в, не одво́дячи по́гля-ду від різця́. Івáн Петро́вич додáв:

—Дíвку свою́ прихопи́. З ону́ками нíчого не скóїться, якщо оди́н вéчір сáмі побáвляться.

Словни́к

на́стрій, -рою, 五格 -роєм〔阳〕情绪，心情

верста́т, -а〔阳〕机床

ля́снути, -ну, -неш〔完〕拍，拍打；（枪声等）砰砰响 **ля́скати**, -аю, -аєш〔未〕

при́ятель, -я, 五格 -ем〔阳〕朋友，友人，相好的（人）

блисну́ти, -ну, -неш〔完〕闪光，放光，闪耀 **бли́скати**〔未〕

окуля́ри, -ів〔复〕眼镜

ли́сина, -и〔阴〕秃顶，谢顶

кивну́ти, -ну́, -не́ш, -немо́, -нете́〔完〕点头 **кива́ти**〔未〕

одво́дити, -джу, -диш〔未〕领去，带去；引开，带开 **одвести́**, -еду́, -еде́ш, -едемо́, -едете́〔完〕

різе́ць, -зця́, 五格 -зце́м〔阳〕车刀，刀具

прихопи́ти, -хоплю́, -хо́пиш〔完〕（随身）携带，带上；捎上 **прихо́плювати**, -люю, -люєш〔未〕

ні́чого〔用作谓语〕（与不定式连用）用不着；不要；别；〔代〕没有什么可

скої́тися, -їться〔完〕形成，出现；发生，有（某事）**кої́тися**〔未〕

поба́витися, -влюся, -вишся；命令式 -а́вся〔完〕寻开心，消遣一会儿

гну́тися, гну́ся, гне́шся, гнемо́ся, гнете́ся〔未〕弯曲；（人）弯腰

вінегре́т, -у〔阳〕（以鱼、肉、菜蔬等做的）凉拌菜；大杂烩

ши́нка, -и〔阴〕火腿

ось-о́сь〔副〕很快就，马上就；眼看着（就要）

мелоді́йно〔副〕悦耳地，动听地

дзвіно́к, -нка́〔阳〕铃，铃铛；小钟；铃声

сповіща́ти, -а́ю, -а́єш〔未〕通知，报知；让…知道 **сповісти́ти**, -іщу́, -істи́ш, -істимо́, -істите́〔完〕

гра́ти, -а́ю, -а́єш〔未〕玩耍，游戏；比赛，竞技；表演

імени́нник, -а〔阳〕过命名日的人

потягну́тися, -ну́ся, -нешся〔完〕向…伸手（探头），伸手想去取 **тягну́тися**〔未〕

ште́псель, -я, 五格 -ем〔阳〕插头，插销

підморгну́ти, -ну́, -не́ш〔完〕使眼色，递眼色 **підмо́ргувати**, -гую, -гуєш〔未〕

па́ні〔不变，阴〕太太，夫人，女士，小姐

означа́ти, -а́є〔未〕意思是，意味着；表示，就是说

ва́рто〔不变，用作谓语〕值，值得

посиді́ти, -джу, -диш〔完〕坐一会儿，待一会儿

шино́к, -нку́〔阳〕〈旧〉小酒馆

футболі́ст, -а〔阳〕足球运动员，足球队员

гамсели́ти, -лю́, -лиш〔未〕打，敲打；击；〈口语〉痛打，用力敲打

м'яч, -а́, 五格 -е́м；复 -і́, -і́в〔阳〕球

відчини́ти, -чню́, -йниш〔完〕开，打开（门、窗等）；开放 **відчиня́ти**〔未〕

впусти́ти, -ущу́, -у́стиш〔完〕放进，使

进入，引进来 **впуска́ти**〔未〕
ли́сий〔形〕秃头的，谢顶的
втягну́ти 及 втягти́, -гну́, -неш〔完〕拉进，拖入；引入 **втя́гувати**, -ую, -уєш〔未〕
захе́каний〔形〕气喘吁吁的，喘不过气的
поста́вити, -влю, -виш〔完〕竖放，使⋯立起来；安置，设置 **ста́вити**〔未〕
пля́шка, -и〔阴〕玻璃瓶
присі́сти, -ся́ду, -ся́деш〔完〕蹲下，蹲一蹲；坐一会儿，坐一坐 **присіда́ти**〔未〕
кра́єць, -я〔阳〕〈口语〉边沿，边缘
боро́тися, -орю́ся, -о́решся〔未〕斗争，奋斗；摔跤，角力
му́ка, -и〔阴〕痛苦，苦难，艰辛
глибо́ко〔副〕深深地
співчува́ти, -а́ю, -а́єш〔未〕кому, чому 同情，对⋯表同情；表示赞同
усмі́шка, -и〔阴〕微笑；笑容
боя́зко〔副〕胆怯地，害怕地
зачека́ти, -а́ю, -а́єш〔完〕等一等，等一会儿；暂缓一下
переби́ти, -б'ю́, -б'є́ш, -б'є́мо́, -б'є́те́〔完〕打破，打碎 **перебива́ти**〔未〕 переби́ти кому〈转〉打断⋯的话
ех〔感〕唉，嘿，嗨（表示喜悦、遗憾、惋惜、关心、责备等各种感情）
прога́вити, -влю, -виш〔完〕〈口语〉（糊里糊涂地）错过去，马虎过去
ру́чка, -и〔阴〕把，柄，把手，拉手；自来水笔

кана́л, -у〔阳〕波道，频道
гол, -а; 复 -и́, -і́в〔阳〕〈运动〉（足球）球门；得分
крик, -у〔阳〕叫喊；喊声，呼声
комента́тор, -а〔阳〕注释者；评论员，解说员
обхопи́ти, -оплю́, -о́пиш〔完〕搂住，抱住；充满，笼罩（指思想等）**обхо́плювати**, -юю, -юєш〔未〕
захита́тися, -та́юся, -та́єшся〔完〕开始摇动，摇摆起来
мов〔连〕像，好像，似乎
ви́рвати, -ву, -веш〔完〕拔出，拔掉；撕掉，扯下 **вирива́ти**〔未〕
заби́ти, -б'ю́, -б'є́ш, -б'є́мо́, -б'є́те́〔完〕打入，钉入；塞住 **забива́ти**〔未〕
кома́нда, -и〔阴〕运动队；口令，号令
зраді́ло〔副〕高兴地，喜悦地
гу́чно〔副〕响亮地，高声地；喧响地
боязки́й〔形〕胆怯的，胆小的，害怕的
закі́нчення, -я; 复二 -ень〔中〕完结，结束，终结；结尾，最后部分
пора́, -и́; 复 по́ри, пір〔阴〕时候，时期；〔用作谓语，与不定式连用〕是时候了，到⋯时候了，该
по́див, -у〔阳〕惊讶，惊奇
обу́рення, -я〔中〕愤怒；愤慨
поя́снювати, -юю, -юєш〔未〕解释，说明，阐明 **поясни́ти**, -ню́, -ни́ш, -нимо́, -ните́〔完〕
мовля́в〔插入语〕〈口语〉（用于转述别人的话）据（某人）说，曾说
діє́та, -и〔阴〕规定的饮食；饮食制

раціо́н, -у〔阳〕份粮，口粮

змогти́, -о́жу, -о́жеш；过去时 зміг, змогла́〔完〕能，能够；会

вибача́тися, -а́юся, -а́єшся〔未〕请原谅，道歉 **ви́бачитися**, -чуся, -чишся〔完〕

загу́слий〔形〕凝结的，冻结的

сма́лець, -льцю, 五格 -льцем〔阳〕炼好的脂油；熟猪油

повече́ряти, -яю, -яєш〔完〕吃晚饭

дивува́тися, -у́юся, -у́єшся〔未〕觉得奇怪，感到惊奇；困惑不解 **здивува́тися**〔完〕

відста́ти, -а́ну, -а́неш；命令式 -а́нь〔完〕落在…后面；落后，落伍 **відстава́ти**, -таю́, -таєш, -таємо́, -таєте́〔未〕

обра́зити, -а́жу, -а́зиш〔完〕侮辱，凌辱；触犯，得罪；〈口语〉冒犯 **обража́ти**〔未〕

промину́ти, -ну́, -не́ш, -немо́, -нете́〔完〕走过，通过，过去 **промина́ти**〔未〕

привіта́тися, -а́юся, -а́єшся〔完〕见面打招呼，问好 **віта́тися**〔未〕

第34课 Тридцять четвертий урок

Текст

Куди течеш, річечко?

Славиться Україна хлібом, славиться піснями, славиться чарівною природою. А ще славиться річками. Якщо глянути на карту України, то схожа вона на квітучий сад: порізали її гілочки річок, а вздовж берегів розквітли міста і села.

Була колись вода в річках прозора, чиста, немов сльозинка. Одяг не в джерельній воді прали, а в річковій. Взімку не до криниці по воду ходили, а черпали з ополонки, і на тій, річковій воді готували господарки борщі, вареники та інші харчі.

Було—минулося. Бруд, смітники, промислові та господарські відходи, отрутохімікати—ось сьогодення більшості українських річок, особливо в Донбасі. Двічі за останні три роки в акваторію головної річки Донбасу, Сіверський Дінець здійснювався прорив фекалій. В 1996 році тисячі тонн нечистот потрапили в притоки Дінця в районі міста Харкова. Внаслідок екологічної катастрофи загинула значна частина фауни Дінця протягом сотень кілометрів. В цьому році аналогічна, але менша за наслідками, аварія трапилася в районі міста Рубіжного. На пам'яті донбасівців і непоодинокі скиди в Дінець промислових високотоксичних відходів рубіжанського заводу «Краситель». Тоді Дінець на сотні кілометрів перетворювався в мертву зону. Гинули не лише риба і річкова рослинність, а й лисиці, собаки, коти, які харчувалися отруєною рибою. Береги Дінця перетворювалися в суцільний могильник загиблих тварин.

Потерпають й інші річки. 15 липня ц. р. в річку Солона з боку шахти ім. Коротченка стала поступати вода смарагдового кольору. Спеціалісти Держуправління екологічної безпеки Донецької області так і не змогли вчасно пояснити причини того, що трапилося. Забруднені шахтні води міста Димитрова періодично потрапляють в акваторію р. Казенний Торець. Промисловими відходами забруднюються час від часу Кальміус, Міус та інші. Гостро стоїть проблема малих річок краю, багато з яки́х стої́ть на межі́ цілкові́тої заги́белі. І вино́ю тому́ не лише́ неради́ве господарюва́ння промислови́ків. В сільськи́х райо́нах стано́вище не менш жахли́ве. Тут рі́чки ча́сто й гу́сто перетво́рюються у сміттєзва́лища, селя́ни викида́ють в рі́чки уве́сь непо́тріб, почина́ючи з гноя́ки та стари́х коті́в у мішка́х і закі́нчуючи би́тими пля́шками, іржа́вими цебе́рками. Ру́сла зароста́ють очере́том, вода́ засто́юється і рі́чки перетво́рюються в ланцюжо́к воню́чих, брудни́х болі́т. Повсю́дно по берега́х річо́к мо́жна зустрі́ти на́писи: «Купа́тися заборо́нено — небезпе́чно для здоро́в'я!» Влі́тку за да́ними Украї́нського це́нтру держепідна́гляду, збу́дники холе́ри ви́явлені у 31 водо́ймі Доне́цької о́бласті. Щеза́є з водо́йм ри́ба, а ту, яка́ залиши́лася, ча́сто небезпе́чно вжива́ти для харчува́ння.

Стає́ правди́вим да́вній анекдо́т. Приї́хали я́кось міські́ риба́лки в село́ поріба́лити. Годи́ну сидя́ть, дві сидя́ть — нема́є ри́би. Запи́тують у місце́вого ді́да:

— А чи є в цій рі́чці ри́ба?

— А куди́ ж їй діва́тися! — відповіда́є стари́й.

Риба́лять ще годи́ну-дру́гу — нема́є ри́би. Зно́ву запи́тують того́ ж ді́да.

— Так мо́же нема́є в дій рі́чці води́?

— А зві́дки ж їй взя́тися!

Одного́ сторі́чного ді́дуся я́кось запита́в і я: як ста́лося, що рі́чку довели́ до тако́го крити́чного ста́ну. Зітхну́в стари́й, відповіда́є неквапли́во:

— Рані́ше очере́том стрі́хи вкрива́ли, гру́бу топи́ли, водяні́ млини́ гу́сто стоя́ли; а ко́жен міро́шник за свою́ діля́нку рі́чки відповіда́в, чи́стив її́, вихо́вував. Борони́ Бо́же, щоб хтось у рі́чку сміття́ ви́кинув. А за́раз лю́ди ледачи́ми ста́ли, ні себе́, ні і́нших не шану́ють.

Оце́ вона́ й є пра́вда. Ми зви́кли спи́сувати все на економі́чну кри́зу, як донеда́вна на війну́. І забува́ємо про брак культу́ри, екологі́чної й зага́льної, про духо́вну недоста́тність, цю на́шу кля́ту хроні́чну хворо́бу. Хоті́в було́ на цій но́ті і закі́нчити цей до́пис, та потра́пив на о́чі вірш Ле́сі Матія́ш, мале́нької поете́си, яки́й назива́ється.

РІ́ЧКА МОГО́ ДИТИ́НСТВА

Ця рі́чка посміха́лася в оста́ннє,
Праму́ючи у бе́звість смітникі́в.
Та по́смішка — як ма́рево проща́ння,

І каяття́, й проще́ння гріхі́в.

Вона́ б ще гра́лась з про́менем світа́ння,

Купа́ла б ма́вок, як коли́сь було́

Та рі́чка, посміхну́вшись нам воста́ннє,

Пішла́ з життя́. Її не бу́де знов.

Проли́не час, згада́єм ми дити́нство,

Згада́єм сло́во ма́ми на вуста́х,

Згада́єм на́шу рі́чку — ні́жну, чи́сту,

Яка́ сльо́зу лиши́ла в смітника́х.

Прочита́в ці по-дитя́чі правди́ві слова́, і промайну́в проміне́ць наді́ї: якщо́ наві́ть школярики́ відчува́ють небезпе́ку, то, можли́во, не все ще втра́чено. Чи не так?

Словни́к

текти́, тече́；过去时 тік, текла́〔未〕流，漂浮（指云彩）

рі́чечко, -a〔中〕小河

ка́рта, -и〔阴〕地图，图

квіту́чий〔形〕开花的；繁荣的，昌盛的

порі́зати, -і́жу, -і́жеш；命令式 -і́ж〔完〕切割开；（河，沟等把河岸、地方等）切割

гі́лочка, -и〔阴〕(小)树枝；支流，支线

вздовж〔副〕直着，纵着；〔前〕(二格)沿着，顺着

розквітну́ти, -ну, -неш；过去时 -і́т, -і́тла 及 -і́тнув, -і́тнула〔完〕开花；繁荣，昌盛，兴旺

коли́сь〔副〕(从前)有个时候，有一次；很久以前；(将来)不定何时，某一天

прозо́рий〔形〕透明的，透光的；清澈的

немо́в〔连，语气〕好像，似乎，仿佛

сльози́нка, -и〔阴〕眼泪

джере́льний〔形〕泉(水)的；源泉的

пра́ти, перу́, пере́ш, перемо́, перете́〔未〕(що 及无补语) 洗濯，用肥皂洗（衣服等）

річкови́й〔形〕河的，河流的

крини́ця, -і〔阴〕井，水井；泉，泉水

черпа́ти, -а́ю, -а́єш〔未〕舀，汲；吸取，汲取，获得

ополо́нка, -и〔阴〕冰窟窿

харч, -у，五格 -ем〔阳〕；-і，五格 -ю〔阴〕；复 -і, -і́в〔阳，阴〕食品，食物

мину́тися, -ну́ся, -не́шся, -немо́ся, -нете́ся〔完〕经过；(时间或某种现象等)过去 мина́тися〔未〕

бруд, -у〔阳〕污物，脏东西

смі́тник, -а 及 смітни́к, -а́〔阳〕垃圾堆；泔水池

промисло́вий〔形〕工业的
господа́рський〔形〕经济的，业务的；日常应用的，家务用途的
відхо́ди, -ів〔复〕废物，废料
отрутохіміка́т, -у〔阳〕化学毒剂，农药
сьогоде́ння, -я〔中〕今天
дві́чі〔副〕两次，两回；二倍
аквато́рія, -і〔阴〕水区，水域
здійсню́ватися, -юється〔未〕实行，实现 **здійсни́тися**, -ни́ться〔完〕
прори́в, -у〔阳〕突破，冲破；溃决
фека́лії, -лій〔复〕粪便，粪肥
то́нна, -и；复二 тонн〔阴〕吨
нечисто́ти, -о́т〔复〕脏东西，垃圾，污物
потра́пити, -плю, -пиш；命令式 -ап〔完〕进入，走入；(偶然) 身处 (某种境况、状态等)，落到，陷入，遭到 **потрапля́ти**〔未〕
прито́ка, -и〔阴〕支流
Ха́рків 哈尔科夫（乌克兰城市）
вна́слідок〔前〕(二格) 因，因为，由于
екологі́чний〔形〕生态的，生态学的
катастро́фа, -и〔阴〕惨祸，灾难；惨剧
заги́нути, -ну, -неш；命令式 -инь〔完〕死亡，灭亡；死掉
фа́уна, -и〔阴〕动物群；动物区系
аналогі́чний〔形〕类似的，相似的，相同的
на́слідок, -дку〔阳〕结果，后果
ава́рія, -ї, 五格 -єю〔阴〕遇险，失事；事故
Рубі́жне 鲁别日诺耶（乌克兰城市）
донба́сівець〔阳〕顿巴斯人
непоодино́кий〔形〕不是单独的，不是个别的
скид, -у〔阳〕扔下，抛下
високотокси́чний〔形〕毒性高的
рубі́жанський〔形〕鲁别日诺耶的
краси́тель, -ля〔阳〕颜色，染料
перетво́рюватися, -ююся, -юєшся〔未〕变为，变成，转变为；实现 **перетвори́тися**, -орю́ся, -о́ришся〔完〕
зо́на, -и〔阴〕地带，地区；区域；范围
росли́нність, -ності, 五格 -ністю〔阴〕(某一地区的) 植被，植物
лиси́ця, -і〔阴〕狐狸
кіт, кота́〔阳〕公猫
отру́їти, -ую́, -у́їш〔完〕毒死；下毒 (药)；毒化 **отру́ювати**, -юю, -юєш〔未〕
суці́льний〔形〕连续的，不断的；整 (个) 的，整体的
моги́льник, -а〔阳〕古墓；掘墓人
заги́блий〔形〕死亡的
потерпа́ти, -па́ю, -па́єш〔未〕〈口语〉患 (病)；感到痛苦，受折磨
ша́хта, -и〔阴〕矿井，竖井
поступа́ти, -а́ю, -а́єш〔未〕进入，归入；通入 **поступи́ти**, -уплю́, -у́пиш〔完〕
смара́гдовий〔形〕绿宝石的，祖母绿的；鲜绿色的
спеціалі́ст, -а〔阳〕专家
безпе́ка, -и〔阴〕安全
Держуправлі́ння екологі́чної безпе́ки 国家生态安全委员会
вча́сно〔副〕按时，及时，适时
причи́на, -и〔阴〕原因，缘故；理由，根据
забрудни́ти, -ню́, -ни́ш〔完〕弄脏，污染

забрýднювати, -юю, -юєш〔未〕

шáхтний〔形〕矿井的，竖井的

Димíтров 季米特洛夫（乌克兰城市）

періодúчно〔副〕周期性地，定期地

забрýдюватися, -ююся, -юєшся〔未〕被弄脏，被污染 забруднúтися, -нюся, -нишся〔完〕

час від чáсу 有时，不时

гóстро〔副〕尖锐地，俏皮地；强烈地

межá, -í，五格 -éю；复 мéжі, меж〔阳〕界，界线；疆界；限度，范围

цілковúтий〔形〕完全的，完备的，完整的

загúбель, -і，五格 -ллю〔阴〕死亡，灭亡；破灭

винá, -ú〔阴〕罪过，过失

нерадúвий〔形〕疏忽的，懈怠的，玩忽职守的

господарювáння, -я〔中〕经营，管理；料理（家务）

промисловúк, -а〔阳〕企业主，厂主，工业家

сільськúй〔形〕乡村的，农村的；农业的

станóвище, -а〔中〕状况，状态，情况

менш〔副〕= мéнше

жахлúвий〔形〕可怕的，恐怖的；极坏的，很糟的

гýсто〔副〕密密地，浓浓地

сміттєзвáлище, -я〔中〕垃圾场

викидáти, -áю, -áєш〔未〕扔出，投出；抛弃，扔掉 вúкинути, -ну, -неш；命令式 -инь〔完〕

увéсь, усьогó, усьомý，五格 усíм，六格 усьомý（усíм）；уся, усієї, усíй，五格 усією，六格 усíй；усé, усьогó；усí, усíх, усíм，五格 усімá〔代〕= весь

непóтріб, -треба 及〔集合名词〕-требу〔阳〕不需要的东西，废物

гноя́к, -ка́〔阳〕蜣螂

мішóк, -шкá〔阳〕袋，口袋；麻袋

бúтий〔形〕被打的；打坏的，打碎的

іржáвий〔形〕生锈的，锈的

цебéрка, -і〔阴〕水桶

руслó, -á〔中〕河床，河槽

зарастáти, -áю, -áєш〔未〕（草木、毛发等）长满，生满，丛生 заростú, -тý, -тéш, -темó, -тетé；过去时 -ріс, -рослá〔完〕

очерéт, -у；复 -éти 及 -етá, -éтів 及 -етíв〔阳〕芦苇

застóюватися, -тóююся, -тóюєшся〔未〕（水等）因停滞过久而腐败 застоя́тися, -тóюся, -тóїшся〔完〕

ланцюжóк, -жкá〔阳〕细小的链子，小链

воню́чий〔形〕〈口语〉臭的，气味难闻的

бруднúй〔形〕脏的

болóто, -а；复 -лотá, -лíт〔中〕泥沼，沼泽

повсю́дно〔副〕到处，处处

нáпис, -у〔阳〕题词；铭文，碑文

заборонúти, -оню́, -óниш〔完〕（що 或与不定式连用）禁止 забороня́ти, -я́ю, -я́єш〔未〕

небезпéчно〔副〕危险地，不安全地

дáні, -их〔复〕资料，材料；数据；素质，才能

держепіднáгляд, -у〔阳〕国家监督；国家监督机构

збу́дник 〔阳〕鼓动者，刺激物；病原体

холе́ра, -и 〔阴〕霍乱

ви́явити, -влю, -виш 〔完〕表现出，显示出；表明；发现，找出 **виявля́ти**, -я́ю, -я́єш 〔未〕

водо́йма, -и 〔阴〕水库，(贮)水池，水塘

щеза́ти, -а́ю, -а́єш 〔未〕消失，消逝 **ще́знути**, -ну, -неш 〔完〕

правди́вий 〔形〕真实的；真正的；公正的

анекдо́т, -у 〔阳〕笑话，趣闻，奇闻

риба́лка, -и 〔阳，阴〕渔夫，渔妇

пориба́лити, -лю, -лиш；命令式 -а́ль 〔完〕捕鱼，打一阵儿鱼

діва́тися, -а́юся, -а́єшся 〔未〕(被)放在，搁到；跑到；栖身 **ді́тися**, ді́нуся, ді́нешся 〔完〕

відповіда́ти, -а́ю, -а́єш 〔未〕回答，答复；〔只用未完成体〕负责，保障；适应 **відповісти́**, -і́м, -і́си, -і́сть, -імо́, -істе́, -ідя́ть 〔完〕

риба́лити, -лю, -лиш；命令式 -а́ль 〔未〕当渔夫，捕鱼(为业)

сторі́чний 〔形〕百(周年)的；百岁的

ста́тися, -а́неться 〔完〕发生 **става́тися**, -а́ється 〔未〕

довести́, -еду́, -еде́ш, -едемо́, -едете́；过去时 -і́в, -ела́ 〔完〕领到，带到；致使，迫使 **дово́дити**, -джу, -диш；命令式 -о́дь 〔未〕

криті́чний 〔形〕处于危机的，在紧要关头的

зітхну́ти, -ну́, -не́ш 〔完〕叹气，叹息；怀念，伤感 **зітха́ти** 〔未〕

неквапли́во 〔副〕从容地，审慎地，不慌不忙地

ране́ше 〔副〕=**ране́ш** 从前，以前；〔前〕(二格)比…早

стрі́ха, -и, 六格 -сі 〔阴〕(木房的)房檐，房顶

гру́ба, -и 〔阴〕火炉

топи́ти, -плю́, -пиш 〔未〕生(火)；生炉子(或暖气等)取暖

водяни́й 〔形〕水的，水生的；水面上的；水力的

млин, -á 〔阳〕磨坊；磨

мі́рошник, -а 〔阳〕磨坊主；磨粉工人

ділянка, -и 〔阴〕地段，一段地；方面，部分

чи́стити, чи́щу, чи́стиш；命令式 чисть 〔未〕使清洁，刷洗；清除 **почи́стити** 〔完〕

вико́хувати, -ую, -уєш 〔未〕养大，养育(大)；培养出来，抚养好 **ви́кохати** 〔完〕

борони́ти, -оню́, -о́ниш 〔未〕保卫，保护

Бог, -а, 呼格 Бо́же 〔阳〕上帝
борони́ Бо́же 千万不要…，千万可别…

смі́ття́, -я 〔中〕垃圾

леда́чий 〔形〕懒惰的；无用的；轻浮的

себе́, собі́, собо́ю, се́бе 〔代〕自己

шанува́ти, -у́ю, -у́єш 〔未〕尊敬；〈口语〉爱护，关怀，照顾

зви́кнути, -ну, -неш 〔完〕习惯，有…习惯；习惯于 **звика́ти** 〔未〕

спи́сувати, -ую, -уєш 〔未〕抄录；写满，写完；描写；制表 **списа́ти**, -ишу́,

-и́шеш〔完〕

економі́чний〔形〕经济（上）的；经济学的；经济的,（能）节省的

кри́за, -и〔阴〕〈经〉危机；〈医〉极期,危象；风潮；经济困难

донеда́вна〔副〕至不久以前

брак, -у〔阳〕废品；毛病,缺陷

недоста́тність, -ності〔阴〕不足,缺点

кля́тий〔形〕〈口语〉极可恶的,万恶的,该死的

хроні́чний〔形〕慢性的（指疾病）

но́та, -и〔阴〕音符,音调；〔复〕乐谱,乐曲

до́пис, -у〔阳〕通讯报道；（报纸上的）文章,简讯

потра́тити, -а́чу, -а́тиш〔完〕费,耗费,花费（钱,时间等）

поете́са, -и〔阴〕女诗人

дити́нство, -а〔中〕儿童时代,童年

прямува́ти, -у́ю, -у́єш〔未〕行进,走；跟随…前进 **попрямува́ти**〔完〕

бе́звість, -і, 五格 -тю〔阴〕杳无音信

ма́рево, -а〔中〕海市蜃楼；幻影,幻象

проща́ння, -я；复二 -ань〔中〕告别,分手,离别

каяття́, -я〔中〕后悔,悔过

проще́ння, -я〔中〕原谅,宽恕

гріх, -а́〔阳〕罪；罪过,罪恶

про́мінь, -меня, 五格 -менем；复 -мені, -менів〔阳〕光线,光

світа́ння, -я〔中〕黎明,破晓

купа́ти, -а́ю, -а́єш〔未〕给…洗澡 **ви́купати**〔完〕

ма́вка, -и〔阴〕女神；（美）人鱼，人鱼公主

воста́ннє〔副〕最后一次

проли́нути, -ну, -неш〔完〕飞奔,飞驰

вуста́, вуст〔复〕=**уста́**, уст 唇,嘴唇；嘴

сльоза́, -и́；复 сльо́зи, сліз, сльоза́м, 五格 слізьми́ 及 сльоза́ми〔阴〕眼泪

лиши́ти, -шу́, -ши́ш, -шимо́, -шите́〔完〕抛弃,放弃,丢下；离开 **лиша́ти**, -а́ю, -а́єш〔未〕

по-дитя́чі〔副〕孩子般的

промайну́ти, -ну́, -не́ш, -немо́, -нете́〔完〕闪现,一度出现；飞逝,结束

проміне́ць, -нцю〔阳〕про́мінь 的指小表爱

надія, -ї, 五格 -єю〔阴〕希望,期望

небезпе́ка, -и〔阴〕危险

втра́тити, -а́чу, -а́тиш；命令式 втрать〔完〕失掉,丧失,受损失 **втрача́ти**〔未〕

第35课 Тридця́ть п'я́тий уро́к

Текст

Відро́дження тради́ції

Старі́ тради́ції слов'я́нських наро́дів не забува́ються в суча́сній буде́нності. Так у ли́пні у́чні «Лі́тньої гуманіта́рної шко́ли», засно́ваної на лі́то науко́вими співробі́тниками Доне́цького обласно́го краєзна́вчого музе́ю В. І. Ку́зіним і Л. А. Лига́новою та підгото́вчого відді́лення Доне́цького гуманіта́рного інститу́ту Ю. О. Поляко́вим і М. О. Бо́йко, святкува́ли Іва́на Купа́ла на берега́х рі́чки Сі́верський Діне́ць. Ще взи́мку мо́лодь вивча́ла купа́льські пісні́, танці́, знайо́милась з тради́ціями прове́дення таки́х свят в мину́лому, зверта́лася до науко́вих етнографі́чних джере́л.

Свя́то почало́ся уве́чорі. Дівча́та в по́вній ти́ші збира́ли кві́ти і тра́ви, а по́тім заспіва́вши купа́льських пісе́нь, зійшли́ся в ко́ло і ста́ли плести́ вінки́. В цей час хло́пці роби́ли Море́ну і готува́ли во́гнище. На лісову́ галя́вину впа́ла те́мрява. Всі ра́зом взя́ли дубо́ві гілки́ і з пі́снею пішли́ хорово́дом. Жа́рти, сміх, весе́лі ви́гуки… Всі стриба́ли че́рез вого́нь. До схід со́нця гурто́м пішли́ топи́ти Море́ну, а з пе́ршими про́менями сві́тла дівча́та пусти́ли вінки́ по воді́, зайшли́ у рі́чку «купа́тись на красу́».

Фолькло́рне свя́то було́ лише́ одни́м із за́ходів «Лі́тньої гуманіта́рної шко́ли», знайо́мство з да́вніми культу́рними тради́ціями Доне́ччини відбува́лося у трьох на́прямках.

В етнографі́чному на́прямку працюва́ла Любо́в Лига́нова, провідни́й співробі́тник краєзна́вчого музе́ю. Слухачі́ познайо́милися з у́строєм слободсько́ї коза́чої ха́ти, костю́мами та традиці́йним по́бутом, побува́ли у Райгородсько́му музе́ї наро́дної тво́рчості, в дитя́чому садо́чку, у старі́ших люде́й, які́ ма́ли, що розказа́ти про давнину́.

В археологі́чному на́прямку, яки́й опікува́вся а́втор цих рядкі́в, усі́ поді́ї відбува́лися навко́ло розко́пок бро́нзової доби́. Хло́пці з захо́пленням копирса́лись у землі. У вéрхньому шарі знахóдили черепки́ козáцького пóсуду, а в глиби́нних — старóї керáміки, кістки́, зýби домáшньої худóби та ди́ких птахíв. Булá і малéнька сенсáція — знахíдка прадáвньої склянóї намисти́нки.

У худóжньому нáпрямку, яки́й велá викладáч Донéцького педколéджу Г. А. Попóва, ýчні викóнували робóту твóрчого мистéцького харáктеру: у символíчних малю́нках намагáлися відтвори́ти влáсні ри́си.

Слухачáми «Лíтньої гуманітáрної шкóли» були́ студéнти ДонГУ, педколéджу, інститýту штýчного інтелéкту, ýчні стáрших клáсів шкіл м. Донéцька.

Не трéба дýмати, що робóта не лишáла чáсу для відпочи́нку. Щодня́ ходи́ли купáтися на Дінéць, риба́лили, загорáли, збирáли квíти, трáви, грáли в рухли́ві íгри. Коли́ поверта́лися додóму, у всіх булó однé бажáння: знов зустрíтися настýпного лíта на цьóму мíсці.

Словни́к

відрóдження, -я〔中〕复活；复兴, 恢复

слов'я́нський〔形〕斯拉夫的；斯拉夫人的

забувáтися, -áюся, -áєшся〔未〕被忘记, 被遗忘 **забýтися**, -ýдуся, -ýдешся；命令式 -ýдь〔完〕

будéнність, -ності〔阴〕平日, 日常生活

гуманітáрний〔形〕人文的

засновувати, -ую, -уєш〔未〕建立, 创立, 创办 **заснувáти**, -ýю, -ýєш〔完〕

співробíтник, -а〔阳〕同事；助手；工作人员

обласни́й〔形〕州的

підготóвчий〔形〕准备的；预备的, 筹备的

святкувáти, -ýю, -ýєш〔未〕庆祝 (节日), 过节

Івáн Купáло 圣约翰节 (古代俄罗斯多神教的农业节日, 即夏至)

мóлодь, -і, 五格 -ддю〔阴, 集合名词〕青年

купáльський〔形〕圣约翰节的

тáнець, -нцю, 五格 -нцем〔阳〕舞；民间舞蹈；跳舞

мину́лий〔形〕过去的, 以前的, 从前的
в мину́лому 在过去, 在以前

етнографíчний〔形〕民族 (学) 的

ти́ша, -і, 五格 -ею〔阴〕静, 寂静；平静, 安静

травá, -и́；复 трáви, трав〔阴〕草, 青草

заспівáти, -áю, -áєш〔完〕开始唱, 唱起来

кóло, -а；复 кóла, кіл〔中〕圆形物, 圆圈, 环；环舞

плести́, -етý, -етéш, -етемó, -ететé；过去时 плів, плелá〔未〕织, 搓, 编

Морéна 莫列娜（按神话中女英雄的样子做的草人，泥人）

вóгнище, -a〔中〕篝火；炉灶

лісовúй〔形〕树林的, 森林的；木材的

галя́вина, -и〔阴〕林间空地

тéмрява, -и〔阴〕暗, 黑暗

гíлка, -и, 三、六格 -ці；复 -лкú, -лóк〔阴〕树枝

хоровóд, -у〔阳〕轮舞, 环舞

жарт, -у〔阳〕笑话, 玩笑

сміх, -у〔阳〕笑, 笑声

вúгук, -у〔阳〕呼喊, 感叹

схід, схóду〔阳〕上升, 登高；（日、月等）出, 升

гуртóм〔副〕共同地, 一起；大家一齐

свíтло, -a〔中〕光, 亮光；灯光, 灯火

пустúти, пущý, пýстиш〔完〕放开, 放掉, 释放 **пускáти**〔未〕

фольклóрний〔形〕民间（口头）创作的；民俗的

зáхід, -ходу〔阳〕办法, 手段, 措施

знайóмство, -a〔中〕结识, 相识；熟悉, 了解

культýрний〔形〕文化的, 文化上的；有文化的

нáпрямок, -мку〔阳〕= **нáпрям** 方向, 方面；趋向, 流派

провіднúй〔形〕领导的, 指导的, 主导的

слухáч, -á, 五格 -éм, 呼格 -áчу〔阳〕听讲者；〔复〕听众

ýстрій, -рою, 五格 -роєм〔阳〕制度, 体制

слободськúй〔形〕村镇的, 集镇的；街区的

козáчий〔形〕哥萨克的

пóбут, -у〔阳〕生活方式, 生活习惯；日常生活

побувáти, -áю, -áєш〔未〕到（若干地方）, 游历（若干地方）

райгородськúй〔形〕拉伊霍拉特的

розказáти, -ажý, -áжеш；命令式 -ажú〔完〕讲, 讲述, 叙述 **розкáзувати**, -ую, -уєш〔未〕

давнинá, -ú〔阴〕古代

археологíчний〔形〕考古学的

опікувáтися, -уюся, -уєшся〔未〕监督；照料, 看护

áвтор, -a；复 -и, -ів〔阳〕作者

рядóк, -дкá〔阳〕一小行；一行（字）等

навкóло〔副〕周围, 四周；〔前〕（二格）在⋯周围

розкóпки, -пок〔复〕挖掘；发掘

брóнзовий〔形〕青铜的

добá, -ú；复 дóби, діб〔阴〕时代, 时期

копирсáтися, -áюся, -áєшся〔未〕〈口语〉挖, 掏, 刨 **копирснýтися**, -нýся, -нéшся〔完〕

шар, -у；复 -ú, -íв〔阳〕层, 一层；阶层；地层

черепóк, -пкá〔阳〕碎瓷片, 瓦片

козáцький〔形〕哥萨克（式）的

глибúнний〔形〕（在）深处的, 深远的

керáміка, -и〔阴, 集合名词〕陶器

кíстка, -и；复 -ткú, -тóк〔阴〕骨, 骨头；〔复〕骸, 遗骸

худо́ба, -и〔阴，集合名词〕家畜，牲畜，牲口
ди́кий〔形〕野的，野生的；野蛮的
сенса́ція, -ї, 五格 -єю〔阴〕轰动，轰动事件
зна́хідка, -и〔阴〕找到，捡到；捡到的东西
прада́вній〔形〕古代的，古老的；远古的
скляни́й〔形〕玻璃的
намисти́нка, -и〔阴〕（珠串、项链的）一粒小珠子
виклада́ч, -ча́〔阳〕教师，（高等学校的）教员
педколе́дж, -у, 五格 -ем〔阳〕师范学院
символі́чний〔形〕象征(性)的
відтвори́ти, -орю́, -о́риш〔完〕再生产，（使）再现；回忆 **відтво́рювати**〔未〕
інтеле́кт, -у〔阳〕智力；理智
щодня́ 及 **щоде́нно**〔副〕每天地，每日地；经常地
загора́ти, -а́ю, -а́єш 及 **загоря́ти**, -я́ю, -я́єш〔未〕晒黑 **загорі́ти**, -рю́, -ри́ш, -римо́, -ри́те〔完〕
рухли́вий〔形〕活动的，可移动的；好动的，活泼的

语法附录　ДОДА́ТКИ

1. 名词变格表

第一变格法

		硬变化	软变化		混合变化
单数	一格	по́друга	пра́ця	ста́нція	гру́ша
	二格	по́други	пра́ці	ста́нції	гру́ші
	三格	по́друзі	пра́ці	ста́нції	гру́ші
	四格	по́другу	пра́цю	ста́нцію	гру́шу
	五格	по́другою	пра́цею	ста́нцією	гру́шею
	六格	(на) по́друзі	(на) пра́ці	(на) ста́нції	(на) гру́ші
	呼格	по́друго	пра́це	ста́нціє	гру́шо
复数	一格	по́други	пра́ці	ста́нції	гру́ші
	二格	по́друг	праць	ста́нцій	груш
	三格	по́другам	пра́цям	ста́нціям	гру́шам
	四格	по́друг	пра́ці	ста́нції	гру́ші
	五格	по́другами	пра́цями	ста́нціями	гру́шами
	六格	(на) по́другах	(на) пра́цях	(на) ста́нціях	(на) гру́шах
	呼格	по́други	пра́ці	ста́нції	гру́ші

第二变格法
（1）阳性（单数）

	硬变化		软变化		混合变化	
一格	ба́тько	брат	о́лень	край	дощ	школя́р
二格	ба́тька	бра́та	о́леня	кра́ю	дощу́	школяра́
三格	ба́тькові (-у)	бра́тові (-у)	о́леневі (-ю)	кра́єві (-ю)	дощу́	школя́реві (-у)
四格	ба́тька	бра́та	о́леня	край	дощ	школяра́
五格	ба́тьком	бра́том	о́ленем	кра́єм	дощє́м	школяре́м
六格	(на) ба́тькові	(на) бра́тові	(на) о́лені	(у) кра́ю (-ї)	(на) дощі́	(на) школя́реві
呼格	ба́тьку	бра́те	о́лене	кра́ю	дощу́	школя́ре

（2）阳性（复数）

	硬变化		软变化		混合变化	
一格	батьки́	брати́	о́лені	краї́	дощі́	школярі́
二格	батькі́в	браті́в	о́ленів	краї́в	дощі́в	школярі́в
三格	батька́м	брата́м	о́леням	края́м	доща́м	школяра́м
四格	батькі́в	браті́в	о́ленів	краї́	дощі́	школярі́в
五格	батька́ми	брата́ми	о́ленями	края́ми	доща́ми	школяра́ми
六格	(на) батька́х	(на) брата́х	(на) о́ленях	(у) края́х	(на) доща́х	(на) школяра́х
呼格	батьки́	брати́	о́лені	краї́	дощі́	школярі́

（3）中性（单数）

	硬变化	软变化		混合变化
一格	вікно́	обли́ччя	по́ле	прі́звище
二格	вікна́	обли́ччя	по́ля	прі́звища
三格	вікну́	обли́ччю	по́лю	прі́звищу
四格	вікно́	обли́ччя	по́ле	прі́звище
五格	вікно́м	обли́ччям	по́лем	прі́звищем
六格	(на) вікні́	(на) обли́ччі	(на) по́лі	(на) прі́звищу
呼格	вікно́	обли́ччя	по́ле	прі́звище

（4）中性（复数）

	硬变化	软变化		混合变化
一格	ві́кна	обли́ччя	поля́	прі́звища
二格	ві́кон	обли́ч	полі́в	прі́звищ
三格	ві́кнам	обли́ччям	поля́м	прі́звищам
四格	ві́кна	обли́ччя	поля́	прі́звища
五格	ві́кнами	обли́ччями	поля́ми	прі́звищами
六格	(на) ві́кнах	(на) обли́ччях	(на) поля́х	(на) прі́звищах
呼格	ві́кна	обли́ччя	поля́	прі́звища

第三变格法

	单数		复数	
一格	ніч	мáти	нóчі	матерí
二格	нóчі	мáтері	ночéй	матерíв
三格	нóчі	мáтері	ночáм	матерям
四格	ніч	мáтір	нóчі	матерíв
五格	нíччю	мáтір'ю	ночáми	матерями
六格	(у) нóчі	(на) мáтері	(у) ночáх	(на) матерях
呼格	нóче	мáти	нóчі	матерí

第四变格法

	单数		复数	
一格	хлоп'я́	ім'я́	хлоп'я́та	іменá
二格	хлоп'я́ти	íмені (ім'я́)	хлоп'я́т	імéн
三格	хлоп'я́ті	íмені	хлоп'я́там	іменáм
四格	хлоп'я́	ім'я́	хлоп'я́т	іменá
五格	хлоп'я́м	ім'я́м (íменем)	хлоп'я́тами	іменáми
六格	(на) хлоп'я́ті	(на) íмені	(на) хлоп'я́тах	(на) іменáх
呼格	хлоп'я́	ім'я́	хлоп'я́та	іменá

2. 形容词变格表

		单数			复数
		阳性	中性	阴性	
硬变化	一格	новúй	новé	новá	новí
	二格	новóго		новóї	новúх
	三格	новóму		новíй	новúм
	四格	同一或二	новé	новý	同一或二
	五格	новúм		новóю	новúми
	六格	(у) новóму, -íм		(у) новíй	(у) новúх

		单数			复数
		阳性	中性	阴性	
软变化	一格	си́ній/безкра́їй	си́нє/безкра́є	си́ня/безкра́я	си́ні/безкра́ї
	二格	си́нього/безкра́його		си́ньої/безкра́йої	си́ніх/безкра́їх
	三格	си́ньому/безкра́йому		си́ній/безкра́їй	си́нім/безкра́їм
	四格	同一或二	си́нє/безкра́є	си́ню/безкра́ю	同一或二
	五格	си́нім/безкра́їм		си́ньою/безкра́йою	си́німи/безкра́їми
	六格	(у) си́ньому, -ім/безкра́йому, -ім		(у) си́ній/безкра́їй	(у) си́ніх/безкра́їх
以-лиций-结尾的形容词	一格	білоли́ций	білоли́це	білоли́ця	білоли́ці
	二格	біломи́цього		білоли́цьої	білоли́цих
	三格	білоли́цьому		білоли́цій	білоли́цим
	四格	同一或二	білоли́це	білоли́цю	同一或二
	五格	білоли́цим		білоли́цьою	білоли́цими
	六格	(у) білоли́цьому, -ім		(у) білоли́цій	(у) білоли́цих

3. 动词变位表

（1）现在时

		я	ти	він (вона́, воно́)	ми	ви	вони́
第一变位法	писа́ти	пишу́	пи́шеш	пи́ше	пи́шемо	пи́шете	пи́шуть
	нести́	несу́	несе́ш	несе́	несемо́	несете́	несу́ть
	зна́ти	зна́ю	зна́єш	зна́є	зна́ємо	зна́єте	зна́ють
	дава́ти	даю́	дає́ш	дає́	даємо́	дає́те	даю́ть
第二变位法	крича́ти	кричу́	кричи́ш	кричи́ть	кричимо́	кричите́	крича́ть
	леті́ти	лечу́	лети́ш	лети́ть	летимо́	летите́	летя́ть
	говори́ти	говорю́	гово́риш	гово́рить	гово́римо	гово́рите	гово́рять
	люби́ти	люблю́	лю́биш	лю́бить	лю́бимо	лю́бите	лю́блять

（2）将来时

	я	ти	він (вона́, воно́)	ми	ви	вони́
单一式	написа́ти	напишу́	напи́шеш	напи́ше	напи́шемо	напи́шете	напи́шуть
	внести́	внесу́	внесе́ш	внесе́	внесемо́	внесете́	внесу́ть
复合式	писа́ти	писа́тиму	писа́тимеш	писа́тиме	писа́тимемо	писа́тимете	писа́тимуть
	говори́ти	говори́тиму	говори́тимеш	говори́тиме	говори́тимемо	говори́тимеме	говори́тимуть
合成式	писа́ти	бу́ду писа́ти	бу́деш писа́ти	бу́де писа́ти	бу́демо писа́ти	бу́дете писа́ти	бу́дуть писа́ти

（3）过去时

	він	вона́	воно́	вони́
писа́ти	писа́в	писа́ла	писа́ло	писа́ли
написа́ти	написа́в	написа́ла	написа́ло	написа́ли
чита́ти	чита́в	чита́ла	чита́ло	чита́ли
прочита́ти	прочита́в	прочита́ла	прочита́ло	прочита́ли
нести́	ніс	несла́	несло́	несли́
везти́	віз	везла́	везло́	везли́

4. 数词变格表

（1）оди́н

	单数 阳性	单数 中性	单数 阴性	复数
一格	оди́н	одно́ (одне́)	одна́	одні́
二格	одного́	одного́	одніє́ї (одно́ї)	одни́х
三格	одному́	одному́	одні́й	одни́м
四格	同一或二	одно́ (одне́)	одну́	同一或二
五格	одни́м	одни́м	одніє́ю (одно́ю)	одни́ми
六格	(на) одному́ (-і́м)	(на) одному́ (-і́м)	(на) одні́й	(на) одни́х

（2）два（дві），три，чоти́ри

一格	два	дві	три	чоти́ри
二格	дв**ох**		тр**ьох**	чотир**ьох**
三格	дв**ом**		тр**ьом**	чотир**ьом**
四格	同一或二		同一或二	同一或二
五格	дв**ома́**		тр**ьома́**	чотир**ма́**
六格	(на) дв**ох**		(на) тр**ьох**	(на) чотир**ьох**

（3）п'ять… дев'ятна́дцять, два́дцять, три́дцять

一格	п'ять	двана́дцять
二格	п'ят**и́**, п'ять**о́х**	дванадцять**о́х** (-т**и́**)
三格	п'ят**и́**, п'ять**о́м**	дванадцять**о́м** (-т**и́**)
四格	п'ять 或 п'ять**о́х**	двана́дцять 或 дванадцять**о́х**
五格	пять**ма́**, п'ять**ома́**	дванадцять**ома́** (-ть**ма́**)
六格	(на) п'ят**и́**, п'ять**о́х**	(на) дванадцять**о́х** (-т**и́**)
一格	сім	три́дцять
二格	сем**и́**, сім**о́х**	тридцять**о́х** (-т**и́**)
三格	сем**и́**, сім**о́м**	тридцять**о́м** (-т**и́**)
四格	сім 或 сім**о́х**	три́дцять 或 тридцять**о́х**
五格	сь**ома́**, сім**ома́**	тридцять**ома́** (-ть**ма́**)
六格	(на) сем**и́**, сім**о́х**	(на) тридцять**о́х** (-т**и́**)

（4）п'ятдеся́т, шістдеся́т, сімдеся́т, вісімдеся́т

一格	п'ятдеся́т
二格	п'ятдесят**и́**, п'ятдесять**о́х**
三格	п'ятдесят**и́**, п'ятдеять**о́м**
四格	п'ятдеся́т 或 п'ятдесять**о́х**
五格	п'ятдесять**ма́**, п'ятдесять**ома́**
六格	п'ятдесят**и́**, п'ятдесять**о́х**

（5）со́рок, дев'яно́сто, сто

一格	со́рок	дев'яно́сто	сто
二格	сорока́	дев'яно́ста	ста
三格	сорока́	дев'яно́ста	ста
四格	со́рок	дев'яно́сто	сто
五格	сорока́	дев'яно́ста	ста
六格	(на) сорока́	(на) дев'яно́ста	(на) ста

（6）дві́сті, три́ста, чоти́риста… дев'ятсо́т

一格	дві́сті	три́ста	п'ятсо́т
二格	двохсо́т	трьохсо́т	п'ятисо́т
三格	двомста́м	трьомста́м	п'ятиста́м
四格	дві́сті	три́ста	п'ятсо́т
五格	двомаста́ми	трьомаста́ми	п'ятьмаста́ми
六格	(на) двохста́х	(на) трьохста́х	(на) п'ятиста́х

5. 代词变格表

		一格	二格	三格	四格	五格	六格
人称代词		я	мене́	мені́	мене́	мно́ю	(на) мені́
		ти	тебе́	тобі́	тебе́	тобо́ю	(на) тобі́
		він	його́ (ньо́го)	йому́	його́ (ньо́го)	ним	(на) ньо́му
		вона́	її́ (не́ї)	їй	її́ (не́ї)	не́ю	(на) ній
		воно́	його́ (ньо́го)	йому́	його́ (ньо́го)	ним	(на) ньо́му
		ми	нас	нам	нас	на́ми	(на) нас
		ви	вас	вам	вас	ва́ми	(на) вас
		вони́	їх (них)	їм	їх (них)	ни́ми	(на) них
反身代词		—	себе́ (до се́бе)	собі́	себе́ (на се́бе)	собо́ю	(на, в) собі́

	一格	二格	三格	四格	五格	六格
物主代词	мій (моє́)	мого́	моє́му	同一或二（同一）	моі́м	(на) моє́му
	моя́	моє́ї	моі́й	мою́	моє́ю	(на) моі́й
	моі́	моі́х	моі́м	同一或二	моі́ми	(на) моі́х
指示代词	той (те)	того́	тому́	同一或二（同一）	тим	(на) то́му
	та	тіє́ї (то́ї)	тій	ту	тіє́ю (то́ю)	(на) тій
	ті	тих	тим	同一或二	ти́ми	(на) тих
	цей (це)	цього́	цьому́	同一或二（同一）	цим	(на) цьо́му
	ця	цє́ї	цій	цю	ціє́ю	(на) цій
	ці	цих	цим	同一或二	ци́ми	(на) цих
疑问代词	хто	кого́ (бі́ля ко́го)	кому́	кого́	ким	(на) ко́му
	що	чого́ (бі́ля чо́го)	чому́	що	чим	(на) чо́му
	яки́й (яке́)	яко́го	якому́	同一或二（同一）	яки́м	(на) яко́му (які́м)
	яка́	яко́ї	які́й	яку́	яко́ю	(на) які́й
	які́	яки́х	яки́м	同一或二	яки́ми	(на) яки́х
	чий (чиє́)	чийо́го	чийо́му (чиє́му)	同一或二（同一）	чиі́м	(на) чийо́му
	чия́	чиє́ї	чиї́й	чию́	чиє́ю	(на) чиї́й
	чиі́	чиї́х	чиї́м	同一或二	чиї́ми	(на) чиї́х
限定代词	весь (уве́сь, ввесь)	всього́	всьому́	同一或二	всім	(на) всьо́му (всім)
	все (усе́)	всього́	всьому́	все (усе́)	всім	(на) всьо́му (всім)
	вся (уся́)	всіє́ї	всій	всю	всіє́ю	(на) всій
	всі (усі́)	всіх	всім	同一或二	всіма́	(на) всіх

续表

	一格	二格	三格	四格	五格	六格
不定代词	ко́жний ко́жне	ко́жного	ко́жному	同一或二 ко́жне	ко́жним	(на) ко́жному (ко́жнім)
	ко́жна	ко́жної	ко́жній	ко́жну	ко́жною	(на) ко́жній
	ко́жні	ко́жних	ко́жним	同一或二	ко́жними	(на) ко́жних
	де́хто	де́кого	де́кому	де́кого	де́ким	(на) де́кому, де́ на кому
	аби́що	аби́чого	аби́чому	аби́що	аби́чим	аби́ на чому
	яки́йсь яке́сь	якогось	якомусь	同一或二 яке́сь	яки́мсь	(на) якомусь (які́мсь)
	яка́сь	якої́сь	які́йсь	яку́сь	якою́сь	(на) які́йсь
	які́сь	яки́хось	яки́мсь	同一或二	яки́мись	(на) яки́хось
	бу́дь-чий бу́дь-чиє	бу́дь-чийого	бу́дь-чийо́му	同一或二 бу́дь-чиє	бу́дь-чиї́м	(на) бу́дь-чийо́му бу́дь на чийому
	бу́дь-чия	бу́дь-чиє́ї	бу́дь-чиї́й	бу́дь-чию́	бу́дь-чиє́ю	(на) бу́дь-чиї́й будь на чиїй
	бу́дь-чиї́	бу́дь-чиї́х	бу́дь-чиї́м	同一或二	бу́дь-чиї́ми	(на) бу́дь-чиї́х будь на чиїх
否定代词	ніхто́	ніко́го	ніко́му	ніко́го	нікі́м	ні на ко́му
	ніщо́	нічо́го	нічо́му	ніщо́	нічи́м	ні на чо́му

参考答案　КЛЮЧІ

第 1 课

1. наша кімната, наш сад, тато і мама, кішка і собака, папір і перо, студент і студентка

2. （1）Що це?（2）Хто це?（3）Де мама?（4）Де указка?（5）А це теж карта?（6）Це вовк?（7）Сестра тут.（8）Так, вікно там.（9）Тепер треба писати.（10）Скоро дзвоник? Так, скоро дзвоник.（11）Вона студентка? Ні, вона не студентка.（12）То ліс? Ні, то не ліс.

3. 略

第 2 课

1、2 略

3. ця дівчина, ваш брат, день і ніч, цікава книга, англійска книга, українська газета, гарний голос, багато знати, сидіти вдома

4. （1）Іван українець? Так, він українець.

（2）Це цікава книга? Ні, вона не цікава.

（3）Ваш брат студент? Ні, він не студент, він — робітник.

（4）От кінотеатр, мій папа там працює.

（5）Він говорить по-українському чи по-російському?

（6）Яка це газета?

（7）Галя любить море.

5、6 略

第 3 课

1. 略

2. （1）втихаю（2）знає（3）вивчаю（4）працює（5）розмовляє（6）бере, сідає（7）несу（8）читає

3. добрий день, як читати, мій чоловік, розмовляти по-німецькому, читальний зал, вивчати право, твій тато, англійський словник, будь ласка, дякую, любити журнал, сідати ззаду.

4. 略

第 4 课

1. сараї, хати, сестри, пера, папіри, брати, книги, робітники, права, німці, друзі, чверті, вчительки, бібліотекарші
2. （1）перші （2）третя （3）перше, друге （4）четверта （5）друга （6）третій
3. （1）кінчаються （2）зустрічаються （3）починається （4）беруть （5）сидіти （6）відпочивати
4、5、6 略

第 5 课

1. кімната мого брата, круглий стіл, у тебе в кімнаті, на балконі, письмовий стіл, одежна шафа, два дивани-ліжка, готувати уроки, ванна кімната, зубна щітка, холодна вода, тепла вода
2. （1）бібліотеці （2）руці （3）шафі （4）дачі （5）квартирі （6）ліжку, матрацах （7）школі, університеті （8）дивані, стільці （9）морі （10）подушках
3. 略
4. （1）У мене дві книги и один словник.
   （2）Ми говоримо по-українському.
   （3）Брат і я стоїмо у нас у кімнаті.
   （4）Вони звичайно готують уроки в бібліотеці.
   （5）Коли тепло, ми спимо на балконі.
   （6）Ось стілець сестри, а це крісло брата.
   （7）Зубна щітка стоїть на полиці в ванні кімнаті.

第 6 课

1. （1）будете （2）буду （3）буде （4）будемо （5）будеш （6）будуть
2. （1）Завтра ми не будемо працювати.
   （2）Я буду читати цей новий журнал.
   （3）Ти будеш спати на дивані, а твій брат на ліжку.
   （4）Діти будуть готувати уроки.

（5）Тут буде стояти велика шафа.

（6）Книги будуть стояти на полицях.

（7）Тут будуть висіти картини.

（8）Я буду тут жити.

3.（1）до обіду（2）для студентів（3）до школи（4）з льону（5）з крана（6）для вчительки

4.（1）високий（2）смачні（3）широко і довго（4）ясний（5）хороша（6）Чудово

5.（1）Тепер третя година.

（2）Моя сестра обідає в їдальні.

（3）Ми скоро будемо вечеряти.

（4）Брат сидить праворуч від мами, а я сиджу ліворуч від мами.

（5）Сьогодні тато запізнюється.

（6）Наша сім'я сідає до столу і снідає.

第 7 课

1. 略（见课文）

2. одна сестра, дві газети, тридцять один стіл, сто машин, двадцять три студентів, п'ятнадцять років, друге березня, сьоме червня, шістнадцяте серпня, двадцять восьме жовтня, чотири години п'ять хвилин, десять годин двадцять чотири хвилини

3.（1）житимемо（2）їздитимемо（3）купатимуться（4）стоятимуть（5）лежатиме（6）вчитиметься

4. 略

5.（1）Це швидкий поїзд. Ось наше купе.

（2）Можна тут відпочивати.

（3）Моя сестра сидить ліворуч і читає газету.

（4）Провідник несе чай.

（5）Де ваш квиток? Ось він, прошу.

（6）Де ви будете обідати?

（7）Ви любите цей журнал?

（8）Ви вивчаєте текст?

（9）У поїзді нема пасажирів.

（10）Біля вокзáлу зáвжди багáто людéй.

第8课

1、2 略

3.（1）ньóго（2）нéї（3）її（4）нéї（5）ньóго（6）нас（7）них（8）Вам

4.（1）На рíччі немá пляжу.（2）… немá грибíв（3）… немá квíтів（4）… немá гáласу.
（5）Журналíста немá…（6）… не бýде відпýстки.（7）… не бýде відпочúнку（8）… не бýде гостéй

5.（1）Прóшу, не говорíть так швúдко.
（2）Відповідáйте повíльно!
（3）Читáй цю газéту.
（4）Скажíть, хто ви?
（5）Покáзуйте менí ваш журнáл.

第9课

1. чоловíком університéтом бáтьком перóм конéм товáришем кущéм мóрем старостою жíнкою суддéю грýшею лисúцею нíччю пóвістю життям

2.（1）ножéм. 售货员用刀切肉。
（2）крупóю, пéрцем, сíллю, кáвою, óцтом, цýкром, олíєю. 商店的柜台里摆满了米、胡椒、盐、咖啡、醋、糖、油。
（3）бабýсею. 孩子们在和祖母玩。
（4）олівцéм. 我用铅笔写得很好。
（5）чáєм. 桌上放着茶杯。
（6）бáтьком. 妹妹和爸爸在家里休息。

3. 略

4.（1）Що ти рóбиш? Я читáю кнúгу.
（2）Несú сýмку. Ходíмо в гастронóм.
（3）Дíти берýть олівцí.
（4）Дві дівчинки несýть продýкти: воні дýже важкí.
（5）Дай менí перó, будь лáска.
（6）Борщ і кáшу їдять лóжкою, м'ясо і рúбу їдять видéлкою.
（7）Нехáй продавéць вáжить олíю, я йду до кáси і бýду платúти.

（8）Мій товариш живе́ на ву́лиці Геро́їв.

第 10 课

1. 略（参见对话和课文）
2. （1）над столо́м（2）з карто́плею і крупо́ю（3）з гостя́ми（4）на фотогра́фію（5）Че́рез пло́щу（6）у те́бе（7）Для ме́не
3. （1）йшов（2）чита́в（3）стоя́ла（4）був（5）зна́ла（6）могли́
4. 略
5. （1）Вчо́ра у нас була́ га́рна прогу́лянка.
   （2）Вчо́ра йшов дощ, коли́ ми ходи́ли в кіно́.
   （3）У Ки́єві бага́то па́м'ятників.
   （4）Вони́ живу́ть недале́ко від музе́ю.
   （5）Ми йдемо́ до украї́нського учи́теля.

第 11 课

1. пі́сля ле́кцій, купи́ти віта́льні листі́вки, поговори́ти по телефо́ну, в операці́йному за́лі, підру́чник з хі́мії, взя́ти його́ за лі́коть, педагогі́чний інститу́т, заповни́ти бланк, познайо́мити її́ із свої́ми дру́зями, зал міжмі́ських перегово́рів, до́вго чека́ти, ніку́ди не відхо́дьте, зверну́тися до дру́зів
2. 略
3. （1）мої́й（2）дале́кому（3）чо́рний（4）свої́（5）бі́лу（6）ва́шому
4、5 略

第 12 课

1. день наро́дження, подарува́ти їй ля́льку, поздоровля́ти тебе́, оди́н з найбі́льших зоопа́рків, одяга́йся, люби́ти твари́н, ду́же га́рно, доро́слі й малі́ ді́ти, до́вга ши́я, легка́ хода́, пе́ред ним, дале́ко від їх
2. （1）собі́（2）собо́ю（3）собі́（4）себе́（5）себе́（6）се́бе
3. вечі́рніх, фрукто́вих, украї́нських, ста́рших, сві́жих, рі́зних, пошто́вих, нічни́х, насту́пних молоди́х, дру́жніх, лі́тніх
4. （1）У Ки́ївському зоопа́рку є ма́йже 1500 твари́н.

（2）Моя́ сестра́ ча́сто хо́дить до магази́нів.

（3）Мою́ сестру́ зна́ють усі́ продавці́.

（4）Вони́ ду́же малі́.

（5）Ді́ти даю́ть слону́ ла́сощі.

（6）У о́леня на ши́ї мале́нькі дзвіно́чки.

（7）Поздоровля́ю тебе́ з днем наро́дження.

（8）Дава́йте познайо́мимось!

（9）Він — оди́н з мої́х дру́зів.

5. 略

第13课

1. 略（见课文）

2. бра́това су́мка, Петро́ва сестра́, Андрі́єве взуття́, ба́тькові книжки́, інжене́рів син, ма́терин у́чень

3. 略

4. （1）пе́ред кру́глим дзе́ркалом

（2）над письмо́вим столо́м

（3）без вина́

（4）під земле́ю

（5）пе́ред нови́м кінотеа́тром

（6）за годи́ну

（7）без води́

5. （1）Вчо́ра була́ неді́ля. Ті́льки сестра́ і я були́ вдо́ма.

（2）Ми ї́хали до Ки́єва по́їздом, по́тім ї́хали до села́ авто́бусом.

（3）Я б вас пусти́ла, та мого́ ба́тька нема́ до́ма.

（4）Я б пішо́в на конце́рт, коли́ б я був здоро́вий.

（5）Дощ пройшо́в, не́бо проясни́лося, і со́нце зно́ву зася́яло. Як чудо́во!

第14课

1. пі́сля заня́ть, піти́ додо́му пішки́, по понеді́лках, іти́ не поспіша́ючи, вдиха́ти сві́же пові́тря, у на́товпі, на тре́тьому ку́рсі, поти́снути ру́ки оди́н одно́му, сі́сти за сто́ликом, розмо́ва продо́вжувалась, ходи́ти по гриби́, розійти́ся по

мі́стах

2. 略

3.（1）Що（2）Хто（3）кого́（4）Кому́（5）Ким（6）чо́го（7）чо́му（8）Кого́（9）ким（чим）

4. 略

5.（1）оди́н, одного́（2）одному́（3）одни́м（4）одну́（5）одні́й

第15课

1. пора́дувати вас, піти́ на весі́лля, ласка́во про́симо, о котрі́й годи́ні, реєстра́ція шлю́бу, на дру́гому по́версі, купува́ти подару́нки, пів на тре́тю, іти́ поза́ду, ро́дичі і дру́жки, підніма́тися по схі́дцях, відчиня́ються две́рі, весі́льний марш, ство́рення ново́ї сім'ї́, віта́ти молоди́х, бу́дьте ласка́ві

2. 略

3.（1）тре́тя годи́на（2）четве́рта годи́на де́сять хвили́н（3）дев'я́та годи́на（4）пів на шо́сту（5）пе́рша годи́на два́дцять п'ять хвили́н（6）за п'ять хвили́н сьо́ма（годи́на）

4. я пла́чу（пла́кати）：动词现在时单数第一人称形式

    сіда́й（сіда́ти）：动词第二人称命令式单数形式

    робі́мо（роби́ти）：动词第一人称命令式形式

    він міг би（могти́）：动词假定式形式

    він сів（сі́сти）：动词过去时阳性形式

    ви чита́тимете（чита́ти）：动词复合式将来时形式

    вони́ беру́ть（бра́ти）：动词现在时复数第三人称形式

    ї́жмо（ї́сти）：动词第一人称命令式形式

    я ся́ду（сі́сти）：动词单一式将来时单数第一人称形式

    вези́（везти́）：动词第二人称命令式单数形式

    скажі́мо（сказа́ти）：动词第一人称命令式形式

    він бу́де писа́ти（писа́ти）：动词合成式将来时形式

5.（1）Дзвеня́ть бока́ли на весі́льному банке́ті.

（2）Весі́лля відбу́деться у цьо́му за́лі.

（3）Молода́ у білосні́жному вбра́нні, на па́льці у не́ї обру́чка.

（4）Чита́й, ті́льки не поспіша́й.

（5）Хай вони́ прийду́ть!

（6）Спита́ймо його́!

第16课

1. приї́хати до них у го́сті, уже́ на пе́нсії, запроси́ти його́ до се́бе, широка́ ву́лиця, наре́шті з'яви́тися, ви́рости у цьому́ селі́, на тому́ кінці́ села́, мали́й хло́пчик, нове́ життя́, особли́во бага́тий урожа́й, цього́ ро́ку, зібра́ти хліб

2. （1）Цього́（Того́）（2）того́（3）цьому́（тому́）（4）Ця（Та）（5）цього́（того́）（6）цю（ту）（7）цих（тих）

3. на́ми, таки́ми бі́лими ха́тами й зеле́ними садка́ми, господа́рством, маши́нами, свої́ми роже́вими но́сиками, плуга́ми

4. （1）Коли́ я жив у това́риша в селі́, селя́ни збира́ли врожа́й.

  （2）Два ти́жні ми працюва́ли з ра́нку до ве́чора.

  （3）Га́рно відпочива́ти на сві́жій соло́мі.

  （4）Позавчо́ра я пої́хал до мого́ дру́га у го́сті.

  （5）Моя́ сестра́ ви́росла у мі́сті, не ба́чила жи́та й пшени́ці.

第17课

1. сві́тла па́м'ять про геро́їв, відда́ти життя́ в боя́х, за свобо́ду і незале́жність, пе́рші дні прї́зду в Ки́їв, провести́ цей день, на їх честь, вели́чний мону́мент, по обидва бо́ки але́ї, любо́в до вітчи́зни, віно́к із живи́х кві́тів

2. （1）де́кому, де́кому（2）якесь, якої́сь（3）кого-не́будь（4）Де́якими（5）будь-яки́м（6）ніко́го（7）ні до ко́го（8）ні з ким（9）у де́кого（10）нічиє́ї

3. 略

4. （1）Їм обо́м хоті́лося спа́ти.

  （2）Обо́х їх всі тут до́бре зна́ють.

  （3）Вона́ щи́ро привіта́ла нас обо́х.

  （4）Я дам пора́ду вам обо́м.

  （5）Ми вже ї́здили бага́то разі́в по обо́х доро́гах.

5. （1）оби́дві ру́ки

  （2）обо́х їх

  （3）обо́х ді́вчинах

（4）обо́х цих геро́їв

（5）обо́м інжене́рам

6.（1）Ві́чний вого́нь гори́ть на їх моги́лах.

（2）Сла́ва захисника́м на́шої Вітчи́зни!

（3）Хай ві́чно живе́ па́м'ять геро́їв! Хай живе́ ві́чний мир!

（4）Ми не хо́чемо війни́, ми хо́чемо ми́ру.

（5）Ми прино́симо вінки́ і кві́ти до їх па́м'ятників.

第18课

1. пе́ред До́шкою поша́ни, промени́сті о́чі, ва́жко сказа́ти, схо́жий на ба́тька, кру́гле обли́ччя, серйо́зно до цьо́го ста́витися, ма́йже одна́ковий, зо́всім нема́є, зу́би бі́лі й рі́вні, вигляда́ти моло́дшим за ма́му, по́вна протиле́жність, зо́вні суво́рий

2. 略

3. стари́й — ста́рший — найста́рший

   молоди́й — моло́дший — наймоло́дший

   легки́й — ле́гший — найле́гший

   висо́кий — ви́щий — найви́щий

   близьки́й — бли́жчий — найбли́жчий

   га́рний — кра́щий — найкра́щий

   злий — злі́ший — найзлі́ший

   бі́лий — білі́ший — найбілі́ший

   мали́й — ме́нший — найме́нший

   соло́дкий — соло́дший — найсоло́дший

   дале́кий — да́льший — найда́льший

   чо́рний — чорні́ший — найчорні́ший

4. кра́щий — га́рний, гли́бший — глибо́кий, тихі́ший — ти́хий, ву́жчий — вузьки́й, бі́льший — вели́кий, чорні́ший — чо́рний, да́льший — дале́кий, ши́рший — широ́кий

5.（1）ста́рший, нові́ший, кра́щий

   （2）ши́рша, просторі́ша, ву́жча

   （3）ви́щий, моло́дший, спокійні́ший

（4）старша, цікавіша, краща

（5）холодніше

（6）пізніше, раніше

（7）коротше

6.（1）найкрасивіша（2）найцікавіший（3）найрідніші（4）найбільший, найменший（5）найдовша（6）найкращий

（注：以上均可用复合式最高级形式，如（1）найбільш красива）

7. Ось портрет. Ось два хлопці, два брати. Олесь молодший, Петро старший. У Олеся чорне волосся, високе чоло, карі очі, чорні брови, рівний ніс і великий рот. У Петра світле волосся. Його брови темніші, ніж волосся. Він має довгасте обличчя і менший рот, ніж Олесь. Кажуть, Петро гарніший.

第19课

1. пряма і широка вулиця, на тротуарі, з правого боку, кетяг ягід, неповторне обличчя, одна з найкращих вулиць, продуктовий магазин, ремонтувати парасольку, вставити блискавку, дитячий садок, на перехресті, станція метро

2.（1）зачинені（2）куплені（3）митими（4）охолоджене（5）пришлені（6）написаний（7）вирішена（8）варена

3.（1）Над столом（2）Між будинками（3）під Києвом（4）Перед школою（5）За садом（6）Між деревами

4. —На якій вулиці ти живеш?

—Я живу на вулиці Шевченка. Моя вулиця зелена й дуже красива.

—Чим ще цікава твоя вулиця?

—На нашій вулиці багато магазинів — господарчих, продуктових і промтоварних.

—А якісь заклади культури є на твоїй вулиці?

—Звичайно. На нашій вулиці є історичний музей, кінотеатр і картинна галерея.

第20课

1. радий бачити дітей, пробути цілий тиждень, зачарувати мене, замерзлі джерела, ходити на лижах, місцеві жителі, кругом озера, одного разу, зготу-

вати смачну вечерю, процьовіті і мужні люди, дорогоцінні ліси, мінеральні джерела, згадувати юність, належати народові, покинути рідні краї

2. (1) посивілим (2) Працюючи (3) Пожовкле (4) пишучого (5) лежача (6) пожовтіле (7) потемнілий (8) любляче (9) співуча

3. —Що Ви бачили на Закарпатті?

—Ми бачили дуже багато цікавого. Яка там чудова природа! На високих горах зелені ліси. На полонинах пасуться корови, вівці. Ми чули, як дзвонять їхні дзвіночки. Ми пили воду з мілющих мінеральних джерел.

—А з людьми ви розмовляли?

—Звичайно. Їхня мова дуже мелодійна. Вони співають чудові пісні.

第21课

1. непомітно минути, летіти літаком, на аеродромі, у центрі міста, відомий усьому світові, кожні чверть години, бій годинника, Красна площа, Москва-ріка, головний корпус, актовий зал, спортивний зал, басейн для плавання, займати декілька поверхів, скарбниця мистецтва

2. (1) сидячи. 在飞机里他坐在舒适的座椅上睡着了。

(2) Граючи. 我们在下国际象棋，没看到一架飞机在田野里着陆了。

(3) знаючи. 她精通艺术，对古老的木雕特别感兴趣。

(4) Читаючи. 读列宾回忆录的时候，我仿佛看到他就在自己面前。

(5) Ввійшовши. 伊万走进博物馆，遇到了自己的同事。

(6) Оглянувши. 参观完奥斯坦基诺宫，游客们乘电梯登上了电视塔。

(7) Провівши. 在莫斯科度过三天后他们回家了。

(8) Повертаючись. 返家途中他们去了莫斯科。

3. захотіти, минати, звіряти, лишатися, приземлитися, стукати, провести, минути, шепотіти

4. (1) Не знаючи української мови, він не міг з ними говорити.

(2) Ти це сказав, не думаючи, що з цього вийде.

(3) Вони не відпочиваючи працювали до вечора.

(4) Чи Ви співаєте, купаючись?

(5) Відпочивши, вона краще себе почуває.

(6) Скінчивши роботу, він пішов до них у гості.

（7）Сівши за стіл, він написав листа.

（8）Прочитавши роман, віднеси його до бібліотеки.

5.（1）Я був у Москві п'ять днів. Я полетів туди літаком.

（2）Новий університет займає дуже велику територію.

（3）У мене було мало часу, але я хотів побачити мавзолей Леніна.

（4）Другого дня ми з товаришем поїхали на Красну площу.

（5）Я повернувся до рідного міста дуже радий.

第 22 课

1. цього вечора, визначати час за годинником, в один голос, вчитися писати лист, проходити повз поштамту, взяти в руки будильник, почався екзамен, по черзі називати, за вами приходити, розпорядок дня, тривати двадцять чотири години, час спати

2.（1）семеро хлопців

（2）Двоє дівчин

（3）двадцятеро дітей

（4）четверо коней

（5）Усі шестеро її синів

（6）п'ятеро чоловіків

（7）десятеро науковців

（8）троє козаків

（9）вісьмох людей

（10）тридцятеро героїв

3. Я зайшов за товаришем п'ятнадцять хвилин на сьому. За（через）двадцять хвилин ми вийшли. Поїзд був о пів на восьму. За чверть до дев'ятої ми підходили до будинку моєї бабусі. Між одинадцятою і дванадцятою годинами мала приїхати мама.

4. 略

第 23 课

1. якнайскоріше написати, думки про роман, перша частина, біля двохсот сторінок, зробити зауваження, інша річ,

на са́мому поча́тку, тим зацікави́ти чита́ча, посла́ти шука́ти,

стиль рома́ну, описа́ти приро́ду, пра́вду ка́жучи

2. 略

3. шістдесятьма́, п'ятсо́т шістдеся́ти восьми́,

восьмиста́х сімдеся́ти семи́, п'ятдеся́ти шести́

4. (1) чотирьо́х, двох, трьох (2) двох, п'ять (3) два, оди́н, одного́ (4) трьома́

(5) двана́дцяти (двана́дцятьох), одне́

5. (1) двохсо́т сімдеся́ти (сімдесятьо́х) п'яти́ (п'ятьо́х)

(2) трьомаста́ми шістдесятьма́ (шістдесятьо́ма) вісьма́ (вісьмома́)

(3) восьмиста́м п'ятдеся́ти шести́

(4) восьмиста́х сімдеся́ти

6. (1) Сього́дні пе́рше гру́дня, у нас почина́ються кані́кули.

(2) Два́дцять п'я́того листопа́да кінча́ються і́спити.

(3) Тре́тього лю́того ми ще в селі́.

(4) Сього́дні чотирна́дцяте жо́втня, одру́жується мій брат.

(5) Пе́рше ве́ресня — пе́рший день навча́ння.

第 24 课

1. приї́хати до аеропо́рту, довідко́ве бюро́,

літа́к спізнює́ться, зал чека́ння,

не сиді́тися, ску́чити за ону́кою,

долина́в го́лос, не дава́ти сказа́ти жо́дного сло́ва,

че́рез пого́ду, де знахо́дитися,

ка́мера схо́ву, придба́ти квитки́,

кімна́та ма́тері і дити́ни,

поспіши́ти до ви́ходу

побі́гти назу́стріч ро́дичам

2. 略

3. (1) пере- (2) до- (3) про- (4) до- (5) при- (6) під- (7) по- (8) ви- (9) пере- (10) при- (11) ви-

4. (1) …вести́ (2) …ї́хали (3) …йшли́ (4) …йшо́в (5) …везли́ (6) …ї́хали (-летіли)

（7）…йшов（8）…хо́дь（-те）(9) …хо́дять（10）…йди（-ть）

5.（1）去机场怎么走？

（2）哪儿可以买到去赤塔的机票？

（3）飞往赤塔的飞机每周有几班？

（4）星期五这趟班机有空位吗？

（5）飞机马上要起飞。

（6）注意了，要着陆了。

第25课

1. постри́гтися в перука́рні, зроби́ти за́чіску,

   густе́ й до́вге воло́сся, як пра́вило,

   заплі́та́ти в одну́ ко́су, у зв'язку́ з ремо́нтом,

   не мо́жна впізна́ти, блиску́ча підло́га,

   пасува́ти тобі́, робо́чий зал,

   поми́ти го́лову, пофарбува́ти воло́сся,

   ефе́кт недоста́тній, розрахува́тися в касі́,

   сало́н-перука́рня, сало́н краси́

2. 略

3.（1）На жаль, те, про що розповіда́в Пе́трик, було́ пра́вдою.

   遗憾的是，别特利克讲述的那些都是事实。

（2）Оста́ннє мі́сце сере́д шкіл райо́ну, теж, мабу́ть, не було́ ви́гадкою.

   区属中学中的最后一位大概也不是杜撰的谎言。

（3）Я, розумі́єте, коли́сь змо́лоду теж грав у орке́стрі.

   你要明白，我从前年轻的时候也在乐队演奏过。

（4）По-пе́рше, ми ростемо́ жва́во; по-дру́ге, в нас ціпке́ корі́ння; по-тре́тє,
    ли́стя на́ше пи́шне; вчетве́рте, ми одні́ свобо́дні, ми не зале́жні.

   首先，我们在生机勃勃地成长；其次，我们有牢固的根基；第三，我们的枝叶是蓬勃的；第四，我们是自由的，我们不是附庸的。

（5）До́брий ви, по-мо́єму, чолові́к, това́ришу дире́ктор.

   厂长同志，依我看，您是个好人。

4.（1）Моя́ перука́рка — лі́тня жі́нка.

（2）Перука́рка зроби́ла мені́ за́чіску шви́дко, але́ я незадово́лена.

（3）Коли я дивлюсь у дзеркало, я бачу чиєсь чуже обличчя.

（4）Мабуть, вона постригла мені волосся дуже коротко.

（5）Коротке волосся робить моє обличчя зовсім круглим.

（6）Чи пасує мені ця зачіска?

（7）Яку ви зачіску бажаєте зробити?

（8）Як у цьому альбомі зачісок та стрижок.

5. 略

第 26 课

1. температура підвищилася, сходити до аптеки,
   готові ліки, таблетка від кашлю,
   видужати швидко, швидка допомога,
   погодитися з лікарем, міська лікарня,
   разом оформляти, невдовзі після сніданку,
   бути на місцях, в супроводі медсестри,
   у тому числі, дещо пізніше,
   хвора мати, турбувати її,
   стан здоров'я, не турбуйтеся,
   обіцяти мені, виписати з лікарні

2. 略

3. （1）щастить （2）морозить （3）сидиться （4）спиться （5）живеться （6）Смеркало （7）стоїться （8）Вечоріло （9）хочеться

4. 略

5. （1）У лікарні, медична сестра（медсестра）, лікуєте людей, даю ліки, роблю уколи, роблять уколи, болить рука.

   （2）У тебе, мабуть, температура, здорова.

第 27 课

1. звернути увагу на оголошення,
   відкривається виставка, народний одяг,
   зимові й осінні пальта, хутряний комір,
   штучне хутро, жіночі сукні,

参考答案　КЛЮЧІ　253

фо́рма й лі́нія, ма́йстер найви́щого кла́су,

підхо́дити за її ві́ком, закопи́лити гу́бу,

нови́й експона́т, підня́ти їй на́стрій,

непога́ний смак, взуття́ та головни́й убі́р,

чобі́т на висо́ких підбо́рах

2.（1）місто́к, листо́к（2）сино́к（3）до́щик（4）Тату́сь（5）садо́к（6）язичо́к（7）сто́лик

3.（1）рука́, нога́（2）о́зеро, відро́（3）Со́нце, вікно́（4）сло́во（5）відро́, вода́（6）Го́лос（7）о́зеро（8）Лице́, дівчина

4、5略

第28课

1. увімкну́ти радіоприйма́ч, потрі́бна хви́ля,

на цей раз, зокре́ма музи́чні переда́чі,

за́йнятий якоюсь спра́вою, потребува́ти всіє́ї ува́ги,

оста́нні ві́сті, вра́ження від радіовиста́ви,

розважа́льна програ́ма, привернути ува́гу,

не встига́ти бага́то чого́ подиви́тись,

оста́ннім ча́сом, намага́тися не пропуска́ти,

нія́к не мо́жна, спорти́вні переда́чі,

трансля́ція футбо́льних ма́тчів,

кольоро́вий телеві́зор, бра́ти у́часть в обгово́ренні, крити́чні зауваження

2. 略

3.（1）всіх（2）всіх（3）всьо́му（4）всіма́（5）Всім（6）Весь（7）всіма́（8）всіє́ї（9）всім（10）всього́

4.（1）са́мого（2）само́го（3）са́мому（4）самі́（5）са́мого（6）сама́（7）са́мого

第29课

塔拉斯·格利高里耶维奇·谢甫琴科

今天，3月9日，是谢甫琴科的周年纪念日，奥莲卡刚想起来，便打开了收音机。正赶上播讲诗人的生平。姑娘虽然早已熟知这位大师的作品，读过他的文集的序言、创作经历直至研究文章，但还是饶有兴趣地听着纪念他的节目。

谢甫琴科生在一个农奴家庭。从降生之日起，他就感受到了命运的沉重打击。他的父母很早就去世了，年少时他被送到地主的寄宿学校，并被迫随着东家四处漂泊，先是到了维尔纳，那里正酝酿一场革命，然后又去了彼得堡。谢甫琴科身居俄罗斯帝国的首都，却依然是个奴隶，多亏了知识界的干预，1838年4月22日，24岁的他才终于获得了自由，与此同时也获得在艺术学院学习的权利。

谢甫琴科成了天才的艺术家卡尔·勃留洛夫的学生，但他最想从事的却是诗歌创作。叙事诗、诗信、抒情歌曲从他的笔下泉涌般地流淌出来……诗歌《卡捷琳娜》和《海达马克》证明了诗人卓越的天赋。1840年他在彼得堡发表了第一本诗集《科勃札歌手》，描写的是民间的科勃札歌手和班杜拉琴手的形象。随着这本集子的出版，诗人成了作家中最耀眼的一颗明星。

1845年，谢甫琴科从艺术学院毕业后，回到了故乡。这时，他创作的高峰期到来了。在大约两年的时间里他完成了几十幅画、素描、水彩画，诗歌《流刑犯》、《女奴》、《大山洞》、《高加索》，书信体作品《死去的，活着的…》及一系列其他作品。1847年，由于参加基里尔梅福基地下协会，诗人遭到逮捕、监禁，后来被流放到里海东部的草原上。他渴望继续从事文学活动，可是却被绝对禁止写作与绘画。沙皇军队对诗人的灵感横加摧残，谢甫琴科在困苦中度过了10年。在重获自由以后，他仍没有权利永远回到乌克兰。诗人住在彼得堡，准备《科勃札歌手》（1860）的再版，写几首新的作品，为乌克兰中小学编写识字读本，从事版画创作。可惜自由的生活太短暂：1861年2月26日（新历3月10日）塔拉斯·谢甫琴科与世长辞。遵照诗人的愿望，他的遗体后来终被运回乌克兰，于1861年5月10日安葬在卡涅夫附近的切尔涅奇山。

第30课

基辅 — 我们的首都

蔚蓝色的第聂伯河之滨，陡峭的丘陵之上，绿色的平原中央，坐落着乌克兰的首都——基辅。

基辅的人口如今已超过了400万，城市占地面积有790平方公里。在与波吉尔或别切尔斯克这些老市区毗邻的地方，最近10年间出现了一些大片的新居民区：奥波洛尼、特罗耶西那、新比里奇等等。然而，通常，要想感受真正的基辅情调，还是要到波吉尔的街上和弗拉基米尔山的林荫路上徜徉，在古老教堂的拱门下漫步，或沿安德利夫坡道顺坡而下——这是旅游者喜爱的路线，也是欢度各种艺术节的地方。

基辅是乌克兰的大工业中心。较大规模的工厂有：兵工厂、高尔基机床制造厂、精密仪器厂等。在郊区建起了新工厂的大片厂房。乌克兰的首都是机器、仪表、自动化设备制造业的中心。

基辅的名牌产品有飞机、海上拖网渔船、挖掘机、摩托车、照相机、天然丝和人造丝、服装、鞋、糖果点心制品等。基辅生产的几千种产品出口到世界上的80个国家。

基辅的科研实力与大多数其他的欧洲的首都城市相比也毫不逊色。在这里，沿弗拉基米尔大街坐落着乌克兰科学院主席团，基辅还分布着各种科研所、总天文台、中央植物园、乌克兰科学院中央科学图书馆、《科学思考》出版社，全市有近350所从事科研与设计的研究所和协会，有18所高等学校。

乌克兰绝大多数的出版社、编辑部、创作社团理事会都在这里。1928年，在基辅建立了当时最大的电影制片厂。在乌克兰首都的文艺创作集体中，最著名的是伊万·弗朗科乌克兰话剧院，塔拉斯·谢甫琴科歌剧舞剧院，列霞·乌克兰因卡俄罗斯话剧院，格利高里·维尔奥夫卡乌克兰民间合唱团。还有几十个国立的和民间的博物馆也远近闻名。

基辅在乌克兰人民的生活中占有特殊地位，他们不仅把它看作是一个国家的首都，而且还看作是悠久历史传统的象征，看作是民族精神文化的发源地。正如维塔里·卡洛季奇在一首诗中写道：

无论乌克兰人死在哪里——

在世界的任何地方——

基辅的板栗花都会

为他们点燃

悼念的烛光。

这奇妙的诗歌形象把我们的思绪引向板栗花盛开的绝妙情境，春天板栗花开遍乌克兰的首都，现在的国徽上就是它的图案。

第 31 课

乌克兰的居民

目前乌克兰境内常住人口有5000多万。根据这一数目，这个国家在欧洲仅次于德国、英国、意大利和法国而居于第五位。但是就人口密度，也就是单位面积上的居民数量来说，她却比世界上的许多国家都少。

乌克兰人是国家的主体居民，是世界上最大、最古老的民族之一。他们在全部乌克兰居民中所占的比例约为73%。各州居民大部分都是乌克兰人。只有在克里米亚，他们在数量上居于第二位。各州的人口分布并不均衡。乌克兰人大多生活在第聂伯河沿岸中心地区以及西部各州，而在顿巴斯、敖德萨州和克里米亚则较少。

在乌克兰还生活着1400万其他民族的人，这部分人约占乌克兰居民总数的27%。其中最多的是俄罗斯人。他们占乌克兰全部人口的21%。他们中的大部分聚居于卢甘斯克州、顿涅茨克州、哈尔科夫州、扎波罗热州、第聂伯罗彼得罗夫斯克州、赫尔松州和基辅。

犹太人是乌克兰第三大民族。他们有大约50万人。主要居住在城市。大多数聚居在基辅市、敖德萨州、切尔诺维策州、哈尔科夫州、日托米尔州、文尼察州、第涅伯罗彼得罗夫斯克州等。但是他们的数量在持续减少，因为很多人都移居到犹太人的故土以色列去了。

在乌克兰还生活着白俄罗斯人（约44万），摩尔达维亚人（32.5万以上），波兰人（21万以上），保加利亚人（约24万），匈牙利人（约16.5万）等。属于乌克兰基本居民的还有克里米亚的鞑靼人，1944年这些人被迫迁离自己的土地。在乌克兰领土上生活和工作着150多个民族。

乌克兰有些州有各种不同的民族杂居。例如生活在敖德萨州的除了55%的乌克兰人外，还有24%的俄罗斯人、约7%的保加利亚人、摩尔达维亚人、犹太人、加告兹人等等。在外喀尔巴阡州乌克兰人约占全部人口的80%，此外还有匈牙利人、俄罗斯人、罗马尼亚人、犹太人、斯洛伐克人等。

按民族历来居住的地域乌克兰可以划分为7个人类学类型。在加里西亚占多数的是多瑙河类型，这一类包括10%以上的乌克兰人。在沃林是波兰型（包括10%的乌克兰人）。超过60%的乌克兰人（即乌克兰的中部和东部）属于中心乌克兰型，这是一种带有波兰成分的变异的多瑙河类型。总之，大部分乌克兰人在人类学上属与沃伦人相融合的加里奇人。乌克兰人大多是高高的个子，典型的欧洲人的面孔。

第32课

乌克兰菜肴

食物是人生存的基础，是能量的来源，没有它就不可能存活。不论人是在工作、休息还是睡眠，他的身体都需要补充消耗的能量。

如果说食物是人生存的基础，那么食物的构成就是人类文化的问题之一。

长期以来乌克兰菜肴就以花样翻新和味美可口而著称。这不仅是因为原材料丰富多样，还因为搭配丰富，以及烹调方法各式各样，比如，在乌克兰和基辅，红菜汤中就有近20种食物，鲫鱼汤中有17种，等等。

乌克兰菜肴中的许多菜都是填馅儿式的。特别可口滋补的肉菜是夹肉洋白菜卷，加甜菜的咸脂油块。

乌克兰民族菜品种丰富，面制食品多种多样。最普及的面食是甜馅儿饺子、面疙瘩、薄饼、荞麦面卷。

传统的食品加工方式主要是煮和焖，烤、煎、炸是较少用的方法。储备食品是通过加热办法（烘干），也用不加热的发酵（盐渍、渍酸）及风干的方式。乌克兰的饮食有家常菜和礼仪菜之分，烹制方法与特有的风俗相关，有饮食禁忌，有的限制多吃，有的提倡多吃。

家常菜由那些在某一地域较为普及的食物组成，并且在很大程度上还要看农民的富裕程度。

乌克兰人吃自产的食物。农民种植粮食：黑麦、小麦、大麦、燕麦、荞麦，耐寒的燕麦和大麦在山区经济中占优势。在乌克兰的某些地区，如波德尼斯特罗维亚和东喀尔巴阡地区，大量种植玉米。

在乌克兰人的食物中，蔬菜（土豆、白菜、甜菜、葱、蒜、黄瓜）和豆类（豌豆、菜豆，在喀尔巴阡的农村中也有豆子）占有相当大的比重。

畜牧业——饲养牛、绵羊、山羊、猪——构成了农业的重要部门。重要的食物是牛奶，只有在节日才能吃上肉。食用家禽（母鸡、鸭、鹅）及禽蛋也是有限的：它们主要拿去销售。

农民们把易腐的食品制成罐头：晒干，加盐，发酵。

逢到节日常有盛宴。它有宗教祭祀的功能，没有盛宴就没有典礼。

传统的节日和庆典的食物可以分为两类：一是用于家庭节日、庆典（生日、婚礼、葬礼、追悼亡者的客宴）的菜及烤制的点心，一是用于法定节日的食物。

节日食品的特点是高热量、好口味。因为只有在节日时大多数农民才吃肉、蛋和油。

每一次庆典都伴有盛宴，无盛宴便不成庆典。比如，洗礼宴上必不可少的菜是"婆婆粥"。

婚礼上要做很多庆典食品。除了大圆面包，还要烤制其他的点心，其中包括挂锁形白面包。它用来赠送参加婚礼的客人，在家族间互相馈赠。

挂锁形白面包还在复活节、圣诞节时烤制。

甜奶渣糕——一种用于复活节的迎春庆典面包——总是要带着一种神圣感去做。这是真正隆重的活动，独特的仪式，每一个家庭主妇都尽心竭力地去为此做好准备。

第33课

让我们坐坐，聊聊……

伊万·彼得罗维奇心情很好。他走到机床旁的马卡尔·格纳托维奇跟前，拍着朋友的肩膀说：

"明天是我的生日，我等你！让我们坐坐，聊聊……"

马卡尔·格纳托维奇的眼镜和秃顶都泛着光，他点点头，但并没把视线从车刀上移开。

伊万·彼得罗维奇补充道：

"把你的'女儿'也带来。让孙子们自己玩一个晚上也不碍事的。"

沙拉、凉拌菜、香肠和火腿堆满了桌子，眼看着通报客人到来的铃声就要悦耳地响起，突然伊万·彼得罗维奇想起来：今天基辅"狄纳莫"队有比赛。

老寿星的手不由自主地伸向了插销。很快莫尼卡小姐就从屏幕上向伊万·彼得罗维奇挤眉弄眼，这就是说，值得在"十三把椅子"酒馆里坐一坐，直到足球队员们开始踢球。

伊万·彼得罗维奇没有听到门铃声响。孙女纳斯杜霞开门让进了戴着眼镜的秃顶的爷爷，也就是马卡尔·格纳托维奇。他身后跟着气喘吁吁的老奶奶，就是所说的"女儿"。

马卡尔·格纳托维奇把一瓶酒放到桌上，脱下外衣，坐到老寿星身后的椅子边上。

屏幕上吉马莱斯基先生正陷入创作的痛苦中；伊万·彼得罗维奇深深地同情他，期待着莫尼卡小姐重现迷人的微笑。

"要不，我们开始吧"，——马卡尔·格纳托维奇小心地问。"一大早就起床……"

"等一等，等一等，亲爱的朋友！"——伊万·彼得罗维奇打断他。他一心想着足球比赛。"唉，晚了，错过去了。"——他把开关转到另一个频道。

"进了！"传来解说员的呼喊声。

老寿星用两只手抱住头，开始摇晃起来，好像在给他拔牙。

原来，进球的是他喜爱的基辅"狄纳莫"球队，他高兴地喊起来，声音比解说员的还大："乌拉！"

"要不，让我们开始吧，"——马卡尔·格纳托维奇又小心地问。

"马上，马上，亲爱的朋友！"

直到六次小心地"要不，让我们开始吧"之后，足球赛的转播和"十三把椅子"节目都结束了，伊万·彼得罗维奇才终于请朋友和他的"女儿"入座。

马卡尔·格纳托维奇看了看表，小心地说：

"谢谢！……可是已经太晚了，我们该回家了。"

这使伊万·彼得罗维奇又惊奇又生气，客人解释说，他在节食，吃份儿饭，他什么也不能吃了。

客人道了歉回家了。

桌上是诱人的凉拌菜、沙拉，脂油冻里还夹着香肠。

伊万·彼得罗维奇的妻子奥塔尔卡和孙子们在厨房里吃了晚饭早已睡下了。大家都睡了。只有伊万·彼得罗维奇没睡，他还在对落后于生活、不懂也不喜爱"十三把椅子"和足球的马卡尔·格纳托维奇感到奇怪。

第二天，满腹委屈的伊万·彼得罗维奇从马卡尔·格那托维奇的机床旁经过，甚至连招呼也没跟朋友打。

过了一个月，伊万·彼得罗维奇心情好了，他走到机床旁的马卡尔·格纳托维奇身边，拍了拍朋友的肩：

"别忘了，明天是我的奥塔尔卡的生日。我等你。让我们坐坐，聊聊……"

马卡尔·格纳托维奇的眼镜和秃顶都泛着光，他点点头，但并没把视线从车刀上移开。伊万·彼得罗维奇补充道：

"把你的'女儿'也带来。让孙子们自己玩一个晚上，也不碍事的。"

第34课

小河，你流向何方

乌克兰以面包、歌曲和迷人的自然风光闻名遐迩。她还以河流驰名。看一看乌克兰的地图，她就像一座缤纷的花园：河流纵横交错，而沿岸的城市和乡村鲜花盛开。

曾几何时，河水清澈纯净，就像泪珠一样。洗衣服不用泉水，而用河水。冬天不到井里去打水，而是从冰窟窿中舀水，家庭主妇们用河水做汤、甜馅儿饺子和其他的食物。

过去的已经过去了。到处是污物、垃圾、工业和生活废弃物、农药——这就是大多数乌克兰河流的现状，尤其是在顿巴斯。最近3年中曾向顿巴斯主要河流的水域及西维尔斯克的第涅茨两次倾倒粪便。1996年，几千吨垃圾倒入哈尔科夫市各区中的第涅茨河的支流。第涅茨河方圆几百公里范围内一些动物死于生态灾难。与此类似只是后果稍轻的事件在鲁别日诺耶市的一个区今年又再次重演。顿巴斯人都记得，鲁别让染料厂的高毒性工业废料不止一次地被抛进第涅茨河。于是，第涅茨河方圆几百公里变成了死亡地带。死掉的不仅是鱼和河中的植被，还有吃了死鱼的狐狸、狗、猫等动物。第涅茨河沿岸变成了连绵不断的死亡动物的坟场。

　　其他的河流也在劫难逃。今年7月15日，一股绿色的水从卡洛特琴克矿井一侧流入索伦河。顿涅茨克州国家生态安全委员会的专家始终未能及时弄清事情的原委。季米特洛夫市污染的矿井水定期向卡泽尼·托列茨河水域排放。工业废物不时地污染着卡里米乌斯、米乌斯和其他的河流。境内的小河流都面临着严峻问题，许多已处于消失的边缘。造成这种状况的罪魁祸首不仅仅是企业主的疏于管理，农业区的情况也同样堪忧。这里的河流经常大面积地变成垃圾场，农民们向河里抛弃废物，有蜣螂，有装在袋子里的老猫，有打碎的瓶子、锈蚀的水桶。河床长满了芦苇，水因停滞不流而腐败，小河变成了一块块又臭又脏的沼泽。河流沿岸到处可以看到这样的标牌："禁止游泳——对身体有害！"据乌克兰国家监督中心的资料显示，夏季在顿涅茨克州31个水库中都发现有霍乱病原体。水库里的鱼消失了，幸存的也不宜食用。

　　一个古老的笑话成了真事儿。有一次几个城里人来到村里捞鱼。他们坐了一个小时，两个小时，却不见有鱼。于是他们问当地的一位老人：

　　——这河里有鱼吗？

　　——鱼能跑到哪儿去！——老人回答。

　　又捕捞了一两个小时，还是没有鱼。他们又问那位老人。

　　——这河里可能没有水吗？

　　——水从哪儿来呀！

　　有一次我也问过一位百岁老人：河流是怎样落到如此惨状的。老人叹了口气，不慌不忙地回答：

　　——以前芦苇用来苫房顶、生炉子，到处都是水磨坊，每个磨坊主都管着自己那一段河流，使它保持清洁，养护它，无论如何也不让什么人往河里扔垃圾。可是现在人们变懒了，不管是自己的还是别人的，都撒手不管了。

　　事实正是如此。我们习惯于把一切都归咎于经济危机，就像不久前把一切都归罪于战争。我们忘记了生态和一般文明所存在的弊端：忘记了精神上的缺欠，我们的这一可恶的痼疾。我想以一首歌曲来结束这篇文章，这是列霞·玛吉雅什，一位小小的女诗人的诗，名字叫作：

我童年的河

那条河最后一次微笑，
便在垃圾的深渊中消失。
那微笑像告别的幻影，
像悔恨，也像对罪恶的宽恕。
她本来可以同黎明的光影嬉戏，
为女神沐浴，就像从前一样。
那条河向我们最后一笑，
便从生活中消失。她不会再生。
时光飞逝，我们忆起了童年，
我们想起了妈妈的话，
想起了我们的小河，温柔而又纯净
把泪珠洒在深渊中。

读了这些充满童真的话，一丝希望之光不由闪现：如果连中学生都感觉到了危险，那么，也许，事情还能有救。不是这样吗？

第35课

恢复传统

在现代生活中，斯拉夫各民族的古老传统并没有被遗忘。顿涅茨克州地方志博物馆的科学工作者 B.I.库茨宁、Л.А.利加诺娃和顿涅茨克人文学院 Ю.О.波利亚科夫、М.О.鲍依卡创建了"夏季人文学校"。7月份，学生们在西维尔斯克的第涅茨河畔欢度了圣约翰节。还是冬季的时候，年轻人就学习圣约翰节的歌曲、舞蹈，了解过去过节的传统，关注民族志科学的文献。

节日活动在晚上开始。在一片静寂中姑娘们采集鲜花和绿草，然后开始唱圣约翰节的歌曲，围成圆圈编花环。小伙子们在做莫列娜泥草人并准备篝火。夜幕降临到林间空地上。大家一齐拿起橡树枝，唱着歌跳起圆圈舞。到处都是欢歌笑语，愉快的呼喊声……大家在跳篝火。日出之前，大家一起把泥草人沉入水中，随着第一缕阳光的出现，姑娘们把花环放到水中，到河里去洗"美人浴"。

过民俗节日仅是"夏季人文学校"的措施之一。为介绍顿涅奇尼亚的古老文化传统，还有另外三方面内容。

负责民族学方面工作的是柳博芙·利加诺娃，她是地方志博物馆的馆长。学员们了解了村镇哥萨克农舍的结构、服装以及传统的日常生活习惯，参观了拉伊霍拉特的民间创作博物馆、幼儿园，还走访了能讲故事的老人。

本文作者负责的考古学方面，所有活动都围绕着青铜时代的挖掘工作而展开。小伙子们极有兴致地在土里挖掘。在表层找到了哥萨克食具的碎瓷片，而在深层则发现了古老的陶器、遗骸及家畜和野生禽鸟的牙齿。还发生了一件引起小小轰动的事件——找到了远古时期的玻璃珠。

在顿涅茨克师范学院的教师Г.А.波波夫领导的艺术方面，学生们进行了艺术创作：通过象征性绘画表现自己的个性特征。

"夏季人文学校"的学员是来自国立顿涅茨克大学、师范学院、艺术智力学院的大学生和顿涅茨克市各中学高年级的学生。

工作之余，也有休息。每天都去第涅茨河洗澡、钓鱼、晒太阳、采集鲜花、绿草、做游戏等。分手的时候，大家只有一个愿望：明年夏天再相聚。

生词总表　АЛФАВІ́ТНИЙ СЛОВНИ́К

A

а〔连〕（表示对立、对比之意）而，可是，但是；（表示补充、接续）那么

аби́〔连〕只要；只求

або́〔连〕或，或者，或是

ава́рія, -ї, 五格 -єю〔阴〕遇险，失事；事故

авто́бус, -а〔阳〕公共汽车

автока́р, -а〔阳〕自动搬运车，自动小货车

автома́тика〔阴〕自动化技术；自动化控制设备

а́втор, -а; 复 -и, -ів〔阳〕作者

авторите́тний〔形〕权威的，有威信的，有声望的

адже́〔语气〕须知，当然，要知道

адре́са, -и〔阴〕地址，住址

аеродро́м, -у〔阳〕飞机场

аеропо́рт, -у, 六格 -у́; 复 -и, -ів〔阳〕航空港

аж〔语气〕简直，整整，丝毫

ажу́рний〔形〕透花的，透孔的

академі́чний〔形〕科学院的

акаде́мія, -ї, 五格 -єю〔阴〕科学院

акваре́ль, -і, 五格 -ллю; 复二 -лей〔阴〕水彩画颜料；水彩画

акваторі́я, -ї〔阴〕（专用）水区，水域

а́ктовий〔形〕典礼的

актуа́льний〔形〕迫切的，急迫的

але́〔连〕但是，可是，不过，然而

але́я, -ї, 五格 -єю〔阴〕林荫路

альбо́м, -у〔阳〕纪念册，画册，影集

аналогі́чний〔形〕类似的，相似的，相同的

англі́йський〔形〕英国的；英国人的；英语的

анекдо́т, -у〔阳〕笑话，趣闻，奇闻

антибіо́тики〔复〕抗生素

антропологі́чний〔形〕人类学的

апети́т, -у〔阳〕食欲，胃口

апте́ка, -и, 三、六格 -ці〔阴〕药店

апте́кар, -я, 五格 -ем; 复 -і, -ів, -ям〔阳〕药剂师；药房主

а́рмія, -ї, 五格 -єю〔阴〕军队；〈转〉大众，大军

арсена́л, -у〔阳〕军火库，兵工厂

археологі́чний〔形〕考古学的

архітекту́ра, -и〔阴〕建筑学；建筑式

астрономі́чний〔形〕天文学的

ательє́〔不变，中〕艺术工作室，画室；时装工艺社

аудито́рія, -ї, 五格 -єю 及 авдито́рія〔阴〕大教室，讲堂；〔集合名词〕听众

афі́ша, -ї, 五格 -ею〔阴〕海报，演出广告

Б

бáба, -и; баби, баб 及 бабів〔阴〕〈蔑〉婆娘，娘儿们；老婆婆

бабýня, -і，五格 -ею 及 **бабýся**, -і，五格 -ею〔阴〕祖母，奶奶；外祖母

багáж, -ý，五格 -éм〔阳〕行李

багáтий〔形〕富裕的，富有的，丰富的

багáто〔副〕充足地，大量地；很多地；〔数〕很多

багáтство, -а〔中〕财富，财产

багря́ний〔形〕深红的，绯红的

бажáння, -я；复二 -áнь〔中〕希望，愿望，企望

бакалíя, -ї，五格 -єю〔阴，集合名词〕食品杂货

балáда, -и〔阴〕叙事诗；叙事歌

балéт, -у〔阳〕芭蕾舞

балкóн, -а〔阳〕阳台，凉台；（剧场的）楼座，包厢

бандерóль, -і，五格 -ллю；复二 -лей〔阴〕印刷品邮件

бандурúст, -а〔阳〕班杜拉琴手

барáнина, -и〔阴〕羊肉

бáрва, -и〔阴〕颜色

барвúстий〔形〕五光十色的，色彩缤纷的

барвнúк, -á〔阳〕颜料，染料

басéйн, -у〔阳〕蓄水池，贮水池

баскетбóл, -у〔阳〕篮球

батькú, -ів〔复〕父母

бáтьківщúна, -и〔阴〕祖国

бáтько, -а; -ú, -ів〔阳〕父亲，爸爸

бáчити, -чу, -чиш；命令式 бач〔未〕побáчити〔完〕看见

бáчитися, -чуся, -чишся；命令式 бáчся〔未〕见面，会面

без〔前〕（二格）没有，无，不带

бéзвість, -і，五格 -тю〔阴〕杳无音信

безпéка, -и，三、六格 -ці〔阴〕安全

безперéрвність〔阴〕持续不断，不停顿

безтермíчний〔形〕不热的，不经热处理的

безхмáрний〔形〕无云的，晴朗的

бенкéт, -у 及 **банкéт**, -у〔阳〕大宴会

бéрег, -а，六格 -зі；复 -ú, -ів〔阳〕岸，岸边

берегтú, -ежý, -ежéш, -ежемó, -ежетé；过去时 -рíг, -реглá；命令式 -ежú〔未〕зберегтú〔完〕爱护，爱惜，珍惜

берéза, -и；复二 -рíз〔阴〕桦，白桦

бéрезень, -зня，五格 -знем〔阳〕三月

берéт, -а〔阳〕贝雷帽，扁圆形无檐软帽

би, б（用于元音之后）〔语气〕（表示假设、建议、愿望等）

бúтий〔形〕被打的；打坏的，打碎的

біб, бóбу；复 бобú, бобíв〔阳〕豆，豆粒；豆类

бібліотéка, -и，三、六格 -ці〔阴〕图书馆

бібліотéкарка, -и〔阴〕女图书馆员

бій, бо́ю，五格 бо́єм，六格 бою；复 бої, боїв〔阳〕战斗，交战；敲击，敲打(声)

бік, бо́ку，六格 бо́ці；复 боки, боків〔阳〕肋；侧；腰旁

білизна́, -и〔阴〕床单

бі́лий〔形〕白的，白色的

білоко́рий〔形〕白色外皮(壳)的

білору́с, -а；复 -и, -ів〔阳〕白俄罗斯人

білосні́жний〔形〕雪白的

бі́ля〔前〕(二格) 靠近，在…旁边；大约

бі́льший〔形〕更大的，较大的；较年长的

бі́льшість, -шості，五格 -шістю〔阴〕大多数

біогра́фія, -ї, 五格 -єю〔阴〕传，传记

блаки́тний〔形〕天蓝色的，淡蓝的

бланк, -а〔阳〕表，表格

близню́к, -а；复 -и́, -ів〔阳〕双生子，孪生子

близьки́й 及 **бли́зький**〔形〕近的

бли́зько〔副〕在附近，邻近；〔前〕(二格) 靠近；将近，大约

бли́скавка, -и〔阴〕闪电；拉锁

бли́скати, -аю, -аєш〔未〕**бли́снути**, -ну, -неш〔完〕闪光，放光，闪耀

блиску́чий〔形〕闪光的，放光的，光亮的

блонди́нка, -и, 三、六格 -ці；复二 -нок〔阴〕淡黄发女子

блу́зка, -и〔阴〕女式衬衫

блука́ти, -а́ю, -а́єш〔未〕**заблука́ти**〔完〕徘徊，流浪，游荡

блю́дце, -я; 复二 -дець〔中〕小碟

бо〔连〕因为；〔语气〕(表示加重语气) 究竟，倒是；就，又

бобо́вий〔形〕豆的，豆粒的

бог, -а，呼格 бо́же；复 -и́, -ів〔阳〕〔大写〕上帝

болга́рин, -а；复 -а́ри, -а́р〔阳〕保加利亚人

болі́ти, -ли́ть〔未〕疼，痛

боло́то, -á；复 -лота́, -лі́т〔中〕泥沼，泥潭，沼泽

борони́ти, -оню́, -о́ниш〔未〕保卫，保护

боро́тися, -орю́ся, -о́решся〔未〕斗争，奋斗；摔跤，角力

боротьба́, -и́〔阴〕斗争，奋斗；摔跤，角力

бо́рошно, -а〔中〕面，面粉

борщ, -у́, 五格 -е́м〔阳〕菜汤

босоні́жки, -жок〔复〕凉鞋

ботані́чний〔形〕植物的

боязки́й〔形〕胆怯的，胆小的，害怕的

бо́язко〔副〕胆怯地，害怕地

боя́тися, бою́ся, бої́шся, боїмо́ся, бої́теся；命令式 бі́йся〔未〕害怕，怕，恐怕

бра〔不变，中〕壁灯

брак, -у〔阳〕废品；毛病，缺陷

брат, -а；复 -и́, -ів〔阳〕弟兄，兄弟

бра́ти, беру́, бере́ш, беремо́, берете́〔未〕**взя́ти**, візьму́, ві́зьмеш；过去时

взяв, взяла́; 命令式 візьми́〔完〕及 узя́ти〔完〕拿，取；占领；携带

бра́тися, беру́ся, бере́шся, беремо́ся, берете́ся〔未〕взя́тися, візьму́ся, ві́зьмешся〔完〕抓住，握住；着手；〈口语〉出现，来到（一、二人称不用）

брова́, -и́；复 бро́ви, брів, брова́м〔阴〕眉毛，眼眉

бро́нзовий〔形〕青铜的

бронхі́т, -у〔阳〕〈医〉支气管炎

бруд, -у〔阳〕污物，脏东西；污垢

брудни́й〔形〕脏的

бруків́ка, -и，三、六格 -ці；复二 -вок〔阴〕石板路

бува́ти, -а́ю, -а́єш〔未〕往往在，常常在

буде́нність, -ності〔阴〕平日，日常生活

буди́льник, -а〔阳〕闹钟

буди́нок, -нку〔阳〕房子；（某种活动）场所

буді́вля, -і，五格 -ею；复二 -вель〔阴〕楼房，建筑

будува́ти, -у́ю, -у́єш〔未〕збудува́ти〔完〕建，修建；〈转〉创建，创造

будь-хто́〔代〕不管是谁，任何人

будь-яки́й〔代〕不管什么样的，任何的

бу́йство〔中〕狂暴，猛烈

бук, -а〔阳〕〈植〉山毛榉

буква́р, -я́，五格 -ем́；复 -і́, -і́в, -я́м〔阳〕识字读本

буря́к, -а́ 及 -у́；复 -и́, -і́в〔阳〕甜菜

бу́ти, бу́ду, бу́деш；过去时 був, була́；现在时 є；命令式 будь〔未〕有（现有，曾有，将有）；存在；发生；在（现在，曾在，将在）

бюро́〔不变，中〕局，处，所

В

в（一般用于元音之后或元音之间）及 у（一般用于辅音之后或辅音之间）〔前〕（四格）在，于，（每）逢；向…里面；成为；在…那里；（六格）在里面；在（某种）状态中

ва́бити, -блю, -биш；命令式 ваб〔未〕прива́бити〔完〕吸引，使向往；讨人喜欢

ваго́н, -а〔阳〕（在轨道上行驶的）车，车辆，车厢

ва́жити, -жу, -жиш；命令式 важ〔未〕зва́жити〔完〕重，重量为；〈转〉有意义

важки́й〔形〕重的，沉重的；笨重的

ва́жко〔副〕很难，觉得很不痛快，感觉难过

важли́вий〔形〕重要的，意味深长的，有重要意义的；正当的

ва́за, -и〔阴〕花瓶；高脚盘

валі́за〔阴〕手提箱

ва́нна, -и；复二 ванн〔阴〕澡盆，浴盆；洗澡，沐浴

варе́ний, -я〔形〕煮沸的，烧滚的

варе́ник, -а〔阳〕甜馅儿饺子

варе́ння, -я〔中〕果酱；蜜饯

варі́ння〔中〕煮，熬，炖

ва́рто〔不变，用作谓语〕值，值得

ваш, ва́ша, ва́ше, ва́ші〔代〕您的；你们的

вбива́ти, -а́ю, -а́єш〔未〕**вби́ти**, вб'ю́, вб'є́ш, вб'є́мо́, вб'є́те〔完〕杀死；谋杀；暗杀

вби́вство, -а〔中〕谋杀，凶杀；暗杀

вби́вця, -і, 五格 -ею〔阳〕杀人者，凶手；暗杀者

вбра́ння, -я 及 **вбрання́**, -я́; 复二 вбрань〔中〕衣服，服装；盛装；陈设，装饰

вве́чері〔副〕(在) 晚上，晚间

вдава́тися, вдаю́ся, вдає́шся, вдаємо́ся, вдаєте́ся〔未〕**вда́тися**, вда́мся, вдаси́ся, вда́сться, вдамо́ся, вдасте́ся, вдаду́ться; 过去时 вда́вся, вдала́ся〔完〕成功，进行顺利，顺利完成；结果很好

вда́лий〔形〕成功的，顺利的；适当的；敏捷的

вдень〔副〕白天；下午，午后

вдиха́ти, -а́ю, -а́єш〔未〕**вдихну́ти**, -ну́, -не́ш, -немо́, -нете́〔完〕吸入，吸 (气)；鼓舞，激励；激起，唤起

вдо́ма〔副〕(在) 家里

ведмеди́ця 及 **ведме́диця**, -і, 五格 -ею〔阴〕牝熊

ведмежа́, -а́ти, 五格 -а́м; 复 -а́та〔中〕幼熊，小熊

ведмі́дь, -ме́дя, 五格 -ме́дем〔阳〕熊

ве́жа, -і, 五格 -ею〔阴〕塔，塔楼

Вели́кдень, -ко́дня〔阳〕(犹太教的) 逾越节；(基督教的) 复活节

вели́кий〔形〕大的；相当多的，丰富的；有力的；伟大的，重要的

Великобрита́нія 大不列颠岛

ве́лич, -і, 五格 -ччю〔阴〕伟大，宏伟；庄严；威严

величе́зний〔形〕巨大的，极大的

величина́, -и́; 复 -и́ни, -и́н〔阴〕大小，尺寸，长短

вели́чний〔形〕雄伟的，壮丽的；庄严的

верблю́д, -а〔阳〕骆驼

ве́ресень, -сня, 五格 -снем〔阳〕九月

верста́т, -а〔阳〕机床

верстатобудівни́й〔形〕机床制造的

ве́рхи〔副〕骑着 (马等)

ве́рхній, -я, -є〔形〕上面的；(河的) 上流的；穿在外面的

весе́лий〔形〕快乐的，愉快的，兴高采烈的

весі́лля, -я; 复 -і́лля 及 -ілля́, -і́ль 及 -ілі́в〔中〕结婚典礼，婚礼，结婚

весі́льний〔形〕结婚的，婚礼的

весня́ний 及 **весняни́й**〔形〕春天的

вести́, веду́, веде́ш, ведемо́, ведете́; 过去时 вів, вела́〔未〕引，领，带领，伴送；通向

весь, вся, все, всі〔代〕全部；整个；全身；全体；一切，所有；各

вече́ря, -і, 五格 -ею; 复二 -е́р〔阴〕晚

饭，晚餐

вече́ряти, -яю, -яєш〔未〕吃晚饭

ве́чір, -чора，五格 -чором；复 -чори́, -чорі́в〔阳〕傍晚，黄昏；（联欢性的）晚会

вечі́рній, -я, -є〔形〕晚上的，晚间的

вже〔副〕已经

вжива́ти, -а́ю, -а́єш〔未〕**вжи́ти**, -иву́, -иве́ш, -ивемо́, -ивете́；过去时 вжив, вжила́〔完〕用；使用；运用

взагалі́〔副〕一般（地说），总之；总是，老是，向来

вздовж〔副〕直着，纵（着）；〔前〕（二格）沿（着），顺着

взи́мку〔副〕（在）冬天，（在）冬季

взуття́, -я〔中，集合名词〕鞋，靴

взя́ти〔完〕见 **бра́ти**

ви, вас, вам, вас, ва́ми,（у）вас〔代〕您；你们

вибача́тися, -а́юся, -а́єшся〔未〕**ви́бачитися**, -чуся, -чишся；命令式 -ачся〔完〕请原谅，道歉

вибира́ти, -а́ю, -а́єш〔未〕**ви́брати**, -беру, -береш〔完〕选择，挑选；选举

вивча́ти, -а́ю, -а́єш〔未〕**ви́вчити**, -чу, -чиш〔完〕读熟，学会

вигапто́вувати, -то́вую, -то́вуєш〔未〕**ви́гаптувати**, -тую, -туєш〔完〕刺绣，绣花

ви́гляд, -у〔阳〕外表，外形，样子；神态

вигляда́ти, -а́ю, -а́єш〔未〕现出（某种）外表，像是，外表像…，看来像；（外观）看来是…

виготовля́ти, -яю, -яєш〔未〕**ви́готовити**, -влю, -виш；命令式 -ов〔完〕制造，制出；编成，组成；准备好

ви́гун, -у〔阳〕呼喊，感叹

вигу́кувати, -ую, -уєш〔未〕**ви́гукнути**, -ну, -неш〔完〕呼喊，喊出，大声叫出

вид, -у〔阳〕种，类；〈语〉（动词的）体

видава́ти, -даю́, -даєш, -даємо́, -даєте́〔未〕**ви́дати**, -ам, -аси, -асть, -амо, -асте, -адуть〔完〕出版；发行

видавни́цтво, -а〔中〕出版社

вида́ння, -я；复二 -а́нь〔中〕出版；发行；出版物，发行物；出版量；版；版本；版次

виде́лка, -и, 三、六格 -ці；复二 -лок〔阴〕餐叉，叉子

виділя́ти, -я́ю, -я́єш〔未〕**ви́ділити**, -лю, -лиш〔完〕分出；选出，挑出；区分出来；标出

видні́тися, -і́ється〔未〕现出，显出，看得出，露出来

ви́дно〔用作谓语〕看得见，可以看出，看得出来

ви́довжений〔形〕加长的，放长的

видозмі́нювати, -юю, -юєш〔未〕**видозміни́ти**, -іню́, -і́ниш〔完〕使变形，使变态；使变相；（部分）改变，（部分）变更

ви́дужання, -я〔中〕痊愈，复原，恢复健康

виду́жувати, -ую, -уєш〔未〕**ви́дужати**,

-аю, -аєш〔完〕痊愈，复原，恢复健康

визволення, -я〔中〕解放；搭救，拯救

визначати, -áю, -áєш〔未〕**визначити**, -чу, -чиш；命令式-ач 及 -ачи〔完〕确定；决定

виїжджати, -áю, -áєш〔未〕**виїхати**, -їду, -їдеш；命令式-їдь〔完〕（乘行）动身，出发；离开；（暂时）走开，离开；（乘车、马等）走上，登，上

викидати, -áю, -áєш〔未〕**викинути**, -ну, -неш；命令式-инь〔完〕扔出，投出，抛出；扔掉

викладач, -чá〔阳〕教师，(高校) 教员

викликати, -áю, -áєш〔未〕**викликати**, -ичу, -ичеш；命令式-ич〔完〕叫出来，唤出；找来；召唤；传唤

виконувати, -ую, -уєш〔未〕**виконати**, -аю, -аєш〔完〕执行，履行，实行；完成；演出，表演

використовувати, -ую, -уєш〔未〕**використати**, -аю, -аєш〔完〕利用；使用，运用

викохувати, -ую, -уєш〔未〕**викохати**, -аю, -аєш〔完〕养大，养育（大）；培养出来，抚养好

виліт, -льоту〔阳〕飞出，起飞；（飞机）离陆

вимощувати, -ую, -уєш〔未〕**вимостити**, -ощу, -остиш〔完〕铺，筑（路等）

вина, -и́〔阴〕罪过；过错

винний〔形〕酒的；像酒的，有酒香的

вино, -á；复 ви́на, вин〔中〕葡萄酒；酒

виноград, -у〔阳〕葡萄

виноградник, -а〔阳〕葡萄园

винятково〔副〕非常，格外；除外，不包括

випадати, -áю, -áєш〔未〕**випасти**, -су, -сеш〔完〕落下，坠下；跌落

випадково〔副〕偶然地，意外地；个别地

випивати, -áю, -áєш〔未〕**випити**, -п'ю, -п'єш〔完〕喝下；喝干；喝完

виписувати, -ую, -уєш〔未〕**виписати**, -ишу, -ишеш；命令式-иши〔完〕摘录，抄下；定购；使出（医院等）

виривати, -áю, -áєш〔未〕**вирвати**, -ву, -веш〔完〕拔出，拔掉；撕掉；夺取

виріб, -робу〔阳〕产品，物品，商品

вирішувати, -ую, -уєш〔未〕**вирішити**, -шу, -шиш〔完〕决定，拿定主意；解决（问题等）

виробництво, -а〔中〕生产，制造；出产

виростати, -áю, -áєш〔未〕**вирости**, -ту, -теш；过去时 -ріс, -росла〔完〕长，长大；成长；（植物）长成，长出

вирощувати, -ую, -уєш〔未〕**виростити**, -ощу, -остиш〔完〕使长大，培植；养育，抚养大

висвітлювати, -юю, -юєш〔未〕**висвітлити**, -лю, -лиш〔完〕照明，照亮；阐明，解释；弄清楚

виселяти, -яю, -яєш〔未〕**виселити**, -лю, -лиш〔完〕使迁移，使搬家，使迁出

ви́сіти, ви́шу, ви́сиш〔未〕及 **висі́ти**, вишу́, виси́ш〔未〕悬挂；挂，吊

виска́кувати, -ую, -уєш〔未〕**ви́скочити**, -чу, -чиш；命令式 -оч〔完〕跳出，跃出；跳上，跃上

висло́влювати, -юю, -юєш〔未〕**ви́словити**, -влю, -виш；命令式 -ов〔完〕说出，表示，表明

висо́кий〔形〕高的；高空的；(声调) 高的，尖的

високомеханізо́ваний〔形〕高度机械化的

високотокси́чний〔形〕毒性高的

височі́ти, -чи́ть 及 -чі́в〔未〕高耸，矗立；〈转〉占优越地位，占优势

ви́ставка, -и，三、六格 -ці；复二 -вок〔阴〕展览；展览会

виставля́ти, -я́ю, -я́єш〔未〕**ви́ставити**, -влю, -виш；命令式 -ав〔完〕放在外面，放出，摆出；提出，推举出

витрача́ти, -а́ю, -а́єш〔未〕**ви́тратити**, -ачу, -атиш；命令式 -ать〔完〕花，花费，耗费

ви́хід, -ходу〔阳〕出去，走出；暂离；(车、船等) 开出；出口；出路；(书等) 出版，发行

вихідни́й〔形〕出去的，走出的；出发的，发端的；起初的；〔用作名词〕休假日

вихо́дити, -джу, -диш；命令式 -одь〔未〕**ви́йти**, -йду, -йдеш〔完〕走出，出来，出去；走开

ви́шка, -и，三、六格 -ці；复二 -вок〔阴〕塔；高楼；瞭望台；(钻) 井架

вишу́каність〔阴〕优美，高雅

виявля́ти, -я́ю, -я́єш〔未〕**ви́явити**, -влю, -виш〔完〕表现出，显示出；表明，表达；发现，找出，发觉；暴露，揭露，揭发

виявля́тися, -я́юся, -я́єшся〔未〕**ви́явитися**, -влюся, -вишся〔完〕显出，露出，显现，暴露出来；表现出来；(发现) 原来(是)，结果(是)；〔用作插入语〕виявля́ється 原来，竟然是；结果

вівся́нка, -и，三、六格 -ці；复二 -нок〔阴〕〈口语〉燕麦米；燕麦粥

вівто́рок, -рка〔阳〕星期二

від〔前〕(二格) 自，从，由，从…起 (表示从某处开始或从某时、某数算起)；由于，因为；止，除；(与比较级连用) 比，比较

відбува́тися, -а́юся, -а́єшся〔未〕**відбу́тися**, -у́дуся, -у́дешся〔完〕发生；进行，举行

відва́жний〔形〕勇敢的，胆大的，果敢的

відві́дувати, -ую, -уєш〔未〕**відві́дати**, -аю, -аєш〔完〕访问，拜访，看望

відві́дувач, -а，五格 -ем〔阳〕访问者；客人

відволіка́ти, -а́ю, -а́єш〔未〕**відволокти́**, -очу́, -оче́ш, -очемо́, -очете́；过去时 -лі́к, -локла́；命令式 -очи́〔完〕拖开，拉开，拉走；分散 (注意等)

віддава́ти, -даю́, -дає́ш, -даємо́, -дає́те

віддáти, -áм, -асѝ, -áсть, -амó, -астé, -адýть；过去时 -áв, -алá〔完〕（归）还；给，送给；交给

вíдділ, -у〔阳〕部分；（行政、企业等机构的）部，司，局，处，科；部门

віддíлення, -я, 复二 -ень〔中〕分离，分开；（机关、企业等的）所，处，科；（商店、工厂等的）分车间，分店，分公司

відзначáти, -áю, -áєш〔未〕**відзнáчити**, -чу, -чиш；命令式 -áч 及 **відзнáчити**, -ачý, -áчиш；命令式 -ачѝ〔完〕做标记；〈转〉庆祝，纪念；〈转〉注意到，指出；标出

відзначáтися, -áюся, -áєшся〔未〕**відзнáчитися**, -чуся, -чишся；命令式 -áчся 及 **відзначѝтися**, -ачýся, -áчишся；命令式 -ачѝся〔完〕出众；出色，突出；〔只用未完成体〕有…特点，特点是…；与…不同，不同于…，与…有区别

відігравáти, -раю́, -раєш, -раємó, -раєтé〔未〕**відігрáти**, -áю, -áєш〔完〕赢回，捞回；〔只用完成体〕玩完，赌完

від'їжджáти, -áю, -áєш〔未〕**від'їхати**, -íду, -íдеш；命令式 -íдь〔完〕（乘车、骑马等）走开，离开，走出（若干距离）

відкривáтися, -áюся, -áєшся〔未〕**відкрѝтися**, -ѝюся, -ѝєшся〔完〕打开；（被）揭开，撩开；露出来，显出来；坦白地承认

вiдóмий〔形〕著名的，出名的，有名的

вiдóмостi, -мостей〔复〕报，通报，汇报，公报（某些期刊的名称）；名望，声望

вiдповiдáти, -áю, -áєш〔未〕**вiдповiстѝ** 及 **вiдповíсти**, -íм, -ісѝ, -íсть, -імó, -істé, -ідять；过去时 -ів, -ілá〔完〕回答，答复；回信；报以，回报

вiдпочивáти, -áю, -áєш〔未〕**вiдпочѝти**, -ѝну, -ѝнеш；命令式 -ѝнь〔完〕休息；歇息；休养

вiдпочѝнок, -нку〔阳〕休息；休息的时间；休养

вiдправля́ти, -я́ю, -я́єш〔未〕**вiдпрáвити**, -влю, -виш；命令式 -áв〔完〕寄去，送去；发出，派出

вiдпýстка, -и, 三、六格 -ці；复二 -ток〔阴〕休假，放假，假期

вiдрáзу〔副〕立刻，马上，一下子

вiдремонтувáти〔完〕见 **ремонтувáти**

вiдривáти, -áю, -áєш〔未〕**вiдiрвáти**, -iрвý, -iрвéш 及 -íрвеш, -iрвемó 及 -íрвемо, -iрветé 及 -íрвете〔完〕扯掉，撕下；夺去；使离开，打扰，打断

вiдрóдження, -я〔中〕复活；复兴，恢复；〔大写〕〈史〉文艺复兴时代

вiдставáти, -таю́, -таєш, -таємó, -таєтé〔未〕**вiдстáти**, -áну, -áнеш；命令式 -áнь〔完〕落在…后面；落后

вiдтвóрювати, -юю, -юєш〔未〕**вiдтворѝти**, -орю́, -óриш〔完〕再生产；（使）再发生，（使）再现；回忆，回想

відхо́ди, -ів〔复〕废物，废料

відхо́дити, -джу, -диш；命令式 -о́дь〔未〕**відійти́**, -йду́, -йдеш；过去时 -йшо́в, -йшла́〔完〕离开，走开

відчиня́ти, -я́ю, -я́єш〔未〕**відчини́ти**, -иню́, -и́ниш〔完〕开，打开（门、窗等）；开放

відчиня́тися, -я́юся, -я́єшся〔未〕**відчини́тися**, -иню́ся, -и́нишся〔完〕（门、窗等）被打开；开放

відчува́ти, -а́ю, -а́єш〔未〕**відчу́ти**, -у́ю, -у́єш〔完〕感觉出来，觉得，感到

візеру́нок, -нка〔阳〕花纹，花样

війна́, -и́；复 ві́йни, во́єн 及 війн〔阴〕战争，打仗

вік, -у, 六格 -ці；复 -и́, -ів〔阳〕世纪，百年；年龄，年岁；一生

вікно́, -а́；复 -кна, -кон〔中〕窗户

ві́льний〔形〕自由的，不受拘束的；无阻碍的

ві́льно〔副〕自由地，不受拘束地；流畅地，流利地

він, його́, йому́, його́, ним, ньо́му〔代〕他；它

вінегре́т, -у〔阳〕（以鱼、肉、菜蔬等做的）凉拌菜；〈转〉杂凑的东西，大杂烩

віно́к, -нка́〔阳〕（用鲜花或树枝编成的）花冠；花环，花圈

вірш, -а, 五格 -ем；复 -і, -ів〔阳〕诗句；诗，诗作

віршови́й〔形〕诗的

вісімна́дцятий〔数〕第十八的

вість, -і；复 ві́сті, віте́й, вістя́м〔阴〕消息，新闻；通知；报道

віта́льний〔形〕欢迎词的；祝词的，贺词的；祝贺的

вітамі́н, -у；复 -и, -ів〔阳〕维生素

віта́ти, -а́ю, -а́єш〔未〕**привіта́ти**〔完〕欢迎；致敬；祝贺；问候；请吃饭，宴请

віта́тися, -а́юся, -а́єшся〔未〕**привіта́тися**〔完〕见面打招呼，问好

ві́тер, -тру；复 -три́, -трі́в, -тра́м〔阳〕风

вітри́на, -и〔阴〕（陈列商品的）橱窗；玻璃柜

вітчи́зна, -и〔阴〕祖国

вітчи́зняний 及 **вітчизня́ний**〔形〕祖国的，本国的

ві́чний〔形〕永远的，永久的，无穷的；经常不断的

віщува́ти, -а́ю, -а́єш〔未〕预报，预示，预告

вкрива́ти, -а́ю, -а́єш〔未〕**вкри́ти**, -и́ю, -и́єш〔完〕盖，铺；覆盖；掩盖，掩护；盖，做房顶

вла́сне〔插入语〕其实，说实在的；〔语气〕（事物的）本身；在原意上；就是，正是

вла́сний〔形〕自己的，个人的，本人的

влашто́вувати, -ую, -уєш〔未〕**влаштува́ти**, -у́ю, -у́єш〔完〕组织，举行，举办；创办，建立；安排，安顿；定出，制定，确定

влі́тку〔副〕在夏天，在夏季

вмика́ти, -а́ю, -а́єш〔未〕**увімкну́ти**,

生词总表　АЛФАВІТНИЙ СЛОВНИК　273

-ну́, -не́ш〔完〕接，接通（指电流）

вна́слідок〔前〕（二格）因，因为，由于

вовк, -а, 呼格 -вче; 复 -и́, -і́в〔阳〕狼

во́гнище, -а〔中〕篝火，火堆

вого́нь, -гню́〔阳〕火，火焰

вода́, -и́, 四格 -у, 五格 -о́ю; 复 во́ди, вод〔阴〕水

водій, -я́, 五格 -е́м, 呼格 -і́ю〔阳〕（汽车等的）司机，驾驶员

водноча́с〔副〕同时（地）

водо́йма, -и〔阴〕水体；水库，（贮）水池，水塘

водоспа́д, -у〔阳〕瀑布

водяни́й〔形〕水的，水生的；水面上的；水力的

во́їн, -а〔阳〕战士，军人

вокза́л, -у〔阳〕客运站；（客）车站

воло́сся, -я〔中，集合名词〕（头）发，毛发，毛

вона́, її, їй, її, не́ю, ній〔代〕她；它

вони́, їх, їм, їх, ни́ми, них〔代〕他们；她们；它们

воню́чий〔形〕〈口语〉臭的，气味难闻的

восени́〔副〕（在）秋天，秋季

воста́ннє〔副〕最后一次

во́сьмий〔数〕第八的

впа́сти, -аду́, -аде́ш, -адемо́, -адете́〔完〕落，下落，坠落，降落；降落，下，降（指雨、雪、雾气等）

впе́рше〔副〕第一次，初次，首次

впізнава́ти, -наю́, -нає́ш, -наємо́, -наєте́〔未〕впізна́ти, -а́ю, -а́єш〔完〕认出，看出，听出；认识，认清

впорядко́вувати, -ую, -уєш〔未〕впорядкува́ти, -у́ю, -у́єш〔完〕整理就绪，调整好，安排好；编辑，创作

впуска́ти, -а́ю, -а́єш〔未〕впусти́ти, -ущу́, -у́стиш〔完〕放进，使进入，引进来；刺入，扎入

вража́ти, -а́ю, -а́єш〔未〕врази́ти, -ажу́, -ази́ш, -азимо́, -азите́; 命令式 врази́ 及 вра́зити, -а́жу, -а́зиш; 命令式 вразь〔完〕使感到惊讶，使大吃一惊

вра́ження, -я; 复二 -ень〔中〕印象；感想；效果；影响

вра́нці〔副〕（在）早晨，一清早，清晨

врожа́й, -ю, 五格 -єм〔阳〕收成，收获；成熟的庄稼；丰收；丰富，大量，大批

все〔代〕见 весь

все́-таки 及 все ж таки́〔副，连〕仍然；可是，但（是）；〔用作语气词〕究竟，到底，毕竟

всі〔代〕见 весь

вся́кий〔形〕各种的，各种各样的

всі́стися, вся́дуся, вся́дешся〔完〕坐下（指坐得舒适或很久）

встава́ти, -таю́, -тає́ш, -таємо́, -тає́те〔未〕вста́ти, -а́ну, -а́неш; 命令式 встань〔完〕站起来，起立；起床；升起，上升

вставля́ти, -я́ю, -я́єш〔未〕вста́вити, -влю, -виш; 命令式 встав〔完〕放入，放进；安装入

встано́влювати, -юю, -юєш〔未〕вста-

нови́ти, -овлю́, -о́виш〔完〕摆放，放置，安置；安装；建立，树立

встига́ти, -а́ю, -а́єш〔未〕**всти́гнути**, -ну, -неш〔完〕来得及，赶得上

втиха́ти, -а́ю, -а́єш〔未〕**вти́хнути**, -ну, -неш；过去时 втих, ви́хла〔完〕停息，平息，止住；安静下去

вто́ма, -и〔阴〕疲乏；疲劳

втрача́ти, -а́ю, -а́єш〔未〕**втра́тити**, -а́чу, -а́тиш；命令式 втрать〔完〕失掉，丧失

втруча́ння, -я〔中〕干涉，干预；参与

втя́гувати, -ую, -уєш〔未〕**втягну́ти** 及 **втягти́**, -гну́, -гнеш；过去时 втяг, втягла́〔完〕拉进，拉入，拖入；费力地拉上去；〈转〉引入，使加入；使卷入

вуз, -у〔阳〕高等学校

вузьки́й〔形〕窄的，狭窄的

ву́лиця, -і, 五格 -ею〔阴〕街，街道；户外，室外，街上

вус, -а；复 ву́са 及 ву́си, ву́сів, 五格 -сами〔阳〕（上唇上面的）髭，小胡子

вуста́=уста́〔复〕唇；嘴

вхо́дити, -джу, -диш；命令式 входь〔未〕**вві́йти́**, -йду́, -йдеш；过去时 -йшо́в, -йшла́〔完〕走入；进入；加入；（包）含有

вча́сно〔副〕按时；及时

вчи́телька, -и, 三、六格 -ці；复 -льки, -льо́к〔阴〕女教师，女老师

вчи́тися, вчу́ся, вчи́шся, вчимо́ся, вчите́ся〔未〕学，学习

вчо́ра〔副〕昨天，昨日

в'я́лення〔中〕（把鱼、肉等）晒干，风干

Г

гагау́з, -а〔阳〕加告兹人

гадю́ка, -и, 三、六格 -ці〔阴〕蝰，蝮蛇

газе́та, -и〔阴〕报纸

газе́тний〔形〕报纸的

га́лас, -у〔阳〕响声，喧响；喧哗，叫嚣

гасли́вий〔形〕**га́лас** 的形容词

галере́я, -ї, 五格 -єю〔阴〕游廊，走廊；（美术）陈列馆

галича́нин, -а〔阳〕加利奇人

га́лузь, -і, 五格 -ззю；复二 -зей〔阴〕部门，方面，领域

галу́шка, -и, 三、六格 -ці；复 -шки́, -шо́к〔阴〕面疙瘩

галя́вина, -и〔阴〕林间空地

га́ма, -и〔阴〕〈乐〉音阶；〈转〉按顺序排列的事物

гамсели́ти, -лю́, -лиш〔未〕打，敲打；〈口语〉痛打，用力敲打

га́нок, -нку〔阳〕（建筑物前的）台阶；（带顶的）门廊

гара́зд〔副〕好，很好；〔语气〕〈口语〉好的，很好，行

гардеро́бниця, -і, 五格 -ею〔阴〕存衣室女管理人

га́рний〔形〕好的；好看的，漂亮的；优美的，优雅的；晴朗的（指天气）

гаря́чий〔形〕热的，炎热的

гастроно́м〔阳〕（二格 -a）美食家；（二格 -y）食品店

геометри́чний〔形〕几何的；几何图形的

герб, -á〔阳〕徽章，徽号，纹章

геро́й, -я, 五格 -єм〔阳〕英雄；主人公

ги́нути, -ну, -неш；命令式 гинь〔未〕загинути〔完〕（人）死于疾病或贫穷；（庄稼）死于干旱或霜冻；（希望、幻想等）破灭

гідропа́рк, -y〔阳〕水上公园

гі́лка, -и, 三、六格 -ці；复 -лки, -лок〔阴〕树枝

гі́лочка, -и〔阴〕小树枝；支流

гімн, -y〔阳〕国歌，颂歌

гіркува́тий〔形〕有点儿苦的

гірськи́й〔形〕山的，多山的

гірчи́чник, -a〔阳〕〈医〉芥末膏

гість, го́стя, 五格 го́стем；复 го́сті, гостей, го́стям 及 гостя́м, 六格 го́стях 及 гостя́х〔阳〕客人

глиби́нний〔形〕（在）深处的

глибо́ко〔副〕深地；深奥地；〔无人称句中用作谓语〕(很)深

гля́нути, -ну, -неш；命令式 глянь〔完〕看

гноя́к, -á〔阳〕蜣螂

гну́тися, гну́ся, гне́шся, гнемо́ся, гнете́ся〔未〕弯曲,（人）弯腰；屈服

говори́ти, -орю́, -о́риш〔未〕说话，会说…话；说出；谈话

годи́на, -и〔阴〕小时（60分钟）；（几）点钟；时间，时候

годи́нник, -a〔阳〕钟，表

гол, -a；复 -и́, -і́в〔阳〕（足球）球门；得分

голова́, -и́, 四格 -лову, 五格 -ло́вою；复 -лови, -лі́в, 六格 голова́х 及 голова́х〔阴〕头，头部

головни́й〔形〕头部的，脑袋的；主要的，最重要的

голо́дний〔形〕饥饿的，挨饿的

го́лос, -y；复 -и́, -і́в〔阳〕声音，嗓音

голуби́й〔形〕浅蓝的，天蓝的

голубці́, -ці́в〔复〕(填馅儿的) 洋白菜卷

гора́, -и́；复 го́ри, гір〔阳〕山；〔复〕山区

горбо́винка, -и〔阴〕小鼓包，隆起

горі́ти, -рю́, -ри́ш, -римо́, -ритé〔未〕燃烧，着火

гороби́на, -и〔阴〕花楸；花楸果

горо́х, -y〔阳〕豌豆

госпіталізува́ти, -зу́ю, -зу́єш〔完，未〕接收（病人）住院

госпо́дар, -я, 五格 -ем；复 -і, -ів, -ям〔阳〕主人，东家，老板，负责人

господа́рство, -a〔中〕经济；事业；农庄；农户；家产

господа́рський〔形〕经济的，业务的；

日常应用的，家务用途的；善于经营的，会精打细算的

господа́рчий〔形〕=**господа́рський**

господарюва́ння, -я〔中〕经营，管理；料理家务

господи́ня, -ї, 五格 -ею〔阴〕女主人，女老板；主妇

го́стро〔副〕锋利地；敏锐地，强烈地

гостюва́ти, -ю́ю, -ю́єш〔未〕у кого 串门，做客

готе́ль, -ю, 五格 -ем〔阳〕旅馆

гото́вий〔形〕准备好的，预备好的；做成的，现成的

готува́ти, -у́ю, -у́єш〔未〕**приготува́ти**〔完〕预备，准备；制造；做（饭）

готува́тися, -у́юся, -у́єшся〔未〕**приготува́тися**〔完〕до чого 准备（干），预备（干）

гра, -и; 复 і́гри, і́гор〔阴〕游戏；竞赛；（大型）运动会；表演；演奏

гравю́ра, -и〔阴〕版画；木刻；铜版

грані́т, -у, -а〔阳〕花岗石，花岗岩

гра́ти, -а́ю, -а́єш〔未〕玩耍，游戏；比赛，竞技

гра́тися, -а́юся, -а́єшся〔未〕玩耍，撒欢；〔无人称〕〈口语〉（有情绪）玩，玩得起来

греча́ник, -а〔阳〕荞麦面卷

гре́чка, -и, 三, 六格 -ці; 复 -чки́, -чо́к〔阴〕荞麦；荞麦米

гриб, -а́〔阳〕蘑菇

гри́вня〔阴〕格里夫纳（乌克兰货币单位）

грім, гро́му; 复 громи́, громі́в〔阳〕雷

гріх, -а́〔阳〕罪，罪过，罪恶；〔用作谓语〕〈口语〉不该，不好

гру́ба, -и〔阴〕火炉

гру́день, -дня, 五格 -днем〔阳〕十二月

гру́ди, -е́й, -ям, -дьми́, -ях〔复〕（单 **грудь**, -ді, 五格 -ддю〔阴〕）胸，胸膛

гру́па, -и〔阴〕一群，一批；（团体、组织的）组，系

губа́, -и́; 复 гу́би, губ 及 губі́в〔阴〕嘴唇

гуля́ти, -я́ю, -я́єш〔未〕散步，逛；〈口语〉玩耍，消遣

гуманіта́рний〔形〕人文的

гурто́к, -тка́〔阳〕人群；小组，小团体

гурто́м〔副〕共同地，一起；成群地，大家一齐

гу́си, -е́й, -ям, 五格 -сьми́, 六格 -ях〔复〕鹅

густи́й〔形〕密的，稠密的；浓的

гу́сто〔副〕密密地，浓浓地

густота́, -и́〔阴〕稠密；浓厚；密度；浓度

гуцу́л, -а; 复 -и, -ів〔阳〕古楚尔人

гу́чно〔副〕响亮地，高声地

гучномо́вець, -вця, 五格 -вцем〔阳〕扬声器

Д

дава́ти, даю́, дає́ш, даємо́, дає́те〔未〕
да́ти, дам, даси́, дасть, дамо́, дасте́, даду́ть；过去时 дав, дала́〔完〕给，给予；付给；供给；让，允许

давнина́, -и́〔阴〕古代

да́вній, -я, -є〔形〕久远的，很久以前的

давно́〔副〕很久，好久；早就，早已

дале́ко〔副〕远，遥远；(与…比)…得多

да́лі〔副〕较远，〈口语〉远一些；往后，以后；继续，继续下去，再

да́ний〔形〕这个，本，此，该

да́ні, -их〔复〕资料，材料；数据；素质；才能

дарма́〔副〕徒劳地，白白地；不必要地；〔用作谓语〕〈口语〉还是，仍然，一样

дарува́ти, -у́ю, -у́єш〔未，完〕赠送；〈旧〉赐予，赏赐；原谅，宽恕

да́ча, -і, 五格 -ею〔阴〕别墅

два, двох, двом, 五格 двома́〔阳，中〕；**дві**, двох〔阴〕〔数〕二

двана́дцять, -а́дцяти 及 -адцятьо́х, -а́дцяти 及 -адцятьо́м, 五格 -тьма́ 及 -тьома́, 六格 -а́дцяти 及 -адцятьо́х〔数〕十二

две́рі, -ей, -ям, 五格 -рми́ 及 -ри́ма, 六格 -ях〔复〕门；门口

двір, двора́ 及 двору́；复 двори́, дворі́в〔阳〕院子，庭院；庄子，庄园

двісті, двохсо́т, двомста́м, 五格 двомаста́ми, двохста́х〔数〕200

дві́чі〔副〕两次，两回；二倍

де〔副〕在哪里；往哪里；从哪里；(不管)在什么地方；说不定在什么地方

дев'я́тий〔数〕第九的

дев'ятикла́сник, -а〔阳〕九年级学生

деда́лі〔副〕更远，再往前；越来越，愈益

де́кілька, де́кількох 及 декілько́х, де́кільком 及 декілько́м, 五格 де́кількома 及 декількома́；复 де́кількох 及 декілько́х〔数〕几，几个；一些

де-не-де́〔副〕在某处，在某些地方，有些地方；处处，到处

день, дня, 五格 днем；复二 днів 及 день〔阳〕白天；日，天，日期，节

депута́т, -а〔阳〕代表，议员

де́рево, -а；复 -е́ва, -е́в〔中〕树，树木；木料；木材

держа́вний〔形〕国家的；国立的；国有的

держепідна́гляд, -а〔阳〕国家监督

десятирі́ччя, -я；复二 -іч〔中〕十年；十周年(纪念)

деся́тка, -и, 三、六格 -ці；复二 -ток〔阴〕十；〈口语〉十卢布的货币

детекти́вний〔形〕侦探的；侦探小说的

де́що, де́чого, де́чому, 五格 де́чим (з де́чим, де́ з чим)，六格 на де́чому (на де́чім, де́ на чому, де́ на чім)

〔代〕某些东西；某事；有些东西；有些事情；一点儿，有些，少许

дéякий, дéякого, дéякому, 五格 дéяким, 六格 на дéякому (на дéякім, дé на якому, дé на якім)；**дéяка**, дéякої, дéякій, 五格 дéякою, 六格 на дéякій (дé на якій)；**дéяке**, дéякого；**дéякі**, дéяких〔代〕某，某一，某一个

джерелó, -á；复 -éла, -éл〔中〕泉，源泉；〈转〉泉，泉源；根源

джерéльний〔形〕泉的；起源的

дзвенíти, -ню́, -нéш, -нимó, -нитé〔未〕叮当作响，〈转〉听起来是…

дзвінóк, -ká〔阴〕铃，铃铛；小钟；铃声

дзвінóчок, -чка〔阳〕小铃，小钟

дзвони́ти, -ню́, -ниш〔未〕**подзвони́ти**〔完〕打钟，按铃；〈口语〉按门铃；打电话

дзéркало, -a；复 -áла, -áл〔中〕镜子

дивáн, -a〔阳〕沙发

диви́тися, -влю́ся, -вишся〔未〕**подиви́тися**〔完〕看，望，瞧，观看；〈转〉展望

дивувáтися, -ýюся, -ýєшся〔未〕**здивувáтися**〔完〕觉得奇怪,（感到）惊奇；感到非常惊讶，震惊；莫名其妙；困惑不解

ди́кий〔形〕野的，野生的

ди́ктор, -a〔阳〕广播员

Дими́тров 季米特洛夫（地名）

дити́на, -и〔阴〕婴儿，小孩儿；子，女

дити́нство, -a〔中〕儿童时代，童年，幼年

дитсадóк, -дкá〔阳〕幼儿园

дитя́чий〔形〕儿童的；儿童用的；〈转〉幼稚的

діáгноз, -y〔阳〕〈医〉诊断

діалóг, -y, 六格 -зi〔阳〕对话；对白

дівáтися, -áюся, -áєшся〔未〕**дíтися**, дíнуся, дíнешся〔完〕（被）放在，搁到；丢到；跑到

дівчáта〔阴, 集合名词〕姑娘们

дівчи́на, -и〔阴〕姑娘，少女

дід, -a；复 -и́, -íв〔阳〕祖父；外祖父；老大爷

дідýсь, -ýся 及 -уся́, 五格 -ýсем 及 -усéм, 呼格 -ýсю〔阳〕〈口语〉дід 的表爱

діє́та, -и〔阴〕规定的饮食；饮食制

дізнавáтися, -наю́ся, -наєшся, -наємóся, -наєтéся〔未〕**дізнáтися**, -áюся, áєшся〔完〕得知，听到；打听到；调查出，查明

діля́нка, -и, 三、六格 -ці；复二 -нок〔阴〕地段，一段地，一块地

дім, дóму；复 доми́, домíв〔阳〕房子；住宅，住所；家

дістaвáти, -таю́, -таєш, -таємó, -таєтé〔未〕**дістáти**, -áну, -áнеш；命令式 -áнь〔完〕拿出，取出；弄到，获得；收到，受到

дíти, -éй, -ям, 五格 -тьми, 六格 -тях〔复〕儿童(们)，孩子(们)；儿女，子女

діяльність, -ності, 五格 -ністю〔阴〕活动；工作；动作；作用

ді́яти, ді́ю, ді́єш〔未〕起作用，影响；行动，动作；行事

для〔前〕（二格）为了；由于

Дніпро́ 第聂伯河

до〔前〕（二格）向，朝，往；到…里；（表示时间）到，至；（表示时间）在…以前；（表示数量界限）将近，大约；对于，为了

доба́, -и́; 复 до́би, діб〔阴〕时刻，时候；季节；昼夜；时代

добі́р, -бо́ру 及 **до́бір**, -бору〔阳〕选择；挑选，选拔

добра́ніч〔感叹〕晚安

до́бре〔副〕好地，好好地；〔用作谓语〕好，很好；〔语气〕（表示同意）好，好吧，可以，行

добри́день〔感叹〕日安

до́брий〔形〕善心的，善良的

довга́стий〔形〕长方形的；长圆形的，椭圆形的

до́вгий〔形〕长的；长时间的

до́вго〔副〕长地；长期地；持久地

довідко́вий〔形〕备查的，参考的；备咨询的

дово́дити, -джу, -диш; 命令式 -одь〔未〕**довести́**, -еду́, -еде́ш, -едемо́, -едете́; 过去时 -ві́в, -вела́〔完〕领到，带到;〈转〉迫使，致使

дово́дитися, -джуся, -дишся〔未〕**довести́ся**, -еде́ться; 过去时 -вело́ся〔完〕〔无人称句中用作谓语〕遇到机会，得到可能，得以

до́вший〔形〕较久的

догляда́ння〔中〕照料；监督

додава́ти, -даю́, -дає́ш, -даємо́, -даєте́〔未〕**дода́ти**, -а́м, -аси́, -а́сть, -амо́, -асте́, -аду́ть; 过去时 -а́в, -ала́〔完〕加上，添上；〈口语〉加一些，添一些；加快；加强

додо́му〔副〕回家，回家去

дозволя́ти, -я́ю, -я́єш〔未〕**дозво́лити**, -лю, -лиш; 命令式 -о́ль〔完〕允许，准许；容许，让，使有可能

до́ля, -і, 五格 -ею〔阴〕运气，命运；前途

до́ма〔副〕（在）家里

дома́шній, -я, -є〔形〕家庭的；家常的

домовля́тися, -я́юся, -я́єшся〔未〕**домо́витися**, -влюся, -вишся; 命令式 -о́вся〔完〕商量好，约定，达成协议

домогоспода́рка, -и, 三、六格 -ці; 复二 -рок〔阴〕女房主，女房东；（农家的）女当家人；（主持家务的）家庭妇女

Донба́с 顿巴斯（地名）

донеда́вна〔副〕至不久以前

доне́цький〔形〕顿涅茨克的

до́нька, -и〔阴〕（小）女儿

до́пис, -у〔阳〕通讯报道，通讯（稿）；（报纸上的）文章，简讯

допомо́га, -и, 三、六格 -зі〔阴〕帮助；救护；拯救

доро́бок, -бку〔阳〕〈口语〉创造物；创作（指文学作品）

доро́га, -и, 三、六格 -зі; 复二 -рі́г〔阴〕路，道，道路；旅途，旅程

дорогúй〔形〕贵的，值钱的，贵重的；亲爱的

дорогоцíнний〔形〕珍贵的，宝贵的，贵重的；〈转〉意义重大的，极其重要的

доро́слий〔形〕成年的；〔用作名词〕доро́слий, -ого〔阳〕成年人，大人

до́сить〔副〕相当地；够；颇大

до́слідний〔形〕研究的；考察的；试验（性）的，实验（性）的，根据试验的，根据实验的

досту́пний〔形〕可以接近的；可以通行的；易懂的，容易了解的；通俗的

дочека́тися, -а́юся, -а́єшся〔完〕等（候）到

дочка́, -и́，三、六格 -ці；复 -чки, -чок〔阴〕女儿

до́шка, -и，三、六格 -ці；复 -піки, -шо́к〔阴〕板，木板；板状东西；（教室里的）黑板；榜，牌

дощ, -у́，五格 -е́м〔阳〕雨

доя́рка, -и，三、六格 -ці；复二 -рок〔阴〕女挤奶员

драмати́чний〔形〕话剧的；剧本的；戏剧性的；(情节) 紧张的；凄楚的

друг, -а, 呼格 -у́же；复 -у́зі, -у́зів〔阳〕朋友，好友

дру́ге〔用作名词〕第二道菜

дру́гий〔形〕别的，另一个；不同的；第二的，其次的，下一个

дружи́на, -и〔阳，阴〕配偶（指夫或妻）

друк, -у〔阳〕印刷，印；付印；出版

дуб, -а；复 -и́, -ів〔阳〕柞树，橡树，槲树；柞木，橡木，槲木

дубля́нка, -и〔阴〕熟羊皮短皮袄，皮毛一体大衣

дубо́вий〔形〕柞树（制）的，槲树（制）的，橡树（制）的

ду́же〔副〕很，非常，极，甚

ду́мати, -аю, -аєш〔未〕поду́мати〔完〕想，思考，考虑；认为，以为；打算，想要

ду́мка, -и，三、六格 -ці；复 -мки́, -мо́к〔阴〕主意；看法，观点；前提，出发点；意图，打算；〔复〕考虑，思考；沉思

дуна́йський〔形〕多瑙河的

духо́вний〔形〕精神的，精神上的

дя́дько, -а；复 -и́, -ів〔阳〕伯父，叔父，舅父，姑父，姨父；〈口语〉（对成年人的称呼）伯伯，叔叔，大叔

дя́кувати, -ую, -уєш〔未〕подя́кувати〔完〕致谢，感谢，谢谢

E

екза́мен, -у〔阳〕考试

екологі́чний〔形〕生态的，生态学的

економі́чний〔形〕经济（上）的；经济学的；经济的,（能）节省的

екра́н, -а〔阳〕荧光屏；银幕；电影

екскава́тор, -а〔阳〕挖掘机

експона́т, -а〔阳〕陈列品，展览品

експортува́тися, -у́юся, -у́єшся〔未〕

输出，出口

експре́с, -a〔阳〕特别快车；快船；特快公共汽车

елега́нтний〔形〕雅致的，优美的；文雅的

електри́чний〔形〕电的，电力的，电动的；发电的

електрово́з, -a〔阳〕电力机车

елеме́нт, -a〔阳〕（组成）部分，成分；〔复〕基础，入门；基本原理

ене́ргія, -ї, 五格 -єю〔阴〕能，能量；〈转〉精力；毅力

етні́чний〔形〕民族的，种族的

етнографі́чний〔形〕民族(学)的

ефе́кт, -y〔阳〕印象；影响；效果；结果

ефе́ктний〔形〕给人深刻印象的；引人注目的

ex〔感叹〕唉，嘿，嗨

Є

є (**бу́ти** 的现在时单数第三人称，并可用于其他人称) 是，为，系；有，存在

євре́й, -я；复 -ї, -їв〔阳〕犹太人

Євро́па 欧洲

європе́йський〔形〕欧洲的；欧洲人的

європеої́дний〔形〕欧罗巴人种的人的

Ж

ж〔语气〕= же

жаль, жа́лю 及 жалю́, 五格 жа́лем 及 жале́м；复 -лі́, -лі́в〔阳〕悲伤，痛心；惋惜，遗憾

жалюзі́〔不变，中〕遮窗，固定百叶窗

жа́рко〔副〕热地；炎热地；热烈地；激烈地；〔用作谓语〕热，觉得热

жарт〔阳〕（二格 -y）笑话，玩笑

жахли́вий〔形〕可怕的，骇人听闻的；〈口语〉极坏的，很糟的；胆小的，胆怯的

же〔语气〕（表示加强语气）究竟，到底；就；还；真(是)

живи́й〔形〕活的，活着的；存在着的

жира́ф, -фа〔阳〕及 жира́фа, -фи〔阴〕长颈鹿

жи́тель, -я, 五格 -ем〔阳〕居民，住户

жи́ти, живу́, живе́ш, живемо́, живете́；过去时 жив, жила́〔未〕活，活着，生存；居住，住

жи́тися, живе́ться；过去时 жило́ся〔无人称，未〕（如何）生活，过活

житлови́й〔形〕住所的，住房的

жи́то, -a；复 жита́, житі́в〔中〕黑麦

життє́пис, -y〔阳〕传记；履历

життя́, -я〔中〕生命；生活；生存

жі́нка, -и, 三、六格 -ці；复 -и́ки, -но́к〔阴〕女人，妇女；妻子

жіно́чий〔形〕妇女的，女子的；女用的

жнива́ 及 **жни́ва**, жнив〔复〕收割；收割期，农忙期；收获

жо́втень, -тня, 五格 -тнем〔阳〕十月

жовтогаря́чий〔形〕橙黄色的

жо́ден, -дна, -дне〔代〕任何人也不…；任何的，无论怎样的

жо́дний〔代〕= **жо́ден**

жона́тий〔形〕结了婚的（指男子），有妻子的；〔只用复数〕结了婚的

журна́л, -у〔阳〕杂志，定期刊物

журналі́ст, -а〔阳〕新闻撰稿人，新闻工作者，新闻记者

З

з, із, зі〔前〕（二格）从…上；从…中；（表示时间）从…起；…中，其中；用（某种材料）；（表示方面）；（五格）和，与，带有；带着

за〔前〕（四格）（表示时间）在（若干时间）内；为，为了，主张；关于；（与比较级连用）比；（五格）在…之后，在…之外；跟着；（表示目的）取，找；按照，依照

заарешто́вувати, -ую, -уєш〔未〕**заарешту́вати**, -у́ю, -у́єш〔完〕逮捕，拘捕；拘留

забага́та〔副〕有点儿多，多，太多了

забива́ти, -а́ю, -а́єш〔未〕**заби́ти**, -б'ю́, -б'є́ш, -б'ємо́, -б'єте́〔完〕打入；钉入；钉紧

забира́ти, -а́ю, -а́єш〔未〕**забра́ти**, -беру́, -бере́ш〔完〕拿去，取去，带走；抓去

заборо́на, -и〔阴〕禁止

заборо́нений〔形〕被禁止的

забороня́ти, -я́ю, -я́єш〔未〕**заборони́ти**, -оню́, -о́ниш〔完〕（що 或与不定式连用）禁止

забру́днювати, -юю, -юєш〔未〕**забрудни́ти**, -ню́, -ни́ш〔完〕弄脏，染污，完全染污

забува́ти, -а́ю, -а́єш〔未〕**забу́ти**, -у́ду, -у́деш；命令式 -у́дь〔完〕кого, що, про кого, про що 忘记，遗忘

завдяки́〔前〕（三格）多亏；因为…，由于…

за́вжди 及 **завжди́**〔副〕永远，始终；一直，总是；随时；平时

заво́д, -у〔阳〕工厂，制造厂

за́втра〔副〕（在）明天,（在）明日；〔用作名词〕**за́втра**〔不变, 中〕明日

зага́льний〔形〕全体的；共同的

заги́бель, -і, 五格 -ллю〔阴〕灭亡，毁灭；破灭，覆灭

заги́бкий〔形〕死亡的

заги́нути, -ну, -неш；命令式 -и́нь〔完〕死亡，灭亡；破灭

загоря́ти, -я́ю, -я́єш〔未〕**загорі́ти**, -рю́, -ри́ш, -римо́, -рите́〔完〕晒黑，晒得黝黑

заготівля, -і, 五格 -ею; 复二 -вель〔阴〕采办，采购

загукáти, -áю, -áєш〔完〕开始喊，喊起来

загýслий〔形〕凝结的，冻结的

задерикуватий〔形〕充满激情的，好斗的

задовóлений〔形〕十分满意的，心满意足的；(因受奉承、称赞等)感到愉快的，得意的

зазнавáти, -наю, -наєш, -наємо, -наєте〔未〕**зазнáти**, -áю, -áєш〔完〕感到，感受；经受，尝到，体会到

займáти, -áю, -áєш〔未〕**зайняти**, -йму́, -ймеш; 过去时 -няв, -няла〔完〕占，占有，占用

займáтися, -áюся, -áєшся〔未〕**зайнятися**, -йму́ся, -ймешся; 过去时 -нявся, -няла́ся〔完〕从事于，致力于，作，干；经营，参与

зáйнятий〔形〕被占的，被占领的；不空闲的，忙的，有工作的；忙碌的

зайти〔完〕见 **захóдити**

закарпáтський〔形〕外喀尔巴阡的

Закарпáття 外喀尔巴阡(地名)

закаспíйський〔形〕里海东岸的

закíнчення, -я; 复二 -ень〔中〕完结，结束；毕业

закíнчувати, -ую, -уєш〔未〕**закíнчити**, -чу́, -чиш, -чимо́, -чите; 命令式 -інчи́ 及 **закíнчити**, -чу, -чиш; 命令式 -інч〔完〕完毕，完成；毕业，结业

зáклад, -у〔阳〕机关；公共机构

закопи́лювати, -люю, -люєш〔未〕**закопи́лити**, -лю, -лиш〔完〕使充满空气，使鼓起

зал, -у〔阳〕厅，大厅

залéжати, -жу, -жиш; 命令式 -éж〔完〕依靠，依赖，全靠⋯；以⋯为转移，有赖于⋯

залишáтися, -áюся, -áєшся〔未〕**залиши́тися**, -ишу́ся, -и́шишся; 命令式 -и́шся 及 -иши́ся〔完〕留下，遗留；脱离

замерзáти, -áю, -áєш〔未〕**замéрзнути**, -ну, -неш〔完〕结冰，凝结；冻死；冻坏

замовля́ти, -я́ю, -я́єш〔未〕**замóвити**, -влю, -виш; 命令式 -óв〔完〕预定，定做，定制；订购

замóжність, -ності, 五格 -ністю〔阴〕富裕生活，优裕生活；富裕程度，殷实程度

заня́ття, -я; 复二 -я́ть〔中〕职业，工作；[复](学校的)作业；学习

запáлення, -я〔中〕激励，鼓励；兴奋，振作；发炎，炎症

запáс, -у〔阳〕储备(品)，储藏(物)，备用品；贮存量；储存

запáска, -и〔阴〕(乌克兰西部妇女穿的由前后两幅毛布缝成的)裙子

запи́тувати, -ую, -уєш〔未〕**запитáти**, -áю, -áєш〔完〕问，询问，打听；提问(学生)；查问，查询

запізнюватися, -ююся, -юєшся〔未〕**запізни́тися**, -ізню́ся, -ізни́шся〔完〕

迟到，来晚；耽误

заплітáти, -áю, -áєш〔未〕**заплестú**, -етý, -етéш, -етемó, -ететé；过去时 -лів, -лелá〔完〕编上，编织起来

запóвнювати, -юю, -юєш〔未〕**запóвнити**, -ню, -ниш〔完〕（使）充满，填满，占满；填写，填好

запорóжець, -ждя，五格 -жцем〔阳〕〈史〉扎波罗热－谢恰的哥萨克

запрóшення, -я；复二 -ень〔中〕邀请，请求；请帖

запрóшувати, -ую, -уєш〔未〕**запросúти**, -ошý, -óсиш〔完〕请，邀请；请来参加

зáраз〔副〕马上，立刻；目前，现在

заростáти, -áю, -áєш〔未〕**зарости́**, -тý, -тéш, -темó, -тетé；过去时 -рíс, -рослá〔完〕（草木、毛发等）长满，生满，丛生；〈口语〉（伤口等）长好，愈合

засві́дчувати, -ую, -уєш〔未〕**засві́дчити**, -чу, -чиш；命令式 -ідч〔完〕证明；证实

засилáти, -áю, -áєш〔未〕**заслáти**, зашлю́, зашлéш, зашлемó, зашлетé；命令式 зашли́〔完〕送到远处，寄到远处，派到远处；流放到远处

зáсіб, -собу；复 -соби, -собів〔阳〕方法，方式，手段；〔常用复数〕资料；设施

засмія́тися, -ію́ся, -іє́шся, -іємóся, -ієтéся〔完〕笑起来，大笑起来

заснóвувати, -ую, -уєш〔未〕**заснувáти**, -ую́, -уєш〔完〕建立，创立

заспівáти, -áю, -áєш〔完〕开始唱，唱起来

заспокíйливий〔形〕令人安心的，令人快慰的；镇静的

заспокóювати, -юю, -юєш〔未〕**заспокóїти**, -óю, -óїш〔完〕使放心，安慰；使安静；消除，解除（饥渴）

застигáти, -áю, -áєш〔未〕**застúгнути**及**застúгти**, -ну, -нєш〔完〕凝结，凝固；结冰；呆住，愣住

застóюватися, -тóююся〔未〕**застоя́тися**, -тою́ся, -тої́шся〔完〕（水等）因停滞过久而腐败

засяя́ти, -ся́ю, -ся́єш〔完〕明亮起来，照耀起来

затé〔连〕但是，不过；因此，因而

затишнúй及**затúшний**〔形〕幽静的；平静的；舒适的，安适的

зáтінок, -нку〔阳〕荫；阴凉处

затрúмка及**зáтримка**, -и，三、六格 -ці；复二 -мок〔阴〕耽搁，延误，延迟

заувáження, -я；复二 -ень〔中〕意见，注解，说明；评语，评论；责备，批评

заувáжувати, -ую, -уєш〔未〕**заувáжити**, -жу, -жиш；命令式 -аж〔完〕注意到，发觉，看出；说出，指出；批评；警告

зáхват, -у〔阳〕非常高兴，兴高采烈，欣喜若狂

захéканий〔形〕气喘吁吁的，喘不过气的

захúсник, -а及**захиснúк**, -á〔阳〕保卫

者，捍卫者

захитáтися, -тáюся, -тáєшся〔完〕开始摇动，摇摆起来

захищáти, -áю, -áєш〔未〕**захистúти**, -ищý, -úстиш, -истимó, -иститé〔完〕防守，保卫；捍卫，维护；防护，保护，使免受

зáхід, -ходу〔阳〕办法，手段，措施

вáхідний〔形〕西方的，西边的，西部的，由西面来的

захóдити, -джу, -диш；命令式 -одь〔未〕**зайтú**, -йдý, -йдеш；过去时 -йшóв, -йшлá〔完〕顺路走到，顺路探望

захóплення, -я；复二 -ень〔中〕精神振奋，热情奋发；非常兴奋；热心，热情

захотíти, -óчу, -óчеш〔完〕想要，想起要（做某事）

зацікáвлювати, -юю, -юєш〔未〕**зацікáвити**, -влю, -виш；命令式 -áв〔完〕使有兴趣，引起注意，引起好奇；使有利害关系，使感到有利

зачарóвувати, -ую, -уєш〔未〕**зачарувáти**, -ýю, -ýєш〔完〕对…施魔法；使入迷，使神往，使倾倒

зачекáти, -áю, -áєш〔完〕等一等，等一会儿

зачинáти, -áю, -áєш〔未〕**зачинúти**, -инý, -úниш〔完〕闭上，关上，关闭；合上，盖上

зáчіска, -и，三、六格 -ці；复二 -сок〔阴〕头发式样，发式

заявля́ти, -я́ю, -я́єш〔未〕**заяви́ти**, -явлю́, -я́виш〔完〕声明，宣布；提出，申报

зберегтú〔完〕见 **берегтú** 及 **зберігáти**

зберігáти, -áю, -áєш〔未〕**зберегтú**, -ежý, -ежéш, -ежемó, -еженé；过去时 -рíг, -реглá；命令式 -ежú〔完〕保护，爱护；爱惜，节省；保持；保留

збивáтися, -áюся, -áєшся〔未〕**збúтися**, зіб'ю́ся, зіб'є́шся 及 зіб'є́шся, зіб'ємо́ся 及 зіб'ємо́ся, зіб'єте́ся 及 зіб'єте́ся〔完〕迷失；迷路；离题；挤在一起，聚在一起

збирáти, -áю, -áєш〔未〕**зібрáти**, зберý, зберéш, зберемó, береté〔完〕采集；收割；召集

збíрка, -и，三、六格 -ці；复二 -рок〔阴〕集，汇编

збýджений〔形〕兴奋的；振奋的；激昂的

збýдник, -а〔阳〕鼓动者；刺激物；病原体

збудувáти〔完〕见 **будувáти**

звáти, зву, звеш, звемó, звете́〔未〕**позвáти**〔完〕招呼，呼唤；号召；〔只用未完成体〕称为，叫作

звáтися, звýся, звéшся, звемóся, зветéся〔未〕称为，叫作

звертáти, -áю, -áєш〔未〕**звернýти**, -нý, -неш〔完〕转，转弯，拐弯；使转向，把（目光）引向

звертáтися, -áюся, -áєшся〔未〕**звернýтися**, -нýся, -нешся〔完〕找，向…表示，向…提出（愿望、请求等）；

转向，把（目光）转到

зве́рху〔副〕在表面上；在上面；从上面；从高处；〈转〉从上级

звика́ти, -а́ю, -а́єш〔未〕**зви́кнути**, -ну, -неш〔完〕习惯，有…习惯，养成…习惯；习惯于

зви́чай, -ю, 五格 -ем〔阳〕风俗，习俗；习惯，惯例

звича́йний〔形〕平常的，寻常的，通常的

звича́йно〔副〕通常，平常

зві́дки〔副〕从哪里，为什么，怎么

звільня́тися, -я́юся, -я́єшся〔未〕**звільни́тися**, -ню́ся, -ни́шся, -ни́мо́ся, -ните́ся〔完〕获得解放，获得自由；空出来，腾出来；有空，抽出空闲时间

звір, -а, 五格 -ом；复 -і, -ів, -ам〔阳〕野兽；〈转〉极残暴的人

звуча́ти, -чи́ть〔未〕**прозвуча́ти**〔完〕发出声响，鸣，响；（说话声、音乐声等）传来，听到

зв'язо́к, -зку́〔阳〕（相互）关系；联系

зга́дувати, -ую, -уєш〔未〕**згада́ти**, -а́ю, -а́єш〔完〕回忆，想起；记住

зго́дом〔副〕过一会儿；将来，后来，以后

зготува́ти, -у́ю, -у́єш〔完〕准备好，预备好；〈口语〉做饭

згра́йка, -и〔阴〕一群（指人、鸟、兽等）

здава́ти, здаю́, здає́ш, здаємо́, здаєте́〔未〕**зда́ти**, здам, здаси́, здасть, здамо́, здасте́, здаду́ть；过去时 здав, здала́〔完〕移交，交代；交付，交到

здава́тися, здаю́ся, здає́шся, здаємо́ся, здаєте́ся〔未〕**зда́тися**, -а́мся, -а́сися, -а́сться, -амо́ся, -асте́ся；过去时 -а́вся, -ала́ся〔完〕显得，好像，现出…样子；〔用作插入语〕здає́ться 似乎，好像，看来

зді́бний〔形〕有能力的，有本领（做某事）的；有才能的，有天分的

зді́йснюватися, -юється〔未〕**зді́йсни́тися**, -ни́ться〔完〕实行，实现

здога́дуватися, -уюся, -уєшся〔未〕**здогада́тися**, -а́юся, -а́єшся〔完〕领悟；猜到；猜透

здоро́вий〔形〕健康的，健壮的

здоро́в'я, -я〔中〕健康；身体（状况）

зду́мати, -аю, -аєш〔完〕拿定主意，想出

зеле́ний〔形〕绿（色）的；长满绿草的，绿荫覆盖的

зелені́ти, -і́ю, -і́єш〔未〕（植物、田野等）变绿，发绿；（面色）发青；（绿色的东西）呈现，显露

земля́, -í, 四格 -ю, 五格 -éю, 呼格 -е；复 -млі, -мéль, -млям〔阴〕〔大写〕地球；陆地

зе́рно, -а 及 **зерно́**, -á；复 -рна, -рен〔中〕（植物的）籽实，籽粒；〔集合名词〕谷物，粮食

зза́ду〔副〕在后面，从后面；〔前〕（二格）在…后面，从…后面

зима́, -и́, 四格 -у, 五格 -о́ю, 呼格 -о；复 зи́ми, зим〔阴〕冬，冬天，冬季

зимо́вий 及 **зимови́й**〔形〕冬天的，冬季的

зійти́ся〔完〕见 **сходи́тися**

зіска́кувати, -ую, -уєш〔未〕**зіско́чити**, -чу, -чиш；命令式 -оч〔完〕跳下，跃下

зітха́ти, -а́ю, -а́єш〔未〕**зітхну́ти**, -ну́, -не́ш〔完〕进行深呼吸；出长气；叹气，叹息；怀念，伤感

з'їда́ти, -а́ю, -а́єш〔未〕**з'ї́сти**, з'ї́м, з'їси́, з'ї́сть, з'їмо́, з'їсте́, з'їдя́ть；命令式 з'їж〔完〕吃完，吃掉，吃尽；蛀坏，咬坏

злак, -а；复 -и, -ів〔阳〕(主要指禾本科的)草，牧草

зме́ншуватися, -уюся, -уєшся〔未〕**зме́ншитися**, -шуся, -шишся；命令式 зме́ншся〔完〕变少；变小；降低；缩短；低落，下降

змі́шуватися, -уюся, -уєшся〔未〕**зміша́тися**, -а́юся, -а́єшся〔完〕(不同的物质、物品)掺和在一起；混杂在一起；紊乱，混乱

змогти́, -о́жу, -о́жеш；过去时 зміг, змогла́〔完〕能，能够；会

змо́ршка, -и, 三、六格 -ці；复二 -шок〔阴〕皱纹；折痕，皱褶

знайо́мий〔形〕认识的，熟悉的；〔用作名词〕**знайо́мий**, -ого〔阳〕熟人，认识的人

знайо́мити, -млю, -миш；命令式 -ом〔未〕**познайо́мити**〔完〕кого з ким 把…介绍给…，使…与…相识；кого з чим 向…介绍，使…了解(某种情况)

знайо́митися, -млюся, -мишся；命令式 -омся〔未〕**познайо́митися**〔完〕з ким 与…结识，与…认识，相识；з чим 了解，熟悉(某种情况)

знайо́мство, -ва〔中〕认识，结识；熟悉

знайти́〔完〕见 **знахо́дити**

зна́ння, -я；复二 знань〔中〕知道，了解，熟悉；〔复〕知识

зна́ти, -а́ю, -а́єш〔未〕知道，了解，熟悉，明白；〈口语〉会，能，善于，有(某种)本领

знахі́дка, -и, 三、六格 -ці；复二 -док〔阴〕找到；捡到，拾到；捡到的东西，拾(得)物

знахо́дити, -джу, -диш；命令式 -одь〔未〕**знайти́**, -йду́, -йдеш；过去时 -йшо́в, -йшла́〔完〕找到；捡到；找出；发现

знахо́дитися, -джуся, -дишся；命令式 -одься〔未〕**знайти́ся**, -йду́ся, -йдешся；过去时 -йшо́вся, -йшла́ся〔完〕(被)找到(指丢失的东西)；〔只用未完成体〕位于，在；〔只用完成体〕出生，诞生

значни́й〔形〕相当大的

зна́чно〔副〕相当大地，很大地；(与形容词、副词比较级连用)…得多

зни́жуватися, -уюся, -уєшся〔未〕**зни́зитися**, -и́жуся, -и́зишся；命令式 зни́зься〔完〕降落，下降些；降低一些，减少；(声音等)减弱，压低

знов〔副〕又，再，又一次，再一次，重新

зно́ву〔副〕=знов

зо́вні〔副〕从外面；外表上，表面上

зо́внішність〔阴〕外表，外貌

зо́всім〔副〕完全，十分，充分，彻底地，根本

зокре́ма 及 **зокрема́**〔副〕单独地，个别地；特别地；尤其

золота́вий〔形〕金黄色的

золоти́й〔形〕金的；金色的

золоти́стий〔形〕金色的，金黄色的

зо́на, -и〔阴〕地带，地区；区域；范围

зоопа́рк, -у〔阳〕动物园

зосере́джувати, -ую, -уєш〔未〕**зосере́дити**, -джу, -диш；命令式 -едь〔完〕集中，集聚；使（思想、意志、注意力等）集中，凝聚

з-під〔前〕（二格）从…下面，从…底下；从…附近

зраді́ло〔副〕高兴地，喜悦地

зразо́к, -зка́〔阳〕样子，样品，样本；货样

зріст, зро́сту〔阳〕身高；身材；增长，增高

зроби́ти〔完〕见 **роби́ти**

зру́чний〔形〕方便的，合适的；便利的

зуб, -а；复 -и, -ів, -ам〔阳〕牙，齿

зубни́й〔形〕зуб 的形容词

зупи́нка, -и, 三、六格 -ці；复二 -нок〔阴〕停止，停住；中止，停顿；停车站；一站（两个停车点之间的距离）

зупиня́тися, -я́юся, -я́єшся〔未〕**зупини́тися**, -иню́ся, -и́нишся〔完〕停，停住，站住；停止；中断，中止；（到某处后）住下，歇宿

зу́стріч, -і, 五格 -ччю；复二 чей〔阴〕相遇；会见；迎接；比赛，交锋

зустріча́ти, -а́ю, -а́єш〔未〕**зустрі́ти**, -і́ну, -і́неш；命令式 -і́нь〔完〕遇见；遇到，遭遇；迎接，欢迎

зустріча́тися, -а́юся, -а́єшся〔未〕**зустрі́тися**, -і́нуся, -і́нешся〔完〕相遇

з'явля́тися, -вля́юся, -вля́єшся〔未〕**з'яви́тися**, -влю́ся, -вишся〔完〕来到，到，出现；发生，产生

І

і（在元音之后常作 **й**）〔连〕和，与，及；于是，然后

і́грашка, -и, 三、六格 -ці；复二 -шок〔阴〕玩具；游戏，娱乐

із〔前〕=з

Ізра́їль 以色列

імени́нник, -а〔阳〕过命名日的人

імпе́рія, -ї, 五格 -єю〔阴〕帝国

ім'я́, і́мені 或 ім'я́, 五格 і́менем 或 ім'я́м；复 імена́, іме́н〔中〕名，名字；名义

іна́кше〔副〕截然不同；按另一种方式；〔连〕否则，要不然

індустріа́льний〔形〕工业的
інжене́р, -a〔阳〕工程师
і́ноді〔副〕有时，有时候，偶尔
інститу́т, -y〔阳〕(高等)专科学校，学院，研究所，设计院；协会，学会
інтеле́кт, -y〔阳〕智力；理智
інтеліге́нція, -ï, 五格 -єю〔阴〕知识界，知识分子(们)
інтер'є́р〔阳〕内部装修，内部装饰
і́нший〔形〕别的，另外的，其他的；不同的
іржа́вий〔形〕生锈的，锈的

існува́ння, -я〔中〕生存，存在；生活，生活方式
і́спит, -y〔阳〕考试
істори́чний〔形〕历史的，历史上的；有历史意义的，历史性的
Іта́лія 意大利
іти́, іду́, іде́ш, ідемо́, ідете́；过去时 ішо́в, ішла́〔未〕及 **йти**（用于词尾为元音字母的词后），йду, йдеш, йдемо́, йдете́；过去时 йшов, йшла〔未〕走，步行；行驶；开往；来到，来临，临近

Ї

їда́льня, -i, 五格 -ею；复二 -лень〔阴〕餐室，饭厅；食堂
ї́жа, -i, 五格 -ею〔阴〕食物，食品；滋养品
ї́здити, ї́жджу, ї́здиш；命令式 їздь〔未〕〔不定向〕(定向 **ї́хати**) на чому, чим 乘，骑；乘行

ї́сти, їм, їси, їсть, їмо́, їсте́, їдя́ть；命令式 їж〔未〕**з'ї́сти**〔完〕吃，食；喝(汤)
їх〔代〕вони́ 的二、四格；他们的，她们的，它们的
ї́хати, ї́ду, ї́деш；命令式 їдь〔未〕〔定向〕(不定向 **ї́здити**) на чому, чим 乘，坐，骑

Й

й〔连〕= **i**
його́〔代〕він, воно́ 的二、四格；他的，它的

К

ка́ва, -и〔阴〕咖啡
Кавка́з 高加索
кав'я́рня, -i, 五格 -ею；复二 -рень〔阴〕〈旧〉咖啡馆
каза́ти, кажу́, ка́жеш；命令式 кажи́〔未〕〈口语〉说；谈论；吩咐，命令，让…

кала́ч, -а́, 五格 -е́м〔阳〕挂锁形白面包

календа́рний〔形〕历法的；日历的；按日历规定的

калорі́йність, -ності, 五格 -ністю〔阴〕含卡量，热值；发热量

ка́мера, -и〔阴〕囚室；房，室

Кана́да 加拿大

кана́дець, -дця, 五格 -дцем；复 -дці, -дців〔阳〕加拿大人

кана́дський〔形〕加拿大的；加拿大人的

кана́л, -у〔阳〕（人工的）水道，运河；〈转〉途径，方法；波道，频道

кані́кули, -ул〔复〕假期，休假；（议会的）休会

капелю́х, -а, 六格 -сі〔阳〕帽子

капелю́шок, -шка〔阳〕女帽

капіта́льний〔形〕主要的，基本的

капу́ста, -и〔阴〕甘蓝；白菜

кара́сь, -я, 五格 -е́м〔阳〕鲫鱼

ка́рий〔形〕深棕色的

Карпа́ти, Карпа́тські го́ри 喀尔巴阡山脉

ка́рта, -и〔阴〕地图，图

карта́тий〔形〕方格（花样）的，方格图案的

карти́на, -и〔阴〕画，（油画、水彩画等）绘画；情景

карто́пля, -і, 五格 -ею〔阴〕马铃薯

ка́са, -и〔阴〕出纳处，收款处；售票处

катастро́фа, -и〔阴〕惨祸，灾难；惨剧

категори́чний〔形〕绝对的；坚决的

кафе́〔不变，中〕咖啡馆

ка́чка, -и, 三、六格 -ці；复 -чки, -чо́к〔阴〕鸭子

ка́ша, -і, 五格 -ею〔阴〕饭；粥，稀饭

ка́шель, -шлю, 五格 -шлем〔阳〕咳嗽

кашта́н, -а〔阳〕栗；栗子

кая́ття, -я〔中〕后悔；悔过

квадра́тний〔形〕方的；正方形的

кварти́ра, -и〔阴〕住宅，住所

ква́сити, ква́шу, ква́сиш〔未〕заква́сити〔完〕使发酵，使发酸

квасо́ля, -і, 五格 -ею〔阴〕菜豆

ква́шення, -я〔中〕渍酸

квито́к, -тка́〔阳〕票；证

кві́тень, -тня, 五格 -тнем〔阳〕四月

кві́ти〔复〕花

квіту́чий〔形〕开花的；〈转〉繁荣的，昌盛的

кедр, -а〔阳〕雪松

кера́міка, -и, 三、六格 -ці〔阴，集合名词〕陶器

керсе́тка, -и〔阴〕坎肩

ке́тяг, -а〔阳〕一串（果或花）

кива́ти, -а́ю, -а́єш〔未〕кивну́ти, -ну́, -не́ш, -немо́, -нете́〔完〕点头，颔首

ки́дати, -аю, -а́єш〔未〕ки́нути, -ну, -неш；命令式 кинь〔完〕扔，投，抛，掷；离开；放弃，遗弃；停止，不再（做某事）

Ки́їв 基辅

ки́ївський〔形〕基辅的

ки́лим, -а；复 -и́, -і́в〔阳〕地毯；小地毯；炉边地毯

кирпа́тий〔形〕翘鼻子的，翻鼻孔的

кіломе́тр, -а〔阳〕公里，千米

кі́лька, -ко́х, -ко́м，五格 -кома́，六格 -ко́х〔数〕几，几个；一些

кі́лькість, -кості，五格 -кістю〔阴〕量，数量；数目

кімта́та, -и〔阴〕房间，屋

кіне́ць, -нця́，五格 -нце́м〔阳〕终结，末尾，尽头；端

кіно́〔不变，中〕电影院；〈口语〉（电）影片

кінопроду́кція, -и〔阴〕电影作品

кіносту́дія, -ї，五格 -єю〔阴〕电影制片厂

кіноте́атр, -у〔阳〕电影院

кінча́тися, -а́юся, -а́єшся〔未〕**кінчи́тися**, -чу́ся, -чи́шся, -чимо́ся, -чите́ся〔完〕结束；终止，停止；〈旧〉死去，去世

кіо́ск, -а〔阳〕售货亭

кі́стка, -и，三、六格 -ці；复 -тки́, -то́к〔阴〕骨，骨头；〔复〕骸，遗骸

кіт, кота́, 呼格 ко́те〔阳〕公猫

кі́шка, -и, 三、六格 -ці；复二 -шок〔阴〕母猫

кла́нятися, -яюся, -яєшся〔未〕鞠躬，（见面）点头，脱帽；〈转〉向…致意，致敬，问候

кларне́т, -а〔阳〕〈乐〉单簧管

клас, -у〔阳〕阶级；（中小学的）年级，班；（中小学的）教室，类，种类，等级

кла́сти, -аду́, -аде́ш, -адемо́, -адете́〔未〕**покла́сти**〔完〕平放，安放；放入，安置；送入，存入

клен, -а〔阳〕槭树

клі́мат, -у〔阳〕气候

клі́тка, -и，三、六格 -ці；复 -тки́, -то́к〔阴〕笼子；兽槛；方格；（织物上的）方格图案

клуб, -у；复 -и, -ів〔阳〕俱乐部

клу́мба, -и〔阴〕花坛

кля́тий〔形〕〈口语〉极可恶的，万恶的，该死的；〈转〉固执的，执拗的

кни́га, -и，三、六格 -зі〔阴〕书，书籍；簿，本子

кни́жка, -и，三、六格 -ці；复 -жки́, -жо́к〔阴〕кни́га 的指小；证，册，簿

кобза́р, -я〔阳〕弹科勃扎琴歌唱的民间歌手

ковбаса́, -и́；复 -а́си, -ас〔阴〕灌肠，香肠；腊肠

ко́вдра, -и〔阴〕被子

ко́жний〔代〕每，各；每一个，任何一个；〔用作名词〕**ко́жний**, -ого〔阳〕**ко́жна**, -ої〔阴〕每个人

коза́, -и́；复 ко́зи, кіз〔阴〕山羊；母山羊

коза́цький〔形〕哥萨克（式）的

коїтися, коїться〔未〕形成，出现；发生，有（某事）

колекти́в, -у〔阳〕全体人员；团体，集体

коли́〔副〕什么时候；当…的时候；〔副〕不定何时，某时，随便什么时候；〔连〕（在）…的时候，这时；〈口语〉〔连〕如果，既然

колись〔副〕(从前)有个时候，有一次，有一天；很久以前；(将来)不定什么时候，某一天，某一次，总有一天

колишній〔形〕从前的，过去的；前任的

ко́лір, -льору〔阳〕颜色，色调，色

ко́ло¹, -а；复ко́ла, кіл〔中〕圆形物，圆圈；环

ко́ло²〔前〕(二格)(与非生物名词连用)在旁边，在…附近

колори́т, -у〔阳〕色调，色彩；〈转〉调子，风味

кольоро́вий〔形〕有色的，彩色的

кома́нда, -и〔阴〕口令，号令

комбінува́ти, -у́ю, -у́єш〔未〕**скомбінува́ти**〔完〕配合；组合，联合

комбінува́ння, -я〔中〕配合，组合，联合

комента́тор, -а〔阳〕注释者；评论员，评述者；解说员

ко́мір, -а；复 -́і, -ів〔阳〕(衣)领，领子

комо́ра, -и〔阴〕粮仓；仓库，货栈

компа́нія, -ї, 五格 -єю〔阴〕一伙人；伙伴，同伴(们)

компоне́нт, -а〔阳〕成分，组成部分

компо́т, -у〔阳〕糖渍果品，糖水水果

комсомо́л, -у〔阳〕共青团

комфорта́бельний〔形〕舒适的

конди́терський〔形〕糖果点心的；做糖果点心的

консервува́ти, -у́ю, -у́єш〔未〕**законсервува́ти**〔完〕(用制罐头方法)保存(食品)；制成罐头；〈转〉(用某种办法)保存(物品)；防腐

констру́кторський〔形〕设计者的，设计师的

континента́льний〔形〕大陆的

конце́рт, -у〔阳〕音乐会，演奏会；〈乐〉协奏曲

копа́лини, -лин〔复〕矿物

копирса́тися, -а́юся, -а́єшся〔未〕**копирсну́тися**, -ну́ся, -не́шся〔完〕〈口语〉挖，掏，刨

копі́йка, -и, 三、六格 -ці；复 -йки́, -йо́к〔阴〕戈比(一格里夫纳的百分之一)；〔集合名词〕〈口语〉钱

коридо́р, -а〔阳〕走廊

кори́сний〔形〕有益的；有益健康的；有用的，有效的

користува́тися, -у́юся, -у́єшся 及 **кори́стуватися**, -уюся, -уєшся〔未〕чим, з чо́го 使用，运用，应用；享有，受到，拥有

корі́вник, -а〔阳〕牛栏，牛棚

корі́нний〔形〕(指居民)本地的，原本的；根本的，基本的

коро́бка, -и, 三、六格 -ці；复 -обки́ 及 -о́бки, -обо́к 及 -о́бок〔阴〕盒子

коро́ва, -и；复 -ро́ви, -рі́в〔阴〕母牛

корова́й, -ю, 五格 -єм〔阳〕大圆面包

коро́ткий〔形〕短的；短促的，简短的；〈转〉密切的，亲密的

ко́рпус〔阳〕(-а；复 -и, -ів)(人或动物的)躯体；(-у；复 -и́, -ів)(某些机件、仪器的)外壳，座架；(-у；

生词总表　АЛФАВІ́ТНИЙ СЛОВНИ́К　293

复 -й, -ів)（一大片楼房，厂房中的）一所楼房，一所厂房

коса́, -и́, 四格 -у, 五格 -о́ю; 复 ко́си, кіс〔阴〕发辫

костю́м, -a〔阳〕服装，衣服；一套衣服

коти́тися, кочу́ся, ко́тишся〔未〕покоти́тися〔完〕滚动，滑行；流，流动

котри́й〔代〕第几，哪一个

котри́йсь, котра́сь, котре́сь〔代〕某，某种；不知道哪一个，某一个

ко́фта, -и〔阴〕女短上衣

краєзна́вчий〔形〕地方志的，方志学的

краї́на, -и〔阴〕地方，地域，地区；国家

край, -ю, 五格 -ем, 六格 -ю 及 -ї; 复 -ї, -ів〔阳〕边，边缘；极限；（离市中心）最远的地方；国土，地区

кра́пля, -і, 五格 -ею; 复二 -пель〔阴〕滴，一滴；〔复〕〈药〉滴剂

краса́, -и́〔阴〕美，美丽

кра́єць, -я〔阳〕〈口语〉边沿，边缘

кра́сний〔形〕红色的；美丽的；好的

кра́щий〔形〕比较好的，更好的；最好的，优秀的

Кремль, -я, 五格 -ем〔阳〕克里姆林宫

кри́за, -и〔阴〕〈经〉危机；〈医〉极期；危象；风潮；经济困难

крик, -у〔阳〕叫喊；喊声，呼声

Крим 克里米亚（半岛）（地名）

крини́ця, -і, 五格 -ею〔阴〕井，水井；泉，泉水；〈转〉源泉，根源

крити́чний[1]〔形〕处于危机的，在紧要关头的；处于转变状态的

крити́чний[2]〔形〕批评的；评论的；持批判态度的，有批判能力的

крича́ти, -чу́, -чи́ш, -чимо́, -чите́〔未〕кри́кнути, -ну, -неш〔完〕叫喊，呼喊；吵嚷，吵闹；на кого 吆喝，怒气冲冲地说

кришталє́вий〔形〕精制玻璃的，水晶玻璃的；〈转〉清澈的，晶莹的

крім〔前〕(二格) 除…以外，除了…

кріпа́к, -á, 呼格 -аче〔阳〕农奴

крі́сло, -a; 复二 -сел〔中〕圈椅，安乐椅；〔复〕（剧院的）池座

кроля́тина, -и〔阴〕（家）兔肉

кру́глий〔形〕圆的，圆形的；〈口语〉完全的，全部的

круго́м〔副〕绕圈子，绕着；成圆形地；〔副〕〈转，口语〉充分地，完全地，处处；〔前〕(二格) 在周围

крупа́, -и́; 复 кру́пи, круп〔阴〕米；粒

крути́й〔形〕陡峭的，陡急的；急转的，急剧的

крути́ти, -учу́, -у́тиш〔未〕拧，扭；捻，搓

кукуру́дза, -и〔阴〕玉米，苞米

кулінарний〔形〕烹饪的

культу́ра, -и〔阴〕文化；文化程度；文明；〔常用复数〕〈农〉作物

культу́рний〔形〕文化的，文化上的；有文化的，文化水平高的；有修养的，文明的

куни́ця, -і, 五格 -ею〔阴〕貂

купа́льский〔形〕圣约翰节的

купа́ння, -я; 复二 -ань〔中〕游泳，洗浴

купа́ти, -а́ю, -а́єш〔未〕**ви́купати**〔完〕给…洗澡，给…洗浴

купа́тися, -а́юся, -а́єшся〔未〕**ви́купатися**〔完〕洗澡，游泳

купе́〔不变，中〕（客车中的）包间，包房

купува́ти, -у́ю, -у́єш〔未〕及〈口语〉**купля́ти**, -я́ю, -я́єш〔未〕**купи́ти**, -плю́, -пиш〔完〕买，购买；〈口语〉收买

ку́ри, -е́й〔复〕母鸡；鸡（统称）；鸡肉

куро́ртний〔形〕疗养（区）的

курс, -у〔阳〕航线，航向；（有价证券的）行市，行情，兑换率；（全部）课程，学程；（高等以及中等专业学校的）年级；疗程

ку́рятина, -и〔阴〕鸡肉

ку́хар, -я, 五格 -ем; 复 -і́, -і́в, -я́м〔阳〕厨师

ку́хня, -і, 五格 -ею; 复二 -хонь〔阴〕厨房；伙食，饭菜

кучеря́вий〔形〕卷发的

Л

лаборато́рія, -ї, 五格 -єю〔阴〕实验室；化验所

ла́вка, -и, 三、六格 -ці; 复 -вки́, -во́к〔阴〕长凳，条凳；车厢中的固定坐凳

ла́мпа, -и〔阴〕灯

ланцюжо́к, -жка́〔阳〕细小的链子，小链

ла́ска, -и, 三、六格 -ці; 复二 ласк〔阴〕抚爱；好意，关注

ласка́вий〔形〕温柔的，温存的；温和的，温暖的

ласка́во〔副〕温柔地，温和地

ла́сощі, -ів〔复〕美食，佳肴

ласу́нка, -и, 三、六格 -ці; 复二 -нок〔阴〕〈口语〉爱吃美食的女人

ле́бідь, -бедя, 五格 -бедем〔阳〕天鹅

лев, -а〔阳〕狮子

леге́нда, -и〔阴〕传说；轶闻；奇异的故事，奇谈

леге́ня, -і, 五格 -ею; 复二 -ге́нь 及 -ге́нів〔阴〕肺

леге́нько〔副〕轻轻地，微微地

легки́й〔形〕轻的；薄的；轻微的；清淡的；轻盈的

леда́чий〔形〕懒惰的；〈口语〉无用的；拙劣的；轻佻的，轻浮的

ле́две〔副〕好（不）容易，很勉强地，几乎不…；〔连〕刚（刚）…，就…；刚一…，就…

лежа́ти, -жу́, -жи́ш〔未〕躺着；位于，在

ле́кція, -ї, 五格 -єю〔阴〕（大学的）讲课；演讲

летіти, лечу́, лети́ш, летимо́, летите́〔未〕**полеті́ти**〔完〕飞，飞行；〈转〉急行，疾驶

ли́жа, -і, 五格 -ею; 复 ли́жі, лиж〔阴〕

滑雪板

ли́пень, -пня, 五格 -пнем〔阳〕七月

ли́сий〔形〕秃头的，谢顶的；没有草木的

ли́сина, -и〔阴〕秃顶，谢顶

лиси́ця, -і, 五格 -ею〔阴〕狐(狸)；雌狐

лист, -á〔阳〕(纸张等的) 张，页；信；证件，证明书

листі́вка, -и, 三、六格 -ці; 复二 -вок〔阴〕传单；明信片

листопа́д, -а〔阳〕十一月

лиша́ти, -а́ю, -а́єш〔未〕**лиши́ти**, -шу́, -ши́ш, -шимо́, -шите́; 命令式 -ши́〔完〕抛弃，放弃，丢下；离开；夺去，剥夺

лиша́тися, -а́юся, -а́єшся〔未〕**лиши́тися**, -шу́ся, -ши́шся, -шимо́ся, -шите́ся; 命令式 -ши́ся〔完〕留下，留在(某处)

лише́〔语气〕只(是)，仅仅，只有

лі́вий〔形〕左的，左面的，左侧的

ліво́руч〔副〕在左边，在左方；向左，向左方

лі́жко, -а; 复二 -жок〔中〕床

лі́кар, -я, 五格 -ем; 复 -і́, -і́в, -я́м〔阳〕医生

ліка́рня, -і, 五格 -ею; 复二 -рень〔阴〕医院

лі́ки, -ів〔复〕药，药品

лі́коть, -ктя, 五格 -ктем〔阳〕肘，胳膊肘；下臂

лікува́ння, -я〔中〕治疗，医治

лікува́тися, -у́юся, -у́єшся〔未〕就医，治病

лі́нія, -ї, 五格 -єю〔阴〕线，线条；路线

лірі́чний〔形〕抒情诗的；抒情的

ліс, -у, 六格 -і; 复 -и́, -і́в〔阳〕树林，森林；〔单〕木材

лісови́й〔形〕树林的，森林的；木材的

літа́к, -á〔阳〕飞机

літерату́рний〔形〕文学的，文艺的；合乎语言规范的

лі́тній[1]〔形〕中年的，上了年纪的

лі́тній[2]〔形〕夏天的，夏季的

лі́то, -а〔中〕夏天，夏季

ло́жечка, -и〔阴〕小匙，小勺

луна́ти, -а́є〔未〕(声音等) 回响，回荡；(名声、事件等) 传播，传颂

лю́бий〔形〕爱戴的；喜爱的；亲爱的

люби́ти, -блю́, -биш〔未〕爱；爱戴

любо́в, -і, 五格 -в'ю〔阴〕爱；爱情；爱戴；爱好

лю́ди, -е́й, -ям, 五格 -дьми́, 六格 -дях〔复〕人们，人士

люди́на, -и〔阴〕人，个人

лю́дськи́й 及 **лю́дський**〔形〕人的，人类的

лю́тий, -ого〔阳〕二月

ля́лька, -и, 三、六格 -ці; 复 -льки́, -льо́к〔阴〕洋娃娃；木偶；〈口语〉漂亮的小孩子

ля́скати, -аю, -аєш〔未〕**ля́снути**, -ну, -неш〔完〕拍，拍打；(枪声等) 砰砰响，劈啪响

льон, -у〔阳〕亚麻

льо́тний〔形〕适于飞行的；飞行的，航

空的

льох, -у, 六格 -сі；复 -и́, -і́в〔阳〕地窖，冰窖；（储藏物品的）山洞，岩洞

М

ма́буть 及 **мабу́ть**〔插入语〕大约，大概，想必

мавзоле́й, -ю, 五格 -єм；复 -е́ї, -е́їв〔阳〕陵墓

магази́н, -а；复 -и, -ів〔阳〕商店

майда́нчик, -а〔阳〕场；台，平台

має́ток, -тку〔阳〕地主的领地，庄园

ма́йже〔副〕差不多，几乎，将近

майо́р, -а〔阳〕少校

ма́йстер, -тра；复 -три́, -трі́в〔阳〕工长，班长；工匠；能手，内行，行家

майсте́рно〔副〕精巧地，技艺精湛地

майсте́рня, -і, 五格 -ею；复二 -рень〔阴〕作坊，小工厂；（美术家的）工作室，画室

мале́нький〔形〕小的，不大的；个子小的；微不足道的，渺小的

мали́й〔形〕小的，不大的；低的，矮的；为数不多的，数量不大的；年岁小的

малува́то〔副〕〈口语〉少一点儿，差一点儿

малюва́ти, -ю́ю, -ю́єш〔未〕**намалюва́ти**〔完〕(用铅笔、炭、墨等)画

малю́к, -а́〔阳〕小孩子；小动物，仔

малю́нок, -нка〔阳〕素描；（书籍中的）插图

мальовни́чий〔形〕美丽如画的，很美的；生动的，神态活现的

мандрува́ти, -у́ю, -у́єш〔未〕旅行，游历；漂泊，流浪；朝…去，到…去

манеке́н, -а〔阳〕(成衣店用)人体模型；（橱窗中的）木制模特儿

манікю́р, -у〔阳〕修指甲（术）

манікю́рниця, -і, 五格 -ею〔阴〕女修指甲师

ма́нний〔形〕碎小麦米的；碎小麦米做的

ма́рево, -а〔中〕海市蜃楼；〈转〉幻想，幻影

ма́рка, -и, 三、六格 -ці；复二 -рок〔阴〕邮票；商标；（商品等的）型号，品级，等级

мармуро́вий〔形〕大理石的；像大理石的

марш, -у, 五格 -ем〔阳〕行进；行军；进行曲

маршру́т, -у〔阳〕路线；航线；行程；行军路线

ма́са, -и〔阴〕物质；〈口语〉巨物，很重大的东西，一大堆；〔复〕〈转〉群众

маси́в, -у〔阳〕高原；地块，一大片；一大块

ма́сло, -а；复 -сла́, -сел〔中〕油（指各种油类）；油画颜料；油画

матеріа́л, -у〔阳〕材料；资料；衣料

ма́ти¹, -тері, 四格 -тір, 五格 -тір'ю；复 -тері, -терів〔阴〕母亲

ма́ти², ма́ю, ма́єш〔未〕有，具有；（与不定式连用）将，应该，可能

матра́ц, -а, 五格 -ом〔阳〕褥子，床垫

матч, -у, 五格 -ем〔阳〕比赛

маши́на, -и〔阴〕机器；〈口语〉汽车；摩托车

машині́ст, -а〔阳〕司机；火车司机

машинобудува́ння, -я〔中〕机器制造（业）

меди́чний〔形〕医学的；医疗的

медсестра́, -и́〔阴〕护士

межа́, -і́, 五格 -е́ю；复 ме́жі, меж〔阴〕界；疆界；〈转〉限度，范围

мелоді́йно〔副〕悦耳地，动听地

мело́дія, -ї, 五格 -єю〔阴〕旋律；音调

менш〔副〕比较少，比较小；（与形容词、副词连用）比较不，比较没有

ме́нше〔副〕比较少，少些；比较小，小些

ме́нший〔形〕比较小的，小些的；最小的

меню́〔不变，中〕菜谱；〔集合名词〕各种菜肴

мере́живо, -а〔中〕花边；〈转〉花纹，花样

ме́ртвий〔形〕死的；死气沉沉的；死板的；呆滞的

метр, -а〔阳〕米（长度单位）

метро́〔不变，中〕地下铁路，地铁

механіза́тор, -а〔阳〕机械化专家；机务人员

ми〔代〕我们

мигдалеподі́бний〔形〕扁桃状的

ми́ло, -а〔中〕肥皂

мина́ти, -а́ю, -а́єш〔未〕мину́ти, -ну́, -не́ш, -немо́, -нете́〔完〕从旁边走过，经过；（时间、某种现象等）过去

мину́лий〔形〕过去的，以前的，从前的

мисте́цтво, -а〔中〕艺术；技能，方法

мисте́цький〔形〕艺术的

мите́ць, -тця́, 五格 -тце́м〔阳〕艺术家；美术家，画家；能手，行家

миття́〔中〕洗

між〔前〕（五格）在…之间，在…之中

міжміськи́й〔形〕各城市之间的

мій, мого́, мо́єму, 五格 мої́м, 六格 мо́єму（мої́м）；моя́, моє́ї, мої́й, 五格 мо́єю, 六格 мої́й；моє́, мого́；мої́, мої́х〔代〕我的

мільйо́н, -а〔阳〕百万

мінера́льний〔形〕矿物的

мі́ра, -и〔阴〕度量；尺度；程度，限度

мі́рошник, -а〔阳〕磨坊主；磨粉工人

міст, моста́ 及 мо́сту, 五格 мосто́м 及 мо́стом, 六格 мосту́ 及 мо́сті；复 мости́, мості́в〔阳〕桥，桥梁

місти́тися, мі́щуся, мі́стишся〔未〕存在，有；容得下

мі́сто, -а；复 міста́, міст〔阳〕城市

мі́сце, -я；复 місця́, місць〔中〕地方，处所；地点

місце́вий〔形〕地方的，地区的；本地的，当地的；部分的，局部的

місце́вість, -вості, 五格 -вістю〔阴〕地方，地区；地势

мі́сяць, -я, 五格 -ем；复 -і́, -ів〔阳〕月份；月亮

міськи́й〔形〕城市的

міцни́й〔形〕结实的；持久的；强壮的；浓的

мішо́к, -шка́〔阳〕袋，口袋；麻袋

млин, -а́〔阳〕磨坊；磨；小磨

млине́ць, -нця́, 五格 -нце́м〔阳〕薄饼；(俄式)油煎薄饼，春饼

мов〔连〕像，好像，似乎

мовля́в〔插入语〕〈口语〉(用于转述别人或自己的话)据(某人)说，曾说

мовча́ти, -чу́, -чи́ш, -чимо́, -чите́〔未〕不说话，不作声，沉默

моги́ла, -и〔阴〕墓穴；坟，墓

моги́льник, -а〔阳〕古墓；掘墓人

могти́, мо́жу, мо́жеш；过去时 міг, могла́〔未〕**змогти́**〔完〕能；会；可以

могу́тній, -я, -є〔形〕强大的，强盛的，有实力的；强壮的，力气大的

мо́да, -и〔阴〕时兴，时髦；〔复〕时装

модельє́р, -а〔阳〕(产品)样品工人

мо́дний〔形〕时髦的，流行的

мо́же〔插入语〕也许，可能，或许

мо́жливо〔插入语〕可能，也许，或许

мо́жна〔副，用作无人称谓语〕可以，能够，行

мозаї́чний〔形〕镶嵌(式)的，拼花的

молдава́нин, -а；复 -а́ни, -а́н〔阳〕摩尔达维亚人

молоде́ць, -дця́, 五格 -дце́м，呼格 -о́дче〔阳〕好小伙子；〈口语〉好样的，有本事，真行

молоди́й〔形〕青年的，年轻的；幼小的，新的；〔用作名词〕**молоді́**, -и́х〔复〕新婚夫妇

молоді́жний〔形〕青年的

моло́дший〔形〕较年轻的，年岁较小的；年岁最小的；(职务、地位等)较低级的，初级的

мо́лодь, -і, 五格 -ддю〔阳，集合名词〕青年

молоко́, -а́〔中〕乳，奶，乳汁

моло́чний〔形〕奶的，乳的

монуме́нт, -а〔阳〕大纪念碑，纪念塔；大型纪念石像

мо́ре, -я；复 -я́, -ів〔中〕海

моро́з, -у〔阳〕寒冷；〔复〕寒冷季节，严冬

морозостійки́й〔形〕耐寒的，抗寒的

морськи́й〔形〕大海的；航海的；海军的

Москва́ 莫斯科

москви́ч, -а́, 五格 -е́м〔阳〕莫斯科人

моско́вський〔形〕莫斯科的

мотоци́кл, -а〔阳〕摩托车

му́жній, -я, -є〔形〕英勇的，果敢的，刚毅的；〈口语〉成熟的，已长大成人的

музе́й, -ю, 五格 -єм〔阳〕博物馆，陈列馆

музи́чний〔形〕音乐的

му́ка, -и, 三、六格 -ці〔阴〕痛苦，苦难；艰辛

му́сити, му́шу, му́сиш〔未〕应该，必须；不得不，只好，只有

м'яки́й〔形〕软的，柔软的

м'ясни́й〔形〕肉的，肉类的

м'ясни́к, -á; 复 -и́, -і́в〔阳〕肉商，卖肉的人

м'я́со, -а〔中〕肉，肉类；〈口语〉牛肉

м'яч, -á, 五格 -éм; 复 -í, -í́в〔阳〕球

Н

на〔前〕（四格）往…上，向…上；在…时，在…之前；到…去；依据；（六格）在…上

набира́ти, -а́ю, -а́єш〔未〕**набра́ти**, -беру́, -бере́ш, -беремо́, -берете́〔完〕收集，采集；弄到，得到，买到（若干或许多）

наближа́тися, -а́юся, -а́єшся〔未〕**набли́зитися**, -и́жуся, -и́зишся; 命令式 -и́зься〔完〕靠近，接近；（时间、时机等）临近，即将到来

навесні́〔副〕在春天

на́віть〔语气〕甚至

навко́ло〔副〕周围，四周；〔前〕（二格）在…周围，围绕着

навкруги́〔副〕周围，四周

на́волока, -и, 三、六格 -ці〔阴〕及 **на́волочка**, -и, 三、六格 -ці; 复二 -чок〔阴〕枕头罩，枕头套

напро́ти〔副，前〕=**напро́ти**

навча́льний〔形〕教学的

навча́тися, -а́юся, -а́єшся〔未〕**навчи́тися**, -чу́ся, -чи́шся, -чимо́ся, -чите́ся〔完〕学；学会，学好

нага́дувати, -ую, -уєш〔未〕**нагада́ти**, -а́ю, -а́єш〔完〕提醒，使记起，使想起；像，相似

над〔前〕（五格）（表示地点）在…上面，在…上空，在…之上

на́двечір 及 **надве́чір**〔副〕快到晚上，傍晚

наді́я, -ї, 五格 -єю〔阴〕希望，期望

надсила́ти, -а́ю, -а́єш〔未〕**надісла́ти**, -ішлю́, -ішле́ш; 命令式 -ішли́〔完〕送；寄发；派遣；送来；寄来；派遣来

наза́вжди 及 **назавжди́**〔副〕永远，永久

на́зва, -и; 复二 назв〔阴〕名称；标题

назива́ти, -а́ю, -а́єш〔未〕**назва́ти**, -ву́, -ве́ш, -вемо́, -вете́〔完〕起名叫，命名为；称作，称为

назива́тися, -а́юся, -а́єшся〔未〕**назва́тися**, -ву́ся, -ве́шся, -вемо́ся, -вете́ся〔完〕〔只用完成体〕说出自己的姓名，说自己是；〔只用未完成体〕名为，称为，叫作

назріва́ти, -а́є〔未〕**назрі́ти**, -і́є〔完〕成熟；〈转〉酝酿成熟；（危机等）即将来临

назу́стріч〔副〕迎面，迎头；迎接

найбі́льший〔形〕最大的

найколори́тніший〔形〕最色彩鲜明的，最独特的

найменува́ння〔中〕名称，标题

найме́нший〔形〕最小的；最少的

найпотужні́ший〔形〕最强有力的，最强大的

найпоши́реніший〔形〕最广泛的，最普及的

накриття́, -я；复二 -итті́в 及 -и́ть〔中〕掩蔽，遮蔽；隐蔽物，隐蔽处；屋顶，房顶；遮檐

нале́жати, -жу, -жиш；命令式 -е́ж〔未〕кому, чому 及〈口语〉до кого, до чого 属于

налови́ти, -влю́, -виш〔完〕捕获，捕捉（许多…）

намага́тися, -а́юся, -а́єшся〔未〕努力，尽力；力图，力求

намисти́на, -ни〔阴〕（球串、项链的）一粒珠子

нами́сто, -а〔中〕珠串，项链，项圈

на́пис, -у〔阳〕题词；铭文；碑文

написа́ти〔完〕见 **писа́ти**

направля́ти, -я́ю, -я́єш〔未〕**напра́вити**, -влю, -виш；命令式 -а́в〔完〕使往…去；引向；把（注意力等）转向，专注于，用于

напра́во〔副〕在右边；往右；往右转

напри́клад〔插入语〕例如，比方（说），譬如说

напро́ти〔副〕在对面；〔前〕（二格）在…对面

на́прям, -у〔阳〕方向；方位；方面

на́прямок, -мку〔阳〕= **на́прям**

наречéний〔形〕非嫡亲的；〔用作名词〕**наре́чений**, -ого〔阳〕未婚夫；**наре́чена**, -ої〔阴〕未婚妻

наре́шті〔副〕最后，终于；〔插入语〕（此外）还有，还可

наро́д, -у〔阳〕人民

наро́дження, -я；复二 -ень〔中〕分娩；出生，诞生

наро́джуватися, -уюся, -уєшся〔未〕**народи́тися**, -оджу́ся, -о́дишся〔完〕出生，诞生；产生，发生，生出；生产，生长

народи́тися〔完〕见 **роди́тися** 及 **наро́джуватися**

наро́дний〔形〕人民的；民间的

насе́лення, -я〔中〕居住；居民，人口

на́слідок, -дку〔阳〕结果，后果

напра́вді〔副〕事实上，实际上

настава́ти, -та́є〔未〕**наста́ти**, -а́не〔完〕（时间）来临，降临，到来；（某种状态）开始

насті́йний〔形〕坚持的，坚决的；迫切的，紧急的

насті́йно〔副〕坚决地；迫切地

насті́льки〔副〕到这种程度，到这种地步

насторо́жуватися, -уюся, -уєшся〔未〕**насторожи́тися**, -жу́ся, -жи́шся, -жимо́ся, -житеся〔完〕警觉起来，戒备起来

на́стрій, -рою, 五格 -роєм〔阳〕情绪，心情

настро́ювати, -юю, -юєш〔未〕**настро́їти**, -о́ю, -о́їш〔完〕紧好（弦），调准音律；调谐；кого 使有…情绪，引起

（某种情绪）

настýпний〔形〕其次的，下一个的，随后的；即将到来的

нáтовп, -у〔阳〕一群人，人群

натурáльний〔形〕天然的，真的

натхнéння, -я〔中〕灵感

наукóвий〔形〕科学的；学术的

націонáльний〔形〕民族的

націонáльність, -ності, 五格 -ністю〔阴〕民族；民族性

нáція, -ї, 五格 -єю〔阴〕民族；国家

начáльник, -а〔阳〕首长；…长；主任

нáчерк, -у〔阳〕速写画，素描；特写（文学体裁）

наш, нáшого, нáшому, нáшим, нáшому (нáшім)；**нáша**, нáшої, нáшій；**нáше**, нáшого；**нáші**, нáших〔代〕我们的

наштóвхуватися, -уюся, -уєшся〔未〕**наштовхнýтися**, -нýся, -нéшся, -немóся, -нетéся〔完〕碰上，撞上；碰到，遇到

не〔语气〕不；不是；没有；不要，别

небагáто〔副〕不多的，稍微的，有限的

небезпéка, -и, 三、六格 -ці〔阴〕危险

небезпéчно〔副〕危险地，不安全地

нéбо, -а〔中〕天，天空

невдóвзі〔副〕很快（就），不久（就）

невелúкий〔形〕不大的，不高大的；不重大的，不要紧的

невідóмий〔形〕不知道的, 无人知道的；不认识的；〔用作名词〕**невідóмий**, -ого〔阳〕陌生人

невістка, -и, 三、六格 -ці；复 -тки, -ток〔阴〕儿媳妇；嫂子，弟媳妇；妯娌

недалéко〔副〕不远地，不久地

недíля, -і, 五格 -ею；复二 -íль〔阴〕星期天

недостáтній, -я, -є〔形〕不足的，缺少的；不充分的

недостáтність, -ності, 五格 -ністю〔阴〕不足，缺点

незалéжність, -ності, 五格 -ністю〔阴〕独立，独立性

незалéжно〔副〕独立地，自主地；від кого 不管，不论，不依…为转移

незмíнно〔副〕不变地，不可变地；忠实地

неймовíрний〔形〕难于置信的，不可思议的

неквапливо〔副〕从容地，审慎地；慢慢地

неклíпаючий〔形〕不眨动的，凝视的；不闪烁的

нельóтний〔形〕不适于飞行的

немá 及 **немáє**〔用作谓语〕没有，无

немóв〔连〕好像，似乎，仿佛；〔语气〕好像，仿佛

неможлúвий〔形〕不可能的，难以置信的

неповтóрний〔形〕无比的，独特的

непогáний〔形〕不坏的，不错的

непомíтний〔形〕不易看出的，不易觉察的；不显著的

непоодинóкий〔形〕不是单独的，不

是个别的

непотріб, 二格 -треба 及〔集合名词〕-требу〔阳〕不需要的东西,废物

неприступний〔形〕不能接近的;无法攀登的;攀不下的

перадівий〔形〕疏忽的,懈怠的

нерівномірно〔副〕不均匀地

нерідко〔副〕经常

нерозбірливість〔阴〕潦草,不清楚

нерпа, -пи〔阴〕环斑海豹

несподіваний〔形〕意外的;突然的,忽然的

несприятливий〔形〕不适宜的;不顺利的,不利的

нести, -су, -сеш, -семо, -сете; ніс, несла〔未〕〔定向〕(不定向 **носити**) 拿来,拿去;带来,带去;提;抬;拖

нетривалий〔形〕不长久的

нехай〔语气〕让,叫;愿,祝

нечистоти〔复〕脏东西,垃圾,污水

нещодавно 及 **нещодавно**〔副〕不久以前

низенький〔形〕低低的,矮矮的

низка, -и, 三、六格 -ці; 复 низки 及 низки, низок 及 низок〔阴〕一行,一列,一排;一系列,一连串

нині〔副〕现在,如今,现今

нитка, -и, 三、六格 -ці; 复 -тки, -ток〔阴〕线

ні〔语气〕不;不是,没有;(用以加重否定语气) 一点儿也(没有,不),任何…也(没有,不)

ніби〔连,语气〕好像,似乎,仿佛

ніж, ножа, 五格 ножем〔阳〕刀,刀子

ніжний〔形〕温柔的

ніжно-кремовий〔形〕嫩奶油色的

ніколи〔副〕任何时候也(不);永远(不);从来(不);始终(不)

нікуди〔副〕哪里也(不),任何地方也(不)

німець, -мця, 五格 -мцем; 复 -мці, -мців〔阳〕德国人

ніс, носа; 复 носи, носів〔阳〕鼻(子)

ніхто, нікого, нікому, ніким, ні на кому (ні на кім)〔代〕谁也(不),谁都(不),任何人(也不),什么人(也不)

ніч, ночі, 五格 ніччю; 复 二 ночей〔阴〕夜,夜里,夜间

нічний〔形〕夜的,夜间的

нічого〔用作谓语〕(与不定式连用) 用不着,不用;不要;不准,别

нічого〔副〕〈口语〉还好,还可以,还不错;一点儿也(不),丝毫也(不);〔用作谓语〕〈口语〉不要紧,没有关系,没有什么

ніша, -і, 五格 -ею〔阴〕壁龛

ніщо, нічого, нічому, нічим, ні на чому (ні на чім)〔代〕什么也(不,没有);什么事情也(不);什么东西也(不)

ніяк〔副〕怎么也(不),无论如何也(不),决(不)

новенький〔形〕新的;〔用作名词〕новенький, -ого〔阳〕; новенька, -ої〔阴〕(学校的) 新生

новий〔形〕新的;新出现的;新来的;新式的;现代的,近代的

новина, -и; 复 -ини, -ин〔阴〕新闻;

新事物

новорі́чний〔形〕新年的

нога́, -и́, 三、六格 -зі; 复 но́ги, ніг, нога́м〔阴〕腿, 足, 脚

но́мер, -а; 复 -и́, -і́в〔阳〕号, 号码; 牌号

но́рка, -и, 三、六格 -ці; 复二 -рок〔阴〕水貂

но́та, -и; 复二 нот〔阴〕音符; 音调, 调子;〔复〕乐谱, 乐曲

ну〔感〕(表示鼓励、催促) 好吧; 喂, 嗯

O

о¹ 及 об (用于以元音开头的词前)〔前〕(六格) 在 (几点钟) 时

о²〔感叹〕啊, 呀, 噢

обгово́рення, -я; 复二 -ень〔中〕讨论, 商讨

обгово́рюватися, -ююся, -юєшся〔未〕обговори́тися, -орю́ся, -о́ришся〔完〕讨论; 商量好

обдаро́вувати, -ую, -уєш〔未〕обдарува́ти, -у́ю, -у́єш〔完〕赠予, 赠送;〈转〉赋予

обелі́ск, -а〔阳〕方尖碑, 方尖塔

оби́два, обо́х, обо́м, 五格 обома́, 六格 обо́х; оби́дві, обо́х, обо́м, 五格 обома́, 六格 обо́х〔数〕两个, 两, 双

обі́д, -у〔阳〕午餐, 午饭; 吃饭; 吃午饭的时候; 正午, 中午

обі́дати, -аю, -аєш〔未〕吃午饭

обіця́ти, -я́ю, -я́єш〔未〕пообіця́ти〔完〕答应, 允诺, 允许

обласни́й〔形〕州的

о́бласть, -і, 五格 -тю; 复二 -е́й〔阴〕地方, 地区, 区域; 州

обли́ччя, -я; 复二 -и́ч〔中〕脸, 面孔, 面颊;〈转〉面貌, 外表

о́бмаль〔副〕〈口语〉有点儿少

обме́жений〔形〕有限的; 眼界狭窄的; 有些呆笨的

обме́ження, -я; 复二 -ень〔中〕限制; 限定; 约束

о́бмін, -у〔阳〕交换, 互换; 交流

обніма́тися, -а́юся, -а́єшся〔未〕обня́тися, -німу́ся, -ні́мешся〔完〕拥抱

обов'язко́вий〔形〕必须的; 必定的, 一定的

обража́ти, -а́ю, -а́єш〔未〕обра́зити, -а́жу, -а́зиш; 命令式 -а́зь〔完〕侮辱, 凌辱;〈转〉触犯, 得罪;〈口语〉冒犯

о́браз, -у〔阳〕面容, 外貌; 形状; 形象, 典型

образотво́рчий〔形〕有表现力的; 造型的, 使成型的

обро́бка, -и, 三、六格 -ці; 复二 -бок〔阴〕加工, 精制; 整理; 耕种, 耕耘

обру́чка, -ки〔阴〕戒指

обря́д, -у〔阳〕仪式, 典礼

обря́довий〔形〕仪式的，典礼的
обсервато́рія, -ї, 五格 -єю〔阴〕天文台
обу́рення, -я〔中〕愤怒；愤慨
обхі́д, -хо́ду〔阳〕巡查，巡视
обхо́дитися, -джуся, -дишся；命令式 -о́дься〔未〕**обійти́ся**, -йду́ся, -йдешся；过去时 -йшо́вся, -йшла́ся〔完〕对付，设法对付，应付过去；价值（多少）
обхо́плювати, -юю, -юєш〔未〕**обхопи́ти**, -опля́, -о́пиш〔完〕=**охо́плювати**
ове́с, вівса́；复 вівца́ 及 вівси́, ві́всів 及 вівсі́в〔阳〕燕麦
овоче́вий〔形〕蔬菜的
о́вочі, -ів〔复，集合名词〕蔬菜，青菜
огіро́к, -рка́〔阳〕黄瓜
о́гляд, -у〔阳〕检查；察看；考察
огляда́ти, -а́ю, -а́єш〔未〕**огля́нути**, -ну, -неш；命令式 -янь〔完〕细看，察看；参观；检查，检验；诊察，诊断；评论，评述
ого́〔感叹〕（表示意外、惊异、赞赏之意）哎呀，啊哟
оголо́шення, -я；复二 -ень〔中〕布告，广告，公告；宣布，宣告
оголо́шувати, -ую, -уєш〔未〕**оголоси́ти**, -ошу́, -о́сиш〔完〕宣布，宣告；宣读，公布
огоро́жа, -і, 五格 -ею〔阴〕栅栏；围墙
одво́дити, -джу, -диш〔未〕**одвести́**, -еду́, -еде́ш〔完〕领去，带去；引开，带开

оде́жний〔形〕衣服的
оде́ржувати, -ую, -уєш〔未〕**оде́ржати**, -жу, -жиш；命令式 -е́рж〔完〕收到，领到，接到；得到，获得
оде́ський〔形〕敖德萨的
оди́н, одного́, одному́, 五格 одни́м；**одна́**, однієї（或 одно́ї）, одні́й, 五格 однією（或 одно́ю）；**одне́**（或 **одно́**）, одного́；**одні́**, одни́х, одни́м, 五格 одни́ми〔数〕一；一个
одини́ця, -і, 五格 -ею〔阴〕一；单位
одна́ковий〔形〕一样的，同样的，同一的
однокла́сник, -а〔阳〕（中小学的）同班同学
одру́жений〔形〕结了婚的（指男人），有妻子的；(з ким)已出嫁的，有丈夫的
одру́жуватися, -уюся, -уєшся〔未〕**одружи́тися**, -ужу́ся, -у́жишся〔完〕结婚；娶妻；出嫁
о́дяг, -у〔阳〕衣服，服装
одяга́ти, -а́ю, -а́єш〔未〕**одягти́** 及 **одягну́ти**, -ягну́, -ягне́ш；过去时 -я́г, -ягла́〔完〕给…穿上（衣服）；盖上，围上；供给…衣服
одяга́тися, -а́юся, -а́єшся〔未〕**одягти́ся** 及 **одягну́тися**, -ягну́ся, -ягне́шся；过去时 -я́гся, -ягла́ся〔完〕穿上衣服
оздо́блення, -я；复二 -ень〔中〕修饰；饰物
о́зеро, -а；复 -е́ра, -е́р〔中〕湖，湖泊
означа́ти, -а́є〔未〕意思是，意义为…，

意味着；表示，就是说…

óко, óка, 六格 óці；复 óчі, очéй, 五格 очи́ма〔中〕眼睛；视力

око́лиця, -і, 五格 -ею〔阴〕城边，郊区；附近，周围地区

окре́мий〔形〕单独的，单个的；个别的

оксами́товий〔形〕天鹅绒的，丝绒的

окуля́ри, -ів〔复〕眼镜

о́лень, -я, 五格 -ем〔阳〕鹿

оліве́ць, -вця, 五格 -вцем〔阳〕铅笔

олі́я, -ї, 五格 -єю〔阴〕油；（食用的）植物油

он〔语气〕那里，那就是，那正是

ону́к, -а, 呼格 -уче〔阳〕孙子

ону́ка, -и, 三、六格 -ці〔阴〕孙女

опа́лення, -я〔中〕供暖；供暖设备，暖气装置设备

о́пера, -и〔阴〕歌剧

операці́йний〔形〕手术的；作战的

опи́сувати, -ую, -уєш〔未〕**описа́ти**, -ишу́, -и́шеш〔完〕描写；叙述；开清单，登记

оповіда́ння, -я；复二 -áнь〔中〕故事，传说；叙述小说

ополо́нка, -и, 三、六格 -ці；复二 -нок〔阴〕冰窟窿

опублікóвувати, -ую, -уєш〔未〕**опублікува́ти**, -у́ю, -у́єш〔完〕发表，公布，颁布；刊登，登载

організа́ція, -ї, 五格 -єю〔阴〕组织，组成，成立，建立；组织；机构；团体

органі́зм, -у〔阳〕有机体，生物体

оре́л, орла́, 呼格 о́рле〔阳〕鹫，鹰

оригіна́льний〔形〕真的，原本的；新奇的，独出心裁的；奇怪的

осере́док, -дку〔阳〕中心，中央，中部

осі́нній, -я, -є〔形〕秋天的，秋季的

о́сінь, о́сені, 五格 о́сінню〔阴〕秋，秋天，秋季

оскі́льки〔连〕既然；因为

осно́ва, -и〔阴〕原理，原则，基本理论；基础

основни́й〔形〕基本的，根本的，主要的

особли́вий〔形〕特别的，特殊的；单独的

особли́во〔副〕特别地；特别是，尤其是

оста́нній, -я, -є〔形〕最后的，最末的

ось〔语气〕在这里，在那里，这就是，那就是；你看

ось-ось〔副〕很快就；马上就；眼看着（就要）

от〔语气〕在这里，在那里，这就是，那就是；你看（指在眼前的事物）

о́тже〔语气〕不是吗；难道不；本来；〔连〕所以，因此，因而；但是，可是；〔用作插入语〕那么，这样一来，可见；所以，因此

отóж〔语气〕〈口语〉这算什么，好一个；〔连〕这样一来，这样；于是，那么；总之

отри́мувати, -ую, -уєш〔未〕**отри́мати**,

-аю, -аєш〔完〕=**одéржувати**

отрýювати, -юю, -юєш〔未〕**отруї́ти**, -ýю, -ýїш〔完〕毒死；下毒（药），掺毒物；毒化

отрутохімікáт, -у〔阳〕化学毒剂，农药

офіціáнтка, -и, 三、六格 -ці；复二 -ток〔阴〕（餐厅）女侍者，女服务员

оформляти, -яю, -яєш 及 **офóрмлювати**, -юю, -юєш〔未〕**офóрмити**, -млю, -миш；命令式 -óрм〔完〕装饰；修饰；办理（某事的）手续

охóплювати, -юю, -юєш〔未〕**охопи́ти**, -оплю́, -óпиш〔完〕搂住，抱住；充满，笼罩（指思想、感情等）

охóче〔副〕情愿地，甘愿地；乐意地

оцé〔语气〕这就是，这是

оцéй, оця́, оцé〔代〕这个，就是这个

óцет, óцту〔阳〕醋

очерéт, -у；复 -éти 及 -етá, -éтів 及 -етів〔阳〕芦苇

óчі〔复〕见 **óко**

П

пáгорб, -а〔阳〕小丘，小岗；丘陵

пакýнок, -нка〔阳〕包，捆

палáта, -и〔阴〕病房，病室

палáти, -áю, -áєш〔未〕**запалáти**〔完〕冒火焰，熊熊燃烧；发光闪耀；〈转〉（脸上）发热，发红

палáц, -у, 五格 -ом〔阳〕宫；宫殿

пали́ти, -лю́, -лиш〔未〕烧掉，焚毁；点燃；吸食（烟卷、烟斗等）

пальтó, -á；复 пáльта, пальт〔中〕大衣，外套

пáм'ятник, -а〔阳〕纪念碑；古迹；文献

пáм'ять, -і, 五格 -ттю〔阴〕记忆；记忆力

пан, -а；复 -и́, -ів〔阳〕老爷；地主；先生（与姓氏或称号连用）

пáні〔不变，阴〕太太，夫人，女士，小姐

пáнський〔形〕寄宿中学的

папір〔阳〕（二格 -пéру）纸，纸张；（二格 -пéра）文件，公文，证明书，证件

пáра, -и；复 пáри, пар〔阴〕一双，一对；〈口语〉双课时（高等学校中连上的两节课）

парасóлька, -и, 三、六格 -ці；复二 -льок〔阴〕雨伞，（遮）阳伞

парк, -у〔阳〕公园

пасажи́р, -а〔阳〕旅客，乘客

пáска, -и, 三、六格 -ці；复 -ски́, -сóк〔阴〕圆柱形甜面包；（复活节用的）甜奶渣糕

пáстися, -сéться, -сýться〔未〕在草地上吃草

пасувáти, -ýю, -ýєш〔未〕适合于…，配得上…，与…相称

пáчка, -и, 三、六格 -ці；复 -чки́, -чóк

〔阴〕一包，一束，一叠

пе́вний〔形〕有信心的；可信的，可靠的；某种的，一定的

педагогі́чний〔形〕教育的；教育学的；教育家的；教学的；师范的；合乎教育原理的，合乎教学要求的，有教育作用的

педколе́дж, -у〔阳〕师范学院

пекти́, печу́, пече́ш, печемо́, печете́; 过去时 пік, пекла́; 命令式 печи́〔未〕烤，烙，烘；炸，煎（指肉制品）；烫痛，灼痛；晒痛

пе́нсія, -ї, 五格 -єю〔阴〕退休费，养老金

перебива́ти, -а́ю, -а́єш〔未〕переби́ти, -б'ю́, -б'є́ш, -б'єм́о́, -б'єте́〔完〕打破，打碎，弄断

перебува́ти, -а́ю, -а́єш〔未〕在，处于（某种状态）；服务于，供职于（某岗位）

перева́га, -и, 三、六格 -зі〔阴〕优越性，优势（地位）

перева́жа́ти, -а́ю, -а́єш〔未〕перева́жити, -жу, -жиш; 命令式 -а́ж〔完〕占优势，占上风，优越于；〔只用未完成体〕占多数

перева́жний〔形〕占优势的，领先的，优先的，压倒的

перева́жно〔副〕主要是，多半是

переви́щувати, -ую, -уєш〔未〕переви́щити, -щу, -щиш〔完〕超过，超出；超越

перево́зити, -о́жу, -о́зиш; 命令式 -о́зь〔未〕перевезти́, -зу́, -зе́ш, -земо́, -зете́; 过去时 -ві́з, -везла́〔完〕运过去

перегляда́ти, -а́ю, -а́єш〔未〕перегля́нути, -ну, -неш; 命令式 -янь〔完〕重新察看，重新考虑；修改；重新审理；看一遍；翻阅

переговори, -ів〔复〕谈判，交涉；（用电话）洽谈

пе́ред 及〈稀〉пе́редо, пе́реді〔前〕（五格）在…前面

передава́ти, -даю́, -дає́ш, -даємо́, -даєте́〔未〕переда́ти, -а́м, -аси́, -а́сть, -амо́, -асте́, -аду́ть; 过去时 -а́в, -ала́〔完〕转告，转达，表达；转播，播送

переда́ча, -і, 五格 -ею〔阴〕переда́ти 的动名词；传达的话，传信；广播（节目）

передбача́ти, -а́ю, -а́єш〔未〕передба́чити, -а́чу, -а́чиш; 命令式 -а́ч〔完〕预见到，预料到；事先猜到，推测到

передмо́ва, -и〔阴〕序言，绪论，前言

передпо́кій, -кою, 五格 -ко́єм〔阳〕前室，外室

передусі́м〔副〕首先

пере́каз, -у〔阳〕叙述，陈述；复述；故事，传说

переселя́тися, -я́юся, -я́єшся〔未〕пересели́тися, -елю́ся, -е́лишся〔完〕迁移，搬家

перетво́рювати, -юю, -юєш〔未〕перетвори́ти, -орю́, -о́риш〔完〕кого, що, в кого, в що 及 на кого, на що 使…变为…，使…变成…

перетво́рюватися, -ююся, -юєшся〔未〕

перетвори́тися, -орю́ся, -о́ришся〔完〕变为，变成，转变为

перехо́дити, -джу, -диш；命令式 -о́дь〔未〕**перейти́**, -ейду́, -е́йдеш；过去时 -йшо́в, -йшла́〔完〕走过，通过；越过（山岭、边界等）；调转，转入

перехре́стя, -я；复二 -е́сть〔中〕十字交叉；十字路口

пе́рець, -рцю, 五格 -рцем〔阳〕胡椒；辣椒

пері́од, -у〔阳〕周期；时期，期间

перо́, -а́；复 пе́ра, пер〔中〕钢笔尖

перу́ка, -и，三、六格 -ці〔阴〕假（头）发

перука́рка, -и〔阴〕女理发师

перука́рня, -і，五格 -ею；复二 -рень〔阴〕理发馆

пе́рший〔数〕第一，第一个

Петербу́рг 彼得堡

пече́ний〔形〕烘烤的，烤熟的

пе́чиво, -а〔中〕烤制的食物；饼干

печі́ння, -я〔中〕烤，烙，烘

пирі́г, -рога́〔阳〕（烤的）大馅儿饼

писа́ти, пишу́, пи́шеш；命令式 пиши́〔未〕写（字）；撰写；描写

письме́нник, -а〔阳〕作家；作者

письмо́вий〔形〕写字的，书写的；写字用的

пита́ти, -а́ю, -а́єш〔未〕问，提问，询问，探问，打听

пи́ти, п'ю, п'єш, п'ємо́, п'єте́；过去时 пив, пила́〔未〕喝，饮

пи́шний〔形〕华丽的，豪华的，漂亮的

пів〔不变〕半点钟

півде́нний〔形〕南方的

пі́вніч, -ночі，五格 -ніччю〔阴〕子夜，半夜

півтора́〔数〕一个半

під〔前〕（四格）往…下面；（五格）在…之下

підбо́р, -а〔阳〕（几层皮做成的）鞋后跟儿

підви́щуватися, -уюся, -уєшся〔未〕**підви́щитися**, -щуся, -щишся〔完〕提高，增高，上升，高涨；〔只用未完成体〕高耸，矗立

підво́зити, -о́жу, -о́зиш；命令式 -о́зь〔未〕**підвезти́**, -зу́, -зе́ш, -земо́, -зете́；过去时 -ві́з, -везла́〔完〕（乘车）顺便把…送到，让…顺便搭自己的车去（某处）；运到，运达，输送到

підготовля́тися, -я́юся, -я́єшся〔未〕**підготува́тися**, -у́юся, -у́єшся〔完〕**підгото́витися**, -влюся, -вишся〔完〕准备好，预备好，做好准备；筹备好；得到训练，练好

підгото́вчий〔形〕准备的；预备的，筹备的

під'ї́жджа́ти, -а́ю, -а́єш〔未〕及 **під'ї́здити**, -ї́жджу́, -ї́здиш, -ї́здимо́, -ї́здите́〔未〕**під'ї́хати**, -і́ду, -і́деш；命令式 -і́дь〔完〕（乘车、马、船等）到眼前，驶近；（用某种方法、手腕）接近（某人）以博得同情、欢心等

підлі́ток, -тка〔阳〕少年，半大小子；少女，半大姑娘

підло́га, -и, 三、六格 -зі〔阴〕地板，（室内的）地，地坪

підмо́ргувати, -гую, -гуеш〔未〕**підморгну́ти**, -ну́, -не́ш〔完〕使眼色，递眼色

підні́жжя, -я；复二 -іж〔中〕（山）脚，（山）麓

підніма́ти, -а́ю, -а́єш〔未〕 及〈稀〉**піді́йма́ти**, -а́ю, -а́єш〔未〕**підня́ти**, -німу́, -ні́меш；过去时 -я́в, -яла́〔完〕及〈稀〉**піді́йня́ти**, -ійму́, -ійме́ш；过去时 -я́в, -яла́〔完〕捡起，拾起；抬起，举起

підніма́тися, -а́юся, -а́єшся〔未〕 及〈稀〉**піді́йма́тися**, -а́юся, -а́єшся〔未〕**підня́тися**, -німу́ся, -ні́мешся；过去时 -я́вся, -яла́ся 及〈稀〉**піді́йня́тися**, -ійму́ся, -ійме́шся；过去时 -я́вся, -яла́ся〔完〕走上，登上；升起；上涨（指水）；〔只用未完成体〕高耸

підодія́льник〔阳〕被套，被里

підозріва́ти, -а́ю, -а́єш〔未〕 及 **підо́зрювати**, -юю, -юєш〔未〕怀疑；猜想，料想

підпі́льний〔形〕地下室的；地下状态的，地下工作的

підприє́мство, -a〔中〕企业

підру́чник, -a〔阳〕教科书

підска́кувати, -ую, -уєш〔未〕**підско́чити**, -чу, -чиш；命令式 -оч〔完〕跳着跑近；一下子跑近；向上一跳，猛然跳起

підстрига́тися, -а́юся, -а́єшся〔未〕**підстри́гтися**, -ижу́ся, -иже́шся, -ижемо́ся, -ижете́ся；命令式 -ижи́ся〔完〕剪发，理发

підтве́рджувати, -ую, -уєш〔未〕**підтве́рдити**, -джу, -диш；命令式 -е́рдь〔完〕证实，承认，证明

підхо́дити, -о́джу, -о́диш；命令式 -о́дь〔未〕**піді́йти́**, -йду́, -йдеш；过去时 -йшо́в, -йшла́〔完〕走近，接近；适合于…，与…相宜

пі́зно〔副〕（很）晚，（很）迟

пілю́ля, -і, 五格 -ею〔阴〕药丸；〈转〉令人不好受的事，令人委屈的事

пінгві́н, -a〔阳〕企鹅

пірна́ти, -а́ю, -а́єш〔未〕**пірну́ти**, -ну́, -не́ш, -немо́, -нете́〔完〕潜入，没入，沉入（水中）；〈转〉隐匿不见

пі́сля〔副〕以后，后来；〔前〕（二格）在…以后

післяпла́та, -и〔阴〕（发货人委托运输部门在付贷时）代收货款

пі́сня, -і, 五格 -ею；复 -сні́, -се́нь〔阴〕歌，歌曲

піти́, піду́, пі́деш；过去时 пішо́в, пішла́〔完〕去，走去；前往；开动

пі́шки〔副〕徒步，步行地

пла́вання, -я〔中〕游泳；航行

пла́вати, -аю, -аєш〔未〕〔不定向〕（定向 **плисти́** 及 **пливти́**）游泳；航行

пла́кати, -а́чу, -а́чеш；命令式 -а́ч〔未〕哭

плати́ти, -ачу́, -а́тиш〔未〕支付（钱款）；〈转〉报答，抵偿

пла́ття, -я；复二 -ттів〔中〕长外衣（通常指女装）；〈旧〉衬衣，内衣

пла́хта, -и〔阴〕（乌克兰手工织的）厚方格花布；（用这种布做的无褶的）裙子

плащ, -á, 五格 -éм〔阳〕雨衣；斗篷

племі́нник, -а〔阳〕侄；外甥；内侄；表侄

плести́, -етý, -етéш, -етемó, -ететé；过去时 плів, плелá〔未〕织（袜子等），搓（绳子），编（辫子等）；〈口语〉编造（瞎话、谎话、坏话）

плече́, -á；复 плéчі, плечéй 及 пліч, -éчам 及 -ечáм, 五格 -ечи́ма, -ечáх 及 -ечáх〔中〕肩，肩膀

плі́дний〔形〕结果实多的，能繁殖的；宜于植物生长的

пло́ща, -і, 五格 -ею〔阴〕面积；广场

пляж, -у, 五格 -ем〔阳〕水边浴场，海滨浴场

пля́шка, -и, 三、六格 -ці；复 -шки́, -шóк〔阴〕玻璃瓶

по〔前〕（四格）（表示目标、动作客体）去，来；（表示方位）在；各，每；（六格）（表示行为的场所、方向、范围等）在，朝；每逢；依据，按照

по-англі́йському〔副〕用英语；按英国的方式

побáвитися, -влюся, -вишся〔完〕寻开心，消遣一会儿

побáчення, -я；复二 -ень〔中〕相会，会见；约会

побі́гти, -іжý, -і́жиш, -іжимó, -іжитé；命令式 -іжи́〔完〕开始跑，跑起来；（液体）开始流动

побувáти, -áю, -áєш〔未〕到（若干地方），游历（若干地方）

пóбут, -у〔阳〕生活方式，生活习惯；日常生活

побутóвий〔形〕日常生活的

поверта́ти, -áю, -áєш〔未〕**поверну́ти**, -ернý, -éрнеш〔完〕使旋转，使转向，转动；归还，返还

поверта́тися, -áюся, -áєшся〔未〕**поверну́тися**, -ернýся, -éрнешся〔完〕转身，翻转；转变，向另一方面发展；返回，回来

пóверх, -у〔阳〕楼层

повече́ряти, -яю, -яєш〔完〕吃晚饭

повз〔副〕〈稀〉从旁边；〔前〕（四格）从…旁边

повідóмлення, -я；复二 -ень〔中〕传达；传播；传递；报道，通知

повідомля́ти, -я́ю, -я́єш〔未〕**повідó-мити**, -млю, -миш；命令式 -óм〔完〕传达，传播，传递，（无线电台）报道；通知，通告

пові́льно〔副〕缓慢地；逐渐地；平稳地

пові́тря, -я〔中〕空气

пóвний〔形〕满的，装满的，充满的

повсю́дно〔副〕到处，处处

повсякде́нний〔形〕日常的，经常发生的；平常的，寻常的

пов'я́зувати, -ую, -уєш〔未〕**пов'яза́ти**, -яжý, -я́жеш；命令式 -яжи́〔完〕结上，系住；〈转〉使发生密切关系，

使结合在一起

пога́но〔副〕不好，坏，恶劣

погі́ршати, -ає〔完〕变得更坏，恶化

по́гляд, -у〔阳〕视线，目光，瞥视，看

поговори́ти, -орю́, -о́риш〔完〕谈一谈

пого́да, -и〔阴〕天气

пого́джуватися, -уюся, -уєшся〔未〕пого́дитися, -джуся, -дишся；命令式 -о́дься〔完〕同意，赞同

поголи́ти, -олю́, -о́лиш〔完〕剃，刮

по́гріб, -реба；复-реби́, -ребі́в〔阳〕地窖

подарува́ти, -у́ю, -у́єш〔未〕赠予，赠送；原谅，饶恕

подару́нок, -нка〔阳〕赠品，礼品，礼物

поде́куди〔副〕在某处

по́див, -у〔阳〕惊讶，惊奇，诧异；困惑

подиви́тися〔完〕见 диви́тися

по-дитя́чі〔副〕孩子般的

поді́л, -до́лу〔阳〕低地，洼地；(衣服的) 下摆

поділя́ти, -я́ю, -я́єш〔未〕поділи́ти, -ілю́, -і́лиш〔完〕кого, що 划分，使分离；分担；共享

поді́я, -ї, 五格 -єю〔阴〕事，事件，事故

подо́батися, -аюся, -аєшся〔未，有时用作完成体〕(讨…)喜欢；合意，中意

по́дорож, -і, 五格 -жжю；复二 -жей〔阴〕旅行

подорожува́ти, -у́ю, -у́єш〔未〕旅行，游历，游览

по́друга, -и, 三、六格 -зі〔阴〕女友，女朋友

подру́жжя, -я；复 二 -їв〔中〕(一 对) 夫妇，夫妻；婚姻，夫妇生活；配偶

поду́мати〔完〕见 ду́мати

поду́шка, -и, 三、六格 -ці；复 -шки́, -шо́к〔阴〕枕头；靠枕；坐垫

пое́т, -а〔阳〕诗人

поете́са, -и〔阴〕女诗人

поети́чний〔形〕诗的

пожалкува́ти, -у́ю, -у́єш〔完〕可怜，可惜，遗憾

пожива́ти, -а́ю, -а́єш〔未〕生活，过日子

позавчо́ра〔副〕前天，前日

поза́ду〔副〕在后面，在背后；〈转〉在过去

поздоро́влення, -я；复二 -ень〔中〕祝词，贺词；贺信

поздоровля́ти, -я́ю, -я́єш〔未〕поздоро́вити, -влю, -виш；命令式 -о́в〔完〕向…祝贺，向…道喜；〔只用完成体〕打招呼，问好

позивни́й〔形〕呼叫的；〔用作名词〕позивні́〔复〕呼号，代号

пози́ція, -ї, 五格 -єю〔阴〕位置，地位；阵地；立场，态度，观点

познайо́мити〔完〕见 знайо́мити

по́їзд, -а；复 -и́, -і́в〔阳〕列车，火车

поі́хати〔完〕见 ї́здити

пока́зник, -а；复 -и́, -і́в〔阳〕指数；率；指标

показувати, -ую, -уєш〔未〕**показа́ти**, -ажу́, -а́жеш；命令式 -ажи́〔完〕（用手势、动作等）指给；标出，标明

поката́тися, -та́юся, -та́єшся〔完〕（乘车、船等）玩一会儿；〈口语〉游历若干时间

по́ки〔副〕暂且；〔连〕在…的时候

покида́ти, -а́ю, -а́єш〔未〕**поки́нути**, -ну, -неш；命令式 -инь〔完〕抛弃，遗弃；离开（某地）

покрива́ло, -а〔中〕盖布，苫布

ку́пка 及 **по́купка**, -и，三、六格 -ці；复二 -пок〔阴〕买；买到的东西

пола́, -и́，四格 -у；复 по́ли, піл〔阴〕下摆，衣裙；（布匹的）幅

по́ле, -я；复 поля́, полі́в 及 піль〔中〕田野；田地

поли́ця, -і，五格 -ею〔阴〕（钉在墙上的）搁架；（橱中的）隔板，格板；（客车中的）行李架

полірований〔形〕表面抛光的，光滑的

політехні́чний〔形〕综合技术的，多科技术的

полони́на, -и〔阴〕山谷；山地牧场

полта́вський〔形〕波尔塔瓦的

полу́днувати, -ную, -нуєш〔未〕〈口语〉（午餐和晚餐之间或中午）吃点心，用便餐

поля́к, -а，呼格 -я́че；复 -и, -ів〔阳〕波兰人

по́лька, -и，三、六格 -ці；复二 -льок〔阴〕波兰女人

польови́й〔形〕田地的，田野的，野外的

по́льський〔形〕波兰的；波兰人的

по́минки〔复〕葬后或忌辰为悼念亡者而设的酬客宴

помира́ти, -а́ю, -а́єш〔未〕**поме́рти**, -мру́, -мреш, -мремо́, -мрете́〔完〕死，去世，逝世

поми́ти, -и́ю, -и́єш〔完〕洗，洗干净

помі́рний〔形〕适度的，中等的，有节制的；温和的，温带的

помі́тний〔形〕可见的，看得见的；可以明显感觉出来的；出众的

поміча́ти, -а́ю, -а́єш〔未〕**помі́тити**, -і́чу, -і́тиш；命令式 -іть〔完〕发现，看出，发觉；标出，做标记

поміща́ти, -а́ю, -а́єш〔未〕**помісти́ти**, -іщу́, -і́стиш〔完〕放（置），摆在；安顿，安置，住下

по́над 及 **пона́д**〔前〕（五格）在…的上方；（四格）向…的上方；（四格）将近…的时候；超出，超越（某种限度等）

понеді́лок, -лка〔阳〕星期一，礼拜一

по́ні〔不变，阳〕（英国）小型马，矮马

по-німе́цькому〔副〕用德语；按德国的方式

попереджа́ти, -а́ю, -а́єш〔未〕**попере́дити**, -джу, -диш；命令式 -едь〔完〕кого 预先告知，警告；що 预防，及时防止

попере́дній, -я, -є〔形〕先前的，这以前的

по-пе́рше〔副〕首先，第一

попо́внення, -я；复二 -ень〔中〕补充，充实

попроси́ти〔完〕见 **проси́ти**

попроща́тися〔完〕见 **проща́тися**

пора́, -и́；复 по́ри, пір〔阴〕时候，时期；季节

пора́да, -и〔阴〕劝告，劝诫；帮助；〈口语〉愉快，乐趣，快乐

пора́дувати, -ую, -уєш〔完〕使愉快，使高兴

по́ратися, -аюся, -аєшся〔未〕(коло кого, коло чого 及 无补语) 忙于…，张罗…；照料…

пориба́лити, -лю, -лиш〔完〕捕捕鱼，打一阵儿鱼

порі́зати, -іжу, -іжеш；命令式 -іж〔完〕切割开

по-росі́йському〔副〕用俄语；按俄罗斯的方式

порошо́к, -шку́〔阳〕粉末；药粉

портре́т, -а〔阳〕肖像，画像；相片；人物的刻画，人物的描写

по́руч〔副〕并排着，并列着；在旁边；在一起

по́ряд〔副〕=по́руч

посві́дчення, -я；复二 -ень〔中〕证明，证实；证明书

по-святко́вому〔副〕节日地，打扮漂亮地

посере́дині〔前〕(二格) 在…中间；在…之中；在…里边

посиді́ти, -джу, -диш〔完〕坐一会儿，待一会儿

посила́ти, -а́ю, -а́єш〔未〕посла́ти, пошлю́, пошле́ш, пошлемо́, пошлете́；命令式 пошли́〔完〕打发，派出，寄出

поси́люватися, -ююся, -юєшся〔未〕поси́литися, -люся, -лишся〔完〕得到加强，加紧；(声音) 得到放大

посіда́ти, -а́ю, -а́єш〔未〕посі́сти, -ся́ду, -ся́деш〔完〕掌握；占据

посла́ння, -я；复二 -слань〔中〕书信体文艺作品；寄语

послу́хати, -аю, -аєш〔完〕听一会儿，听一听；听话，听从

посміха́тися, -а́юся, -а́єшся〔未〕посміхну́тися, -ну́ся, -не́шся, -немо́ся, -нете́ся〔完〕微笑，微微一笑；〔只用完成体〕〈转〉明亮起来，闪耀起来，发起光来

по́смішка, -и, 三、六格 -ці；复二 -шок〔阴〕微笑，笑容

поспіша́ти, -а́ю, -а́єш〔未〕поспіши́ти, -шу́, -ши́ш, -шимо́, -шите́〔完〕赶紧，赶忙，急于，忙于(做某事)

поста́вити〔完〕见 **ста́вити**

по́стать, -і, 五格 -ттю；复二 -тей〔阴〕人体，体态，身段；人形；人，个人；个性；〈转〉(文艺作品中的)形象，人物，角色；雕像

пості́йно〔副〕经常，不断，不变

пості́льний〔形〕床上用的

постри́гтися〔完〕见 **стри́гтися**

пості́кати, -аю, -аєш〔完〕敲一敲(门，窗)

поступа́ти, -а́ю, -а́єш〔未〕поступи́ти,

-плю́, -пи́ш〔完〕进入；归入；加入

поступа́тися, -а́юся, -а́єшся〔未〕**поступи́тися**, -уплю́ся, -у́пишся〔完〕向后退；〈转〉退避；让出，放弃

по́суд, -у〔阳，集合名词〕器皿；容器

потемні́ти, -і́ю, -і́єш〔完〕黑暗起来，变得暗淡无光

потенціа́л, -у〔阳〕潜能，潜力

потерпа́ти, -а́ю, -а́єш〔未〕〈口语〉患（病），感到痛苦，受折磨

потиска́ти, -а́ю, -а́єш〔未〕**поти́снути**, -ну, -неш；过去时 -и́с 及 -и́снув, -и́сла 及 -и́снула〔完〕握，挤，压，按

по́тім〔副〕以后，后来；〔用作前置词〕(二格)〈口语〉在…之后

потрапля́ти, -я́ю, -я́єш〔未〕**потра́пити**, -плю, -пиш；命令式 -а́п〔完〕(无补语) 进入，走入；来到，走到；(无补语)(偶然) 身处(某种环境、状态等)

потребува́ти, -у́ю, -у́єш〔未〕кого, чого 需要

потрі́бний, потрі́бен, -бна, -бне〔形〕需要的，所需的

потрі́бно〔无人称句中用作谓语〕需要，应该

по-украї́нському〔副〕用乌克兰语；按乌克兰的方式

пофарбува́ти, -у́ю, -у́єш〔完〕染成，染好；加工到（某种完成状态）

пофарбува́тися, -у́юся, -у́єшся〔完〕染上色；染发

похова́ти〔完〕见 **хова́ти**

по́хорон, -у〔阳〕埋葬，安葬

поча́ток, -тка 及 -тку〔阳〕开端，开始

по-че́ському〔副〕用捷克语；按捷克的方式

почина́ти, -а́ю, -а́єш〔未〕**поча́ти**, -чну́, -чне́ш, -чнемо́, -чнете́；过去时 -а́в, -ала́〔完〕开始；着手

почина́тися, -а́ється〔未〕**поча́тися**, -чне́ться〔完〕开始；起源；发端

почува́ти, -а́ю, -а́єш〔未〕**почу́ти**, -у́ю, -у́єш〔完〕感觉；感受

почува́тися, -а́ється〔未〕**почу́тися**, -у́ється〔完〕**почува́ти (почу́ти)** 的被动

поша́на, -и〔阴〕尊敬，敬重，尊重；敬意

поши́рювати, -юю, -юєш〔未〕**поши́рити**, -рю, -риш；命令式 -и́р〔完〕拓宽；扩大，扩展；推广，传播

поши́рюватися, -юється〔未〕**поши́ритися**, -риться〔完〕(得到)加宽，(得到)扩展,(得到)扩大；被推广；被扩充

поши́ти, -и́ю, -и́єш〔完〕缝上；缝好；缝一会儿

по́шта, -и〔阴〕邮政，邮务；邮局；邮件

поштамт, -у〔阳〕(一城市的)邮政总局

пошто́вий〔形〕**по́шта** 的形容词

пощасти́ти〔完〕见 **щасти́ти**

поя́снювати, -юю, -юєш〔未〕**поясни́ти**, -ню́, -ни́ш, -нимо́, -ни́те〔完〕解释，说明，阐明；说明原因

пра́вда, -и〔阴〕真情；真话, 实话；真理,

正义；〔用作谓语及插入语〕当真，实在

правди́вий〔形〕真实的，与事实相符的；真正的，不假的；公正的；诚实的

пра́вий〔形〕右边的，右侧的，右方的

пра́вило, -а〔中〕规则；规章

пра́вильний〔形〕合乎实际的，正确的，准确的，对的；〈口语〉公正的，公道的，公平的

правлі́ння, -я；复二 -і́нь〔中〕掌管，治理，统治；理事会，董事会，管理委员会

пра́во, -а；复права́, прав〔中〕法，法律，法制；法学；权利，权力

право́руч〔副〕向右，向右方；在右边

пра́гнути, -ну, -неш〔未〕чого 或 до чого 力求达到；竭力追求，向往，倾心于；口渴；〈转〉渴望，渴求

прада́вній〔形〕古代的，古老的；远古的

пра́ска, -и, 三、六格 -ці；复二 -сок〔阴〕熨斗，烙铁

пра́ти, перу́, пере́ш, перемо́, перете́〔未〕（що 及 无补语）洗濯，用肥皂洗（衣服等）

працівни́к, -а́〔阳〕工作者，劳动者

працівни́ця, -і〔阴〕女工作者，女劳动者

працюва́ти, -ю́ю, -ю́єш〔未〕工作，劳动；起作用，有效力

працьови́тий〔形〕爱劳动的，勤劳的，爱干活的；办事认真的，能干的，能办事的

президе́нт, -а〔阳〕（某些机关、团体的）主席；总统

прези́дія, -ї, 五格 -єю〔阴〕主席团

прекра́сний〔形〕非常美丽的；非常好的

при〔前〕（六格）在…附近；随身携带，（身上）带有

прибли́зно〔副〕大约，大概

прибуття́, -я〔中〕来到，到达

прива́блювати, -юю, -юєш〔未〕**приваби́ти**, -блю, -биш；命令式 -а́б〔完〕吸引；引诱；引起（好感、兴趣、迷恋等）

приверта́ти, -а́ю, -а́єш〔未〕**приверну́ти**, -ерну́, -е́рнеш〔完〕吸引

привіта́тися〔完〕见 **віта́тися**

приготува́ння, -я〔中〕准备，预备

придба́ти, -а́ю, -а́єш〔完〕获得，得到；购得，买到

приземля́тися, -я́юся, -я́єшся〔未〕**приземли́тися**, -лю́ся, -ли́шся, -лимо́ся, -лите́ся〔完〕（飞机等）降落，着陆

признача́ти, -а́ю, -а́єш〔未〕**призна́чити**, -чу, -чиш；命令式 -а́ч〔完〕约定，预定；规定

приїжджа́ти, -а́ю, -а́єш〔未〕**приї́хати**, -і́ду, -і́деш；命令式 -і́дь〔完〕（乘车、马、船等）来到，到达；驶来，驶抵

приї́зд, -у〔阳〕**приїжджа́ти**（**приї́хати**）的动名词

прийма́льний〔形〕接收的，接受的；接待的

прикра́са, -и〔阴〕装饰品，点缀品；〈转〉夸张，渲染

прикраша́ти, -а́ю, -а́єш〔未〕**прикра́сити**, -а́шу, -а́сиш；命令式 -а́сь〔完〕使美丽，使漂亮，修饰，打扮

прилі́т, -льо́ту〔阳〕飞来，飞到

приладобудува́ння〔中〕仪器制造业

приліта́ти, -а́ю, -а́єш〔未〕**прилеті́ти**, -ечу́, -ети́ш, -ети́мо́, -ети́те́〔完〕飞来，飞到；传来（指歌声等）；〈转〉飞奔而来，飞驰而至

примі́щення, -я；复二 -ень〔中〕房间；处所；舱，室

приму́шувати, -ую, -уєш〔未〕**приму́сити**, -у́шу, -у́сиш；命令式 -у́сь〔完〕强迫，逼迫，迫使

припіка́ти, -а́ю, -а́єш〔未〕**припекти́**, -ечу́, -ече́ш〔完〕（太阳）烤（晒）得厉害；晒热（土地）

припу́хлий〔形〕圆鼓鼓的；胖乎乎的

приро́да, -и〔阴〕大自然，自然界；自然风光；性格；天性，天赋

присіда́ти, -а́ю, -а́єш〔未〕**присі́сти**, -ся́ду, -ся́деш；命令式 -ся́дь〔完〕蹲下，蹲一蹲；坐一会儿，坐一坐

притама́нний〔形〕所固有的，素有的；特有的

прито́ка, -и, 三、六格 -ці〔阴〕支流

прито́мний〔形〕有意识的，意识到的；神志清醒的

прихо́дити, -джу, -диш；命令式 -одь〔未〕**прийти́**, -йду́, -йдеш；过去时 -йшо́в, -йшла́〔完〕来，走来；来到，到；来临，降临

прихопи́ти, -хоплю́, -хо́пиш〔完〕**прихо́-**

плюва́ти, -люю, -люєш〔未〕（随身）携带；带上；捎上

причи́на, -и〔阴〕原因，缘故；理由，根据

при́ятель, -я, 五格 -ем〔阳〕朋友，友人，相好的（人）

прі́звище, -а〔中〕姓，姓氏；姓名

про〔前〕（四格）关于

пробива́тися, -а́юся, -а́єшся〔未〕**проби́тися**, -б'ю́ся, -б'є́шся, -б'є́мо́ся, -б'є́теся〔完〕穿过，挤过；冒出，长出

пробле́ма, -и〔阴〕问题；疑难问题

пробу́ти, -у́ду, -у́деш；过去时 -у́в, -ула́；命令式 -у́дь〔完〕（在某处）住；逗留，留（若干时间）

прове́дення, -я〔中〕敷设，修筑，安装；度过

providні́й〔形〕领导的，指导的，主导的

провідни́к, -а́〔阳〕向导（员），带路的人；列车员

прово́дити, -джу, -диш；命令式 -одь〔未〕**провести́**, -еду́, -еде́ш, -едемо́, -едете́；过去时 -ві́в, -вела́〔完〕引…通过，领过；引导；修筑，安装；度过，待（若干时间）

прову́лок, -лка〔阳〕小巷，胡同

прога́вити, -влю, -виш〔完〕〈口语〉（糊里糊涂地）错过去，马虎过去

програ́ма, -и〔阴〕纲领；（教学）大纲，提纲；节目单；节目；计划，方案；程序

прогу́люватися, -ююся, -юєшся〔未〕**прогуля́тися**, -я́юся, -я́єшся〔完〕散步，闲游，闲逛

прогу́лянка, -и, 三、六格 -ці；复二 -нок〔阴〕散步，闲游，游玩

продава́ти, -даю́, -дає́ш, -даємо́, -дає́те〔未〕**прода́ти**, -а́м, -аси́, -а́сть, -амо́, -асте́, -аду́ть；过去时 -а́в, -ала́〔完〕卖，出售

продава́тися, -даю́ся, -дає́шся, -даємо́ся, -дає́теся〔未〕**прода́тися**, -а́мся, -аси́ся, -а́сться, -амо́ся, -асте́ся, -аду́ться；过去时 -а́вся, -ала́ся〔完〕（被）出售；出卖自己，卖身投靠

продаве́ць, -вця́, 五格 -вце́м〔阳〕卖主，销售者；售货员；卖货人，推销员

продемонструва́ти, -у́ю, -у́єш〔完〕显示，表现

продо́вжувати, -ую, -уєш〔未〕**продо́вжити**, -жу, -жиш；命令式 -о́вж〔完〕继续，接续；延长，延展

продо́вжуватися, -ується〔未〕**продо́вжитися**, -житься〔完〕继续进行，继续存在；进行（若干时间），持续…时间；延长（到）

проду́кт, -у；复 -и, -ів〔阳〕产品；〔复〕食品

продукто́вий〔形〕粮食的，食品的

проду́кція, -ї, 五格 -єю〔阴〕产量，产品总额；产品；（作家、艺术家、作曲家的）作品

прое́ктний〔形〕设计的

прожива́ти, -а́ю, -а́єш〔未〕**прожи́ти**, -иву́, -иве́ш, -ивемо́, -иве́те；过去时 -и́в, -ила́〔完〕〔只用完成体〕生存，活（若干时间）；〔只用未完成体〕住，居住；花费，花用（指维持生活）

прозо́рий〔形〕透明的，透光的；晶莹的，清澈的

проли́нути, -ну, -неш〔完〕飞奔，飞驰

промайну́ти, -ну́, -не́ш, -немо́, -нете́〔完〕闪现，一度出现

промени́стий〔形〕放射光芒的，光芒四射的，光辉灿烂的

промина́ти, -а́ю, -а́єш〔未〕**промину́ти**, -ну́, -не́ш, немо́, -нете́〔完〕走过；通过；驶过；飞过；过去，消失；逝去；完结；放过，漏掉

промисло́вий〔形〕工业的

промислови́к, -ка́〔阳〕企业主，厂主；工业家

про́мінь, -меня, 五格 -менем；复 -мені, -менів〔阳〕光线，光

промтова́рний〔形〕日用工业品的

пропада́ти, -а́ю, -а́єш〔未〕**пропа́сти**, -аду́, -аде́ш, -адемо́, -адете́〔完〕失踪，不见，遗失

пропонува́ти, -у́ю, -у́єш〔未〕提议，建议；提出；劝说…（借用、购买、吃下等）

пропуска́ти, -а́ю, -а́єш〔未〕**пропусти́ти**, -ущу́, -у́стиш〔完〕放行，准许通过；через що, крізь що 使通过，使穿过；筛；滤

прори́в, -у〔阳〕冲破，突破；溃决

проси́ти, -ошу́, -о́сиш〔未〕**попроси́ти**,

-ошу́, -о́сиш〔完〕请求，请

прослу́хувати, -ую, -уєш〔未〕**прослу́хати**, -аю, -аєш〔完〕听取，听完

про́со, -а；复 -а́, -і́в〔中〕黍；稷

простира́дло, -а；复二 -а́дл〔中〕床单，被单

просто́рий〔形〕宽敞的；广阔的；松的，宽大的

простота́, -и́〔阴〕简单；简易；简明；朴素；单纯；直率，坦率

простяга́ти, -а́ю, -а́єш〔未〕**простягти́**, -ягну́, -я́гнеш；过去时 -я́г, -ягла́〔完〕及 **простягну́ти**, -ягну́, -я́гнеш〔完〕伸出；递给

проте́〔连〕但是，可是，然而

протиле́жність, -ності, 五格 -ністю〔阴〕对立(性)，相反；对立现象，对立物

про́тягом〔前〕(二格) 在…期间内

проха́ти, -а́ю, -а́єш〔未〕请求；邀请，约请

прохі́д, -хо́ду〔阳〕通过，经过；可通过的地方，过道，通道

проходити, -джу, -диш；命令式 -о́дь〔未〕**пройти́**, -йду́, -йдеш；过去时 -йшо́в, -йшла́〔完〕走过，通过，驶过，经过，穿过；行走(若干里程)；〈转〉过去，消失

прохоло́дний〔形〕清凉的，凉快的，凉爽的

процеду́ра, -и〔阴〕手续，程序

проце́с, -у〔阳〕过程，程序，手续

проце́сія, -ї, 五格 -єю〔阴〕列队进行，行列，队列

прочи́тувати, -ую, -уєш〔未〕**прочита́ти**, -а́ю, -а́єш〔完〕读，阅读，看(书等)；宣读

проща́ння, -я；复二 -а́нь〔中〕告别，分手，离别

проще́ння, -я〔中〕原谅，饶恕

проя́снюватися, -юється〔未〕及 **проясня́тися**, -я́ється〔未〕**проясни́тися**, -ни́ться〔完〕清楚，明显；晴，放晴；明朗，明晰；开朗，和悦

пря́ження, -я〔中〕烤，炸，煎，炒

прями́й〔形〕直的，笔直的；直达的，直通的(指列车等)

прямоку́тний〔形〕直角的

прямува́ти, -у́ю, -у́єш〔未〕**попрямува́ти**, -у́ю, -у́єш〔完〕行进，走；跟随…前进

психологі́чний〔形〕心理学的，心理(上)的

псува́тися, -у́юся, -у́єшся, -у́ємося, -у́єте́ся〔未〕变坏，腐坏；变恶劣，恶化

птах, -аха́；复 -ахи́, -ахі́в〔阳〕鸟，禽

пта́шка, -и〔阴〕小鸟；小家禽

пти́ця, -і, 五格 -ею〔阴〕鸟；家禽

пурга́, -и́, 三、六格 -зі́〔阴〕暴风雪，雪暴

пуска́ти, -а́ю, -а́єш〔未〕**пусти́ти**, пущу́, пу́стиш〔完〕放开，放走，放掉，释放

путівни́к, -а́〔阳〕(旅行) 指南，手册

пшени́ця, -і, 五格 -ею；复 -иці́, -и́ць〔阴〕小麦

п'я́тниця, -і, 五格 -ею〔阴〕星期五，礼拜五

P

раб, -а, 呼格 -е〔阳〕奴隶，奴仆

ра́дий〔形〕高兴，乐意；满意

ра́дити, -джу, -диш；命令式 радь〔未〕пора́дити〔完〕кому 给…出主意，建议；〈文语〉劝告

ра́діо〔不变，中〕无线电

радіовиста́ва, -и〔阴〕广播剧

радіоприйма́ч, -а́, 五格 -е́м〔阳〕无线电接收机；无线电收音机

радіоста́нція, -ї, 五格 -єю〔阴〕无线电台

ра́дість, -дості, 五格 -дістю〔阴〕愉快，高兴，欢乐

раді́ти, -і́ю, -і́єш〔未〕愉快，高兴，欢乐

ра́дувати, -ую, -уєш〔未〕使…愉快，使…高兴，使…快乐

раз, -у；复 рази́, раз 及 разі́в〔阳〕次

ра́зом〔副〕一起，共同；〈口语〉一下子，一口气

райо́н, -у〔阳〕地区；区（行政区划单位）

райо́нний〔形〕地区的；区的

рані́ш〔副〕从前，以前；首先；早些

рані́ше=рані́ш

ранко́вий〔形〕早晨的

ра́но〔副〕早

ра́нок, -нку〔阳〕早晨

ра́птом〔副〕突然，忽然

раціо́н, -у〔阳〕份粮；口粮

реагува́ти, -у́ю, -у́єш〔未〕对…反应(如何)

революці́йний〔形〕革命的

реда́кція, -ї, 五格 -єю〔阴〕编辑；编辑部

реєстра́ція, -ї, 五格 -єю〔阴〕登记，注册

ре́йка, -и, 三、六格 -ці；复二 -йок〔阴〕钢轨；〈转〉轨道

рейс, -у〔阳〕(往一定目的地的)航行，航程；行程

рекомендо́ваний〔形〕介绍的；推荐的；挂号的(指信)

реконстру́кція, -ї, 五格 -єю〔阴〕改建，改造；修复

релігі́йно-магі́чний〔形〕有宗教魔力的

ремо́нт, -у〔阳〕修理

ремонтува́ти, -у́ю, -у́єш〔未〕**відремонтува́ти**, -ту́ю, -ту́єш〔完〕修理

рентге́н〔阳〕(二格 -а) X 光机；(二格 -у) X 光，X 射线

репроду́ктор, -а〔阳〕扬声器

респу́бліка, -и, 三、六格 -ці〔阴〕共和国

рестора́н, -у〔阳〕饭馆，饭店

ре́шта, -и〔阴〕剩余；其余，等

ри́ба, -и〔阴〕鱼

риба́лити, -лю, -лиш；命令式 -а́ль〔未〕当渔夫，捕鱼(为业)

риба́лка, -и, 三、六格 -ці；复二 -лок〔阳，阴〕渔夫，渔妇；〈方〉捕鱼(为业)；〔阴〕〈口语〉钓鱼，捕鱼；钓

鱼的地方

ри́бний〔形〕鱼的

ри́са, -и〔阴〕线，线条；〔复〕(ри́си, рис) 面貌

рі́вний〔形〕平的，平坦的；〈转〉平稳的，不快不慢的，平静的（指话语、思想）；直的，一般粗细的

рівни́на, -и〔阴〕平原

ріг〔阳〕(二格 -a) 角，犄角（指物）；(二格 -y) 角（指材料）

рід, ро́ду；复 роди́, роді́в〔阳〕族；家族；类；种类

рі́дко〔副〕稀，稀疏；稀薄；很少，不常

рі́дний〔形〕亲的，亲生的；自己的；家乡的，故乡的

рі́зати, рі́жу, рі́жеш；命令式 ріж〔未〕切，割，剪

різдво́, -а́〔中〕圣诞节

різе́ць, -зця́, 五格 -зце́м〔阳〕车刀，刀具，切削工具

рі́зний〔形〕不同的；各种的

різномані́тний〔形〕各种不同的，多种多样的，各式各样的，形形色色的

різномані́тність, -ності, 五格 -ністю〔阴〕多样性，各式各样，形形色色

рік, ро́ку；复 ро́ки, ро́ків 及 роки́, рокі́в〔阳〕年；年代

ріка́, -и́, 三、六格 -ці́；复 рі́ки, рік〔阴〕河，江，川

річ, ре́чі, 五格 рі́ччю；复 ре́чі, рече́й〔阴〕东西，物品；用具

рі́чечко〔中〕小河

рі́чка, -и, 三、六格 -ці；复 -чки́, -чо́к〔阴〕河，江，川

річкови́й〔形〕河的，河流的；河里的；河运的

роби́ти, -блю́, -биш〔未〕**зроби́ти**〔完〕做，作

робітни́к, -а́, 呼格 -і́тнику 及 -і́тниче〔阳〕工人；工作人员

робо́та, -и；复二 -бі́т〔阴〕工作；作业

роди́на, -и〔阴〕家庭；〈口语〉家人们；〈转〉家；〔集合名词〕亲属，亲戚

роди́тися, -диться〔未〕**народи́тися**〔完〕出生；〈转〉产生，发生

ро́дич, -а, 五格 -ем〔阳〕亲人，亲属，亲戚

роже́вий〔形〕玫瑰色的，粉红的；〈转〉美妙的

розважа́льний〔形〕供消遣的，供娱乐的

розважа́тися, -а́юся, -а́єшся〔未〕**розва́житися**, -жуся, -жишся；命令式 -а́жся〔完〕娱乐，开心；得到安慰；〈口语〉消遣消遣，散散心，玩玩

ро́звідка, -и, 三、六格 -ці；复二 -док〔阴〕探索，研究

роздяга́тися, -а́юся, -а́єшся〔未〕**роздягти́ся**, -ягну́ся, -ягне́шся；过去时 -я́гся, -ягла́ся〔完〕脱衣服；脱外衣

розка́зувати, -ую, -уєш〔未〕**розказа́ти**, -ажу́, -а́жеш；命令式 -ажи́〔完〕讲，讲述，述说，陈述，叙述

розквітáти, -áю, -áєш〔未〕**розквíтнути**, -ну, -неш；过去时 -íт, -íтла 及 -íтнув, -íтнула〔完〕开花；〈转〉繁荣，昌盛

розкидáтися, -áюся, -áєшся〔未〕**розкúнутися**, -нуся, -нешся〔完〕坐落在，分布，占很大地方

розкíшний〔形〕奢侈的；豪华的；富丽堂皇的；丰富的，富饶的

розкладáти, -áю, -áєш〔未〕**розклáсти**, -адý, -адéш, -адемó, -адетé〔完〕分放，分置；分摊；分担

розкóпки, -пок〔复〕挖掘工作；发掘工作

розмаїття, -я〔中〕多种多样

рóзмір, -у〔阳〕大小，长短；数额（指钱）

розміщáти, -áю, -áєш〔未〕及 **розмíщувати**, -ую, -уєш〔未〕**розмістúти**, -щý, -істиш〔完〕安放（好）；布置（好），陈列（好）；分别安置到

розмóва, -и〔阴〕谈话，话语

розмовляти, -яю, -яєш〔未〕说话；谈话，交谈

розповідáти, -áю, -áєш〔未〕**розповісти** 及 **розповісти**, -ім, -ісú, -ість, -імó, -істé, -ідять；过去时 -ів, -ілá〔完〕讲，讲述

розпорядок, -дку〔阳〕程序；例行手续；规章；指示，命令

розпочинáтися, -áється〔未〕**розпочáтися**, -чнéться〔完〕开始

розрахóвуватися, -уюся, -уєшся〔未〕**розрахувáтися**, -ýюся, -ýєшся〔完〕清账；还清欠债；付清

розташóвувати, -ую, -уєш〔未〕**розташувáти**, -ýю, -ýєш〔完〕布置；摆列；安排；安置

розумíти, -íю, -íєш〔未〕**зрозумíти**〔完〕懂得，理解；了解；意思是，意味着，指…而言

розхóдитися, -джуся, -дишся〔未〕**розійтúся**, -йдýся, -йдешся；过去时 -йшóвся, -йшлáся〔完〕走散，散往各处，散开；离开，离别；离婚

розшúти, -шúю, -шúєш〔完〕**розшивáти**, -áю, -áєш〔未〕绣上花纹，绣花

роковúни, -вин〔复〕周年纪念（日），周年

роль, -і，五格 -ллю；复二 -лей〔阴〕角色；作用

ромáн, -у〔阳〕长篇小说

романтúчний〔形〕浪漫主义的；有浪漫思想感情的

росíйський〔形〕俄罗斯的；俄罗斯人的；俄国的

росíянин, -а；复 -яни, -ян〔阳〕俄罗斯人

росíянка, -и，三、六格 -ці；复二 -нок〔阴〕俄罗斯女人

рослúнний〔形〕植物的

рослúнність, -ності，五格 -ністю〔阴〕（某一地区的）植物；植被

рости́, -тý, -тéш, -темó, -тетé；过去时 ріс, рослá〔未〕长，生长；〈转〉成长；壮大；发展

рот, -а；复 -и́, -ів〔阳〕嘴，口

рука́, -и́, 三、六格 -ці；复ру́ки, рук, -а́м〔阴〕手；臂；胳膊

руму́н, -а；复 -и, -ів〔阳〕罗马尼亚人

русло́, -а́〔中〕河床，河槽

рухли́вий〔形〕活动的，可移动的；好动的；活泼的；灵活的

ру́чка, -и, 三、六格 -ці；复 -и́, -чо́к〔阴〕рука́ 的指小；把，柄，把手，拉手；钢笔杆；自来水笔

руша́ти, -а́ю, -а́єш〔未〕ру́шити, -шу, -шиш；命令式 руш〔完〕出发，动身，上路，启程；开始动

рушни́к, -а́〔阳〕毛巾，手巾；洗碗布，抹布

ряд, -у；复 -и́, -ів〔阳〕行，排，列；一系列，许多

рядо́к, -дка́〔阳〕一小行；一行（字等）

С

сад, -у, 六格 -у́；复 -и́, -ів〔阳〕园，花园；果园

садо́к, -дка́〔阳〕小花园，小果园

сала́т, -у〔阳〕色拉，凉拌菜

са́ло, -а〔中〕脂肪；脂油

сало́н, -у〔阳〕客厅，大会客室；沙龙，社交界

сам, самого́, само́му, сами́м, само́му（самі́м）；сама́, само́ї, самі́й, само́ю, самі́й；само́, самого́；самі́（сами́），сами́х〔代〕自己，本人，本身；独自，单独；（与名词连用）亲自（强调重要性、意义重大）

са́ме〔副〕正好，恰好，恰巧

са́мий, са́мого, са́мому, са́мим, са́мому（са́мім）；са́ма, са́мої, са́мій, са́мою, са́мій；са́ме, са́мого；са́мі, са́мих〔代〕（与名词连用）正，紧，尽，最；（刚）一；（与代词连用）正是，就是

сара́й, -я, 五格 -єм〔阳〕板棚，小屋

свина́рник, -а〔阳〕猪栏，猪圈

свини́на, -и〔阴〕猪肉

свиня́, -і́, 五格 -є́ю；复 -і, -е́й, 五格 сви́ньми, свиньми́ 及 сви́нями〔阴〕猪

сві́жий〔形〕新鲜的；近来的，新近的

свій, свого́, своє́му, свої́м, своє́му（свої́м）；своя́, своє́ї, свої́й, своє́ю, свої́й；своє́, свого́；свої́, свої́х〔代〕自己的

світ, -у；复 -и́, -ів〔阳〕世界，天下；人世

світа́ння, -я〔中〕天亮，破晓

сві́тлий〔形〕亮的，明亮的；晴朗的；光辉的

сві́тло, -а〔中〕光，亮光；灯光，灯火

сві́чка, -и〔阴〕蜡烛

свобо́да, -и；复二 -о́д〔阴〕自由

своєрі́дний〔形〕独特的，特殊的

своєрі́дність, -ності, 五格 -ністю〔阴〕独特性，特殊性

святість, -тості〔阴〕神圣

святкóвий〔形〕节日的

святкувáти, -ýю, -ýєш〔未〕庆祝（节日），过节

свя́то¹, -а；复 свята́ 及 свята́, свят〔中〕节日，佳节；纪念日

свя́то²〔副〕神圣地

себé, собí, собóю, себé〔代〕自己

секýнда, -и〔阴〕秒（时间单位）；一眨眼，一刹那

селó, -á；复 céла, сіл〔中〕大村庄；乡村

селяни́н, -а；复 -я́ни, -я́н〔阳〕农民，农人

селя́нка, -и，三、六格 -ці；复二 -нок〔阴〕селяни́н 的女性

селя́нський〔形〕农民的，农人的

семéстр, -у〔阳〕学期

сенсáція, -ї，五格 -єю〔阴〕轰动；轰动事件

сентиментáльний〔形〕感情用事的；伤感的

сервéтка, -и，三、六格 -ці；复二 -ток〔阴〕餐巾

céред〔前〕（二格）在…中间；在…之中；在…当中

середá, -и́，四格 -реду；复 -реди, -ред〔阴〕星期三

серйóзний〔形〕严肃的；认真的；一本正经的；重大的

серйóзно〔副〕严肃地；认真地；一本正经地，不开玩笑地〔用作插入语〕真的

сéрпень, -пня, 五格 -пнем〔阳〕八月

céрце, -я；复 серця́, сердéць 及 серць〔中〕心，心脏

сестрá, -и́，呼格 -о；复 céстри, сестéр 及 сестéр〔阴〕姐姐，妹妹；护士

Сибíр 西伯利亚

сивинá, -и́〔阴〕斑白的头发；白胡子

сигнáл, -у〔阳〕信号

сидíти, -джý, -ди́ш, -димó, -дитé〔未〕坐着；待着；困在

сидíтися, -джýся, -ди́шся, -димóся, -дитéся〔未〕（无人称）坐得住；待得住

сизувáтий〔形〕浅灰蓝色的

си́ла, -и〔阴〕力，力量，力气

си́мвол, -у〔阳〕象征；标志；符号

символíчний〔形〕象征（性）的

син, -а；复 -и́, -ів〔阳〕儿子

си́ній, -я, -є〔形〕蓝色的，青色的

сир, -у；复 -и́, -ів〔阳〕干酪；乳酪

систéма, -и〔阴〕系，系统；体系；制度

системати́чний〔形〕有系统的；有秩序的；一贯的，经常的，不断的

сідáти, -áю, -áєш〔未〕сíсти, ся́ду, ся́деш；命令式 сядь〔完〕坐下；坐起来；坐好；各就各位

сік, сóку, 六格 сокý〔阳〕汁，液

сіль, сóлі，五格 сíллю；复 сóлі, сóлей〔阴〕盐

сільськи́й〔形〕乡村的，农村的；农业的

сімéйний〔形〕家庭的

сім'я́, сім'я́ 及 сíмені，五格 -ям〔中〕家庭；一家人

сі́рий〔形〕灰色的；阴沉的（指天气）

сі́чень, -чня, 五格 -чнем〔阳〕一月，正月

сказа́ти〔完〕见 **каза́ти**

скарбни́ця, -і, 五格 -ею〔阴〕宝库

ска́терть, -і〔阴〕桌布，台布

сквер, -у〔阳〕（广场或大街上的）小公园

скид, -у〔阳〕扔下，抛下

скирта́, -и; 复 ски́рти 及 скирти́, скирт〔阴〕垛，大垛，禾堆，干草堆

скі́льки〔副〕多少，若干

скінчи́ти, -чу́, -чи́ш〔完〕结束

склад, -у; 复 -и, -ів〔阳〕仓库，储藏室；（全部组成或构成的）成分，组成

склада́ти, -а́ю, -а́єш〔未〕**скла́сти**, -аду́, -аде́ш, -адемо́, -адете́〔完〕整齐地放在一起，叠起来

склада́тися, -а́юся, -а́єшся〔未〕**скла́стися**, -аду́ся, -аде́шся, -адемо́ся, -адете́ся〔完〕由…拼成，由…搭成，由…组装成；〔只用未完成体〕由…组成

склепі́ння, -я; 复二 -інь〔中〕拱，拱顶，拱门

скляни́й〔形〕玻璃的；制造玻璃的

скля́нка, -и, 三、六格 -ці; 复 -нки, -но́к〔阴〕玻璃杯；一小块玻璃

скої́тися〔完〕见 **ко́їтися**

ско́ро〔副〕快，迅速，敏捷；很快（就），不久（就）

скрізь〔副〕到处，在各处

скульпту́ра, -и〔阴〕雕刻，雕塑（术）；雕刻品；雕像，塑像

скуча́ти, -а́ю, -а́єш〔未〕**ску́чити**, -чу, -чиш〔完〕за ким, за чим 想念，思念

сла́ва, -и〔阴〕光荣，荣誉；名声，名誉

славе́тний〔形〕光荣的，荣耀的，享有荣誉的；著名的

сла́витися, -влюся, -вишся〔未〕出名，驰名；за кого, за що 以…著名，以…闻名，有…的名声

сли́ва, -и〔阴〕李树；李子

слободськи́й〔形〕村镇的，集镇的；街区的

слова́к, -а, 呼格 -а́че; 复 -и, -ів〔阳〕斯洛伐克人

словни́к, -а́〔阳〕词典；专业词典；词汇表；词汇量

сло́во, -а; 复 слова́, слів〔中〕词，单词；话，言语，语言

слов'я́нський〔形〕斯拉夫的；斯拉夫人的

слон, -а́〔阳〕象，大象

слони́ха, -и〔阴〕母象

слу́хати, -аю, -аєш〔未〕听

слуха́ч, -а́, 五格 -е́м, 呼格 -а́чу〔阳〕听的人；听讲者；〔复〕听众

сльоза́, -и́; 复 сльо́зи, сліз, сльоза́м, 五格 слі́зьми, сльза́ми 及 сльоза́ми〔阴〕泪，眼泪

сльози́нка, -и〔阴〕泪珠，泪滴

сма́жений〔形〕煎的；炸的；烤的；干炒的

сма́ження, -я〔中〕煎，炸，烤

смак, -у́; 复 -и́, -і́в〔阳〕好味道，审美

生词总表　АЛФАВІТНИЙ СЛОВНИ́К　325

力；〈转〉兴趣，趣味

смакови́й〔形〕味觉的，味道的；调味的

сма́лець, -льцю, 五格 -льцем〔阳〕炼好的脂油；熟猪油

смара́гдовий〔形〕绿宝石的，祖母绿的；鲜绿色的

смачни́й〔形〕味美的，很有滋味的，津津有味的

смере́ка, -и, 三、六格 -ці〔阴〕云杉

смерть, -і, 五格 -тю; 复 -і, -е́й〔阴〕死，死亡；灭亡，覆灭

смі́тник, -а 及 **смітни́к**, -á〔阳〕垃圾堆；泔水池

сміттєзва́лище, -я〔中〕垃圾场

смі́ття, -я 及 **сміття́**, -я〔中〕垃圾

сміх, -у〔阳〕笑，笑声

смія́тися, -ію́ся, -іє́шся, -іє́мося, -іє́теся〔未〕笑，发笑；з кого, з чого, над ким, над чим 嘲笑，讥笑；开…玩笑

сму́га, -и, 三、六格 -зі〔阴〕细长片，条；边；带

смуга́стий〔形〕有条纹的，花条的

сніг, -у, 六格 -у́; 复 -и́, -і́в〔阳〕雪

сніда́нок, -нку〔阳〕早饭，早餐

сніда́ти, -аю, -аєш〔未〕**посні́дати**〔完〕吃早饭，吃早餐

соба́ка, -и, 三、六格 -ці〔阳，阴〕狗，犬

собо́р, -у〔阳〕大教堂

солда́т, -а; 复 -а́ти, -а́тів 及 -а́т〔阳〕士兵，兵士

соли́ти, -лю́, -лиш〔未〕放盐，加盐；腌，盐渍

солі́ння, -я〔中〕加盐；腌

соло́ма, -и〔阴〕秆，稻草，麦秸

соло́м'яний〔形〕稻草的，麦秸的

со́нце, -я〔中〕太阳，日

со́нячний〔形〕太阳的，日的

соро́чка, -и, 三、六格 -ці; 复 -чки, -чо́к〔阴〕衬衫，衬衣

со́тня, -і, 五格 -ею; 复二 -тень〔阴〕一百(个)

соціалісти́чний〔形〕社会主义的

сою́з, -у〔阳〕联盟；同盟

спа́льня, -і, 五格 -ею; 复二 -лень〔阴〕寝室，卧室

спаси́бі〔不变〕谢谢（您）

спа́ти, сплю, спиш, спимо́, спите́〔未〕睡，睡觉

спе́ка, -и, 三、六格 -ці〔阴〕热，炎热

спекта́кль, -ю, 五格 -ем〔阳〕演出，表演，（演出的）戏剧

спе́ршу〔副〕首先，起初

спеціалі́ст, -а〔阳〕专家

спи́на, -и〔阴〕背，背部

спи́сувати, -ую, -уєш〔未〕**списа́ти**, -ишу́, -и́шеш; 命令式 -иши́〔完〕抄下，录下，抄录；写满；写完；描写；造表，制册

співе́ць, -вця́, 五格 -вце́м〔阳〕歌手，歌唱家

співробі́тник, -а〔阳〕同事；助手，协助者；工作人员，职员

співчува́ти, -а́ю, -а́єш〔未〕同情，对…

表同情；与…有同感；表示赞同

спідниця, -і，五格 -ею；复 -иці, -иць〔阴〕裙子；衬裙

спізнюватися, -ююся, -юєшся〔未〕**спізнитися**, -нюся, -нишся〔完〕迟到，误点，未赶上

спілка, -и，三、六格 -ці；复 -лки́, -ло́к〔阴〕联合会；协会；社团

сповіща́ти, -а́ю, -а́єш〔未〕**сповісти́ти**, -іщу́, -істи́ш, -істимо́, -істите́〔完〕通知，报知；让…知道

сподіва́тися, -а́юся, -а́єшся〔未〕на кого, на що 及 кого, що 希望；期望；指望

спожива́ння, -я〔中〕消费，使用；吃（用于有礼貌的邀请）

спожива́ти, -а́ю, -а́єш〔未〕**спожи́ти**, -иву́, -иве́ш, -ивемо́, -ивете́；过去时 -и́в, -ила́〔完〕消费，使用；吃（用于有礼貌的邀请）

споко́йно〔副〕安静地，宁静地

спорти́вний〔形〕运动的

спору́джувати, -ую, -уєш〔未〕**споруди́ти**, -уджу́, -у́диш〔完〕建筑；建造；构筑

спо́сіб, -собу〔阳〕方法，方式

споча́тку〔副〕起初，开头，最初，首先

спра́ва[1], -и〔阴〕事，事情

спра́ва[2]〔副〕从右面，从右边；在右面，在右边

спра́вді〔副〕的确，确实，实在；〔用作插入语〕真的，真是；〔语气〕是的；难道，莫非，真的吗（表示怀疑）

справжній, -я, -є〔形〕〈口语〉真的，真正的，真实的

справля́ти, -я́ю, -я́єш〔未〕**спра́вити**, -влю, -виш；命令式 справ〔完〕过，庆祝（节日、生日等）；产生，造成（印象等）

спуска́тися, -а́юся, -а́єшся〔未〕**спусти́тися**, -ущу́ся, -у́стишся〔完〕降低，降下，放开

срібля́стий〔形〕银色的，银白的；泛银光的

става́ти, стаю́, стає́ш, стаємо́, стаєте́〔未〕**ста́ти**, -а́ну, -а́неш；命令式 стань〔完〕站起来，立起；竖起；成为，变成；开始

става́тися, стає́ться〔未〕**ста́тися**, -а́неться〔完〕发生

ста́вити, -влю, -виш；命令式 став〔未〕**поста́вити**〔完〕竖放；使…立起来（指人）；安置，设置；使处于（某种状态）

ста́витися, -влюся, -вишся〔未〕до кого, до чого 对待，看待

ставо́к, -вка́〔阳〕池塘，池，塘

ста́йня, -і，五格 -ею；复二 -а́єнь〔阴〕马厩，马棚

стан, -у〔阳〕状况；状态；情况

станови́ти, -овлю́, -о́виш〔未〕是，成为

стано́вище, -а〔中〕状况，状态，情况；（社会上的）地位

ста́нція, -ї，五格 -єю〔阴〕站

стари́й〔形〕老的，老年的（指人）；旧的（指衣、物）；强壮的（指动物）

старовина́, -и́〔阴〕旧时；很早以前的

古代

старови́нний〔形〕旧时的；古代的

ста́рший〔形〕年长的；年岁最大的

створе́ння, -я〔中〕建立；创造

ство́рювати, -юю, -юєш〔未〕**створи́ти**, -рю́, -риш〔完〕建立，组建；创造；创作；造成

ство́рюватися, -юється〔未〕**створи́тися**, -риться〔完〕(被)建立；(被)创造

степ, -у, 六格 -ý; 复 -и́, -і́в〔阳〕草原；原野

стиль, -ю, 五格 -ем〔阳〕(艺术)风格；历(法)

стіл, стола́ 及 сто́лу, столу́, 六格 столі́; 复 столи́, столі́в〔阳〕桌子，台子

стіле́ць, -льця́, 五格 -льце́м〔阳〕椅子；凳子

стіна́, -и́; 复 сті́ни, стін〔阴〕墙，墙壁；城墙

столи́ця, -і, 五格 -ею〔阴〕首都

столи́чний〔形〕首都的；大都市的

сторі́нка, -и, 三、六格 -ці; 复 -нки́, -но́к〔阴〕页，面

сторі́чний〔形〕百(周)年的；百岁的

стоя́ти, -ою́, -ої́ш, -ої́мо́, -ої́те́; 命令式 стій〔未〕站着；位于，在；停着

стра́ва, -и〔阴〕一道菜；〔集合名词〕食物，食品，菜肴

стражда́ти, -а́ю, -а́єш〔未〕受苦, 遭受痛苦

стра́ус, -а〔阳〕鸵鸟

стра́шно〔副〕可怕地，骇人地；〔无人称〕觉得可怕，害怕

стриба́ти, -а́ю, -а́єш〔未〕**стрибну́ти**, -ну́, -не́ш, -немо́, -нете́〔完〕跳，跳跃

стри́гтися, -ижу́ся, -иже́шся, -ижемо́ся, -ижете́ся; 命令式 -ижи́ся〔未〕**постри́гтися**〔完〕给自己剪发、理发

стри́жка, -и, 三、六格 -ці; 复二 -жок〔阴〕剪，剪短(毛、发、指甲等)；剪掉

стрі́лка, -и, 三、六格 -ці; 复二 -лок〔阴〕(仪表的)指针；箭头

стрі́ха, -и, 三、六格 -сі〔阴〕(木房的)房檐，房顶

стрі́чка, -и, 三、六格 -ці; 复 -чки́, -чо́к〔阴〕缎带，丝带；带，条

строка́тий〔形〕杂色的；花斑的(指马的毛色)；〈转〉形形色色的

стрункий〔形〕(体格)又匀称又美的,(身材、外形)端正的, 齐整的；〈转〉匀称的；整齐的

студе́нт, -а〔阳〕大学生

студе́нтка, -и, 三、六格 -ці; 复二 -ток〔阴〕女大学生

студе́нтський〔形〕大学生的

сту́кати, -аю, -аєш〔未〕**сту́кнути**, -ну, -неш〔完〕敲；叩(门、窗)；碰击

субо́та, -и; 复二 -о́т〔阴〕星期六，礼拜六

суво́рий〔形〕严肃的；严格的；严厉的；严寒的(指冬天)

сузі́р'я, -я; 复二 -їв〔中〕星座

су́кня, -і, 五格 -ею; 复二 -конь〔阴〕女外衣；女童装

су́мка, -и, 三、六格 -ці; 复 су́мки 及

сумки́, су́мок 及 су́мок〔阴〕袋，包，囊

сумни́й〔形〕忧郁的，忧愁的；悲伤的，悲哀的；阴暗的（指天、天气等）

сумува́ти, -у́ю, -у́єш〔未〕忧郁，忧愁；悲伤，悲痛，伤心

суп, -у; 复 -и́, -і́в〔阳〕汤，汤菜

супере́чливість, -вості〔阴〕矛盾性，相抵触性

супрово́джувати, -ую, -уєш〔未〕伴随；陪同；同行；护送

сусі́дка, -и，三、六格 -ці; 复二 -док〔阴〕女邻居，女邻人

сусі́дній, -я, -є〔形〕相邻的，邻近的，邻接的；隔壁的

суці́льний〔形〕连续的，不断的

суча́сний〔形〕现代的，当代的；同时代的；现在的；目前的；现代化的；最新的

суши́ти, -шу́, -шиш〔未〕弄干，使干燥

суші́ння, -я〔中〕弄干，使干燥

схід, схо́ду〔阳〕上升，登高；（日、月等）出，升

схі́дець, -дця，五格 -дцем; 复 -дці, -дців〔阳〕（梯）级，（梯）蹬，台阶；〔复〕楼梯；跳板

схі́дний〔形〕东的，东面的

схов, -у〔阳〕保管，保存

схова́тися〔完〕见 хова́тися

схо́ди, -ів〔复〕台阶；楼梯

сходи́ти, -джу́, -диш〔完〕走一趟，去一趟；〈口语〉走遍

сходи́тися, -джуся, -дишся; 命令式 схо́дься〔未〕зійти́ся, -йду́ся, -йдешся; 过去时 -йшо́вся, -йшла́ся〔完〕相遇；会合，集合；相符（合），相合，一致

схо́жий〔形〕на кого, на що, з ким, з чим, до кого, до чого 像…的，与…相像的，类似…的

сце́на, -и〔阴〕舞台；戏台

сього́дні〔副〕今日，今天；〈口语〉如今，现在；〔用作名词〕今日，今天

сьо́мий〔数〕第七的

Т

та〔连〕和，与，及，并且；但，但是，然而；（表示列举、结果）及；于是

табле́тка, -и，三、六格 -ці; 复二 -ток〔阴〕片剂，药片

та́їнство, -а〔中〕神秘，秘密；（圣礼）仪式

так¹〔语气〕是这样，是的，对

так²〔副〕这样（地），如此；那样（地）

таки́〔语气〕〈口语〉终究，毕竟，到底；真的，实在

таки́й〔代〕这样的，这种的；那样的，那种的

тако́ж 及 та́кож〔副〕也，亦；同样地

тала́нт〔阳〕（二格 -у）才能，才干；

（二格 -a）有才能的人，人才，多才多艺的人

там〔副〕在那里，那儿

танець, -нцю, 五格 -нцем 及 **танець**〔阳〕舞；民间舞蹈；跳舞

тарілка, -и, 三、六格 -ці；复 -лки, -лок〔阴〕盘子，碟子

татарин, -a；复 -ари, -ар〔阳〕鞑靼人

тато, -a〔阳〕〈口语〉父亲，爸爸

тварина, -и〔阴〕动物；兽类；野兽

тваринництво, -a〔中〕养畜业，畜牧业

твій, твого, твоєму, твоїм, твоєму（твоїм）；**твоя**, твоєї, твоїй, твоєю, твоїй；**твоє**, твого；**твої**, твоїх〔代〕你的

твір, твору〔阳〕创作；作品；作文

творчий〔形〕创造性的，创作的

творчість, -чості, 五格 -чістю〔阴〕创造，创作；〔集合名词〕作品

театр, -y〔阳〕戏剧；戏院，剧院，剧场

теж〔副〕也，亦

текст, -y〔阳〕文；本文，原文；正文

текти, тече；过去时 тік, текла〔未〕流；飘浮（指云彩）；掠过（指思想）

телебачення, -я〔中〕电视

телевізійний〔形〕电视的

телевізор, -a〔阳〕电视机

телеекран, -a〔阳〕荧光屏

телепередача, -чі, 五格 -чею〔阴〕电视播送，电视节目

телестудія, -дії, 五格 -дією；复 -дії, -дій〔阴〕电视演播室

телетурнір, -y〔阳〕电视比赛

телефільм, -y〔阳〕电视（影）片

телефон, -y〔阳〕电话

темно-сірий〔形〕深灰色的

температура, -и〔阴〕温度；气温；体温

темрява, -и〔阴〕暗，黑暗

тент, -y〔阳〕遮篷，帆布遮阳

тепер〔副〕目前；〈口语〉现在；马上；〈口语〉以后

теплий〔形〕暖和的，温暖的

тепло〔副〕暖和地，温暖地；〈转〉温暖地，使人感到亲切地；〔无人称〕暖和，温暖

тепловоз, -a〔阳〕内燃机车

терапевтичний〔形〕治疗的；内科的

територія, -ї, 五格 -єю〔阴〕领土；地域

термічний〔形〕热的，热处理的

технологічний〔形〕工艺（学）的；技术操作的

ти, тебе（у тебе）, тобі, тобою, тобі〔代〕你

тигр, -a〔阳〕虎，老虎

тиждень, -жня, 五格 -жнем〔阳〕星期，礼拜，周

тип, -y〔阳〕型；类型，式，样式；典型

типовий〔形〕典型的

тиск, -y〔阳〕压力

тихо〔副〕静地；低声地，小声地；平静地，安静地

тиша, -і, 五格 -ею〔阴〕静，寂静；平静，安静

тіло, -a；复 тіла, тіл〔中〕物体，体

тільки〔副〕只，只是，只有，仅仅

тістечко, -а；复二 -чок〔中〕甜点心，糕饼

тітка, -и, 三、六格 -ці；复 -тки, -ток〔阴〕阿姨；〈口语〉伯母，婶母，姑母，姨母；〈口语〉女主人

то[1]〔代〕那个

то[2]〔连〕那，就，便，于是

тобто〔连〕即，就是，就是说

товар, -у〔阳〕货物，制品，产品

товариство, -а〔中〕协会，…会，…社；公司

товариш, -а, 五格 -ем；复 -і, -ів〔阳〕同志，同伴，同伙，同行；同龄人

товаришка, -и, 三、六格 -ці；复 -шки, -шок〔阴〕女同志；女朋友；女伴；女同龄人

товстий〔形〕厚的；粗的；重的（指织物）；胖的（指人）

тоді〔副〕那时；那一次

той, того́, тому́, тим, тому́（тім）; **та**, тіє́ї（то́ї）, тій, тіє́ю（то́ю）, тій; **те**, того́; **ті**, тих〔代〕那，那个

тому́〔副〕所以，因而；（多少时间）以前，之前

тонкий〔形〕薄的；细的；纤细的，苗条的（指人）

тонна, -и；复二 тонн〔阴〕吨

топити, -плю, -пиш〔未〕生（火）；生火取暖

тощо〔不变〕等等

трава, -и́；复 тра́ви, трав〔阴〕草，青草

травень, -вня, 五格 -внем〔阳〕五月

традиційний〔形〕传统的

традиція, -ї, 五格 -єю〔阴〕传统

трамвай, -я, 五格 -єм〔阳〕电车道；电车

трансляція, -ї, 五格 -єю〔阴〕转播

траплятися, -яється〔未〕**трапитися**, -питься〔完〕发生

траулер, -а〔阳〕拖网渔船

треба〔无人称句中用作谓语〕必须，应该，应当；需要

трембіта, -и〔阴〕特列姆比塔牧笛

третій, -я, -є〔数〕第三的

три, трьох, трьом, 五格 трьома́〔数〕三

тривати, -а́ю, -а́єш〔未〕延长，拖长，拖延；持续，延续

триста, трьохсо́т, трьомста́м, 五格 трьомаста́ми, 六格 трьохста́х〔数〕三百

троє, трьох, 三格 трьом, 五格 трьома́〔数〕三，三个

тролейбус, -а〔阳〕无轨电车

тротуар, -у〔阳〕人行道，便道

трохи〔副〕一些，不多；稍稍，稍微，轻微地，一点点

троянда, -и〔阴〕蔷薇，玫瑰；〈口语〉蔷薇花，玫瑰花

туди〔副〕往那里，往那边

туман, -у〔阳〕雾；轻烟

тумбочка, -и, 三、六格 -ці；复二 -чок〔阴〕床头柜

турбувати, -у́ю, -у́єш〔未〕使…惊慌，使…不安，使…焦急；使…操心

турбува́тися, -у́юся, -у́єшся〔未〕因…惊慌，为…不安；担心，担忧；про кого, про що, за кого, за що, коло кого, коло чого, за ким, за чим 及 ким, чим 关心；为…操劳

тури́ст, -a〔阳〕旅游者，旅行者，观光者

тут〔副〕这里，此处，此地

тушкува́ння, -я〔中〕焖，炖，煨

тягну́ти, -ну́, -неш〔未〕拖，拉，曳

тягну́тися, -ну́ся, -нешся〔未〕向…伸出手（想去取）

тягти́ся, -гну́ся, -гнешся；过去时 тягся, тягла́ся〔未〕延伸，绵亘，蜿蜒；拖延，延续，持续

тяжки́й〔形〕重的，沉重的；严厉的；吃力的，辛苦的，繁重的；困难的

У

у〔前〕见 в

убі́р, убо́ру〔阳〕衣服，服装

ува́га, -и, 三、六格 -зі〔阴〕注意，留心；意见，评语

уве́сь, усього́, усьому́, 五格 усі́м, 六格 усьому́ (усі́м)；**уся́**, усіє́ї, усі́й, 五格 усіє́ю, 六格 усі́й；**усе́**, усього́；**усі́** усі́х, усі́м, 五格 усіма́〔代〕= весь

уве́чері〔副〕= вве́чері

увімкну́ти〔完〕见 вмика́ти

уві́нчуватися, -уюся, -уєшся〔未〕уві́нча́тися, -а́юся, -а́єшся〔完〕告成，完成

ув'я́знювати, -ю, -юєш〔未〕ув'язни́ти, -ню́, -ни́ш, -нимо́, -ните́〔完〕拘禁，监禁，看管；缔结，订立

у́горец, -рця, 五格 -рцем〔阴〕匈牙利人

уда́р, -y〔阳〕打击，打；突击，袭击

удо́ма〔副〕= вдо́ма

уже́〔副〕= вже

узві́з, -во́зу〔阳〕上坡道

ука́зка, -и, 三、六格 -ці；复二 -зок〔阴〕教鞭

уко́л, -y〔阳〕注入；打针，(皮下)注射

Украї́на 乌克兰

украї́нець, -нця, 五格 -нцем；复 -нці, -нців〔阳〕乌克兰人

украї́нський〔形〕乌克兰的；乌克兰人的

улю́блений〔形〕最受爱戴的，敬爱的；特别喜爱的

умива́льник, -a〔阳〕(带水龙头的)洗脸盆

умо́ва, -и〔阴〕条件；〔复〕情况，环境，条件

університе́т, -y〔阳〕(综合)大学

упорядко́вувати〔未〕见 впорядко́вувати

ура́〔感叹〕乌拉，万岁（表示高兴、赞美的欢呼）

урожа́й, -ю, 五格 -ем〔阳〕= врожа́й

уро́к, -y〔阳〕功课；(教科书中的)一

课；课，一堂课

урочи́стий〔形〕隆重的，盛大的；庆祝的；庄严的

ускла́днення, -я；复 二 -ень〔中〕复杂；混乱；并发症

у́смішка, -и, 三、六格 -ці；复二 -шок〔阴〕微笑；笑容

у́спіх, -у〔阳〕成功，成就，成绩

успі́шний〔形〕有成效的，有成就的；顺利的，成功的

успі́шно〔副〕有成效地；顺利地

уста́, уст〔复〕唇，嘴唇

устано́ва, -и〔阴〕机关；协会；风俗，习惯

у́стрій, -рою, 五格 -роєм〔阳〕制度，体制

усього́〔副〕一共，总共

у́часть, -і, 五格 -ю〔阴〕参加，参与，加入

у́чень, у́чня, 五格 у́чнем〔阳〕学生；学徒

учи́тися, учу́ся, у́чишся〔未〕=вчи́тися

уявля́ти, -я́ю, -я́єш〔未〕**уяви́ти**, уявлю́, уя́виш〔完〕想象；设想；料想

ф

фа́брика, -и, 三、六格 -ці〔阴〕工厂，制造厂

фаза́н, -а〔阳〕雉，野鸡

фарбува́ння, -я〔中〕染，涂色

фарш, -у, 五格 -ем〔阳〕碎肉；馅儿

фарширува́ти, -у́ю, -у́єш〔未〕填馅儿

фата́, -и́〔阴〕头纱；（新娘披的）纱

фа́уна, -и〔阴〕动物群；动物区系；动物志

федера́ція, -ї, 五格 -єю〔阴〕联邦，联邦国家；联盟，同盟

фека́лії, -лій〔复〕粪便，粪肥

ферменіа́ція, -ї, 五格 -єю〔阴〕发酵，发酵作用

фе́тровий〔形〕细毡的，细毛毡的

фігу́ра, -и〔阴〕形，形状；（人的）身体，体型；人

фізіотерапевти́чний〔形〕生理内科的

фолькло́рний〔形〕民间创作的，民歌的

фонта́н, -а〔阳〕喷泉，喷水池

фо́рма, -и〔阴〕形，形状；形式，方式

форте́ця, -і, 五格 -ею〔阴〕要塞，堡垒；〈转〉支柱，堡垒

фотоапара́т, -а〔阳〕摄影机，照相机

фотогра́фія, -ї, 五格 -єю〔阴〕摄影术；摄影，照相；照片；照相馆

Фра́нція 法国

францу́женка, -и, 三、六格 -ці；复 二 -нок〔阴〕法国女人

францу́з, -а；复 -и, -ів〔阳〕法国人，法兰西人

францу́зький〔形〕法国的，法兰西的

фрукт, -а；复 -и, -ів〔阳〕水果，鲜果

фрукто́вий〔形〕水果的，鲜果的

фунікуле́р, -а〔阳〕（山地的）缆索铁路；缆车；铁索道

фу́нкція, -ї, 五格 -єю〔阴〕功能，机能；职权，职能；职务

футболі́ст, -a〔阳〕足球运动员，足球队员

футбо́льний〔形〕足球的

X

хай〔语气〕（与动词连用）让，叫；〔连〕即使，就算

хара́ктер, -y〔阳〕性格，性情，脾性

характе́рний〔形〕有特点的，有特色的；特有的，特征的

Ха́рків 哈尔科夫（地名）

харч, -y, 五格 -ем〔阳〕; -i, 五格 -ю〔阴〕; 复 -i, iв〔阳，阴〕食品，食物

харчови́й〔形〕食品的，食物的；制造食品的

харчува́ння, -я〔中〕食物，饮食，营养

харчува́тися, -у́юся, -у́єшся〔未〕吃，食，得到饲料（指牲畜）

ха́та, -и; 复 ха́ти 及 хати́, хат〔阴〕（乌克兰、白俄罗斯和南俄乡村的）农舍

хвили́на, -и〔阴〕（时钟的）分；片刻，一会儿

хви́ля, -i, 五格 -ею〔阴〕浪，波浪，波涛；潮，浪潮

хво́йний〔形〕针叶的，针叶树木的；松叶的

хво́рий〔形〕有病的，患病的；〔用作名词〕病人，患者

хворі́ти, -і́ю, -і́єш〔未〕有病，害病，患病

хворо́ба, -и〔阴〕病，病症，疾病

хижа́к, -á〔阳〕猛兽；猛禽；〈转〉掠夺者，剥削者

хіба́〔语气〕难道，莫非，真的吗

хі́мія, -ї, 五格 -єю〔阴〕化学；化学成分

хліб, -a〔阳〕(复 -á, -ів) 谷物，粮食（复 -и́, -ів）面包；〈转〉口粮，食粮，吃食

хлі́бний〔形〕面包的；谷物的，粮食的

хлів, -á〔阳〕畜棚，畜栏

хло́пець, -пця, 五格 -пцем〔阳〕男孩子；〈口语〉年轻人

хло́пчик, -a〔阳〕小男孩儿

хлоп'я́, -я́ти, 五格 -я́м; 复 -я́та〔中〕=хло́пчик

хо́бот, -a〔阳〕（动物的）长鼻子

хова́ти, -а́ю, -а́єш〔未〕похова́ти〔完〕埋葬

хова́тися, -а́юся, -а́єшся〔未〕схова́тися 及 похова́тися〔完〕躲藏，隐藏

хода́, -и́〔阴〕步态，走法；走，走路，步行

ходи́ти, -джу́, -диш〔未〕〔不定向〕(定向 іти́) 走，行走；穿，戴

холе́ра, -и〔阴〕霍乱，虎列拉

холоди́льник, -a〔阳〕冷藏器，冰箱；冷却装置，冷气设备

холо́дний〔形〕冷的，寒冷的，很凉的；〈转〉冷淡的，无情的

хор, -у〔阳〕合唱；合唱团，合唱队

хорово́д, -у〔阳〕环舞

хоті́ти, хо́чу, хо́чеш〔未〕想，要，想要，愿意

хоті́тися, хо́четься〔无人称，未〕想要，想

хоч〔连〕即使，虽然；〔语气〕(与关系代词连用)任何…

хоча́〔连，语气〕=хоч

храм, -у〔阳〕神殿；庙宇，寺院；(基督教的)教堂

хрести́ни〔复〕洗礼仪式，洗礼宴

хроні́чний〔形〕慢性的(指疾病)

хто, кого́, кому́, 五格ким, 六格ко́му〔代〕谁，什么人

хто-не́будь, кого-не́будь, кому-не́будь, 五格ким-не́будь, 六格 кому -не́будь〔代〕=хтось

хтось, когось, комусь, 五格кимсь, 六格комусь〔代〕某人，有人；任何人，无论谁

худо́ба, -и〔阴，集合名词〕家畜，牲畜，牲口

худо́жник, -а〔阳〕艺术家；艺术工作者；画家

худо́жній, -я, -є〔形〕艺术的；美术的

ху́тро, -а〔中〕毛皮，皮货

хутряни́й〔形〕毛皮的

Ц

царі́вна, -и〔阴〕公主

ца́рський〔形〕沙皇的，帝王的；君主专制的

цвіт, -у〔阳，集合名词〕花

це〔语气〕这(是)

цебе́рка, -и〔阴〕水桶

цей, цього́, цьому́, 五格цим, 六格цьо́му及цім; ця, ціє́ї, цій, 五格ціє́ю, 六格цій; це, цього́; ці, цих〔代〕这，这个；这些

центр〔阳〕(二格 -а)〈数，理〉中心，心；(二格 -у)中心，中央，核儿

центра́льний〔形〕位于中心的，中间的；中央的

цибу́ля, -і, 五格 -ею〔阴〕葱；洋葱

цига́рка, -и, 三、六格 -ці; 复 -рки, -ро́к〔阴〕(俄式带纸嘴的)烟卷

ціка́вий〔形〕有趣味的，有兴趣的；好奇的

ціка́во〔副〕有趣味地，有兴趣地；好奇地；〔用作谓语〕觉得有趣

ці́лий〔形〕完整的；整个的

цілкови́тий〔形〕完全的，完备的，完整的

цілю́щий〔形〕有益健康的；能治病的

цуке́рка, -и, 三、六格 -ці; 复二 -рок〔阴〕糖果

цу́кор, -кру〔阳〕糖

цукро́вий〔形〕糖的；制糖的

Ч

чай, -ю, 五格 -єм, 六格 -ї 及 -ю; 复 -ї, -їв〔阳〕茶树，茶林；茶，茶叶

чáйний〔形〕茶的；茶叶的；茶树的

чарівнúй〔形〕妖术的，魔法的；玄妙的；诱人的

час, -у；复 -ú, -íв〔阳〕时，时间；一小时，一点钟；学时

часникú, -ý〔阳〕蒜

чáсом〔副〕有时；偶然，偶尔

частúна, -и〔阴〕一部分；处，部，组

чáстка, -и，三、六格 -ці；复 -ткú, -тóк〔阴〕（整体的）一小部分；叶

чáсто〔副〕时常，常常

чáшка, -и，三、六格 -ці；复 -шкú, -шóк〔阴〕碗；盘，杯（碗状器皿）

чверть, -і, 五格 -тю；复二 -éй〔阴〕四分之一；一刻钟；学季

чек, -а〔阳〕支票；收款票；取货单

чекáння, -я〔中〕等，等待

чекáти, -áю, -áєш〔未〕等，等待

чéрвень, -вня, 五格 -внем〔阳〕六月

червóний〔形〕红的，红色的，赤色的；红润的，气色好的

червонястий〔形〕微红的，浅红的

чéрга, -и，三、六格 -зі 及 **чергá**, -ú, 三、六格 -зí；复 чéрги, черг〔阴〕次序，序列，顺序

черговúй〔形〕值班的，值日的；按顺序进行的，轮流的；〔用作名词〕值班人员，值日者

черевúк, -а；复 -и, -ів〔阳〕鞋

чéрез〔前〕（四格）经过，通过，越过，跨过；过，经过，隔（指时间或距离）；由于，因为

черепóк, -пкá〔阳〕碎瓷片，瓦片

черпáти, -áю, -áєш〔未〕舀，汲，舀取；吸取，汲取，获得

честь, -і, 五格 -тю〔阴〕荣誉，名誉，荣幸，光荣

чéський〔形〕捷克的；捷克人的

четвéр, -ргá〔阳〕星期四

четвéртий〔数〕第四的

чех, -а；复 -и, -ів〔阳〕捷克人

чéшка, -и，三、六格 -ці；复二 -шок〔阴〕捷克女人

чи〔连〕或，或是；还是；〔语气〕是不是，是否，吗

чимáло〔副〕相当大地，相当重要地

чин〔阳〕（二格 -у）官阶，军阶；官衔，军衔；(二格 -а)〈旧〉官员，官吏

числéнний〔形〕人多的，人数众多的

числó, -á; 复 -сла, -сел〔中〕数；日，号

чúстий〔形〕干净的，清洁的；空白的，净的

чúстити, чúщу, чúстиш；命令式 чисть〔未〕**почúстити**〔完〕使清洁，清除，刷洗

Читá 赤塔（地名）

читáльний〔形〕阅读用的（常指房舍）

читáти, -áю, -áєш〔未〕**прочитáти**〔完〕读，阅读，念；朗诵；诵读

читáч, -á, 五格 -éм, 呼格 -áчу〔阳〕读者

чóбіт, -бота；复 -боти, -біт, -ботам 及 -бóтям, 五格 -бітьми́, -ботами 及 -бóтями, 六格 -ботах 及 -бóтях〔阳〕靴子，长筒靴

чолó, -á；复 чóла, чіл〔中〕前额

чоловíк, -a, 呼格 -íче；复 -íки 及 -ікú, -íків 及 -икíв〔阳〕男人，男子；〈口语〉男子汉；夫，丈夫

чоловíчий〔形〕男的，男性的，男人的

чомýсь〔副〕不知道因为什么

чóрний〔形〕黑的，黑色的；乌黑的

чоти́ри, -рьóх, -рьóм, 五格 -рмá〔数〕四

чудóвий〔形〕非常美好的，极好的

чудóво〔副〕太好了

чужи́й〔形〕人家的，别人的；陌生的；生疏的

чýти, чýю, чýєш〔未〕听见，听清；嗅得出；觉得，感到

Ш

шанувáти, -ýю, -ýєш〔未〕尊敬，尊重，敬重；〈口语〉爱护；关怀，照顾

шар, -у；复 -и́, -íв〔阳〕层，一层；〈转〉阶层；地层

шáфа, -и〔阴〕食橱，碗橱；衣柜，衣橱；书柜

шáхта, -и〔阴〕矿井，竖井

шáхтний〔形〕矿井的，竖井的

швидки́й〔形〕快的，快速的，迅速的

шви́дкість, -кості, 五格 -кістю〔阴〕迅速；速度

шви́дко〔副〕快，赶快，迅速地；很快，不久

шелестíти, -ещý, -ести́ш, -естимó, -ести́те〔未〕发沙沙声，发簌簌声

шепотíти, -очý, -оти́ш, -отимó, -оти́те；命令式 -оти́〔未〕**шепнýти**, -нý, -нéш, -немó, -нетé〔完〕低声地说，附着耳朵说

ши́нка, -и, 三、六格 -ці；复二 -нок〔阴〕火腿

шинóк, -нкý〔阳〕〈旧〉小酒馆

широ́кий〔形〕宽的，宽阔的；辽阔的，广阔的

ши́я, -ï, 五格 -єю〔阴〕颈，脖子

шістдеся́т, -ти́ 及 -тьóх, -ти́ 及 -тьóм, 五格 -тьмá 及 -тьомá；复 -ти́ 及 -тьóх〔数〕六十；六十个

шкíльний〔形〕学校的

шкóла, -и；复二 шкіл〔阴〕（中、小）学校；专门学校

школя́р, -á, 五格 -éм, 呼格 -я́ре；复 -í, -íв, -áм〔阳〕（中、小学的）学生

шлюб, -у〔阳〕婚姻，结婚

шлю́бний〔形〕婚姻的，结婚的

шматóк, -ткá〔阳〕块

шовк, -у；复 -и́, -íв〔阳〕线，丝绸；绸，绸缎

шовкóвий〔形〕丝的；绸缎的

шосé〔不变，中〕公路，马路

шпигóваний〔形〕填塞了咸肥猪肉块的

штéпсель, -я, 五格 -ем〔阳〕插头, 插销; 插塞

штýчний〔形〕人工的, 人造的

шукáти, -áю, -áєш〔未〕找, 寻找, 寻觅

Щ

щасли́вий〔形〕幸福的, 有福气的; 幸运的, 走运的

щасти́ти, -ти́ть〔未〕пощасти́ти〔完〕走运, 运气好

ще〔副〕又, 再, 还

щебетáння, -я〔中〕唧唧叫, 啁啾声

щéдрість, -рості, 五格 -рістю〔阴〕慷慨, 不吝惜; 丰富, 丰盛

щезáти, -áю, -áєш〔未〕щéзнути, -ну, -неш〔完〕消失, 消逝

щи́ро〔副〕真诚地, 衷心地; 襟怀坦白地, 正直地

щі́тка, -и, 三、六格 -ці; 复 -тки́, -тóк〔阴〕刷子

що¹, чогó, чомý, що, чим, чóму (чім)〔代〕(表示疑问) 什么, 什么东西; 怎么, 怎样

що²〔连〕(引出分句, 说明主句内容)

щоб〔连〕为了, 以便

щодéнно 及 щодня́〔副〕每天地, 每日地; 经常地, 日常地

щóдо〔前〕(二格) 关于, 对…而论

що-нéбудь, чогó-нéбудь, чомý-нéбудь, що-нéбудь, чим-нéбудь, чóму-нéбудь (чім-нéбудь)〔代〕不定什么东西 (或事), 随便什么, 不管什么; 任何什么东西 (或事)

Ю

ю́ний〔形〕少年的

ю́ність, -ності, 五格 -ністю〔阴〕少年时代

Я

я, менé (у мéне), менí, менé, мнóю, менí〔代〕我

я́блуко, -а〔中〕苹果

явля́ти, -я́ю, -я́єш〔未〕是, 为

я́года, -и; 复二 я́гід〔阴〕浆果, 野果

яйцé, -я́; 复я́йця, я́єць, я́йцям〔中〕蛋; 鸡蛋

як〔副〕怎样, 如何;〔连〕如, 像; 如同

якби́〔连〕假如, 若是

який〔代〕什么样的，怎么样的，如何的

який-небудь〔代〕任何一个，不管什么样的，不论什么样的，任何的

якийсь〔代〕某，不知什么样的，不知怎样的

якість, -кості, 五格 -кістю〔阴〕质，质量；品质，质地；优点或缺点，长处或短处

якнайскоріше〔副〕尽快地

якомога〔副〕(与比较级连用) 尽可能，尽量

якось〔副〕不知怎么地，不知何故；有点儿，在某种程度上；有一次

якраз〔副〕正好，恰好，恰巧；〔语气〕正是，恰恰

якщо〔连〕如果；要是，假如；即使

яловичина, -и〔阴〕牛肉；肉

яскравий〔形〕明亮的，光亮的，鲜艳的，鲜明的；〈转〉明显的；清晰的；卓越的

ячмінь, -меню, 五格 -менем；复 -мені, -менів〔阳〕大麦